全国高等院校旅游管理教材

保继刚 ◎ 主编

Modern Tourism Consumer Behavior
现代旅游消费者行为学

陈钢华　孙九霞 ◎ 编著

版权所有　翻印必究

图书在版编目（CIP）数据

现代旅游消费者行为学/陈钢华，孙九霞编著. —广州：中山大学出版社，2019.12

（全国高等院校旅游管理教材/保继刚主编）

ISBN 978 - 7 - 306 - 06782 - 1

Ⅰ. ①现… Ⅱ. ①陈… ②孙… Ⅲ. ①旅游消费—消费者行为论 Ⅳ. ①F590.8

中国版本图书馆 CIP 数据核字（2019）第 284194 号

出 版 人：王天琪
策划编辑：徐诗荣
责任编辑：徐诗荣
封面设计：曾　斌
责任校对：杨文泉
责任技编：何雅涛
出版发行：中山大学出版社
电　　话：编辑部 020 - 84110283，84113349，84111997，84110779
　　　　　发行部 020 - 84111998，84111981，84111160
地　　址：广州市新港西路 135 号
邮　　编：510275　　　　传　真：020 - 84036565
网　　址：http://www.zsup.com.cn　　E-mail：zdcbs@mail.sysu.edu.cn
印 刷 者：广州市友盛彩印有限公司
规　　格：787mm × 1092mm　1/16　25 印张　518 千字
版次印次：2019 年 12 月第 1 版　2021 年 7 月第 2 次印刷
定　　价：49.00 元

如发现本书因印装质量影响阅读，请与出版社发行部联系调换

《全国高等院校旅游管理教材》

编 委 会

主　编：保继刚

委　员（按姓氏音序排列）：

　　　　罗秋菊　　彭　青　　孙九霞

　　　　徐红罡　　曾国军　　张朝枝

本书作者简介

陈钢华 1985年生，中山大学旅游学院副教授、博士生导师。联合国世界旅游组织旅游可持续发展观测点管理与监测中心专家暨常熟观测点技术负责人，澳中旅游研究协作中心副主任。*Journal of Travel Research*、*Tourism Review* 编委会成员，《旅游论坛》执行编委会成员，*Cogent Social Science* 评审编辑。长期从事旅游消费者行为、目的地营销与管理、文化旅游、旅游体验与个人发展、背包旅游、度假区治理等领域的研究。主持国家自然科学基金项目2项、原国家旅游局规划项目重点项目1项。2015年，入选原国家旅游局"旅游业青年专家培养计划"。在国内外学术期刊发表论文40余篇，其中SSCI论文20余篇，中山大学认定一类A级期刊论文10余篇。出版英文学术专著1部（合著）、英文著作1部（合编）、中文学术专著1部（独撰）、中文教材4部（主编或编著）。

孙九霞 中山大学旅游学院教授、博士生导师，"珠江学者"特聘教授，国家社会科学基金重大招标项目首席专家。现任中山大学旅游休闲与社会发展研究中心主任、中山大学文科学术委员会委员、中山大学社科学科发展委员会委员。兼任《旅游学刊》编委、中国人类学学会理事、山西省旅游发展委员会委员、中国地理学会旅游地理专业委员会委员。入选青海省"高端创新人才千人计划·领军人才"。主持国家社会科学基金重大招标项目"中国西南少数民族传统村落保护与利用"1项、国家社会科学基金项目1项、国家自然科学基金项目1项以及省部级科研项目8项。曾主持或重点参与了桂林、黄山、张家界、喀纳斯、西双版纳、大香格里拉、夫子庙—秦淮风光带等不同类型的旅游目的地规划60余项和原国家旅游局的多个专项规划。在国内外重要学术期刊发表论文100余篇，其中多篇被《中国社会科学文摘》、人大复印报刊资料等转载。在商务印书馆出版学术专著2部，分获2011年度、2014年度国家旅游局优秀旅游学术成果奖"专著类"一等奖。于2017年获得"宝钢优秀教师奖"。

《全国高等院校旅游管理教材》

出版说明

　　中国旅游教育三十多年来，教材从无到有，从有到多甚至泛滥，已经颇有一段时间了。客观上讲，这些教材的出版的确对中国旅游教育的发展起到了一定的推动作用，但随着旅游发展的理论与实践不断深入，这些以"借鉴西方理论""引入传统学科""介绍现实应用"为特色的旅游教材的局限性日益显现。

　　这种局限性主要表现在缺乏学科理性思考、缺少研究基础、缺乏编写规范。一方面，有的教材生搬硬套、堆积罗列西方理论或者现实案例，而面对中国越来越丰富的旅游现象时，却无法解释；有的教材编写者不遵循编写规范，抄袭现象严重，影响到学生的治学态度……因此，从本科教学的角度来讲，现行旅游管理相关教材应该加快改革的步伐。

　　另一方面，随着信息社会的到来，互联网开始与教师在课堂上争夺学生的注意力，老师在课堂上讲授"专业知识"时，学生往往更喜欢自己通过网络由点及面地很快掌握相关知识，而对老师传统的根据教材上课的方式提出挑战与质疑。因此，通过知识传播来训练学生能力变得更加重要，相应的内容与结构、作业与参考文献资料等也因此成为教材的必要部分。

　　中山大学旅游学院成立十年来，一直在探索如何教授学生通过学习知识来获得批判性思考能力和利用研究工具来进行问题分析的能力，不断强调通过现实案例解剖来让学生理解专业知识，但一直苦于没有合适的教材。经过学院老师多次讨论，决定趁2014年学院建院十周年之际，陆续推出一批旅游管理相关专业教材，包括旅游管理、酒店管理、会展经济与管理相关专业的核心课程与专业课程教材。这些教材编写的基本要求是：教材的编者或作者在该领域至少要有五年以上的研究经验，并有相当分量的相关成果发表；这些教材都必须有严谨的知识体系、训练内容及编写规范，能够为本科教育形成规范做出贡献。尽管各位作者已经尽了最大的努力，但这些教材也难免存在一定的缺陷，我们把它作为一种新的尝试与起步，以期能抛砖引玉，推动中国旅游教育的健康发展。

保继刚

本教材获"中山大学本科教学改革与教学质量工程项目'重点教材建设'项目"资助

目 录

第一章 概论 …………………………………………………… (1)
  学习目标 …………………………………………………… (1)
  引导案例 …………………………………………………… (1)
  第一节 旅游消费者行为概述 ……………………………… (4)
    一、消费、消费者及消费者行为 ………………………… (4)
    二、旅游消费、旅游消费者及旅游消费者行为 ………… (5)
  第二节 旅游消费者行为研究的历史与现状 ……………… (8)
    一、全球旅游消费者行为研究的历史与现状 …………… (8)
    二、中国旅游消费者行为研究的历史与现状 …………… (9)
  第三节 旅游消费者行为研究的理论基础 ………………… (17)
    一、心理学理论 …………………………………………… (17)
    二、消费者行为学理论 …………………………………… (27)
    三、社会学与人类学理论 ………………………………… (30)
  第四节 旅游消费者行为的研究方法 ……………………… (34)
    一、观察法 ………………………………………………… (34)
    二、实验法 ………………………………………………… (35)
    三、调查法 ………………………………………………… (36)
    四、测验法 ………………………………………………… (37)
  本章小结 …………………………………………………… (41)
  思考题 ……………………………………………………… (42)
  案例分析题 ………………………………………………… (42)

第二章 旅游者感知 …………………………………………… (46)
  学习目标 …………………………………………………… (46)
  引导案例 …………………………………………………… (46)

第一节　旅游者感知概述 …………………………………………… (49)
　　　　一、感觉的含义、类型与特性 …………………………………… (49)
　　　　二、知觉的含义与特性 …………………………………………… (51)
　　　　三、旅游者感知的含义、特性和影响因素 ……………………… (52)
　　　　四、旅游者感知的偏差 …………………………………………… (56)
　　第二节　旅游者对目的地的感知 …………………………………… (62)
　　　　一、旅游者对目的地的形象感知 ………………………………… (62)
　　　　二、旅游者对目的地要素的感知 ………………………………… (65)
　　第三节　旅游者对距离的感知 ……………………………………… (67)
　　第四节　旅游者对风险的感知 ……………………………………… (69)
　　　　一、一般消费者的购买风险感知 ………………………………… (69)
　　　　二、旅游者的风险感知 …………………………………………… (70)
　本章小结 ……………………………………………………………… (71)
　思考题 ………………………………………………………………… (72)
　案例分析题 …………………………………………………………… (72)

第三章　旅游者动机 ……………………………………………………… (75)
　学习目标 ……………………………………………………………… (75)
　引导案例 ……………………………………………………………… (75)
　第一节　旅游需要 …………………………………………………… (77)
　　　　一、需要 …………………………………………………………… (77)
　　　　二、旅游需要 ……………………………………………………… (80)
　第二节　旅游动机的产生 …………………………………………… (82)
　　　　一、动机及动机理论 ……………………………………………… (82)
　　　　二、旅游动机及其产生 …………………………………………… (84)
　第三节　旅游动机理论及其应用 …………………………………… (87)
　　　　一、旅游动机的经典理论 ………………………………………… (87)
　　　　二、旅游动机理论的应用 ………………………………………… (90)
　第四节　旅游动机的影响因素 ……………………………………… (94)
　　　　一、主体因素 ……………………………………………………… (94)
　　　　二、外部因素 ……………………………………………………… (98)
　本章小结 ……………………………………………………………… (99)
　思考题 ………………………………………………………………… (99)
　案例分析题 …………………………………………………………… (99)

第四章　旅游者态度与情绪情感 …… （101）

学习目标 …… （101）

引导案例 …… （101）

第一节　态度概述 …… （102）

一、态度的定义 …… （102）

二、态度的特性 …… （102）

三、态度的结构 …… （103）

第二节　旅游者态度 …… （104）

一、旅游者态度的定义 …… （104）

二、旅游者态度的类型 …… （105）

三、旅游者态度的形成 …… （108）

四、旅游者态度的改变 …… （109）

第三节　旅游者情绪与情感 …… （111）

一、情绪、情感 …… （111）

二、旅游者的情绪类型及情绪体验 …… （114）

三、旅游者的情感类型及情感体验 …… （121）

第四节　旅游者情绪情感研究的新方向 …… （123）

一、"自我报告"与心理生理测量法 …… （124）

二、大数据 …… （125）

本章小结 …… （127）

思考题 …… （127）

案例分析题 …… （128）

第五章　旅游产品购买决策过程 …… （129）

学习目标 …… （129）

引导案例 …… （129）

第一节　旅游信息搜索行为 …… （131）

一、旅游信息搜索行为概述 …… （131）

二、旅游信息搜索行为的特征 …… （134）

第二节　旅游产品的购买决策过程模型 …… （139）

一、旅游产品的购买决策概述 …… （139）

二、旅游产品的购买决策过程模型 …… （144）

本章小结 …… （153）

思考题 …… （153）

案例分析题 …… （153）

第六章 旅游者社会交往 (155)

- 学习目标 (155)
- 引导案例 (155)
- 第一节 旅游者社会交往概述 (158)
  - 一、社会交往行为概述 (158)
  - 二、旅游社会交往行为理论 (159)
- 第二节 旅游中的主客交往 (165)
  - 一、居民视角 (165)
  - 二、旅游者视角 (170)
- 第三节 旅游者之间的社会交往 (174)
  - 一、旅游者之间的社会交往概述 (174)
  - 二、旅游者之间的社会交往：以背包客为例 (179)
- 本章小结 (184)
- 思考题 (184)
- 案例分析题 (184)

第七章 旅游者满意度 (186)

- 学习目标 (186)
- 引导案例 (186)
- 第一节 顾客满意度 (187)
  - 一、期望—实绩理论 (188)
  - 二、顾客消费经历比较理论 (188)
  - 三、顾客需要满足程度理论 (188)
  - 四、服务质量理论 (189)
- 第二节 旅游者满意度的构成与特征 (190)
  - 一、什么是旅游者满意度 (190)
  - 二、旅游者满意度的阶段特征 (191)
  - 三、旅游者满意度的部门构成 (192)
- 第三节 旅游者满意度测量模型 (194)
  - 一、期望—实绩模型 (194)
  - 二、情感模型 (196)
  - 三、公平性模型 (197)
  - 四、服务质量模型 (198)
  - 五、重要性—绩效模型 (200)

第四节　旅游者满意度指数 …………………………………………（205）
　　　　一、顾客满意度指数概述 …………………………………………（205）
　　　　二、"美国顾客满意度指数" ………………………………………（208）
　　　　三、"理大旅客满意度指数"和"理大旅游服务质量指数" ………（209）
　　　　四、"中国游客满意度指数" ………………………………………（210）
　　第五节　旅游者满意度的前因与后果 ………………………………（212）
　　　　一、旅游者满意度的前因 …………………………………………（212）
　　　　二、旅游者满意度的后果 …………………………………………（213）
　本章小结 …………………………………………………………………（214）
　思考题 ……………………………………………………………………（214）
　案例分析题 ………………………………………………………………（214）

第八章　旅游者忠诚度 ……………………………………………………（218）
　学习目标 …………………………………………………………………（218）
　引导案例 …………………………………………………………………（218）
　　第一节　顾客忠诚度概述 ……………………………………………（220）
　　　　一、顾客忠诚度的含义 ……………………………………………（221）
　　　　二、顾客忠诚度的分类 ……………………………………………（224）
　　第二节　旅游者忠诚度的内涵 ………………………………………（228）
　　　　一、概念内涵 ………………………………………………………（228）
　　　　二、操作化定义 ……………………………………………………（228）
　　第三节　旅游者忠诚度的测量 ………………………………………（229）
　　　　一、旅游者行为忠诚度的测量指标 ………………………………（230）
　　　　二、旅游者认知忠诚度的测量指标 ………………………………（231）
　　　　三、旅游者情感忠诚度的测量指标 ………………………………（232）
　　　　四、旅游者意向忠诚度的测量指标 ………………………………（232）
　　第四节　旅游者忠诚度的影响因素 …………………………………（235）
　　　　一、旅游者层面 ……………………………………………………（235）
　　　　二、目的地层面 ……………………………………………………（238）
　　　　三、其他因素 ………………………………………………………（240）
　　第五节　旅游者忠诚度的驱动机制 …………………………………（240）
　　　　一、感知价值—满意度驱动模型 …………………………………（241）
　　　　二、动机—满意度驱动模型 ………………………………………（241）
　　　　三、基于目的地形象、个人卷入和地方依恋的满意驱动模型 …（242）
　　　　四、特定旅游产品的顾客忠诚驱动模型 …………………………（243）

第六节　旅游者忠诚度的培育 …………………………………………（245）
　　　一、旅游者忠诚的益处 …………………………………………（245）
　　　二、旅游者忠诚的培育 …………………………………………（246）
　　本章小结 ……………………………………………………………（251）
　　思考题 ………………………………………………………………（252）
　　案例分析题 …………………………………………………………（252）

第九章　旅游体验对旅游者的影响 ……………………………………（254）
　　学习目标 ……………………………………………………………（254）
　　引导案例 ……………………………………………………………（254）
　　第一节　旅游体验概述 ……………………………………………（256）
　　　一、体验及旅游体验的内涵 ……………………………………（256）
　　　二、旅游体验的类型 ……………………………………………（256）
　　第二节　旅游体验对旅游者的影响 ………………………………（259）
　　　一、对旅游者身心健康的影响 …………………………………（259）
　　　二、对旅游者认知学习与教育的影响 …………………………（260）
　　　三、对旅游者生活质量的影响 …………………………………（263）
　　　四、对旅游者主观幸福感的影响 ………………………………（264）
　　　五、对旅游者人际关系的影响 …………………………………（272）
　　本章小结 ……………………………………………………………（277）
　　思考题 ………………………………………………………………（278）
　　案例分析题 …………………………………………………………（278）

第十章　基于旅游者行为的旅游市场细分 ……………………………（281）
　　学习目标 ……………………………………………………………（281）
　　引导案例 ……………………………………………………………（281）
　　第一节　市场细分理论概述 ………………………………………（282）
　　　一、市场细分的概念 ……………………………………………（282）
　　　二、市场细分的基础 ……………………………………………（285）
　　　三、市场细分的发展历程 ………………………………………（285）
　　　四、市场细分的作用 ……………………………………………（292）
　　第二节　旅游市场细分的指标 ……………………………………（293）
　　　一、地理指标 ……………………………………………………（295）
　　　二、社会人口统计学指标 ………………………………………（297）
　　　三、社会心理学指标 ……………………………………………（298）

四、行为指标 ·· (300)
　　五、旅游市场细分指标的选择 ·································· (300)
　第三节　旅游细分市场的类型与需求特点 ···························· (302)
　　一、特定旅游形式的市场细分研究 ······························ (302)
　　二、特定旅游活动的市场细分研究 ······························ (306)
　　三、其他特定旅游市场的细分研究 ······························ (308)
　本章小结 ·· (316)
　思考题 ·· (316)
　案例分析题 ·· (316)

第十一章　跨文化视角下的旅游者行为 ······························ (318)
　学习目标 ·· (318)
　引导案例 ·· (318)
　第一节　跨文化旅游者行为研究的主要取向 ·························· (320)
　　一、文化概述 ·· (320)
　　二、跨文化概述 ·· (322)
　　三、跨文化旅游者行为研究的主要取向 ·························· (323)
　　四、多文化比较的文化模式假设 ································ (324)
　第二节　霍夫斯塔德的文化维度理论 ································ (324)
　　一、霍夫斯塔德的文化维度理论概述 ···························· (324)
　　二、霍夫斯塔德文化维度理论的内容 ···························· (325)
　第三节　霍夫斯塔德的文化维度理论在旅游研究中的应用 ·············· (335)
　第四节　中国文化价值观与旅游者行为 ······························ (337)
　第五节　跨文化视野下的旅游市场营销 ······························ (341)
　　一、跨文化旅游市场营销的必要性 ······························ (341)
　　二、跨文化旅游市场营销需要跨越的障碍 ························ (342)
　　三、跨文化视野下的旅游市场营销 ······························ (343)
　本章小结 ·· (344)
　思考题 ·· (344)
　案例分析题 ·· (344)

附录　课堂讨论要点 ··· (348)

参考文献 ·· (362)

第一章 概 论

学习目标

1. 理解消费、消费者及消费者行为的概念。
2. 掌握旅游消费、旅游消费者及旅游消费者行为的概念。
3. 了解旅游消费者行为研究的历史与现状。
4. 掌握旅游消费者行为研究的基础理论与主要方法。

> **引导案例**
>
> **中国游客中国名片，消费升级品质旅游**
>
> 2018年3月1日，中国旅游研究院、携程旅游集团（简称为"携程"）联合发布《中国游客中国名片，消费升级品质旅游——2017年中国出境旅游大数据报告》（简称为"《报告》"）。双方专家团队基于全年旅游业数据，结合携程3亿名会员以及业内规模最大的跟团游、自由行订单数据，对全年出境游情况和游客行为进行了全面监测。
>
> 《报告》数据显示，2017年中国公民出境旅游突破1.3亿人次，花费达1152.9亿美元，保持世界第一大出境旅游客源国地位。出境旅游呈现"消费升级、品质旅游"的特征与趋势。选择升级型、个性化的旅游产品，深度体验目的地的游客占比提升。出国目的也从观光购物转向享受海外优质生活环境和服务。出境旅游已成为衡量中国城市家庭和年轻人幸福度的一大标准。
>
> 中国旅游研究院院长戴斌表示，在"一带一路"倡议、"旅游年"推动下，旅游合作更加紧密，跨越国境的旅行越来越便利。走出国门旅游，更像是"串门儿"，去别人的城市住上几天，换另一种生活方式。游客越来越强调对城市生活方式的体验，目的地则成为本地居民与游客共享的生活空间。中国游客就是行走的中国名片，丰富着世界对中国人和中国的认识。那么，2017年，中国出境旅游市场呈现出哪些特点呢？《报告》从如下八个方面，给出了答案。
>
> （1）蝉联世界第一大出境旅游客源国。2017年全年，中国公民出境旅

13051万人次，比上年增长7%。中国已连续多年保持世界第一大出境旅游客源国地位。国人出境旅游花了多少钱？根据中国旅游研究院测算，2017年我国国际旅游支出达1152.9亿美元，相比2016年的1098亿美元增长5%。我国已成为越来越多国家最大的客源国。据《报告》统计，中国已经成为泰国、日本、韩国、越南、柬埔寨、俄罗斯、马尔代夫、印尼、朝鲜、南非10个国家的第一大入境旅游客源地，中国游客在这些国家国际游客中的占比最高达30%。根据目的地相关机构的统计，2017年到访香港的内地游客为4444.5万人次，同比增长3.9%；到访澳门的内地游客超过2219.6万人次，同比增长8.5%。2017年大陆游客赴台人数为273.3万人次，同比下降22.2%。（注：前往上述三地的游客量均计入中国公民出境游客量。）

（2）签证、汇率、航班三大因素推动"出境旅游热"。截至2018年年初，持普通护照的中国公民可以享受入境便利待遇的国家（地区）增加到66个，其中包括12个可互免普通护照签证国家、15个单方面允许中国公民免签入境国家（地区）和39个单方面允许中国公民办理落地签证国家（地区）。根据民航局发布的最新统计数据，2017年，国际航线旅客量达到5544.2万人次，同比增长7.4%。港澳台航线的旅客量达到1027万人次，同比增长4.3%；合计乘坐飞机的出境旅游总旅客量达到6571.2万人次。2017年，人民币持续升值也推动了"出境旅游热"。《报告》根据截至2018年1月31日的一年内人民币汇率对各国货币汇率涨跌幅度，发布了年度"汇率涨幅十大目的地"。

（3）中国游客画像：女性、年轻化、自由行及定制游。数据表明，女性比男性更爱走出国门。《报告》根据携程出境游订单的统计，2017年出境旅游者中，59%是女性，41%是男性，女性比例比男性比例高18个百分点。与其财富、体力相匹配，"70后""80后"依然是出境游的中坚力量，"80后"占比31%，"70后"占比17%。"70前"的中老年人占比24%。但是，越来越多的"90后""00后"加入出境游的队伍，占比分别为16%、13%。我国游客依然热衷跟团游，特别是在二、三、四线城市和地区。以携程组织的数百万出境游客为例，跟团游与自由行约各占一半。除了跟团游和自由行以外，定制旅行、"私家团"或者通过旅游平台预订一位当地向导，成为中国游客的新选择，2017年携程定制旅游同比增长达到220%。随着"90后""00后"逐渐成为旅游主力军，"说走就走的旅行"不再是口号而转为一代人的出游习惯。

（4）人均费用5800元，同比增长7%，十六大"新一线"城市出炉。我国旅游者出境旅游消费持续提升。从在线预订数据看，2017年出境人均旅游费用达到5800元，同比增长7%。携程跟团游、自由行数据显示，2017年人均花费最高的十大城市分别是北京、上海、苏州、温州、沈阳、长春、大连、青岛、贵阳、济南。根据携程出境自由行、跟团游的服务人数,《报告》发布了2017年排名前20位的出境旅游出发城市,除"北上广深"之外,还包括16个出境游"新一线"城市。

(5) 国家排行榜:泰国、日本最受益,韩国降幅最大。《报告》根据携程出境游预订数据,发布了2017年最受中国游客欢迎的二十大目的地国家,依次为泰国、日本、新加坡、越南、印尼、马来西亚、菲律宾、美国、韩国、马尔代夫、柬埔寨、俄罗斯、阿联酋、意大利、法国、澳大利亚、西班牙、德国、英国、斯里兰卡。

(6) 目的地排行榜:城市、海岛与景区。此外,根据出境跟团游、自由行的预订数据,《报告》还发布了最受中国游客喜爱的十大国外城市,依次为曼谷、新加坡、大阪、东京、清迈、暹粒、迪拜、罗马、莫斯科。泰国曼谷蝉联最受中国游客青睐国外城市的冠军。空气清新、阳光灿烂的海岛成为越来越多中国游客的选择。赴海岛的游客约占出国总人数的三分之一。2017年中国游客预订出行人数最多的十大人气海岛包括普吉岛、巴厘岛、芽庄、长滩岛、沙巴、冲绳、马尔代夫、甲米、苏梅岛、塞班岛。带小朋友去乐园亲子游也是出境游的一大选择。《报告》还根据携程海外玩乐和门票预订数据,发布了中国人最爱的全球十大热门景区,香港迪士尼乐园、新加坡环球影城等上榜。

(7) 出境游新姿势:个性化时代。中国游客出境游不再只是"逛逛逛、买买买",传统的产品和旅游方式越来越不能满足需求,他们更希望去异地的城市住上几天,体验当地人的生活方式。根据携程主题游、定制游、海外玩乐平台等查询、预订的大数据,《报告》发布了"2017年出境游十大新玩法",包括去香港打HPV(人乳头瘤病毒)疫苗、去芬兰赏极光、在美国一号公路上骑行、去非洲打猎、在新西兰举行中土世界浪漫婚礼、体验唐顿庄园里的欧洲贵族生活等。根据网上数以亿计的海量搜索关键词,《报告》发布了2017年出境休闲旅游十大主题关键词和指数:海岛(100)、美食(96)、自然探索(95)、户外运动(95)、家庭亲子(90)、五星酒店(81)、避寒避暑(79)、城市休闲(78)、深度体验(71)、疗休养(70)。

(8) 中国游客安全意识增强,最需要"行中服务"。中国旅游者越来越重视安全问题,在做旅游决策和在线预订的时候,都会把目的地安全作为一个优先考虑的因素。携程根据数千份抽样调查数据统计,我国旅行者认为最安全的十个国家,中国排名第一,其他还有日本、新加坡、澳大利亚、北欧各国以及阿联酋等。2017年,中国游客对出境游的安全意识更强。携程2017年上线"全球旅行SOS"服务,全年共接收到2191起SOS(国际求救信号)求助事

> 件，其中海外求助占比 82%，救援成功率达 94%。中国旅游者海外求助有四大类型最为常见，即意外受伤、物品遗失、补办证件求助、语言不通。在这四大类中，意外受伤占 35%、比例最高，物品遗失占 33%。在欧洲容易被盗，在美国、泰国车祸多。中国游客在出境旅游特别是自由行的时候，需要哪些服务？根据携程行中服务平台"微领队"大数据，中国自由行用户咨询求助最集中的问题是：交通 15.9%、景点 17.0%、美食 18.7%、结伴聚会 13.4%、购物 10.0%。其他热点问题还有：天气 4.4%、出入境 1.4%、外汇 1.5%、行李额 0.5% 等。[①]

有关中国人出境旅游及在境外消费的景象，相信大家都不会陌生，或许还都有过"身临其境"的经历。那么，这些景象是如何产生的呢？中国出境游客的消费需求、行为、模式等又有哪些呢？中国出境游客及其旅游消费行为是孤立存在的吗？或者说，与他们所处的社会、经济、文化和政治背景密不可分？如果是后者的话，那么这些旅游消费者行为背后隐含着怎样的心理及社会文化机制？这些消费现象应该基于何种理论和专业知识来更好地予以解读？学者们又是如何对旅游消费现象进行研究的呢？上述问题都是本书试图回答的问题。本书的宗旨就是对旅游消费者行为及其研究做一个全景式的展示。在讲述和讨论具体的旅游消费者行为知识之前，必须先了解与旅游消费者行为相关的概念、旅游消费者行为研究的历史与现状、旅游消费者行为研究所涉及的基础理论及所运用的方法以及开展旅游消费者行为研究的价值和意义。

第一节　旅游消费者行为概述

一、消费、消费者及消费者行为

（一）消费及消费者

消费（consumption）是社会再生产过程中的一个重要环节，也是最终环节。它是指利用社会产品来满足人们各种需要的行为和过程。消费又分为生产消费和个

---

① 中国旅游研究院、携程旅游集团：《中国旅游研究院、携程发布〈2017 出境旅游大数据报告〉》，见中国旅游研究院官方网站（http://www.ctaweb.org/html/2018-2/2018-2-26-11-57-78366.html）。

人消费。生产消费指物质资料生产过程中的生产资料和生活劳动的使用和消耗。个人消费是指人们把生产出来的物质资料和精神产品用于满足个人（和家庭）生活需要的行为和过程，是在"生产过程以外执行生活职能"。依照这一定义，消费者（consumer）是以个人（和家庭）消费为目的而购买使用商品和服务的个体社会成员。

消费者与生产者及销售者不同。他或她（消费者）必须是产品和服务的最终使用者而不是生产者或经营者。也就是说，他或她购买商品的目的主要是用于满足个人或家庭需要，而不是经营或销售。这是消费者最本质的一个特点。作为消费者，他或她的消费活动的内容不仅包括为个人和家庭生活需要而购买和使用产品，而且包括为个人和家庭生活需要而接受他人提供的服务。但无论是购买和使用商品还是接受服务，目的都只是满足个人和家庭需要，而不是生产和经营的需要。

（二）消费者行为

想要深入地了解消费者行为（consumer behaviours），必须首先深入地了解其与另外一个概念"消费行为"的异同。消费行为，特指个人（和家庭）行为，其实就是将消费作为一个过程。具体而言，就是指人们把生产出来的物质资料和精神产品用于满足个人生活需要的行为和过程。因此，简言之，消费行为其实就是把消费当作一种行为。消费者行为则要相对复杂一些。狭义上的消费者行为，等同于消费行为，仅仅指消费者的购买行为以及对消费资料的实际消费。广义上的消费者行为是指消费者索取、使用、处置消费物品所采取的各种行动以及先于且决定这些行动的决策过程，甚至是包括消费收入的取得等一系列复杂的过程。消费者行为是动态的，它涉及感知、认知、动机、态度、行为及其与环境因素的互动作用，也涉及交易的过程。因此，消费者行为研究关注的是个人（和组织）如何选择、购买、使用和处置商品、服务、创意或经验，以满足他们的需要和愿望。

二、旅游消费、旅游消费者及旅游消费者行为

（一）旅游消费与旅游者消费

旅游消费（tourism consumption）是伴随旅游活动的发生而发生的，"是旅游活动正常进行和旅游经济正常运行的必要条件"，是旅游者暴露在外的最显著的特征之一（孙九霞、陈钢华，2015）。所以，考察旅游消费也一直是旅游学的传统研究领域。在我国，理论界对旅游消费概念的研究与引介最早可追溯到20世纪80年代中期。据孙九霞和陈钢华（2015）的梳理，国内外具有代表性的定义有：

（1）世界旅游组织（WTO）将旅游消费定义为：为了旅游活动的发生发展而

引致的消费，是由旅游单位（旅游者）使用或为他们而生产的商品和服务的价值（转引自：罗明义，2008）。

（2）罗贝尔·郎加尔（1998）认为：旅游消费是以货币形式表示的关于旅游需求在一系列服务和物产方面所做花费的总和（转引自：孙九霞、陈钢华，2015）。

（3）林南枝、陶汉军（1994）认为：旅游消费是指人们在游览过程中，通过购买旅游产品来满足个人享受和发展需要的行为和活动。

（4）罗明义（2008）认为：旅游消费是指人们在旅行游览过程中，为了满足其自身发展和享受的需要，而进行的各种物质资料和精神资料消费的总和。

综观以上各种定义可以发现，世界旅游组织（WTO）对旅游消费的定义是基于建立一个国家或地区的国民核算账户体系的需要而做的技术性的定义（李小芳，2008）。但是，通览这些定义之后可以发现，国内学界对于旅游消费与旅游者消费（tourist consumption）实际上还存在概念上的混淆（谢彦君，2004）。主要表现在：其一，把旅游消费与旅游者消费混为一谈；其二，把旅游与旅游消费混为一谈，把旅游消费当作旅游本身，或者认为旅游消费是旅游活动的中心内容，从而判断旅游是一种经济现象（谢彦君，2004）。

> **课堂讨论1-1**
>
> 问题：比较消费行为和消费者行为的异同，在旅游情境下，结合具体案例讨论旅游消费行为和旅游消费者行为的异同。
>
> 讨论要点：见本书附录。

谢彦君（2004）认为，以往对旅游消费所下的定义实质是对旅游者消费所下的定义，即使是世界旅游组织（WTO）的定义，也是将旅游消费视为在总量上与旅游收入相等的指标，最终所表述的还是旅游者的消费。同时，谢彦君（2004）根据自己对旅游产品的理解指出了旅游者消费在构成上的复杂性。他指出，旅游者消费包含了旅游消费的内容，而要了解旅游消费则要先将旅游者在旅游过程中所购买的产品与服务进行分解。谢彦君（2004）进一步将旅游产品分解为：①核心旅游产品。即旅游者在旅游过程中花钱获得的特殊经历和体验，是满足旅游者离家外出审美和寻求愉悦的核心产品。②媒介旅游产品。即旅游者购买的是与旅游相关的产品和服务，这些产品和服务有助于旅游活动的进行，能提高旅游经历和体验的质量，但这些产品和服务给予消费者的利益属于对旅游产品核心利益的追加，即通常意义上的旅游媒介型产品。③旅游用品及旅游纪念品。旅游者购买的是非日常性的特殊商品，如旅游纪念品、艺术品、特殊的家庭生活用品等。这些商品可以满足旅游者馈赠亲友、经济购物、玩味欣赏等需要。④基本消费品。旅游者购买的是作为满足旅游过程中基本需要的一般消费品，使用者可以是任何人，并可以在生活的任何时间和空间使用。旅游者购买它们的目的是满足旅游的日常需要。例如，购买一顶旅游帐篷是因为旅游者需要有一个安身之处。

为了便于操作和体现消费的货币性及交换性质，本书对旅游消费和旅游者消费做出如下界定：广义的旅游消费，在现实情境下，可以等同于旅游者消费，是指旅游者在整个旅游活动过程中，为了满足其发展和享受的需要，对食、住、行、游、娱、购六方面及其他方面所做的花费；狭义的旅游消费仅指旅游者对核心旅游产品的消费，即旅游者在旅游过程中花钱获得的特殊经历和体验，是满足旅游者离家外出审美和寻求愉悦的核心产品。

(二) 旅游消费者及旅游消费者行为

现代旅游从本质上来看就是一种消费活动。因此，毫无疑问，旅游者是消费者，可以称为旅游消费者。参照上文对消费、消费者、消费者行为、旅游消费及旅游者消费等所做出的定义，本书中的旅游消费、旅游者消费、旅游消费者、旅游消费者行为四个概念之间有了自洽的逻辑关系。

本书所提到的旅游消费者行为即旅游者消费行为，是指旅游者作为消费者的行为，是旅游者在现代旅游消费情境下的行为。总体来说，学者们对旅游者消费行为的界定基本上沿袭了消费者行为学对消费者行为的界定，认为消费者行为可以看成是由两部分构成：一是消费者的实际消费行为；二是消费者的购买决策过程。这两个过程相互渗透、互相影响，形成消费者行为的完整过程。上文已提及由于学界对旅游消费与旅游者消费概念存在混淆，致使对旅游者消费行为的界定也有类似情形。

课堂讨论 1-2

问题：请列举并讨论国内学界对旅游消费者行为的定义。
讨论要点：见本书附录。

本书认为，旅游消费者行为是指旅游者（旅游消费者）为了满足旅游愉悦的需要，选择并购买旅游产品的过程。这个过程包括出游前需要的产生、决策过程、在目的地的消费、购后评价四个主要环节。同时，旅游消费者行为的产生、兴起、进行、结束等整个过程都受到旅游者的心理及其所处的地理、社会、文化

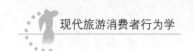

和经济环境等多种因素的影响,是一种具有综合性、边缘性、超常规性特点的体验活动。

第二节 旅游消费者行为研究的历史与现状

一、全球旅游消费者行为研究的历史与现状

据申葆嘉(1996)的梳理,国外最早见诸记载的旅游研究是1899年意大利政府统计局博迪奥的论文《外国人在意大利的移动及其花费的金钱》。这一论文实际上也是最早对旅游消费进行研究的文献。自此之后的很长一段时间,国际上的旅游研究,尤其是以欧洲为主导的旅游研究主要关注旅游者人数、消费能力等议题(申葆嘉,1996)。

据巴拉泰恩、派克和阿克塞尔森(Ballantyne, Packer, Axelsen, 2009)与夏普里(Sharpley, 2011)的梳理,虽然从在英文旅游学术刊物上发表的论文数量来看,与旅游消费者行为有关的研究已经位居国际旅游研究的主导地位,但自1899年至20世纪60年代末,旅游消费者行为的系统研究并未取得重要进展。这种情况的出现,一方面与旅游研究的整体发展历程与趋势有关(申葆嘉,1996),另一方面也与相关学科的学者如营销学者、心理学家并没有意识到旅游消费与其他有形产品的消费的差异有关。从20世纪70年代开始,随着全球旅游消费的强劲发展,营销学者、心理学家等逐渐意识到传统的营销理论、消费者行为理论并不能完全解释旅游消费者行为(孙九霞、陈钢华,2015),因此,一系列从心理学、营销学的理论和方法论视角介入旅游消费者行为研究的经典著作得以诞生,这也标志着旅游消费者行为研究开始蓬勃发展。这些理论进展集中在:感知与态度(分别见本书第二章和第四章)、旅游动机(见本书第三章)和旅游者购买决策模型(见本书第五章)等。

截至20世纪末,旅游消费者行为研究已经发展成为旅游学界一个新兴的、活跃的领域。研究者们采用心理学、社会学、人类学、营销学、计量经济学等理论和方法探究旅游消费者行为的全过程,剖析旅游消费者的感知、动机、期望、满意度、忠诚度等(孙九霞、陈钢华,2015)。吴清津(2006)总结了旅游消费者行为研究的三个发展趋势,分别是:①研究范围越来越广。例如,与旅游消费者行为相关的生态问题、信息处理问题、心理问题、目的地文化问题、权益保护问题,均纳入学者们的研究范畴。②跨学科发展。涉猎旅游消费者行为研究的学者,不仅有最早介入的心理学者、营销学者、旅游学者,还有管理学、经济学、社会学、人类

学、法学等学科的学者。③跨国界研究。考虑到旅游消费所具备的强烈的文化背景，近年来，不少研究开始致力探究不同文化背景下的旅游消费者行为的异同。因而，跨国界的研究，尤其是国际合作的研究，也成为一种新兴的趋势。例如，随着中国、日本、印度、韩国等亚洲国家经济的发展、消费水平的提升、旅游消费的兴起，越来越多的国际合作研究开始关注到非西方背景下的旅游消费者行为（Chen & Huang，2018a，2018b）。

21世纪以来，全球旅游消费者行为研究开始出现了一些新的变化。科恩、普拉亚格和默爱托（Cohen，Prayag，Moital，2014）对2000—2012年发表在三本国际顶级旅游刊物（*Annals of Tourism Research*、*Tourism Management* 和 *Journal of Travel Research*）上的论文进行分析后发现：其一，从研究的主要概念来看，旅游者满意度、信任度和忠诚度最受关注，随后依次是动机、感知、决策、态度与期望、自我概念与个性、价值等；其二，从研究语境来看，新兴市场的跨文化议题、较少关注的细分市场、旅游消费者的情绪最受关注，其后依次是消费者的不当行为及群体和共同决策。

科恩、普拉亚格和默爱托（Cohen，Prayag，Moital，2014）认为，目前英文文献呈现的旅游消费者行为研究，还存在以下四个方面的问题：其一，依然有不少的研究只是把其他研究领域的理论或模型简单地套用到旅游消费者行为研究领域。其二，虽然许多研究都探索同样的问题，例如，满意度对忠诚度的影响，但由于研究的语境、旅游消费者类型和目的地类型存在差异，使得这一研究领域的研究结果并不具备可比性，因而研究的理论进展缓慢。其三，虽然定量研究占据旅游消费者行为研究的主导，但由于实验研究（能够量化独立的刺激对行为响应的效应）尚处起步阶段，目前，不少因果关系研究的结论"错漏百出"。其四，很少有研究采用纵向比较、历时跟踪的研究设计来探究旅游消费者行为的历时变化过程及其原因。中国旅游消费者行为研究的理论贡献现状也不容乐观，具体见下文。

二、中国旅游消费者行为研究的历史与现状

在中国大陆，真正意义上的旅游发展始于1978年改革开放之后。相应地，旅游研究也始于1978年，至今已经走过了40年的历程。然而，在2000年之前，有关旅游消费者行为等需求侧的系统研究一直落后于旅游资源调查与开发、旅游规划、旅游公共管理（旅游政策）、文化旅游、旅游经济等供给侧的研究（Bao，Chen，Ma，2014；Huang & Chen，2015，2016）。例如，保继刚、陈钢华和马凌（Bao，Chen，Ma，2014）采用夏普里（Sharpley，2011）的主题分类框架，对1986年至2011年发表在《旅游学刊》上的所有论文的主题进行了分类统计，发现在2000年以前，"经济议题""旅游规划""目的地""文化旅游"等是颇受关注的研

究议题。虽然"游客/访客研究"也占据了较高的比例，但大部分的研究并非系统地关注旅游消费者行为。在2000年之后，"游客/访客研究"更加受到关注，相关论文发表数量也日渐增加。在1986年至2011年之间，"游客/访客研究"的论文数高达794篇，占所有论文数的13.3%，占比与"经济议题"的论文一样（参见知识链接1-1）。

在其他学者的研究中，上述趋势同样得到了验证。例如，黄松山和陈钢华（Huang & Chen, 2016）的研究发现，在2015年《旅游学刊》所发表的129篇正式论文中，关于"旅游者行为"这一主题的论文有22篇，占17%，是占比最高的研究主题。更具体而言，这些研究关注到旅游者行为意向（4篇）、感知（4篇）、雾霾感知（2篇）、情绪与情感体验（2篇）、环境行为（2篇）和出游决策（2篇）等。另外，保继刚、陈钢华和金欣等（Bao, Chen, Jin, 2018）对四本国际旅游期刊（*Annals of Tourism Research*、*Tourism Management*、*Journal of Travel Research*和*Journal of Sustainable Tourism*）自1979年至2015年间发表的有关中国（大陆）旅游的257篇论文的主题进行分类后发现，"旅游消费者行为"研究是发表论文数量占比最高（28%）的领域，排名第二的是"旅游经济、预测与产业发展"（10.1%）和"旅游治理、政治与政策"（10.1%）（参见知识链接1-2）。

在最近一项有关中国国内旅游研究演化的研究中，黄松山、陈钢华、罗鲜荣和保继刚（Huang, Chen, Luo, Bao, 2019）对2000年至2015年发表在《旅游学刊》的2078篇论文进行了主题和方法分析，发现：①在研究主题上，中国旅游研究的聚焦点经历了从产业供给议题向市场需求（消费者行为）议题的转变；②基于实证主义和后实证主义范式的定量研究越来越多。

如上文所述的英文文献呈现的旅游消费者行为研究进展与存在的问题，同样适用于中国的相关研究实践。例如，黄松山和陈钢华（Huang & Chen, 2015）对国内四本与旅游相关的学术刊物（《旅游学刊》《旅游科学》《经济地理》和《人文地理》）在2006年至2013年之间所发表的旅游消费者行为研究的文献进行分析发现，虽然这一领域在过去的八年中取得了不少进展，例如，发表文献数量不断增加、研究视野不断拓宽、研究方法不断多元化等，但理论贡献十分罕见。大部分的研究都在重复英文学界已经开展的研究，或套用已发表论文中的理论和模型，或只是简单地对旅游消费者行为和现象进行描述，缺少高质量的理论检验和理论建构的成果，因而这一研究领域内理论贡献的进展十分缓慢（参见知识链接1-3）。

知识链接1-1 《旅游学刊》所载论文反映出的中国旅游研究进展：1986—2011

2014年，保继刚、陈钢华和马凌（Bao, Chen, Ma, 2014）在*Annals of Tourism Research*发表论文，对改革开放30多年以来中国大陆的旅游研究进行回顾与反思。其中，他们分析了1986年至2011年间《旅游学刊》所载的5959篇论文的主题并进行了分类。如表1-1所示，在所有论文中，"经济议题"（13.3%）与"游客/访客研究"（13.3%）是最受关注的领域，紧随其后的是"旅游影响"（8.4%）、"文化旅游"（8.2%）、"目的地"（7.0%）、"研究方法与议题"（6.2%）和"旅游规划"（5.5%）等。

表1-1 1986年至2011年《旅游学刊》所载论文的主题分类

（单位：篇）

研究主题	1986—1990	1991—1995	1996—2000	2001—2005	2006—2011	总计 数量	总计 百分比（%）
游客/访客研究	93	108	125	125	343	794	13.3
目的地	9	20	32	74	285	420	7.0
旅游规划	23	37	46	96	124	326	5.5
营销	3	13	33	50	125	224	3.8
文化旅游	41	57	98	72	219	487	8.2
经济议题	88	115	168	125	299	795	13.3
旅游影响	26	29	48	81	316	500	8.4
旅游趋势	11	16	19	51	91	188	3.2
研究方法与议题	8	6	21	79	253	367	6.2
接待业	10	9	10	2	12	43	0.7
生态旅游	2	4	64	64	81	215	3.6
可持续发展	0	1	52	49	106	208	3.5
特殊事件	1	2	5	4	42	54	0.9
交通	27	15	18	13	42	115	1.9
管理	34	25	70	48	47	224	3.8
人力资源	1	1	18	14	12	46	0.8
环境解说	0	0	1	2	1	4	0.1
旅游政策	17	23	20	25	74	159	2.7
旅游教育/研究	22	20	93	110	97	342	5.7
商务旅游	2	8	33	10	32	85	1.4

续表1-1

研究主题	1986—1990	1991—1995	1996—2000	2001—2005	2006—2011	总计 数量	总计 百分比（%）
体育旅游与休闲	5	10	15	35	140	205	3.4
社区、主客关系	15	15	14	37	77	158	2.7
总计	438	534	1003	1166	2818	5959	100

虽然在所有论文中，以"游客/访客研究"为代表的旅游需求侧的研究所占比重较大，但实际上，中国大陆旅游学界对需求侧的系统关注主要始于2000年之后。例如，在1996—2000年期间，只有108篇论文是与"游客/访客研究"相关的，而"经济议题"的论文则有168篇，"文化旅游"的论文有98篇，"旅游规划"的论文46篇。但在2001—2005年期间，尤其是2006—2011年期间，有关"游客/访客"的论文增长迅速，分别有125篇和343篇论文。

知识链接1-2　　　　海外中国旅游研究进展：1979—2015

2018年，保继刚、陈钢华和金欣（Bao, Chen, Jin, 2018）在 *Journal of China Tourism Research* 发表论文，对1979年至2015年在四本国际顶级旅游期刊（*Annals of Tourism Research*、*Tourism Management*、*Journal of Travel Research* 和 *Journal of Sustainable Tourism*）上发表的有关中国旅游的257篇论文进行了主题分析。这些论文的作者都是在中国以外的国家和地区工作的学者。作者全部是中国学者的论文不纳入统计分析。如表1-2所示，在所有论文中，占比最高的主题是"旅游消费者行为"（28.0%），紧接着的分别是"旅游经济、需求预测与产业发展"（10.1%）和"旅游治理、政治与政策"（10.1%）。此外，有关中国的"社区旅游/主客关系"（8.6%）、"区域旅游、目的地发展与旅游规划"（7.8%）和"旅游影响与居民感知"（5.8%）的研究也较受青睐。这些备受海外中国旅游研究者和期刊青睐的研究选题，也反映出了中国旅游发展的趋势和关注点的变化，以及海外学界和业界对中国旅游研究的兴趣之焦点所在。例如，随着中国出境旅游市场的蓬勃发展，越来越多的海外旅游目的地都在"盯着"中国出境旅游者群体。因此，这方面的研究获得了越来越多的关注。再如，过去40年中国令人瞩目的旅游发展实践和成就，也吸引着许多海外研究者的目光。他们想了解和解释中国迅猛的旅游发展及背后的动力机制、治理体系和政策环境等。所以，"旅游经济、需求预测与产业发展"和"旅游治理、政治与政策"也受关注。在上述四本期刊中，发表有关中国

"旅游消费者行为"论文最多的期刊是 Tourism Management，累计有34篇；发表中国"旅游消费者行为"论文占比最高的期刊是 Journal of Travel Research，为34.0%。这在一定程度上取决于期刊选题和风格。例如，Journal of Travel Research 致力于发表有关旅行与旅游行为、目的地营销与管理的成果。

表1-2 海外中国旅游研究进展：1979—2015

研究主题	Annals 数量（篇）	Annals 比例（%）	JoST 数量（篇）	JoST 比例（%）	JTR 数量（篇）	JTR 比例（%）	TM 数量（篇）	TM 比例（%）	总计 数量（篇）	总计 比例（%）
旅游消费者行为	13	22.0	4	14.8	17	34.0	38	31.4	72	28.0
旅游经济、需求预测与产业发展	2	3.4	0	0.0	9	18.0	15	12.4	26	10.1
旅游治理、政治与政策	9	15.3	4	14.8	2	4.0	11	9.1	26	10.1
基本概念、理论与方法议题	6	10.2	2	7.4	1	2.0	2	1.7	11	4.3
社区旅游/主客关系	4	6.8	4	14.8	6	12.0	8	6.6	22	8.6
目的地形象、品牌与营销	3	5.1	0	0.0	0	0.0	2	1.7	5	1.9
生态旅游与可持续发展	1	1.7	5	18.5	1	2.0	1	0.8	8	3.1
遗产利用/保护和世界遗产地	0	0.0	3	11.1	0	0.0	2	1.7	5	1.9
酒店与餐馆	0	0.0	0	0.0	3	6.0	4	3.3	7	2.7
人力资源议题与旅游教育	3	5.1	0	0.0	1	2.0	4	3.3	8	3.1
节事研究	0	0.0	0	0.0	0	0.0	3	2.5	3	1.2
区域旅游、目的地发展与旅游规划	4	6.8	1	3.7	3	6.0	12	9.9	20	7.8
研究回顾	0	0.0	1	3.7	0	0.0	1	0.8	2	0.8
乡村旅游	1	1.7	0	0.0	0	0.0	0	0.0	1	0.4
特殊形式与特殊兴趣旅游	1	1.7	0	0.0	2	4.0	0	0.0	3	1.2
旅游影响与居民感知	7	11.9	3	11.1	0	0.0	5	4.1	15	5.8
旅游营销（总体）与市场分析	4	6.8	0	0.0	3	6.0	6	5.0	13	5.1

续表1-2

研究主题	Annals		JoST		JTR		TM		总计	
	数量（篇）	比例（%）	数量（篇）	比例（%）	数量（篇）	比例（%）	数量（篇）	比例（%）	数量（篇）	比例（%）
旅游企业管理（总体）	0	0.0	0	0.0	0	0.0	3	2.5	3	1.2
信息、电子商务、社交媒体与在线表征	0	0.0	0	0.0	0	0.0	2	1.7	2	0.8
旅游景区管理与门票	0	0.0	0	0.0	1	2.0	0	0.0	1	0.4
其他	1	1.7	0	0.0	1	2.0	2	1.7	4	1.6
总计	59	100.0	27	100.0	50	100.0	121	100.0	257	100.0

注：Annals = Annals of Tourism Research，JoST = Journal of Sustainable Tourism，JTR = Journal of Travel Research，TM = Tourism Management。

知识链接1-3　　中国旅游消费者行为研究：主题、方法与理论贡献

黄松山和陈钢华（Huang & Chen，2015）对国内四本与旅游相关的学术刊物（《旅游学刊》《旅游科学》《经济地理》和《人文地理》）在2006年至2013年之间所发表的208篇旅游消费者行为研究的论文进行分析后发现：如表1-3所示，"旅游者感知/认知"是关注度最高的细分领域（53篇/25.48%），其次是"行为意向"（39篇/18.75%），聚焦在满意度评价、测量和影响因素的论文有30篇（14.42%），关注旅游者"需要、动机、期望"的论文有22篇（10.58%）。

表1-3　中国旅游消费者行为研究的主题分类：2006—2013

（单位：篇）

研究领域	《旅游学刊》	《旅游科学》	《人文地理》	《经济地理》	小计
旅游者行为跨文化比较	3	3	0	0	6
满意度*	19	2	6	3	30
旅游者感知/认知	21	15	11	6	53
需要、动机、期望	12	7	2	1	22
行为意向	22	10	4	3	39
旅行和旅游的裨益	2	0	0	0	2
旅游者之间的互动	2	0	1	0	3

续表 1-3

研究领域	《旅游学刊》	《旅游科学》	《人文地理》	《经济地理》	小计
旅游者权力和权利	2	0	0	0	2
就餐和购物行为	2	1	3	0	6
决策和目的地选择	5	4	2	3	14
空间行为	6	1	1	0	8
地方感/地方依恋	0	0	5	1	6
其他	6	4	4	3	17
总计	102	47	39	20	208

* "满意度"仅指聚焦在满意度评价、测量和影响因素的研究,将满意度作为中介变量的研究归为"行为意向"一类。资料来源:Huang & Chen, 2015。

从表 1-4 中可以发现,在 2006 年至 2013 年间,中国大陆的旅游消费者行为研究主要采用复杂统计方法,包括使用结构方程模型(SEM)和其他数理统计方法(如因子分析、回归分析等)。不可忽视的是,还是有不少论文(并非概念性/基础研究)采用的是纯粹的描述或简单的数理统计(如百分比、平均数等)研究方法。

表 1-4 中国旅游消费者行为研究的方法分类:2006—2013

(单位:篇)

	《旅游学刊》	《旅游科学》	《人文地理》	《经济地理》	小计
纯粹描述/简单数理统计	12	6	4	2	24
概念性/基础研究	9	2	2	0	13
复杂统计分析(结构方程模型)	30	12	7	3	52
复杂统计分析(非结构方程模型)	29	26	28	17	100
定性研究	2	2	0	0	4
混合方法	10	5	0	0	15
总计	92	53	41	22	208

资料来源:Huang & Chen, 2015。

与此同时,黄松山和陈钢华(Huang & Chen, 2015)借鉴科尔奎特和萨帕塔-

费伦（Colquitt & Zapata-Phelan，2007）提出的分析框架，建立起一个适用于分析中国大陆旅游消费者行为学理论贡献的框架，并对中国大陆旅游消费者行为研究的理论贡献进行了分析。研究发现：

（1）在181篇实证研究论文（不包含24篇"纯粹描述/简单数理统计"的论文和13篇"概念性/基础研究"论文）中，只有45篇论文最终纳入理论贡献的评估，因为仅这45篇论文是理论导向（理论驱动）的。

（2）在45篇论文中，有33篇被界定为"报告型论文"（reporters）。所谓的"报告型论文"是指在理论建构（theory building）和理论检验（theory testing）两个方面得分都很低（在5点的评分中得1分或2分）的实证研究论文。具体而言，这类论文在理论建构方面尝试着检验在之前的理论建构尝试中已经检验过的关系或效应，或者重复以往研究已经证实过的效应（关系）；在理论检验方面，这类论文是归纳性的，或者将假设（预测）建立在逻辑臆测上，或者将假设（预测）扎根于对以往研究的简单参考中（所谓的以往文献往往成为"烟雾弹"）。

（3）在45篇论文中，有12篇被界定为"合格型论文"（qualifiers）。所谓的"合格型论文"是指在理论建构和理论检验两个方面得分都符合基本要求（在5点的评分中得2.5分或3.5分）的实证研究论文。一般而言，这种论文在理论建构方面会在原有的关系或者效应的模型中引入新的有意义的中介变量或调节变量，在理论检验方面会将假设（预测）深扎于现有研究结论的概念性冲突、矛盾、争论中或者深扎于现有理论模型中。

（4）此外，还有另外三种论文（研究贡献）类型，它们分别是："理论建构型论文"（testers）、"理论检验型论文"（builders）和"理论拓展型论文"（expanders）。具体而言，"理论建构型论文"是指在理论检验方面的贡献很小（目的并不在于对现有理论的适用性进行检验；在理论检验的5点评分中得1分或2分），但在理论建构方面做出了很大贡献的论文。这种较强的理论建构的贡献主要体现在：其一，检验了之前未曾研究检验过的关系（效应、过程）；其二，引入了新的构念（或实质性地重新概念化了现有的构念）。类似地，"理论检验型论文"是指在理论建构方面的贡献很小（目的并不在于进行理论的建构；在理论建构的5点评分中得1分或2分），但在理论检验方面做出了很大贡献（在理论检验的5点评分中得4分或5分）的论文。这种较强的理论检验贡献主要体现在将假设（预测）深深地扎根于现有理论中。"理论拓展型论文"则指在理论建构和理论检验两方面都做出了很大贡献（在理论检验和理论建构的5点评分中均得4分或5分）的论文。很遗憾的是，在2006—2013年发表于国内四本学术刊物的旅游消费者行为学论文无一属于上述三种论文类型中的一种。

第三节 旅游消费者行为研究的理论基础

一、心理学理论

心理学学科的发展历经了一百多年,已经形成了相应的不同分支。然而,到底心理学下设有哪些分支学科,国内外学界并没有统一的认识。不同的学术机构对心理学的学科分类有不一样的界定。从主流的分类来看,心理学(一级学科)分为基础心理学和应用心理学两个二级学科。按照叶奕乾、何存道和梁宁建(2004)的观点,基础心理学分为普通心理学、实验心理学、认知心理学、发展心理学、生理心理学、社会心理学、变态心理学、人格心理学;应用心理学分为教育心理学、管理心理学、消费心理学、工业心理学、心理咨询学、法律心理学、心理测量学、临床心理学。

不论分支学科如何划分,心理学对个体的研究包括人的动机、知觉、态度、个性、情绪、学习过程等。心理学对消费者行为的研究把消费者购买行为中的心理现象作为其研究的侧重点,并认为消费者是一个心理、意识和行为融为一体的个体,消费者行为是消费者消费心理和消费需求不断满足的过程。因此,心理学的理论和研究方法为我们更好地理解旅游消费者行为提供了帮助,有助于我们理解旅游者的需要,对各种旅游产品的特点和产品信息的反应,以及人们的个性特点、以往的经历对人们做出各种选择及各种决策的影响方式(陈钢华,2016)。下文将简要介绍与旅游消费者行为研究息息相关的普通心理学、社会心理学、认知心理学、人格心理学、发展心理学、环境心理学以及它们在旅游消费者行为研究中的应用现状与前景。

(一)普通心理学

普通心理学是心理学的主干分支学科,研究对象是一般正常人的心理现象及其基本规律。研究的具体内容包括:心理动力、心理过程、心理状态和个性心理四个方面。心理过程及其机制、个性心理特征的形成过程及其机制、心理过程和个性心理特征相互关系的规律性是普通心理学研究的核心内容。普通心理学的这些研究内容,在旅游消费者行为学研究中也有一些体现。例如,加拿大政府旅游局在揭示不同个性品质与旅游行为之间的关系时发现,两者在交通工具、旅游目的地、旅游活动内容以及季节等选择上高度相关,表明个性品质会影响旅游者消费行为(孙九霞、陈钢华,2015)。也有研究表明,旅游者的个性特征会影响到他们对网络信息的搜索和利用程度，进而会影响到旅游者决策（Fodness，1994）。

（二）社会心理学

社会心理学是研究个体和群体的社会心理现象的心理学分支。个体社会心理现象指受他人和群体制约的个人的思想、感情和行为，如人际知觉、人际吸引、社会促进和社会抑制、顺从等。群体社会心理现象指群体本身特有的心理特征，如群体凝聚力、社会心理气氛、群体决策等。一般认为，社会心理学创立于1908年。那一年，美国社会学家罗斯（E. A. Ross）的《社会心理学》和英国心理学家麦独孤（William McDougall）的《社会心理学导论》不约而同地发表。社会心理学基于心理学和社会学两个学科，拥有两个学科的许多基础理论，因而也存在两种不同的研究取向：社会学的社会心理学和心理学的社会心理学。通常情况下，学者们将基于心理学理论和实证方法的社会心理学内容叫作"心理—社会心理学"；把基于社会学理论和实证方法的社会心理学内容叫作"社会—社会心理学"。在少数场合，"社会心理学"一词则被理解为"心理—社会心理学"与"社会—社会心理学"研究成果的综合。尽管存在两种研究取向，但毫无疑问，普遍的看法是，社会心理学是心理学的分支学科。

乐国安（2009）将社会心理学的研究对象划分为四个领域：其一，个体的心理及行为，包括研究人的社会化、自我与同一性、社会动机、社会感觉和认知以及态度的改变；其二，社会交往和互动的心理及行为，包括研究人际吸引和人际关系、人际沟通、社会影响、符号与语言等；其三，群体心理及行为，包括研究群体气氛与群体成员行为之间互相影响、群体的凝聚力和一致性、群体的目标和规范、群体的结构和互动、领导活动和领导效力等；其四，社会心理学的应用，主要是运用社会心理学的研究成果指导具体的实践，例如，在管理、教育、司法实践中的运用。

在旅游消费者行为研究领域，运用社会心理学相关理论和知识开展的研究涉及：旅游者的出游动机（社会交往动机），旅游者的社会感知与认知，旅游者的身份、认同，背包客[①]群体成员间的相互影响，背包客群体的互动，背包客感知的个人发展与变化（如自我意识、社会交往）（陈钢华，2016）。应该说，社会心理学的理论和知识，在旅游消费者行为学研究中得到了非常广泛的运用，也有着相当可观的应用前景。

---

① 背包旅行（backpacking），主要指背着高过头的大背包作为行李而开展的长途跋涉的旅行。这一类旅行者也因此被称为背包客（backpacker）。

（三）认知心理学

认知心理学是一门研究认知及行为背后之心智处理（包括思维、决定、推理与一些动机和情感的程度）的心理科学。认知心理学包括了广泛的研究领域，旨在研究记忆、注意、感知、知识表征、推理、创造力及问题解决的运作。认知心理学是最新的心理学分支之一，自20世纪50年代至60年代间才发展起来。其中，1956年被认为是认知心理学发展史上的重要年份。这一年，几项心理学研究都体现了心理学的信息加工观点。例如，乔姆斯基（A. N. Chomsky）的语言学理论，纽厄尔（A. Newell）和西蒙（H. A. Simon）的"通用问题解决者"模型。"认知心理学"第一次在出版物中出现，是在1967年奈瑟尔（U. Neisser）的新书中。布罗德本特（Donald E. Broadbent）于1958年出版的《知觉与传播》一书则为认知心理学的研究取向打下了重要基础。此后，认知心理学研究取向的重点便在于布罗德本特所指出的认知的信息处理模式——一种以心智处理来思考与推理的模式。由此，思考与推理在人类大脑中的运作便与电脑软件在电脑里运作相似。认知心理学理论时常谈到输入、表征、计算或处理以及输出等概念。这种理解心智运作的方式在过去数十年变得非常普遍。这些比喻常见于社会心理学、人格心理学、变态心理学和发展心理学中。认知心理学理论的最新应用广及动物认知研究的比较心理学领域。认知心理学与以往心理研究取向具有不同之处。认知心理学使用系统化的科学方法，拒绝接受内省的研究方式，这与弗洛伊德（S. Freud）心理学的现象学研究方法不同。并且，认知心理学认定内在心理状态（如信仰、欲望和动机）的存在，这一点与行为主义心理学不同。

在旅游心理学和旅游消费者行为研究领域，认知心理学影响深远（陈钢华，2016）。主要的领域集中在旅游者的感知和认知方面，尤其是在旅游者对目的地的形象感知、距离感知、安全与风险感知、旅游城市色彩意象认知（参见同步案例1-1）、空间意象认知、手绘认知地图等方面取得了不少成果。但比较遗憾的是，目前旅游心理学、旅游消费者行为学的研究还没有系统地关注到旅游者的记忆、注意、推理等方面。主要原因可能在于，上述领域主要是采用实验研究的方法，而旅游研究由于研究对象（旅游者）的流动性，较难、较少采用实验研究方法。

同步案例1-1　　旅华美国游客对目的地城市的色彩意象认知

白凯（2012）运用认知心理学的理论和方法，对来华美国旅游者对中国旅游城市的色彩意象认知进行了研究。相关的概念介绍如下：色彩又称颜色，是不同波长的光进入我们眼睛所产生的感觉。色彩意象是一种心理属性大于物理属性的色彩感情，同时会受到种族、文化背景、习俗等因素的影响，尤其是文化背景的影响最大。色彩意象是人们对色彩的综合看法。认知是一种心理机制，是指人们对事物的知晓经历。这一研究发现：①旅游吸引物和旅游者偏好是目的地色彩意象认知的核心影响因素。②目的地城市的环境是旅游者对目的地色彩意象认知加工的必要条件。③旅游经历和人际影响加深了旅游者的目的地色彩意象认知。

（四）人格心理学

人格心理学为心理学的分支之一，可简单定义为研究一个人所特有的行为模式的心理学。"personality"一般都会被译作"个性"，心理学学界则普遍把它译为"人格"。"人格"不单包括性格，还包括信念、自我观念等。准确来说，"人格"是指一个人一致的行为特征的群集。人格的组成特征因人而异。因此，每个人都有其独特性。这种独特性使得每个人面对同一情况，都可能有不同反应。人格心理学家会研究人格的构成特征及其形成，从而预计它对塑造人类行为和人生大事的影响。

1. 人格心理学的理论学派

人格的形成受到不同因素的影响，因而发展出不同的分析理论，包括精神分析论、社会认知论、人本主义观点及生物学派等。①精神分析论。根据心理动力学（psychodynamics），精神分析学家弗洛伊德指出人格可分成三个层次，即意识、前意识及潜意识。他还提出人格结构中的本我、自我和超我来解释以上三个层次。②社会认知论。社会认知论（social cognitive theory）的提出者是心理学家班杜拉（A. Bandura）。他指出，人的行为不但受个人控制，亦受环境和外在社会因素影响，即"相互决定论"。他提出个人自我效能（self-efficacy）的高低会影响他适应生活及克服障碍的能力，而根据社会学习理论，个人的观察学习能力亦对性格形成和发展有所影响。③人本主义观点。以马斯洛（A. H. Maslow）为首的人本主义认为，个人有五种天生的需求层次，而满足这些需求的行为就是从学习中得来的。人格受先天、后天学习、遗传等各种因素影响。④生物学派。生物学派认为，人格的特质会通过遗传影响子女，亦关乎大脑的生理构造，并非只受个人经验影响。心理学家艾森克（H. J. Eysenck）认为，人格可分为三大维度，即外向与内向、神经质倾向和精神症状倾向。

2. 人格特质理论

人格特质（personality trait）可理解为特定的人格元素，用以描述一个人的感觉、思考及表现方式。人格特质可从行为中推论出来，具有相当的统合性与持久性。从古至今，心理学家对于人格分类都有着不同的见解，但近年来，"人格大五模型"（"Big Five" model）开始被广泛运用。它列出了五种普遍的人格特质：外向性（extraversion）、神经质（neuroticism）、宜人性（agreeableness）、责任心（conscientiousness）和开放性（openness to experience）。人格特质可以从人格心理测验（personality test）中推断出来。这种测验是利用客观化和标准化的测量工具对个人施测。

人格心理测验可分为客观与主观两大类。①客观测验（objective test）会以特定的问卷形式进行，近期较为普及的有"明尼苏达多项人格问卷"[①]"艾森克人格问卷"[②]（参见知识链接1-4）。②投射法测验（projective test）以动力心理学为基础，用抽象的方式去推测人的潜意识思想。例如，"洛夏墨迹测验"（Rorschach Inkblot Test）和"主题统觉测验"（Thematic Apperception Test，TAT）两者都被广泛地应用于人格研究中。

人格心理学在旅游研究尤其是旅游消费者行为学的研究中获得了较多运用（陈钢华，2016），主要集中于研究旅游者的人格[③]、旅游目的地品牌个性（destination personality）等。在测量工具方面，"艾森克人格问卷"和"人格大五模型"的运用最为广泛。

知识链接1-4　艾森克人格问卷简式量表中国版（EPQ—RSE）

"艾森克人格问卷简式量表中国版"（Eysenck Personality Questionnaire—Revised Short Scale for Chinese，简称EPQ—RSC）是由钱铭怡、武国城、朱荣春和张莘（2000）在修订过后的简版"艾森克人格问卷"（EPQ—RS）的基础上，针对中国人的特点修订而成的量表。

这一量表包括4个分量表，每个分量表含12个项目。其中一个分量表（Neuroticism scale，中文称"N量表"，又称"神经质量表""情绪不稳定性量表"）曾被国内旅游学者的研究（Chen，Bao，Huang，2014b）采纳，用于验证他们自主开发的背包客感知个人发展量表的效度。

这一分量表（Neuroticism scale）的12个测量项目，如图1-1所示。

[①] "明尼苏达多项人格问卷"（Minnesota Multiphasic Personality Inventory，MMPI）创立于1942年，并且在1989年发行修订版（MMPI-2），以18岁或以上的成年人为对象。

[②] "艾森克人格问卷"（Eysenck Personality Questionnaire，EPQ）是由英国心理学家艾森克编制的一种自陈量表，是在《艾森克人格调查表》的基础上发展而成的；20世纪40年代末开始制订，1952年首次发表，1975年正式命名；有成人问卷和儿童问卷两种格式。

[③] 例如，陈钢华、保继刚和黄松山（Chen，Bao，Huang，2014b）的研究就曾采用"艾森克人格问卷"等其他成熟的量表与自主开发的背包客个人发展感知量表一起，对背包客进行测验，以验证背包客个人发展感知量表的效度。

	是	否
1. 你的情绪是否时起时落？	□	□
2. 你是否会无缘无故地感到"很惨"？	□	□
3. 你是个容易被激怒的人吗？	□	□
4. 你的感悟容易受伤害吗？	□	□
5. 你是否时常感到"极其厌倦"？	□	□
6. 你认为自己是一个胆怯不安的人吗？	□	□
7. 你是个忧心忡忡的人吗？	□	□
8. 你认为自己是个神经紧张或"弦绷得过紧"的人吗？	□	□
9. 在经历了一次令人难堪的事之后，你是否会为此烦恼很长时间？	□	□
10. 你是否因自己的"神经过敏"而感到痛苦？	□	□
11. 你是否时常感到孤独？	□	□
12. 你是否时常被负疚感所困扰？	□	□

图 1-1　Neuroticism scale 的 12 个测量项目

（五）发展心理学

发展心理学主要是研究人类随着年龄的增长在发展过程中的心理转变，是心理学的分支之一。这当中包括了儿童的心理与成人的差异、儿童的心理发展过程，以及当儿童有心理障碍时应当如何处理。过去的学者把儿童心理学等同于发展心理学，原因是当时人类的平均寿命都不超过 50 岁，很多人在 30～40 岁期间因为战乱或疾病而离世。根据著名发展心理学家桑托洛克（Santrock）的理论，在当时的心理学家看来，一般人的心理发展在成年以后就不再改变。所以，当时的发展心理学只着重于儿童的心理发展。不过，随着人类的平均寿命增长，以及社会变得复杂化，心理学家开始发现人类在成年以后，心理状况亦会继续发展。所以，近年来，有关成年人及老年人心理发展的研究开始如雨后春笋般涌现。之后，不少人开始以整体全面的角度来考察人生的心理发展，成为今日的"毕生发展心理学"（Life-span Developmental Psychology）。

从学科的属性来看，发展心理学成型于教育心理学、儿童心理病理学及法证发展心理学的集合。发展心理学亦补充了下列各心理学分支学科的研究范畴：社会心理学、认知心理学、环境心理学、比较心理学。发展心理学可以依据发展的阶段再细分如下：幼儿心理学、儿童心理学、青年心理学、老年心理学。近年来，由于对胎儿期及壮年期的研究增加，开始有这两个类别的专门研究出现。特别值得指出的是，桑托洛克的 *A Topical Approach to Life-Span Development*[①] 一改传统上发展心理学依据年龄作为主线来组织内容的方式，而以不同的发展领域作为切入点来呈现毕生发展过程，跨越了从胎儿期到老年期毕生发展的各个不同阶段，讨论了从个人、家庭到社会文化环境等各种影响毕生发展过程的因素，涵盖了个体的生物基础、认知过程、情绪与社会性发展等各个领域，囊括了从20世纪经典研究到21世纪关于毕生发展的最新成果。在国内心理学界，雷雳所著《毕生发展心理学：发展主题的视角》（中国人民大学出版社2014年版）也尝试着从主题的视角组织发展心理学知识的呈现。

从主题的视角来看，发展心理学、毕生发展心理学的主要关注领域有：身体发展的适应、运动技能、认知能力、智力与学习、语言能力、人格与社会性、情绪与依恋、自我与社会认知、心理性别与性、道德与行为、同伴与友谊、爱情与婚姻、家庭关系、工作与休闲以及死亡。

从旅游消费者行为学的角度来看，最值得关切的问题是，旅游体验作为一种短暂的异地休闲愉悦活动，能影响人的心理发展吗？如果有，这种影响有多大？现有研究主要关注一些特殊兴趣群体所感知的个人发展与个人变化，例如，以色列背包客感知的个人变化、中国台湾地区志愿者在大陆从事志愿体验的心路历程与变化感知、中国大陆背包客感知的个人发展（如能力、技能、情绪、自我意识和世界观）（参见本书第九章）。值得注意的是，澳大利亚詹姆士·库克大学的菲利普·皮尔斯教授（Philip Pearce）长期致力于研究旅游体验对个人的裨益，在这一领域做了非常多积极的探索（陈钢华，2016；吴茂英、Pearce，2014；Filep & Pearce，2014）。可以预见，随着旅游者体验的不断深化，旅游体验对旅游者个人心理的影响也会不断深化和复杂化。在这一领域，发展心理学在旅游消费者行为学中的应用前景十分广阔（参见知识链接1-5）。

[①] 亦可见中文译本《毕生发展》（第3版），上海人民出版社2009年版。

知识链接 1-5　　　　　积极心理学与旅游者的畅爽体验

积极心理学（positive psychology）是20世纪末全球心理学界兴起的一个研究领域。早在1999年，时任美国心理学会（American Psychology Association，APA）主席的马丁·塞里格曼（Martin Seligman）在美国心理学会的一次会议上指出，面对新世纪，心理学研究内容迫切需要多元化和深化。塞里格曼还指出："我们发现人类本身所具有的一系列优势最能够帮助我们抵御种种精神疾病，比如：勇气、乐观、人际交往的能力，工作道德，希望，诚实和坚持。这样，如何抵御精神疾病在很大程度上就转变为如何创建一门关于人性优势的科学，这门科学将主要致力于帮助年轻人培养这些品质。"从以上所述可以发现，积极心理学是心理学的一个最新分支，"研究能使个人和社区繁盛的力量和美德"。积极心理学家希冀"发现与培养天才和能力"，并"使正常的生活更充实"，而不仅仅是治疗精神病。积极心理学关注三个层面的研究：①在主观层面上，研究积极情绪（positive emotion）的主观体验，体现在对过去的满足和幸福感、对现在的快乐和幸福感以及对未来的希望和乐观主义；②在个人层面上，研究积极的个人特质（positive personality），包括爱的能力、工作的能力、勇气、人际交往技巧、对美的感受力、毅力、宽容、创造性、关注未来、灵性、天赋和智慧等；③在群体层面上的积极的组织系统（positive institutions），主要研究如何创造良好的社会环境以促使个体发挥其人性中的积极层面，使个体成为具有责任感、利他主义、有礼貌、宽容和有职业道德的公民，进而提升组织的效能。

旅游本质上是一种异地体验，旅游者的情绪情感尤为重要，因而与积极心理学有着天然的联系（吴茂英、Pearce，2014）。目前，积极心理学在旅游学中的应用也关注到了旅游者的畅爽体验（flow）。在关注旅游体验的裨益时，"畅爽"是核心的领域。这种畅爽体验体现在如下方面（吴茂英、Pearce，2014）：①涉及志愿者全身心投入志愿活动时带来的强烈的自我激励感；②旅游促进畅爽体验，因为与畅爽体验的9个维度（挑战技能平衡、行为和知觉的融合、目标明确、及时反馈、全神贯注、潜在控制感、"忘我"、时间扭曲感、以自身为目的的体验）具有相通性；③旅游解说中的幽默运用使旅游者更加投入、更加放松，从而完成高难度的挑战游戏。此外，背包旅行的体验，也可以实现"畅爽"，能够缓解出行前的焦虑和压力、调节出行前的不良情绪、应对出行前所受的挫折，还能够提升背包客的个人技能、能力，提升自我意识，改变世界观、价值观、人生观（Chen, Bao, Huang, 2014b）。这些"改变"绝非蜻蜓点水式、走马观花式的旅游体验能实现的，而是需要全身心投入、关注、参与的"畅爽"体验（吴茂英、Pearce，2014）。

（六）环境心理学

环境心理学是研究环境与人的心理和行为之间关系的一个应用社会心理学领域，又称"生态心理学"。环境心理学研究的环境，虽然也包括社会环境，但主要是指物理环境，包括噪音、拥挤、空气质量、温度、建筑设计、个人空间等。环境心理学是从工程心理学或工效学发展而来的。工程心理学研究人与工作、人与工具之间的关系，把这种关系推而广之，即成为人与环境之间的关系。在研究人与环境的关系方面，环境心理学与人文地理学有着某些共同点。环境心理学之所以成为社会心理学的一个应用研究领域，是因为社会心理学研究社会环境中的人的行为，而从系统论的观点看，自然环境和社会环境是统一的，二者都对行为发生重要影响。虽然有关环境的研究很早就引起人们的重视，但环境心理学作为一门学科是20世纪60年代以后的事情。

根据《环境心理学》（*Journal of Environmental Psychology*）、《环境与行为》（*Environment and Behavior*）这两本环境心理学领域的SSCI期刊所发表论文的主题范围，可以发现环境心理学主要关注：人类对环境的认知、感受、依恋和认同，人类行为的生态后果，环境变迁背景下人类行为的变化，人对环境恢复性的感知以及与环境相关的休闲与旅游行为。

运用环境心理学的相关理论与知识来开展旅游领域的环境心理相关研究，是近年来的一个热点领域（陈钢华，2016；Chen, Huang, Zhang, 2017）。目前，旅游相关领域的环境心理学研究主要集中于描述、解释、预测旅游者的地方感和旅游者感知的环境恢复性（参见知识链接1-6）等。以旅游者的环境恢复性感知为例，目前的研究在研究问题上，还亟待对影响因素及影响机制的系统关注；在研究方法上，实地调查、测量工具验证是关键和基础；在所研究的环境类型上，旅游度假区作为一类特殊的消费空间（自然条件与人工因素相结合的环境）的恢复性，亟待更多、更系统的学术研究（更多内容参见本书第二章）。如上所述，旅游领域的环境心理学研究有着广阔的前景和发展空间。

知识链接1-6　　注意力恢复理论与旅游者的环境恢复性感知

在环境心理学研究领域，注意力恢复理论（Attention Restoration Theory, ART）（Kaplan & Kaplan, 1989）为衡量不同类型环境的恢复性效果和人的环境恢复性感知提供了理论和测量基础。ART理论从人类在自然环境中的认知视角出发，以人们的"定向注意"（directed attention）为基础。ART理论认为，人们出于完成任务的需要，不得不努力地避免一切使自己分心的事件发生。这一过程将唤醒人的定向注意机制。定向注意机制使得人们可以更高效地生活与工作。然而，伴随而来的心理和生理疲劳也会诱使人们变得易怒、缺乏耐心、注意力分散（王小娇，2015），故而人们需要恢复。有效地从疲劳中恢复的最好方式便是停留在具有恢复性的环境中（Pals, et al., 2009）。所谓恢复，就是对自身在生活和工作中不断消耗掉的社会、心理和生理能力的再获取过程（张园，2016）。人们感知到的环境能使人心理恢复的特征被称为"环境恢复性感知"或"感知环境恢复性"。基于ART理论，Kaplan夫妇（Kaplan & Kaplan, 1989）指出，环境恢复性具有如下四个基本特征：迷恋、远离、程度和兼容。

旅游者环境恢复性感知这一概念源自环境心理学，是指在旅行与旅游情境下，旅游者感知到的旅游目的地能使人心理恢复的特征（Lehto, 2013；郭永锐等，2014）。游欣然（Lehto, 2013）和陈钢华等（Chen, Huang, Zhang, 2017）的研究指出，比起环境心理学研究中广为关注的户外散步（outdoor walking），旅游者在目的地的停留时间更长，且目的地的空间尺度更大。游欣然（Lehto, 2013）开发并验证了"目的地游客环境恢复性感知量表"（Perceived Destination Restorative Qualities Scale, PDRQS）。这一量表包含如下六个维度：兼容、程度、心理逃离、物理远离、迷恋、不一致。随后，游欣然等（Lehto, et al., 2017）和陈钢华等（Chen, et al., 2017）对这一量表在中国文化背景下的适用性进行了跨文化检验。需要指出的是，在游欣然等（Lehto, et al., 2017）的研究中，之前的六个维度均被认为适用于测量中国旅游者的环境恢复感知性；然而，陈钢华等（Chen, et al., 2017）的研究则发现，这六个维度中，"不一致"这个维度的信度和效度远低于统计学要求，因而是不适用的。导致很低的效度和信度的主要原因是，在中国文化背景下（如追求"中庸之道"而不是"非黑即白"等），尤其是在中国消费者行为研究中，负面表述的题项（reverse-worded items）和构念很可能"污染"整个测量。①

同步练习1-1

针对同一现象，由于知识、阅历、立场等的差异，不同的人有不同的体会和应对措施。同样，不同学科的学者也会从不同视角切入对某一特定现象的研究。以2008年"5·12"汶川地震为例，同样都是心理学家，认知心理学家关注的是这次大地震给人们头脑中留下的悲痛记忆；情绪心理学家关注的是幸存者及其家属与相关群体的情绪变化及其适应；发展心理学家会将研究的重点

---

① 陈钢华、奚望：《旅游度假区游客环境恢复性感知对满意度与游后行为意向的影响——以广东南昆山为例》，载《旅游科学》2018年第3期，第69～82页。

放在这次灾难对儿童和青少年今后的生活产生的影响;社会心理学家会更多地思考灾难之后,幸存者、家属、医生、志愿者、社会管理者等各种人员的应对及其互动;临床或咨询心理学家会通过有效的干预来缓解人们心头的痛苦与压力,消除恐惧……

请结合你对旅游消费者行为、心理学分支学科研究对象的了解,回答以下问题。

问题1:从旅游消费者行为研究的角度来看,有关2008年"5·12"汶川地震及灾后重建或新建的景区(景点),有哪些现象值得研究?

问题2:对上述旅游消费者行为研究对象(现象)的解释,分别可以用到哪些心理学分支学科的理论和知识?

二、消费者行为学理论

(一)消费者行为学的缘起

作为一门独立的、系统的应用科学的消费者行为学是在资本主义工业革命后,随着商品经济的快速发展、市场问题的日益尖锐、竞争的逐渐加剧而出现的。自19世纪末到20世纪30年代,有关消费者行为与心理研究的理论开始出现,并有了初步的发展。19世纪末20世纪初,在各主要资本主义国家,尤其是美国,工业革命后的劳动生产率大幅度提高,生产能力开始超过市场需求,导致企业之间的竞争加剧。在这种情况下,一些企业开始注重刺激消费者的需求和推销商品,推销术和广告术在这个时候登上了企业的"竞技"舞台。与此同时,有学者根据企业销售的需要,开始从理论上研究商品的需求与销售之间的关系,研究消费者行为与心理同企业销售之间的关系。

最早开展这方面研究的是美国社会学家托斯丹·邦德·凡勃伦(Thorstein B. Veblen)。他出版的《有闲阶级论》(1899)提出了广义的消费概念。他认为,过度的消费是在一种希望炫耀的心理下被激发的。以他的成果为代表的消费心理研究引起了心理学家和社会学家广泛的兴趣,也受到了企业的密切关注。1901年,美国著名社会心理学家斯科特(W. D. Scott)首次提出在广告宣传上应用心理学理论。同时,美国心理学家盖尔的《广告心理学》问世,系统地论述了在商品广告中如何应用心理学原理增加广告宣传效果,激发消费者更大的兴趣。1908年,美国社会学家罗斯的《社会心理学》和英国心理学家麦独孤的《社会心理学导论》不约而同地发表。这些社会心理学著作重点分析了个人和群体在社会生活中的心理与行为。1912年，德国心理学家闵斯特伯格（Hugo Munsterberg）出版了《工业心理学》一书，阐述了在商品销售中，橱窗陈列和广告对消费者心理的影响。1923年，美国经济学家科普兰（M. T. Copeland）提出的将消费物品分为便利品、选购品和专门品的分类方法部分地建立在对三个方面的消费者行为的分析之上。

另外，一些市场营销学、管理学的论著中介绍了有关消费心理和行为的问题，比较有影响的是"行为主义"心理学之父约翰·华生（John B. Watson）的"刺激－反应"理论，即S－R理论。这一理论由于揭示了消费者在接收广告刺激物与行为反应的关系而被广泛应用于消费者行为研究中。不过，这一时期还是消费者行为与心理研究的初始阶段，研究的中心在促进产品销售，而非满足消费者的需求。另外，这种研究也仅限于理论层面，而没有应用到企业营销活动中来，因此，这一阶段的成果尚未引起社会大范围的重视。

（二）消费者行为学的发展

消费者行为学的发展大致可分为三个时期。

（1）20世纪30—60年代：消费者行为研究被广泛应用于营销活动并迅速发展起来。1929—1933年的资本主义经济危机使得生产严重过剩、商品积压、销售非常困难。针对这种供过于求的市场状况，各个企业都在思考着产品销路的问题。"二战"后的美国，由于军需品需求下降，转而生产民用消费品，导致市场也骤然膨胀，消费者的需求和欲望也随之变化，难以琢磨。这一切使得企业的营销思路发生了重大转变。他们开始重视市场调研，重视消费者。这一时期，市场学、推销学等在市场营销中得到广泛应用，并收到显著效果。这为完善消费者行为学创造了有利条件，并使之成为一门独立的学科，为产品销售服务。从20世纪50年代开始，企业对有关消费者心理与行为的研究越来越感兴趣，因而更多的理论研究者也加入这一领域的研究。最著名的是心理学家马斯洛的"需求层次理论"。另一名美国心理学家海尔（M. Haire）提出了消费者潜在的或隐藏的购买动机理论。另外，美国经济学家科普兰提出，消费者的购买动机可分为感情动机和理智动机。

20世纪60年代是消费者行为学研究的高峰。美国密歇根大学研究小组提出的有关期望与消费者态度的理论、哥伦比亚大学提出的《人格的影响》有关理论、哈佛大学对于知觉风险的研究、中间范围理论、低参与过程与高参与过程的理论、群体问题的研究等，都极大地发展和完善了消费者行为学。

1960年，美国心理学会（APA）成立了消费者心理学分会，这是消费者行为学开始确立其学科地位的前奏。1960年，哈佛大学的鲍尔（Raymond Bauer）的一篇论文对改变假定消费者的理性程度比较低的观念发挥了重要的作用。他认为，消费者的任何行动都将产生他不能完全肯定的结果。

（2）20世纪70年代—90年代末：消费者行为学发展过程的重大转折时期。

1968—1972年间发表的研究成果，比1968年以前所出版的全部研究成果都要多。这一时期有关消费者心理与行为的研究不仅在数量上激增，而且在质量上也有了很大的提升，研究方法也越来越科学。更多的新兴学科，例如，计算机、经济数学、行为学等，被应用到对消费者行为的研究中。而且，有关消费者研究的内容也有了重大突破。1968年，第一部消费者行为学的教材《消费者行为学》由俄亥俄州立大学的恩格尔、科拉特和布莱克维尔（James Engel，David Kollat，Roger Blackwell）合作出版。1969年，美国消费者研究协会（Association for Consumer Research）正式成立。1974年，《消费者研究杂志》（*Journal of Consumer Research*）创刊。其他代表性的成果还有：罗杰斯（Everet M. Rogers）关于创新采用与扩散的研究、拉维吉和斯坦纳（F. J. Lavidge & G. A. Steiner）关于广告效果的研究、费希本（M. Fishbein）等人关于组织行为的研究、谢思（J. N. Sheth）等人关于组织购买行为的研究和关于消费者权益保护问题的研究。

(3) 21世纪后：消费者行为学进一步发展。随着社会生产、科学技术的飞速发展，许多学科种类大量涌现，有关消费者心理与行为的研究也在不断地发展、深化，门类也越来越多，例如，商业心理学、广告心理学等相继出现。由此可见，消费者行为学又面临着新的挑战，还需要不断完善和发展。

（三）消费者行为学的研究范式

消费者行为学研究消费者在获取、使用、消费和处置产品和服务过程中所发生的心理活动特征和行为规律，是一门综合心理学、经济学、社会学、人类学、统计学以及其他学科的应用科学。自20世纪七八十年代以来，国内外学界对消费者行为的研究有了不断的发展，对消费者行为的定义也有不同的立论观点。主要有如下四种范式：①"决策过程论"把消费者行为定义为消费者购买、消费和处置的决策过程。②"体验论"认为，消费者行为是消费者的体验过程，往往是一种感性的行为——消费者是在体验中购买、在体验中消费、在体验中处置。③"刺激—反应论"认为，消费者行为是消费者对刺激的反应，可以从消费者与刺激的关系中去研究消费者行为。④"平衡协调论"认为，消费者行为是消费者与营销者之间的交换互动行为，是双方均衡的结果。以上四种消费者行为研究范式侧重点不同，各有特点。通过整合四种研究范式的优点，针对旅游消费者行为特点展开更为具体、深入的研究是必要的也是切实可行的。

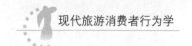

> **同步练习1-2**
>
> 　　西方市场营销学者从不同角度和发展的观点对市场营销（marketing）下了不同的定义。有些学者从宏观角度对市场营销下定义。例如，杰罗姆·麦卡锡（E. Jerome McCarthy）把市场营销定义为一种社会经济活动过程，其目的在于满足社会或人类需要，实现社会目标。又如，菲利普·科特勒（Philip Kotler）指出："市场营销是与市场有关的人类活动。市场营销意味着和市场打交道，为了满足人类需要和欲望，去实现潜在的交换。"还有些定义是从微观角度来表述的。例如，美国市场营销协会（American Marketing Association，AMA）于1960年对市场营销下的定义是：市场营销是"引导产品或劳务从生产者流向消费者的企业营销活动"。2013年，美国市场营销协会（AMA）再次更新了市场营销的概念："营销就是创造、沟通、交付和交换对顾客、客户、合作伙伴以及社会有价值的市场供应物的活动、系列制度和过程。"在2013年出版的《市场营销原则》（第15版）中，菲利普·科特勒教授再次更新了他对市场营销的认识："市场营销是通过为顾客创造价值来构建可获利的顾客关系并从中获取价值回报的过程。简言之，营销就是经营可获利的顾客关系。"
>
> 　　问题：请结合你对消费者行为学、心理学、市场营销学的研究对象的了解，分析三者之间的关系。

三、社会学与人类学理论

　　社会学（sociology）是系统地研究社会行为与人类群体的学科，起源于19世纪30—40年代。社会学是从社会哲学演化出来的现代学科。社会学是一门具有多重研究方式的学科。主要有科学主义的实证论的定量方法和人文主义的理解方法，它们既相互对立又相互联系，发展及完善一套有关人类社会结构及活动的知识体系，并以运用这些知识去寻求或改善社会福利为主要目标。

　　社会学的研究范围广泛，包括由微观层级的社会行动（agency）或人际互动，至宏观层级的社会系统或结构，因此，社会学通常跟经济学、政治学、人类学、心理学、历史学等学科并列于社会科学领域之下。社会学在研究题材上或研究法则上均有相当的广泛性，其传统研究对象包括了社会分层、社会阶级、社会流动、社会宗教、社会法律、越轨行为等，而采取的模式则包括定性和定量的研究方法。由于人类活动的所有领域都是由社会结构、个体机构的影响塑造而成，所以随着社会发展，社会学进一步将研究重点扩大至其他相关科目，例如，医疗、军事或刑事制度、互联网等。另外，社会科学方法（social scientific methods）的范围也越来越广泛。20世纪中叶以来，多样化的语言、文化转变产生了更多更具诠释性、哲学性的社会研究模式。

人类学（anthropology）是从生物和文化的角度对人类进行全面研究的学科群。人类学研究最早见于古希腊哲学家亚里士多德对具有高尚道德品质及行为的人的描述中。在19世纪以前，"人类学"这个词的用法相当于今天所说的体质人类学，尤其是指对人体解剖学和生理学的研究。当代人类学具有自然科学、人文学与社会科学的源头。它的研究主题有两个面向：一个是人类的生物性和文化性，一个是追溯人类今日特质的源头与演变。民族志（ethnography）同时指称人类学的主要研究方法，以及依据人类学研究而书写的文本。从事人类学研究的专家则称为人类学家（anthropologist）。在美国，当代人类学通常被划分为四大分支：文化人类学（也称社会人类学）、考古学、语言人类学、生物人类学（体质人类学）。这四大分支的人类学也反映在许多教科书和大学的人类学课程设置中。在英国和许多欧洲的大学，这些分支往往被安置在不同的科系，且被视为不同的学科。

进入20世纪60年代后，全球范围内大规模客流的有增无减，对接待地社会尤其是欠发达国家和地区造成的影响也受到人们越来越多的关注，各国学者开始从经济学、社会学、人类学、心理学等专业领域展开对现代旅游现象的研究。从社会学和人类学的理论和视角出发对旅游现象的一些研究成果已得到广泛认可，成为支撑旅游学科发展的重要奠基石。在20世纪50年代以后，当欧洲学者仅仅关注旅游经济学方面的研究时，北美及其他英语国家开始转向旅游的社会学研究，将旅游者作为研究的重点。在20世纪70年代，伴随着社会学和其他学科的交叉结合，学者们从社会学的角度对旅游者消费行为的研究主要是从旅游者与目的地居民关系、目的地伦理道德、文化入侵、社会习俗等方面进行（孙九霞、陈钢华，2015）。其中，旅游者—居民的关系是最具代表性的研究领域（Milman & Pizam，1988）。旅游人类学对旅游业的关注尽管从20世纪70年代才开始，但旅游对目的地社会、文化的影响以及旅游动机等话题很快就成了旅游人类学研究的焦点。旅游人类学主要从社会、文化的角度研究旅游者行为。目前，我国旅游社会学、旅游人类学的研究重点仍然在于目的地文化变迁、社会组织结构、族群与文化认同等方面，在综合运用学科知识研究旅游者行为上尚未有突破。社会学和人类学的基本情况及其在旅游消费者行为研究中的运用，如下所述。

（1）社会学。美国经济学家达森布雷（James Duesenberry）在一个著名的公式中提出了关于社会学的定义。他假定经济学教人行动的方法，社会的行动主体依据行动方法行动并竭力实现他为自己设定的目标；而社会学的基本目的是去发现约束个人自主行动的各种社会决定因素。通俗上讲，社会学是研究社会结构及其内在关系与社会发展规律的学科,侧重对社会组织、社会结构、社会功能、社会变迁、社会群体等的研究。社会学研究涉及人类与社会的需要、社会心态、社会意向等现象,这些社会现象反过来影响参与其中的个人或群体行为。社会学的一些理论和原理,对于考察、分析旅游消费者行为具有一定的借鉴价值。例如,不同社会阶层的消费差异、社会阶层等参照群体对旅游消费者个体的影响、文化和亚文化对消费者的影响,等等。此外,对社会角色的研究也是社会学研究的一项重要内容,例如,妇女角色、男性角色、儿童角色等。在针对旅游消费者的研究中,也需要从角色的角度入手,分析社会角色对旅游消费者行为的影响。社会学中将旅游消费者行为的研究置于更为广阔的社会文化背景中,更贴近现实空间,有助于更好地开展研究。

(2)人类学。人类学对旅游消费者行为研究的价值主要体现在两个方面:其一,研究方法;其二,关于神话、宗教、民间传说、民俗等方面的研究。人类学的跨文化研究为理解旅游活动的跨文化现象提供了很好的借鉴。人类学的田野调查方法有助于更好地了解人类真实、自然的事件和活动,在旅游消费者行为的研究中非常有意义。人类学关于神话、宗教、民间传说、民俗等方面的研究对分析旅游消费者的行为有直接的运用价值。特别是不同民族信仰、禁忌在旅游者的消费行为中会直接表现出来。例如,对饮食、旅游纪念品图案的选择,对房间号码、出行日期的选择等,都可以看出这些因素对旅游消费决策的直接影响。要了解影响旅游消费决策的真正因素,必须首先有针对性地了解不同文化群体的核心信仰、价值观念、风俗习惯,乃至其产生的背景和传承状况。人类在发展过程中不断形成的新的信仰、价值观、理念也是人类学所考察的重要内容。例如,环保、绿色理念以及人文价值等都会对旅游消费者行为和购买决策带来直接影响。

课堂讨论1-3

问题:阅读同步案例1-2和同步案例1-3,讨论经济学是否可以以及如何运用在旅游消费者行为学的研究中。

讨论要点:见本书附录。

同步案例1-2　　　　我国城乡居民旅游消费差异

旅游消费水平受各种经济、时间和心理需求因素的影响。根据凯恩斯绝对收入假说,决定消费支出的因素有很多,例如,收入水平、商品价格水平、收入分配状况等,但收入水平是最重要的因素。东北财经大学旅游与酒店管理学院的梁春媚根据凯恩斯消费函数，分别构建了我国农村和城镇地区居民收入与旅游消费之间的回归模型。研究发现：

（1）农村与城镇旅游边际消费倾向分析。分析结果表明，我国农村居民家庭人均纯收入平均每增加1元，农村居民人均旅游消费支出平均增加0.62元；城镇居民可支配收入平均每增加1元，城镇居民人均旅游消费支出平均增加0.49元。从地区分布看，东、中、西部的农村地区居民旅游的边际消费倾向均高于城镇地区居民旅游的边际消费倾向。

（2）城乡居民旅游消费的跨地区差异分析。按照凯恩斯的观点，东部地区的边际消费倾向应低于中、西部地区。从实证分析的结果来看，东部地区城乡居民旅游的平均自发消费水平普遍高于中、西部地区居民。农村地区的居民人均纯收入每增加1元，东部地区居民的旅游消费平均支出增加0.72元，中部地区居民的旅游消费平均支出增加0.23元，西部地区居民的旅游消费平均支出增加0.93元。城镇地区的居民人均可支配收入每增加1元，东部地区居民的旅游消费平均支出增加0.42元，中部地区居民的旅游消费平均支出增加0.40元，西部地区居民的旅游消费平均支出增加0.57元。结果显示，城乡居民旅游的平均边际消费水平是：中部＜东部＜西部。另外，东、西部地区农村居民旅游的平均边际消费水平高于城镇居民，中部地区农村居民旅游的平均边际消费水平却低于城镇居民。实证分析结果表明，中部地区城乡居民旅游的平均边际消费水平并不符合凯恩斯的理论，其特殊性有待进一步的验证。

（3）城乡旅游消费的跨时差异分析。从城乡居民旅游消费支出占收入的比率变化趋势看，1999年之前，农村居民的旅游支出比率远远低于城镇居民的旅游支出比率，但一直呈现出较快的增长趋势。但1999年之后，呈现出明显的下降趋势。从整体增长趋势来看，城镇居民的旅游支出比率一直呈现出下降趋势。随着收入的增加，居民的旅游边际消费倾向在递减。同时也可以看出，居民的旅游消费支出对居民收入的反应程度在逐渐降低。金融危机使居民收入受到一定的影响，挫伤了居民的消费信心。但是，经济增速的放缓不会导致居民放弃旅游活动，由于时间因素和心理需求因素短期内不会发生改变，出于缓解工作压力和寻求愉悦的心理需求，居民仍会选择"节约型"的旅游方式，尽量减少旅游消费支出。[①]

同步案例1-3　　中国居民出境旅游意向的影响因素

中国大陆居民的出境旅游意向会受到哪些因素的影响呢？黄松山和魏翔（Huang & Wei，2018）利用2012年展开的，由国家统计局、国家邮政局和中央电

[①] 梁春媚：《我国城乡居民旅游消费差异分析》，载《光明日报》2013年4月20日第11版。

视台联合组织的"中国经济生活大调查"（The Survey of the Chinese Economic Life，SCEL）数据，对这一问题进行了回答。通过 logistic 回归分析，研究发现：

（1）在所有受访的 36490 名中国大陆居民中，有 9721（26.6%）人表示有造访国外目的地的意向，其余的 26769 人表示有造访国内（大陆、香港、澳门和台湾）目的地的意向。

（2）在所有的有造访国外目的地意向的受访者中，年龄、性别、受教育水平、家庭年收入、带薪休假天数、居住城市、个体改变生活环境的意愿、感知幸福水平对他们的造访意向均有显著的影响。具体而言，其一，在性别方面，女性比男性更有可能有出国旅游的意向。其二，年龄与出国旅游意向成负相关关系，亦即年龄越大，出国旅游意向越低。其三，受教育水平、家庭年收入与出国旅游意向成正相关关系：受教育水平越高，出国旅游意向越高；家庭年收入越高，出国旅游意向越高。其四，带薪休假天数与出国旅游意向成正相关关系。

（3）一线、二线、三线城市居民的出国旅游意向显著高于四线城市居民，且二线城市居民的出国旅游意向是最高的。具体而言，一线、二线、三线城市居民的出国旅游意向要比四线城市居民的出国旅游意向分别高出 13.1%、30.9% 和 15.3%。

第四节　旅游消费者行为的研究方法

客观来说，旅游消费者行为学作为一个应用性学科，并没有显著地区别于其他基础学科的研究方法，而是广泛地采纳心理学、消费者行为学最常用的方法（孙九霞、陈钢华，2015；陈钢华，2016）：观察法、实验法、调查法、测验法。这些方法都不同程度地在旅游消费者行为学研究中得到过运用。

一、观察法

观察法是指研究者根据一定的研究目的、研究提纲或观察表，用自己的感官和辅助工具去直接观察被研究的对象，从而获得资料的一种方法。科学的观察具有目的性、计划性、系统性和可重复性。常见的观察方法有：核对清单法、级别量表法、记叙性描述。观察一般利用眼睛、耳朵、鼻子等感觉器官感知观察对象。由于人的感觉器官具有一定的局限性，观察者往往要借助现代化的仪器和手段如照相机、录音机、显微录像机等来辅助观察。观察法是近年来旅游心理学研究常用的方法，尤其是涉及特殊兴趣旅游者的心理活动和行为时，例如，背包客、性旅游者等。

（1）观察法的主要优点。其一，它能通过观察直接获得资料，不需其他中间环节。因此，观察的资料比较真实。其二，在自然状态下的观察，能获得生动的资料。其三，观察具有即时性的优点，它能捕捉到正在发生的现象。其四，观察能搜集到一些无法言表的材料。

（2）观察法的主要缺点。其一，受时间的限制，某些事件的发生是有一定时间限制的，过了这段时间就不会再发生。其二，受观察对象限制，例如，研究青少年犯罪问题时，有些秘密团伙一般是不会让别人观察的。其三，受观察者本身的限制，一方面，人的感官都有生理限制，超出这个限度就很难直接观察；另一方面，观察结果也会受到主观意识的影响。其四，观察者只能观察外表现象和某些物质结构，不能直接观察到事物的本质和人们的思想意识。其五，观察法不适用于大面积调查。

二、实验法

实验法是根据理论或观察做出假设，在控制实验情境中各种情况下操纵自变量观察因变量的结果，对结果进行统计分析，控制无关变量产生的效果后检验假设，并进行推论，确认自变量和因变量间是否有因果关系。以巴甫洛夫实验（制约反射或条件反射）中的狗为例。每当响铃，狗就分泌大量唾液。实验涉及自变量（independent variable）、因变量（dependent variable）。铃铛是自变量，狗的唾液是因变量。自变量是实验者的控制变量，因变量是会因自变量的变动而变动的变量。实验法重视的是可信度和可重复性。在心理学、生理学、医学等研究领域，以人类为对象的实验受到了一些管制，例如，必须征得被实验对象的同意、保证自愿参与的原则。由于旅游消费者行为学的研究对象是旅游者，他们具有较高的流动性，不便于概率抽样。也由于研究主题的差异，旅游消费者行为学较少采用实验研究的方法。但是，近年来，随着旅游消费者行为学研究的深入以及研究条件的改善，不少学者开始采用实验研究来探索旅游过程中的心理现象和心理活动。在心理学研究中，实验法可以分为实验室实验法和自然实验法。

（1）实验室实验法。实验室实验法是指在实验室内利用一定的设施，控制一定的条件，并借助专门的实验仪器进行研究的一种方法。实验室实验法便于严格控制各种因素，并通过专门仪器进行测试和记录实验数据，一般具有较高的信度。因此，实验室实验法是探索自变量和因变量之间关系的一种方法，通常情况下，多用于研究心理过程和某些心理活动的生理机制等方面的问题。但是，对研究个性心理和其他较复杂的心理现象，实验室实验法仍有一定的局限性。

（2）自然实验法。自然实验法是在日常生活等自然条件下，有目的、有计划地创设和控制一定的条件来进行研究的一种方法。自然实验法比较接近人的生活实际，易于实施，又兼有实验法和观察法的优点。所以，这种方法被广泛用于研究教育心理学、儿童心理学和社会心理学的大量课题。

> **同步练习1-3**
>
> 结合你对旅游消费者行为特点、实验法的了解，请回答以下问题：
> 问题1：为什么旅游消费者行为学研究较少采用实验的方法？
> 问题2：旅游消费者行为学研究的哪些领域可以有潜力或可能采用实验研究的方法？

三、调查法

调查法是指为了达到设想的目的，制订某一计划，以全面或比较全面地收集研究对象的某一方面情况的各种材料并做出分析、综合，从而得到某一结论的研究方法。它的目的可以是全面把握当前的状况，也可以是揭示存在的问题，弄清前因后果，为进一步的研究或决策提供观点和论据。常用的调查法有访谈法、问卷调查法、电话调查法等。

（1）访谈法。访谈法是指研究人员通过与被调查者直接交谈，来探索被调查者的心理状态的研究方法。访谈调查时，研究者与被调查对象面对面地交流，针对性强、灵活、真实、可靠，便于深入了解人或事件的多种因素及内部原因。但是，访谈法比较花费人力和时间，调查范围比较窄。访谈法是旅游研究及旅游心理学、旅游消费者行为学研究中最为常用的定性研究方法之一。通常情况下，研究者会单独采用访谈来收集资料、回答研究问题。在一些研究中，研究者也常采用访谈法来收集资料，并结合问卷调查研究收集来的数据，做定性与定量相结合的研究。

（2）问卷调查法。调查范围大一些的研究，常采用问卷的方式进行。问卷调查采用书面提问的方式。问卷调查通过收集资料，然后做定量和定性的研究分析，归纳出调查结论。采用问卷调查方法时，最主要的是根据需要来确定调查的主题，然后围绕主题设立各种明确的问题，做全面的摸底了解。应该说，问卷调查法是目前旅游研究及旅游心理学、旅游消费者行为学研究中最常用的定量研究方法。近年来，基于问卷调查数据的结构方程模型（Structural Equation Modeling, SEM）非常流行。

(3) 电话调查法。电话调查法是指研究人员通过电话向被调查者进行问询，了解所需情况的一种调查方法。由于彼此不直接接触，而是借助于电话这一中介工具进行，因而电话调查法是一种间接的调查方法。这种方法也有优缺点。优点是花钱、花时相对不多，能够调查较多的人。缺点是不像访谈法那样可以采用多种方式详细询问和解释问题，使被调查者对问题不产生误解。相比之下，在旅游心理学、旅游消费者行为学研究中，尤其是近年来的研究中较少采用电话调查法。

四、测验法

测验法即心理测验法，是指采用标准化的心理测验量表（参见知识链接1-7和知识链接1-8）或精密的测验仪器来测量被试有关的心理品质的研究方法。例如，常用的心理测验有能力测验、品格测验、智力测验、个体测验、团体测验等。在管理心理学的研究中，心理测验常常被作为人员考核、员工选拔、人事安置的一种工具。

测验法在旅游消费者行为学研究中的运用，主要体现在相关的研究者采用主流心理学中常见的测量量表来对旅游者进行实证测验。近年来，有不少学者开始致力在旅游领域开发并验证具有"旅游特色"的量表，其中一些量表在之后的相关章节会有介绍。

知识链接1-7　　　　　　　　　　　　　量表的概念与分类

量表是一种测量工具，它试图确定主观的、有时是抽象的概念的定量化测量的程序，对事物的特性变量可以用不同的规则分配数字。因此，形成了不同测量水平的测量量表，又称为测量尺度。量表设计就是设计被访问者的主观特性的度量标准。在心理学中，常见的量表形式有顺序量表、等距量表和比例量表三类。

（1）顺序量表：既没有相等单位也没有绝对零点。根据顺序量表只能知道某事物按照规定的标志在一定顺序中所处的位置。用对偶比较法和等级排列法可制作顺序量表。

（2）等距量表：只有相等单位而没有绝对零点。根据等距量表，不仅可以知道两事物之间在某种特点上有无差别，还可以知道它们相差多少。可用差别阈限法制作等距量表。在旅游心理学和旅游消费者行为学研究领域，大部分的量表都是态度量表，也是等距量表。

（3）比例量表：既有相等单位又有绝对零点。它不仅可以表明就其一特点来说明两事物相差多少，而且还可以表明它们之间的比例关系。可用数量估计法制作比例量表。

| 知识链接 1-8 | 旅游领域量表开发研究进展 |

量表是"由很多题项构成,并且这些题项构成一个复合分数,试图揭示不能用直接方法来观察的理论变量的水平"的一种测量工具。量表(开发)对社会科学研究和实践均有重要意义。在学术研究方面,量表的开发不仅有利于全面理解研究对象的结构维度及内涵,更重要的是,成熟的、具有良好的信度与效度的量表作为一种量化测量工具,对于实证研究的开展具有重要意义,是一个领域内知识体系形成的关键要素。在实践方面,量表的开发有利于对实践中的许多信息进行直接测量,或通过在研究领域内形成系统的研究间接为实践提供理论指导。

陈钢华和赵丽君(2017)选取《旅游学刊》《旅游科学》以及 Tourism Management、Journal of Travel Research、Annals of Tourism Research 与 Journal of Sustainable Tourism 6 种期刊,对 1998 年至 2017 年(截至 2017 年 6 月底,包含在线发表的论文)发表的有关旅游领域量表开发的论文(共计 53 篇论文)进行了检索和分析。结果如下:

(1) 如图 1-2 所示,旅游领域的量表开发研究经历了以下两个阶段:①缓慢起步期(1998—2007)。在这一阶段,旅游领域的量表开发经历了一个长达 10 年的起步期,量表开发研究论文的数量较少(11 篇,20.75%),且增速缓慢。②快速成长期(2008—2017)。从 2008 年起,旅游领域的量表开发研究进入一个快速成长期。基本的特征是文献数量迅速增加,每年都有至少 2 篇量表开发的论文发表。截至 2017 年 6 月底,在上述 6 种期刊中,累计发表了 42 篇关于量表开发的论文,占总量的 79.25%。这与国际旅游研究的总体发展趋势较为一致。例如,徐玉梅(2016)以 Tourism Management、Journal of Travel Research 和 Annals of Tourism Research 所刊载论文为研究对象,发现这 3 种期刊的刊文总量在 2006 年发生转折,即 2006 年以前呈缓慢上升趋势,2006 年至 2014 年实现了刊文数量的快速增长。上述有关国际旅游刊物刊文数量趋势的发现与旅游领域量表开发论文量的发展趋势基本一致,在一定程度上说明,旅游研究中的量表开发是紧随着旅游研究的整体演进而发展的。

(2) 已有量表开发的研究主题主要围绕旅游者、旅游目的地、居民、旅游从业者、旅游教育与培训五个方面,其中占比较高的主题领域是旅游者和旅游目的地。这一现状与旅游发展的客观现实及学术实践基本吻合。量表作为一种测量工具,主要用于调查受访者对某些事物的主观的感知、看法和评价。作为旅游发展中的主要利益相关者,旅游者、旅游目的地、居民和旅游从业人员自然成为旅游研究的主要关注对象;尤其是,在定量研究中,他们的感知与态度(例如,旅游者动机、目的地形象感知、满意度以及目的地居民的态度与感知)成为需要被测量的对象。因此,旅游研究领域量表开发论文的聚焦领域,是与旅游研究的总体聚焦领

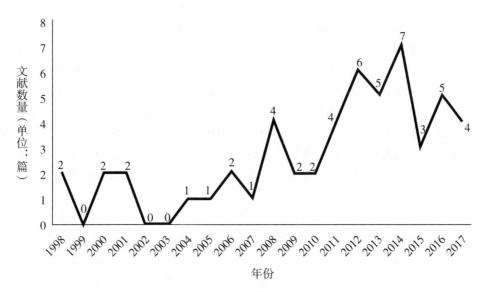

图1-2 国内外旅游研究领域量表开发论文的年谱分析

域基本保持一致的。例如，汪德根等（2011）对1980年至2009年国内外旅游研究领域的分析表明，旅游者、旅游地是国内外学术关注度较高的领域；类似地，朴志娜等（2015）对2003年至2012年全球旅游研究格局的分析同样表明，目的地、旅游者是最受关注的领域。因此，也可以预见，随着旅游实践中新的旅游现象以及旅游类别（如不同的旅游者类型）的出现，在旅游研究总体推进的背景下，旅游研究领域内也会不断有新的量表被开发出来，用于更加具体、科学地测量新的旅游现象。

（3）统计分析表明，国内外旅游研究领域的量表开发可以划分为新量表开发和已有量表验证两类，但目前以新量表开发为主。主要原因是，在旅游研究快速发展的大背景下，有许多具体研究领域还缺少旅游情境下的量表，因此，许多学者近年来致力于旅游情境下的新量表开发。例如，近年来，"背包客个人发展量表"、"难忘的旅游回忆量表"（Memorable Tourism Experiences Scale）、"旅游目的地环境恢复性感知量表"（Perceived Destination Restorative Qualities Scale）等被开发和验证。可以预见，随着旅游研究，尤其是定量研究的不断推进、成熟，对已有量表进行跨文化、跨情境验证的论文会逐渐增多。

（4）确定初试测项、正式样本收集、信度与效度分析是旅游研究领域量表开发及验证研究普遍进行的步骤，而其余步骤在各研究（纳入分析的53篇论文）中的运用情况则存在一定的差异。EFA分析①、CFA分析②的使用率并未达到100%，主要原因是：其一，验证已有量表的论文未（不需要）进行EFA分析；其二，早期的极少部分量表开发论文（2篇）通过简单的统计方法来检验信度、效度，未进行CFA分析。另外，"确定构念范围"是一个在量表开发中十分基础但又经常被忽略的步骤，应用率为77.36%。此外，初始测项净化、问卷预试也是重要性极高的步骤，但也经常被忽视。尤其是，问卷预试的普及率尚未超过50%。虽然量表的跨情境验证或跨文化验证，可以不需要初始测项净化，但在新的情境和跨文化背景下的量表验证以及新量表的开发，研究者需要通过各种手段来检验量表的表面效度和内容效度。因此，初始测项净化、问卷预试是今后量表开发与检验中需要重点关注的议题。

（5）旅游研究领域的量表开发，与丘吉尔（Churchill）总结的量表开发流程[明确构念范围—生成样本项目—收集数据—简化量表（测项净化）—收集数据—评估可靠性（信度）—评估有效性（效度）—生成标准]的整体思路一致，但也存在不少差异。具体而言，存在以下异同：①旅游研究领域的量表开发，遵循丘吉尔的建议，大多强调了量表开发前确定构念范围的重要性。尽管存在着不同程度的步骤拆分与合并，旅游研究领域量表开发的整体思路均遵照简化测项、确定维度、验证量表的基本过程。②在初始测项发展的过程中，丘吉尔特别强调，需要先通过文献回顾来确定构念、维度，再在构念的指导下通过访谈等发展测项。他认为，如果一个量表中所有的测项都是从一个独立的概念范围内提取的，那么，这些测项应该会有较高的关联性。在旅游研究领域的量表开发中，文献回顾仅仅被作为初始测项发展的一种方式，并且单独使用这种方式的量表开发论文所占比例不高（11.32%）；更为通用的方式是直接通过文献发展所有测项，再通过探索性因子分析萃取维度。丘吉尔提出的这种初始测项获取方式，可能会导致许多研究者在因子分析结果与假设因子结构不符时，强制调整因子分析结果以适应主观建构或基于以往研究而假设的因子结构。但这样的操作，可能会扭曲因子分析的本质属性，丧失其原有的功能。③在丘吉尔提出的量表开发流程中，"收集数据"被提及了两次，需要分别在简化量表和评估可靠性之前，分两个阶段进行样本收集。这一操作的核心思想是强调在验证量表的因子结构时，需要使用不同于探索性分析中所使用的数据。然而，在旅游研究领域的量表开发中，仅有不到三分之一（32.08%）的论文是分阶段完成样本收集工作的；另有略多于三分之一（37.74%）的研究是一次性

---

① 探索性因子分析（Exploratory Factor Analysis, EFA）是一项用来找出多元观测变量的本质结构并进行处理降维的技术。EFA能够将具有错综复杂关系的变量综合为少数几个核心因子。

② 验证性因子分析（Confirmatory Factor Analysis, CFA）是对社会调查数据进行的一种统计分析。它测试一个因子与相对应的测度项之间的关系是否符合研究者所设计的理论关系。验证性因子分析往往通过结构方程建模来测试。

收集所有的样本，再划分为多个子样本以进行不同的统计分析，从而在保证不同统计分析阶段应用不同数据的基础上简化样本收集工作。④结合量表开发的最新进展，陈钢华和赵丽君（2017）将 CFA 分析作为一个单独的步骤予以专门的分析，以突出模型拟合度检验的重要性。然而，丘吉尔所建议的量表开发流程中并未提及模型拟合度的检验，而只有信度和效度检验，在效度检验中也不是采用 CFA 等分析技术来评估量表的聚合效度和区分效度的。可能的解释是，自 1979 年开始，量表开发的统计技术与方法在不断地更新。

（6）在已有的旅游研究领域量表开发论文中，主要存在两个问题值得关注：缺乏构念范围的确定和不恰当的数据使用。不少研究（12 篇，22.64%）在量表开发前，并未进行构念范围的确定，可能会导致在量表开发的后续过程中很难对测项选择做出公正的、合理的判断，对于信度、效度的检验也会有所影响。此外，接近三分之一（30.18%）的研究在量表开发与验证中（探索性因子分析和验证性因子分析）使用同一份数据。这种做法可能会高估量表的实际表现，因为基于同一份数据的因子分析过程保证了量表在这一份数据下的信度和内部结构效度。

本章小结

1. 消费是指利用社会产品来满足人们各种需要的行为和过程。消费又分为生产消费和个人消费。生产消费指物质资料生产过程中的生产资料和生活劳动的使用和消耗。个人消费是指人们把生产出来的物质资料和精神产品用于满足个人（和家庭）生活需要的行为和过程。

2. 本书中所采用的旅游消费是广义的旅游消费（亦即旅游者消费）。旅游消费是旅游者在整个旅游活动过程中，为了满足其发展和享受的需要，在旅游过程中对食、住、行、游、娱、购六方面及其他方面所做的花费。

3. 旅游消费者行为是指旅游者（旅游消费者）为了满足旅游愉悦的需要，选择并购买旅游产品的过程。这个过程包括出游前需要的产生、决策过程、在目的地的消费、购后评价等几个主要环节。

4. 旅游消费者行为研究的基础理论（学科）有：经济学、心理学、消费者行为学、社会学和人类学等。

5. 作为一个应用性学科，旅游消费者行为学并没有显著地区别于其他基础学科的研究方法，而是广泛地采纳心理学、消费者行为学最常用的方法：观察法、实验法、调查法、测验法。

6. 研究旅游消费者行为的意义包括：有助于旅游企业、旅游目的地提高服务质量，为旅游企业、旅游目的地改善营销策略提供依据，有益于促进我国旅游业的转型与健康发展。

思考题

1. 比较经济学、心理学、消费者行为学、社会学和人类学等学科介入旅游消费者行为学研究的异同。
2. 旅游消费者行为学与消费者行为学、消费心理学、旅游心理学是什么关系？
3. 比较中国旅游消费者行为学研究与海外中国旅游消费者行为学研究的异同。

案例分析题

案例1　旅游服务质量研究成果助力香港旅游目的地发展

有关旅游服务质量（tourism service quality）评价的研究成果，如何为目的地的营销与管理提供科学参考和决策依据？香港理工大学研制的"理大旅游服务质量指数"（PolyU Tourism Service Quality Index；以下简称"理大指数"）为回答这一问题提供了很好的案例。"理大指数"于2013年3月首次发布，数据来源是针对香港主要客源市场的旅游者开展的问卷调查。2014年发布的数据（2013年的调查）显示：

（1）从客源市场的整体服务质量指数来看。美洲地区（Americas）的旅游者的评价最高，其次是澳大利亚、新西兰和亚太地区（Australia, New Zealand and the Pacific）的旅游者，日本和韩国旅游者的评价最低。

（2）从各个客源市场对旅游服务各个方面（旅游业各行业）的具体评价来看。举例来说，美洲地区的旅游者对交通服务质量评价最高，其次是旅游吸引物，接下来分别是入境服务、酒店服务、零售业服务和餐馆服务。再例如，中国内地的旅游者对整体服务质量的评价仅高于中国台湾和中国澳门的旅游者、日韩旅游者，但他们对零售业服务质量最满意，其次是吸引物，接下来分别是入境服务、交通服务、餐馆服务和酒店服务。那么，香港旅游业的从业人员和管理部门需要思考的是：为什么内地旅游者对酒店服务的评价那么低？今后应该采取什么样的服务策略？

（3）从旅游服务各方面（旅游业各行业）的角度分析。在所有旅游者心目中，旅游吸引物方面的服务质量最好，其次是交通服务，接下来是入境服务、酒店服务、零售业服务和餐馆服务。这说明，今后香港旅游业的发展，需要将更多的精力花在提升旅游者对餐馆服务、零售业服务的质量上。从具体行业来看，在旅游吸引物方面，对其服务质量评价最高的是欧洲、非洲和中东地区的旅游者，对其服务质量评价最低的是日本和韩国的旅游者。再例如，在餐馆服务方面，对其服务质量评价最高的是澳大利亚、新西兰和亚太地区的旅游者,对其评价最低的是日本和韩国的旅游者。阅读到此,相信很多读者也注意到了,似乎日本和韩国的旅游者对香港的旅游服务质量,不论是整体上,还是单个服务部门,都不甚满意!是的,除了对酒店的服务质量评价仅高于中国内地的旅游者外,日本和韩国旅游者对香港旅游业其他五个方面的服务质量评价都是所有客源市场中最低的。如何来更好地提升日韩旅游者的服务质量评价?这关系到日韩客源市场的可持续发展。这为香港旅游企业及相应服务部门提出了警示和挑战,也为今后的努力提供了方向。

综上所述,香港旅游业服务质量指数的测量和发布,为香港旅游的各行各业和旅游管理与营销部门了解旅游业的运行现状及存在问题提供了重要参考,也为它们制订更加有针对性、更加详细的营销、管理与服务计划提供了科学的指导,让它们的工作能够有的放矢,更加有效![1]

案例2 旅游大数据:2018春节旅游消费大数据报告

2018年2月28日,国家旅游局数据中心、中国银联子公司银联商务股份有限公司旅游消费大数据联合实验室共同发布《2018春节旅游消费大数据报告》。核心观点和主要数据如下:

(1) 旅游消费对经济拉动作用不断提升。2018年春节旅游对泛消费行业拉动力指数已达75%以上(图1-3),呈逐年上升趋势,旅游业已成为我国国民经济战略性支柱产业。旅游消费对餐饮、娱乐、住宿、购物四个行业的拉动力指数均在60%以上,较2017年分别提高2.6、4.9、2.2、4.5个百分点(图1-4)。作为生活性服务业的重要组成部分,旅游消费为拉动相关行业经济做出了重要贡献。分城市线来看,一线城市基础设施完善,旅游产业成熟,旅游消费拉动力指数最高。二、三线城市旅游消费拉动力呈持续上升趋势,发展潜力充足,四、五线城市受乡村旅游等特色旅游兴起带动,也逐步成为当地重要经济来源产业。

(2) 春节旅游消费持续火热。旅游消费力指数持续保持高位,居民旅游消费意愿继续增强(图1-5)。随着全面建成小康社会深入推进,城乡居民收入稳步增长,消费结构加速升级,假日制度不断完善,旅游消费得到快速释放,为旅游业发展奠定良好基础。一线城市居民旅游消费力指数保持领先,其余城市线依次降低。

(3) 全国旅游市场繁荣发展。春节旅游目的地热点较多,热点旅游目的地持续火热,新旅游目的地兴起。2018年春节旅游消费热度TOP10城市为:广州、重庆、成都、深圳、北京、上海、三亚、杭州、厦门、合肥。

(4) 餐饮消费热情高涨。餐饮消费逐年上升,美食成为游客选择旅游目的地

---

[1] The Hong Kong Polytechnic University. "The Hong Kong Polytechnic University Tourist Satisfaction Index and Tourism Service Quality Index 2013". http://hotelschool.shtm.polyu.edu.hk/eng/www/www_tsi.html.

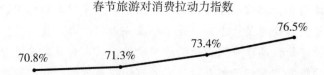

图1-3　春节旅游对消费拉动力指数的变化趋势（2015—2018）

图1-4　2018年春节旅游消费对四个行业的拉动力指数

图1-5　春节旅游消费力指数走势图（2015—2018）

的重要因素之一。2018年春节餐饮消费热度TOP10城市为：重庆、上海、广州、北京、厦门、杭州、扬州、苏州、三亚、成都。餐饮消费场景不断丰富。随着快餐、咖啡厅等轻餐饮行业的快速发展，游客在小额餐饮方面的消费增长迅猛，同比增幅超50%。同时，随着人民生活水平的提高，游客对品质餐饮的需求也越来越旺盛，同比增幅近40%。

（5）东北地区旅游消费增长迅速。东北地区旅游消费人次持续上升，与冰雪旅游相关的部分滑雪场消费人次增幅高达 30.4%（图 1-6）。除东北居民外，上海、江苏、广东等南方人民也是东北地区旅游消费的主力军。2018 年春节东北地区游客来源地 TOP10 为：北京、沈阳、上海、哈尔滨、深圳、广州、南京、武汉、杭州、苏州。①

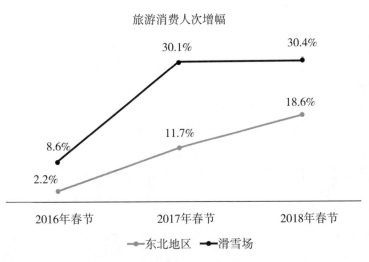

图 1-6　东北地区及滑雪场的旅游消费人次增幅

问题：在过去的 20 年里，旅游业作为全世界最大的产业已经发生了深刻而广泛的变化。随着全球经济的发展、人们生活水平的提高、可支配收入的增加、休闲参与方式的多样化以及人们商业活动范围的扩大，旅游和旅行已经成为商业（商务）活动的重要形式。但人们会如何消费旅游产品成了旅游业研究的热门话题，旅游者对旅游目的地和旅游产品的信息接收、感知、选择和决策过程是旅游者消费行为的主要表现。努力探寻旅游消费形成的决定因素既是学术研究的重点，也是行业关注的焦点。结合上述案例，思考旅游消费者行为学的研究成果能对哪些机构（场所）有哪些方面的启示和意义。

---

① 国家旅游局数据中心、银联商务股份有限公司旅游消费大数据联合实验室：《2018 春节旅游消费大数据报告》，见中国旅游研究院网站（http://www.ctaweb.orghtml2018-2/2018-2-28-14-22-95939.html）。

第二章　旅游者感知

学习目标

1. 理解感觉的含义、类型与特性。
2. 理解知觉的含义与特性。
3. 了解旅游者感知的含义、特性与影响因素。
4. 掌握旅游者感知偏差的含义与形成过程。
5. 掌握旅游者目的地形象感知、目的地要素感知、距离感知、旅游风险感知的内涵。

引导案例

中国游客心目中最安全的目的地是哪些？

在中国旅游者眼中，全球哪些国家最安全？一项最新调查结果显示，中国旅游的安全程度居全球首位。在国内最有安全感的十大城市中，上海位列第一。从受访者对国内最有安全感城市的投票来看，经济收入水平越高、旅游服务越成熟的城市，在旅行者心目中越安全。

近日，携程对数千名客户的抽样调查显示（图2-1），2017年"中国游客心目中最安全的目的地"前十名中，67.1%的受调查游客投票给中国，中国得票率最高，日本以51.6%的得票率位居第二，东南亚的新加坡位居第三。除此之外，最安全目的地前十名还包括新西兰、冰岛、澳大利亚、瑞士、奥地利、瑞典、阿联酋。

"中国旅游者越来越重视安全问题，在做旅游决策和在线预订的时候，都会把目的地安全作为一个优先的考虑因素。安全保障也成为大型旅行社主要的投入方向。"携程旅游事业部CMO①施聿耑对此表示。

调查发现，旅游者对一个国家安全程度的判断，更多是一种综合性的印

---

① 首席营销官（Chief Marketing Officer，CMO）是指企业中负责市场运营工作的高级管理人员，又称作市场部经理、营销总监。

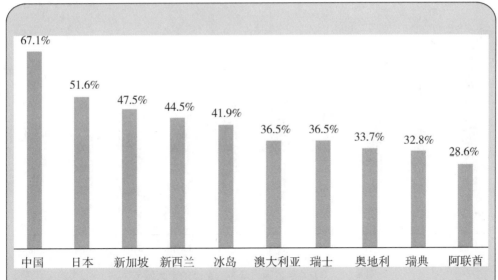

图2-1 2017年"中国游客心目中最安全的目的地"

象,并且容易受到近期安全事件与新闻舆论的影响,特别是恐怖活动、重大自然灾害、恶性犯罪行为、大规模传染病等,最容易影响旅游者对安全的判断。旅行者认为最安全的十个国家,大都属于相对发达、文明程度高、治安比较好的区域,这与国人对海外国家安全程度的印象总体上一致。有意思的是,旅游目的地民众不友好,"宰客坑人",政府机构低效、腐败等,也是中国游客认为的重要"不安全因素"。

旅游专家认为,在中国游客心目中最有安全感的目的地中,中国排名第一,说明我国旅游安全已经达到全球领先的水平,旅游者对国内旅游的信心很强,并不担心安全问题。另外,"中国很安全"也获得了全球其他国家旅游者的普遍认同。

日本也被中国游客认为是很安全的目的地。上海游客杨小姐表示,日本大部分国民的素质很高,有一次在日本的出租车上遗落了手机,等在原地20分钟,司机就把手机送了回来。"在日本很少会遇到抢劫、偷盗等事件。虽然地震多发,但基本上没有游客伤亡事件。"

与此同时,参与调查的游客还评选出了国内最有安全感的十大城市(图2-2):上海、北京、杭州、厦门、深圳、拉萨、广州、南京、澳门、成都。经济收入水平越高、旅游越成熟的城市,在旅行者心目中越安全。港、澳、台三个地区中,澳门被网友认为最有安全感。

如果从旅游行业的专业角度看,哪些目的地和国家安全系数最高?根据自

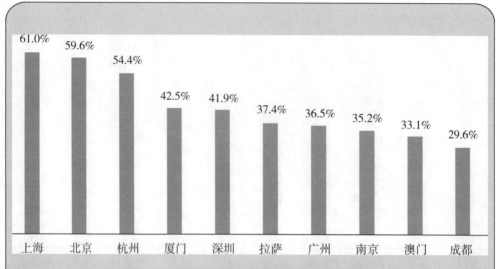

图2-2 2017年"国内最有安全感的十大城市"

然灾害、恐怖袭击、社会治安、对中国游客友好程度、航空和交通安全、旅游项目安全、当地医疗水平、旅行社安全服务保障这八大与旅游安全相关的因素,结合携程旅游保险平台的案件情况,并由庞大的出境游、国内游业务专家团队对全球热门目的地打分,携程也同步评选出了"2017旅行安全系数最高的目的地"前十名(表2-1)。这十个目的地(国家或地区)分别是新加坡、阿联酋、北欧四国(瑞典、丹麦、挪威、芬兰)、中国、日本、澳新(澳大利亚、新西兰)、捷克、加拿大、毛里求斯、冰岛。《解放日报·上观新闻》记者对比发现,这一从旅游专业角度评选出的"2017旅行安全系数最高的目的地"前十名,与前述由数千名游客评选出的2017年"最安全的目的地"重合度高达70%,可见这些目的地的旅游安全可感度极高。而从进一步的统计数据来看,在旅游安全上更有优势的国家越来越受到游客欢迎。2017年暑期,预计有超过3000万名中国游客出境旅游,从截至7月份的携程报名情况看,今年暑期人气较高或游客数增长较快的目的地,很大一部分都进入了"最安全的目的地"榜单。而且,这些目的地的游客数排名也在上升。例如,日本在2017年超过韩国排名第二,新加坡从2016年的第五名上升到2017年的第三名。澳大利亚、阿联酋的排名也上升了。北欧市场在2017年上半年实现了高速增长,丹麦、捷克、奥地利、瑞士、芬兰等都成为"黑马"。①

---

① 上观新闻:《中国游客心目中最安全的目的地是哪些?上海位列国内最有安全感城市》,见上海观察网(http://www.jfdaily.com/news/detail?id=61152)。

表 2-1 "2017 旅行安全系数最高的目的地"

排名	目的地（国家或地区）	总得分	自然灾害安全评分	恐怖袭击安全评分	社会治安评分	对中国游客友好度评分	航空和交通安全评分	旅游项目安全评分	当地医疗水平评分	旅行社安全服务保障评分
1	新加坡	91.25	9	10	10	8	10	9	9	8
2	阿联酋	87.50	9	9	10	8	10	7	8	9
3	瑞典、丹麦、挪威、芬兰	83.75	9	7	9	9	8	8	9	8
4	中国	82.50	7	9	9	9	9	7	7	9
5	日本	82.50	6	9	9	7	9	8	9	9
6	澳大利亚、新西兰	77.60	6	9	8	9	9	7	8	8
7	捷克	76.25	9	8	6	7	8	8	7	8
8	加拿大	75.00	7	8	7	8	7	7	8	8
9	毛里求斯	75.00	7	8	8	7	7	7	6	8
10	冰岛	73.75	6	8	8	8	7	6	7	8

上述案例向我们展示出了中国旅游者心目中富有安全感的国内外旅游目的地，以及由专家评选出的安全系数最高的旅游目的地国家（地区）。那么，什么是旅游者对目的地的安全感？除了安全感，旅游者对目的地或者对其他旅游对象还有哪些感知？什么是旅游者的感知？旅游者的感知有哪些特性、受什么因素影响？旅游者的感知是否会存在偏差？上述问题都是本章将要回答的问题。本章的主要目的是简要介绍人的感知、旅游者的感知以及旅游者对目的地安全、目的地形象、距离等的感知。

第一节 旅游者感知概述

一、感觉的含义、类型与特性

心理学家认为，感觉是人脑对直接作用于感觉器官（眼睛、耳朵、鼻子等）

的客观事物的个别属性的反映。比如，如果在我们面前摆一只梨子，鼻子闻到了梨子的香味，眼睛看到了梨子淡黄色的外观，手触摸到了梨子光滑的果皮等。认知心理学认为，人类的认识活动是从感觉开始的。我们通过感觉，不仅能够了解客观事物各种各样的属性，例如，物体的气味、颜色、软硬度、光滑度等，也能反映自身体内的变化，了解自身各部分的状态。例如，一个发高烧的人，往往会感觉到身体发热、口舌干燥、四肢酸痛等（陈钢华，2016；孙九霞、陈钢华，2015）。

根据感觉产生的刺激来源，我们可将感觉分为两大类：外部感觉和内部感觉。内部感觉接受体内刺激，反映身体的位置、运动和内脏器官的不同状态。外部感觉接受外部刺激，反映外界事物的属性。德国著名心理学家冯特（W. Wundt）曾提出，感觉和情感是负责经验建立的基本过程。本节对感觉的阐述也集中在外部感觉。按照刺激作用的感觉器官的不同，外部感觉分为视觉、听觉、嗅觉、味觉和触觉五类。其中，以视觉为主导。当其他感觉与视觉同时存在时，人们往往注意到的是视觉刺激，这种现象被称为"视觉捕捉"（visual capture）。因此，通过视觉所感受到的事物往往令人印象最为深刻。气味则能够唤醒记忆以及与之相联系的情感。有实验证明，芬芳的气味能够唤起愉快的记忆。

感觉有如下四个方面的特性（陈钢华，2016；孙九霞、陈钢华，2015）：其一，感受性。心理量与物理量之间的关系是用感受性的大小来说明的。感受性是指人对刺激物的感觉能力。不同的人对同一刺激的感受性不同，这同样适用于自然界的其他动物。在地震报道中，我们经常发现，动物往往比人类更有预见地震的能力，鱼类、鸟类可以感觉到地震前的一些先兆现象，例如，地声、地光等，而人类却不能。这说明了人类与其他动物对外在刺激的感受能力是不同的。感受性受到主体的机体状态影响，不是所有的外在刺激都能引起主体的反映，只有在一定的适宜刺激强度和范围内，才能产生感觉，这就涉及感觉的绝对阈限和差别阈限两个概念。绝对阈限，是指我们感受到某一个特点刺激的最小刺激量，低于绝对阈限的刺激，我们无法感受到。比如，地震前产生的低于20赫兹的次声波因低于人类的绝对阈限，我们就无法感觉到。差别阈限，也称为"最小可觉差"（Just Noticeable Difference），是能使个体觉察出的两个刺激强度之间的最小差别。差别阈限，会随着刺激量的增加而增加，比如，在200赫兹的声音刺激上，只要再增加20赫兹就可以感觉到差别，但是在2000赫兹的刺激上却可能要增加200赫兹才能听出差别。其二，适应性。古语道："久入芝兰之室而不闻其香，久入鲍鱼之肆而不闻其臭。"这句话正验证了感觉的适应性。人的感觉器官长期处于一种没有变化刺激的状态下，其敏感度会逐渐降低。其三，交互作用性。同一事物不仅产生作用于单一感觉器官的刺激，而且往往会作用于多个感觉器官；而不同感觉器官产生的感觉也并不是相互独立的，它们通常是交互作用的。宋代诗人陆游有诗句云："初游唐安饭薏米，炊成不减雕胡美。大如芡实白如玉，滑欲流匙香满屋。"诗人在品尝薏米的同时，充分地刻画了对薏米的视、味、嗅等感觉。科学家也证实了嗅觉对味觉具有很大的作用，香味诱人的食物能提高品尝者的味觉体验；相反，嗅觉失灵的人在面对同样的食物时会味同嚼蜡。其四，群体差异性。对同一刺激的感觉，会因为个体的差异而不同。但总的来看，感觉还是呈现出了群体性的差异，不同的年龄阶段、性别等都存在不同的感觉差异。比如，老年人有很好的低频听觉，但会遭受高频失聪的苦恼；而女性相比男性来说，嗅觉灵敏度更高，对气味更为敏感。

二、知觉的含义与特性

宋代著名词人辛弃疾的《西江月》中有词句："明月别枝惊鹊，清风半夜鸣蝉。稻花香里说丰年，听取蛙声一片。"这里从视、听、触、嗅等多个感觉角度描绘了一幅美好的田园夜景图。然而，如果辛弃疾仅是停留在对外界刺激的感觉层面的话，那他感觉到的将只是一些杂乱的刺激：光线、气味、夹杂不同音调的声音等。如何将这些无序刺激变成词人笔下一个完整的、有意义的田园风光映像，这就需要大脑的知觉加工。

如图2-3所示，知觉是人脑对直接作用于感觉器官的客观事物各个部分和属性的整体反映。依此类推，知觉是在感觉的基础上产生的，是对感觉信息整合之后的反映。大脑通过选择、组织和解释刺激，使原本杂乱的感觉变成大脑中连贯、有意义的整体映像。知觉与感觉属于认知过程的感性阶段，是对事物的直接反映。但二者不同的是，感觉反映的是事物的个别属性，知觉则是一种综合反映；感觉由身体感觉系统生理因素所决定，而知觉在很大程度上受到个体的期望、知识、经验和动机等多方面的影响。

知觉有如下四个方面的特性：其一，选择性。同一时间作用于知觉者的客观事物是纷繁多样的，但是知觉者不可能在瞬间全部清楚地知觉到。知觉者会根据自己的需要与兴趣，有目的地选择少数事物作为清晰的知觉对象，而周边的事物则被模糊成背景。这就是知觉的选择性。知觉选择性的关键在于，选择哪些事物作为知觉对象，哪些作为知觉背景。其二，整体性。如前所述，知觉是对当前事物的各种属性和各个部分的整体反映。当知觉者在过去的经验中对某一事物很熟悉，就能根据经验和当前事物的某部分属性去完整地知觉它。但是，当知觉对象是一个初次接触的事物时，知觉就会以当前知觉对象的特点为目标，将它转移成具有一定结构的整体，这是一种自下而上的知觉加工过程，也叫知觉的组织化。其三，恒常性。现实中我们感觉到的刺激物的状态不断改变，但是对于熟悉的环境、事物，我们始终能根据以往的知识经验，知觉到一个比较稳定的、不变的世界。这就是心理学家所指出来的知觉的恒常性。具体来说，就是当外界刺激物由于角度、距离、运动等问题使得输入刺激信息发生变化时，我们仍然能够按照事物的实际面目反映事物。知觉

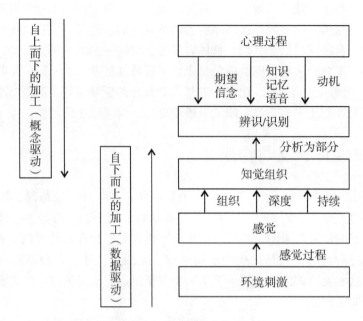

图2-3 知觉组织信息加工过程

资料来源：理查德·格里格、菲利普·津巴多，2003。

的恒常性包括了对刺激物大小、形状、明度、方向等方面知觉的稳定性。常见的情况有：家养的一只白猫在光线阴影中虽然看起来是灰黑色的，但是我们仍能意识到这是只白猫；或者远处的一栋高楼可能看起来仅有近处一人高，但我们也能知觉到其实际高度。知觉的恒常性使我们能够在一个熟悉的环境中游刃有余地对各种外在事物做出合适的反应。其四，理解性。知觉者总是会借助已有的经验知识，对知觉对象加以理解和解释，这就是知觉的理解性。知觉者对知觉对象的了解越多，积累的相关知识和经验越丰富，对该对象的知觉也就越完整、越深刻。由于理解性的存在，具有不同经验背景的人会对同一物产生不一样的认识。因此，历史文化学者在参观故宫时会比一般参观者有更深刻的感悟。

三、旅游者感知的含义、特性和影响因素

依照旅游体验的特殊性，结合上文对感觉、知觉的阐述，我们可以发现：旅游者的感觉是旅游者人脑在旅游消费的全过程中对直接作用于感觉器官（眼睛、耳朵、鼻子等）的客观事物的个别属性的反映。旅游者的知觉是旅游者人脑在旅游消费的全过程中对直接作用于感觉器官的客观事物各个部分和属性的整体反映。在旅游研究与实践中，我们通常使用旅游者感知（tourist perception）这一概念，意

指旅游者的感觉与知觉的综合（陈钢华，2016；孙九霞、陈钢华，2015）。

与人在正常环境下的感知一样，旅游者的感觉也存在感受性、适应性、交互作用性和群体差异性等特征。以感受性为例，感受性是指人对刺激物的感觉能力。不同的人对同一刺激的感受性不同；在不同的旅游体验场所，旅游者对刺激物的感受性也存在差异。例如，在高级西餐厅和游乐园中，服务人员的声音强度是完全不同的两种风格。

同样，旅游者的知觉也存在选择性、整体性、恒常性和理解性等特征（陈钢华，2016）。以选择性为例，一方面，知觉的选择性受到知觉对象客观特点的影响，通常来说，特点鲜明、突出，形象完整、相对稳定的事物往往最先引起知觉者的注意。比如，旅游者在游览长城时，普遍深刻知觉到的是气势宏伟的长城建筑，而长城周边的植被、天空等环境因素则自动变成了知觉对象的背景。另一方面，选择性也受到旅游者本人主观因素，例如，兴趣、动机、期望、知识经验等的影响。明显的例子就是对黄山奇石的知觉，中国旅游者要比西方旅游者更容易将这些自然的石头知觉成具有浓厚的东方人文主义色彩的形象。在旅游活动中，不同类型的旅游者总是有意识地、主动地选择部分旅游目的地或景点作为自己的知觉对象，或无意识地被某一旅游景色所吸引，这也说明了为什么有人乐山、有人好水。在同一旅游景物的刺激下，不同的旅游者可以产生不同的知觉体验（孙九霞、陈钢华，2015）。

影响旅游消费者感知的因素可以分为客观因素和主观因素。客观因素有以下三个：其一，感知对象的刺激强度。由知觉的选择性可知，现实世界中的刺激物虽多，但是并不能都被我们所感知到。在旅游过程中，旅游者更是处在一个错综复杂的感知环境中，哪些事物能更容易地凸显出来，被旅游者成功地感知到呢？旅游刺激物的刺激强度越大，就越容易被旅游者感知到。其二，感知对象的出现频率。感知对象出现的频率也会影响到旅游者对事物的感知，刺激物出现的频率越高，越容易在旅游者头脑中留下印象，形成相应的感知。例如，去过桂林阳朔的旅游者大多熟知那里的一道招牌菜——啤酒鱼，事实上，该菜能在旅游者心中留下清晰印象的一个重要原因就是出现频率极高，桂林阳朔满大街都挂着啤酒鱼的招牌，当地导游也在不断向旅游者宣传，自然而然，啤酒鱼就在旅游者心中留下了印象。其三，感知对象的变化性。在相对静止的背景上，运动变化的事物更能引起旅游者的知觉。山石间倾泻的瀑布、草原上飞奔的马群等，都因为其运动的特性更容易成为旅游者知觉的对象。即使在客观条件相同的情况下，不同的个体仍然会产生不同的感知结果。这是因为感知也受到个体主观因素的影响。这些主观因素主要有兴趣、需要和动机、情绪、个性、知识、经验、价值观等。

知识链接 2-1　　　　　　　　　　　　　**你的目的地浪漫吗？**

要如何才能知道你去的某个目的地是不是足够浪漫呢？或者，站在目的地营销与管理的角度，如何知道游客是否认为某个目的地浪漫？换句话说，在游客心目中，他们认为什么样的目的地才是浪漫的？哪些要素构成了目的地的浪漫属性？

陈钢华、李萌和相沂晓（2019）的一项研究通过网络文本搜索和半结构化访谈来收集资料，基于中国游客感知的视角，探索并识别了目的地浪漫属性的结构维度。作者采用扎根理论进行资料分析，通过将两个定性研究阶段的编码结果进行整合，得出如下基本结论：①游客感知视角下的目的地浪漫属性由4个主范畴（环境及资源基础、环境/景观特性、浪漫氛围营造、环境感知特质）和18个范畴构成。两个阶段的研究结果相互佐证、相互补充，保证了研究结论的有效性和可靠性。②在以往"操作性—表达性"分析框架（表2-2）的基础上，本研究加入"具体要素—抽象要素"维度，建立起一个能够更好地分析目的地浪漫属性的理论框架（图2-4）。

表2-2　"操作性—表达性"要素的梳理

作者（年份）	操作性要素	表达性要素
Swan & Combs (1972)	达成目标的手段或方法	想要达成的目标本身
	与物理方面的要素相联系，满足消费者的实际需要	与心理层面的要素相联系，使消费者产生心理满足感
	使消费者满意的必要因素	使消费者满意的重要因素
Noe (1987)	实现期望目的的辅助性要素；涉及产品的属性和功能，是保障性的、不可或缺的	代表活动主要意图的核心体验；涉及产品的价值表述或个性特质，是满意的贡献性因素
Noe & Uysal (1997)	休闲者达到期望目标的手段或方法	参加休闲活动而获得的心理上或社会（社交）上的益处
	没有理论上的明确区分，不同的研究者可以结合具体的研究情景做出划分	
Noe (1999)	更多指认知导向的要素；有形的、物质层面的要素（如干净的卫生间）	更多指情感导向的要素；无形的、旅游地整体的特点、心理层面的要素（如浪漫的氛围）
Uysal, Eser, Birkan (2003)	公园配套的基础设施及服务者	公园核心的体验活动及项目

续表 2-2

作者（年份）	操作性要素	表达性要素
Pearce & Wu (2016)	浪漫主题景点的准入条件及客观环境要素（如建筑、入口等）	对景点整体性的、具有情感倾向的及美学方面的评估（如故事、历史等）
周永广、马燕红（2007）	展示旅游地功能的必要措施和客观环境	对旅游地功能发挥阻碍、补充、辅助、支持作用的选择条件

资料来源：陈钢华、李萌、相沂晓，2019。

具体要素
Concrete elements

操作性要素（Instrumental elements）:
- 环境及资源基础 Environment and resource base
- 目的地空间特征 Destination spatial characteristics
- 目的地时间特征 Destination temporal characteristics
- 基础设施及旅游休闲设施 Infrastructure and leisure facilities
- 自然资源 Natural resources
- 人文资源 Human resources
- 商业化程度 Commercialization

表达性要素（Expressive elements）:
- 浪漫氛围营造 Romantic atmosphere
- 服务 Service
- 当地人 Local people
- 浪漫的活动 Romantic activities
- 浪漫的符号 Romantic symbols
- 目的地品牌/形象/标签 Destination brand/image/label

操作性要素（抽象）:
- 环境/景观特性 Environment/landscape characteristics
- 多样性 Diversity
- 真实性 Authenticity
- 环境协调性 Environmental coherence
- 奇特与独特性 Novelty and uniqueness

表达性要素（抽象）:
- 环境感知特质 Perceived environment traits
- 私密性 Privacy
- 心理兼容性 Psychological compatibility
- 精神上远离 Mentally away

抽象要素
Abstract elements

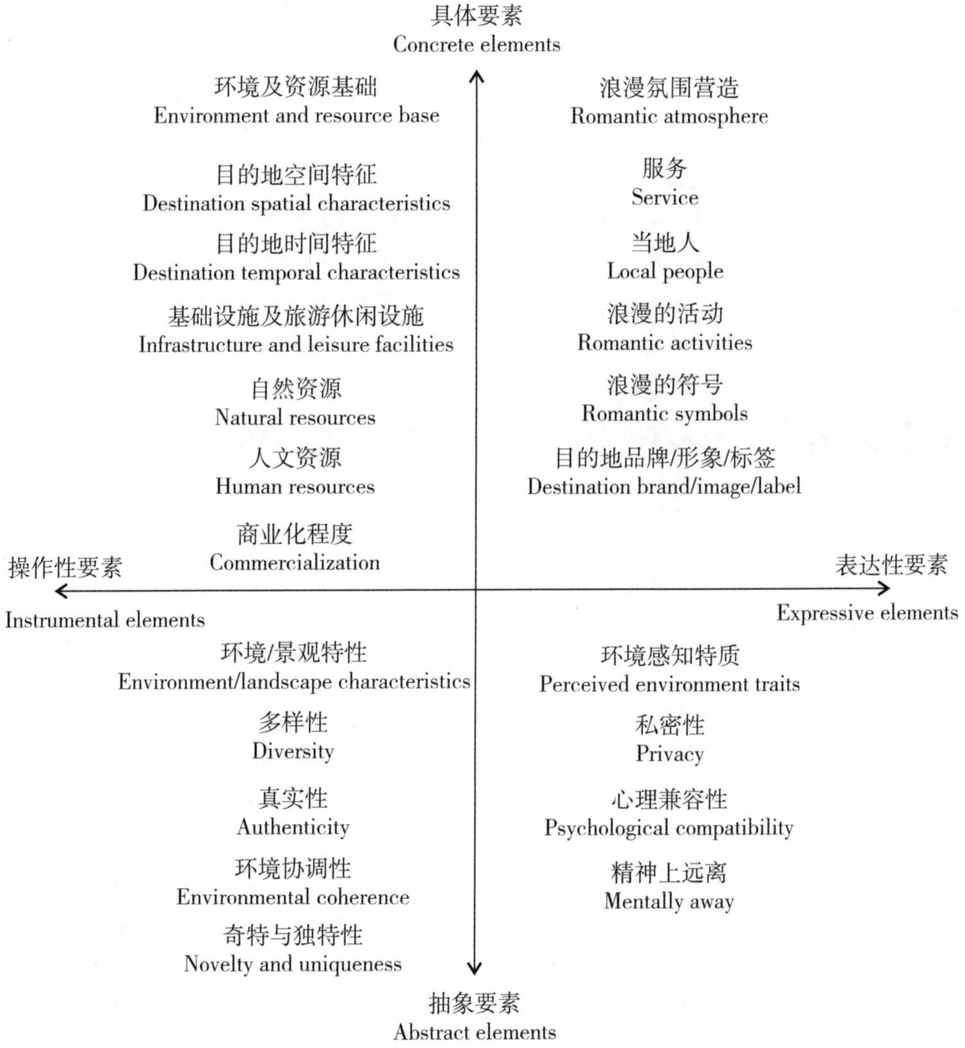

图 2-4 目的地浪漫属性的理论框架

资料来源：陈钢华、李萌、相沂晓，2019。

四、旅游者感知的偏差

个体的感知带有明显的个人主观性。在旅游情境下，受到主观因素的制约，旅游者个体对外在事物的感知很可能与现实情况产生很大的偏差。事实证明，这种走入感知误区的情况是普遍存在的，而且遵循几种常见的规律（陈钢华，2016；孙九霞、陈钢华，2015）。具体阐述如下：

（1）首因效应。首因效应也称第一印象，是一种"先入为主"的意识控制，是指个体在与不熟悉的对象第一次接触后会形成较强的印象，继而影响对对象的进一步判断。首因效应说明了第一印象的重要性。在旅游过程中，旅游者的消费过程通常是一次性的、短期的，根本无法做到反复、深入地了解。所以，第一印象往往对旅游者的下次消费决策具有决定性的影响。试想：某个顾客第一次在某个餐厅消费时就形成了餐厅服务态度差的第一印象，那么，该顾客极有可能不会再光顾该餐厅，即使该餐厅当天的服务问题只是因为服务流程上偶然出了点差错，顾客对餐厅的评价依然可能会停留在第一印象上。但是，近期的旅游者情感体验研究表明，旅游者对目的地的第一印象区，并不一定局限在物理空间的"入口处"（参见同步案例2-1）。

同步案例 2-1　　基于旅游者情感体验过程对"第一印象区"的新理解

2014年7月6—10日，山东大学黄潇婷博士负责的研究组在香港海洋公园进行了为期5天的旅游者时空行为调研。据黄潇婷（2015）的介绍，研究采用手持GPS追踪设备和日志调查问卷相配合的方式获取旅游者游览时空行为信息和旅游情感过程信息。调查地点位于香港海洋公园入口内的旅游咨询中心，发放给那些愿意配合调查的旅游者一个手持GPS设备，请被调查者在完成全程游览之后交还GPS设备并填写日志调查问卷。此次调查总共发放调查问卷1177份，回收问卷1177份，回收率100%；针对旅游情感体验过程研究，旅游情感信息填写完整视为有效，有效问卷1001份，有效率85%。这1001份有效问卷被用于分析旅游者的情感体验过程。

研究组采用手持GPS设备获取旅游者时空行为轨迹信息。轨迹信息包含定位时间、地理坐标、瞬时速度和方向。手持GPS定位设备每分钟对被调查者的位置进行两次定位，即被调查者在海洋公园游览1小时就有120条定位记录；定位经纬度坐标精确至小数点后7位，定位误差在10米以内。根据获取的被调查者游览时间、游览空间和旅游情感信息，香港海洋公园被调查旅游者的情感体验过程可以采用旅游情感路径（TEP）进行表达。香港海洋公园旅游情感路径典型样本如图2-

5所示，表明某旅游者在香港海洋公园总共游览了 15 个停留点，按照游览顺序在每个停留点上感受到的愉悦度在 3（没感觉）～5（非常快乐）之间波动；其中，在第三个停留点/节点（HA3）和最后一个停留点（HA15）的愉悦度最高，在第五个停留点（HA5）到第九个停留点（HA9）的游览过程中愉悦度最低。

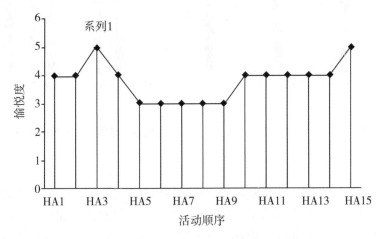

图 2-5　香港海洋公园旅游情感路径典型样本

资料来源：黄潇婷，2015。

如图 2-5 所示，香港海洋公园旅游情感体验过程愉悦度与总体愉悦度的相关分析结果表明，在旅游者时空路径每一个节点上的愉悦度都与总体游览愉悦度呈显著相关。这说明，如果期望旅游者最终获得愉悦体验，需要关注旅游者在景区内部每一个节点的情感状态。也就是说，旅游景区想要在旅游者心中构建良好的形象，仅仅关注第一印象区是远远不够的。

另外，如图 2-6 所示，香港海洋公园旅游者情感过程中的节点 HA1、HA6、HA13、HA16、HA17 和 HA18 相关系数均超过 0.5，HA3 和 HA9 接近 0.5，说明旅游者最开始的旅程段落和接近结束的旅程段落愉悦度对总体愉悦度的影响作用较大，中间段旅程的情感状态对总体愉悦度的影响相对较小。根据香港海洋公园的实证案例分析结果，实际上，旅游者在游程接近结束时段的情感状态对于最终获得的情感体验结果影响更大，HA13 和 HA17 是整个情感体验路径的两个最高峰，HA13 至 HA18 组成了情感体验结果的高影响游程段。换言之，"第一印象区"不等于入口区，而是旅游者情感体验过程中"第一印象"建立需要的游程段，在这段时间中旅游者能够覆盖的空间都应当属于第一印象区。

（2）晕轮效应。晕轮效应是指当个体对知觉对象的某种特征形成好或坏的印

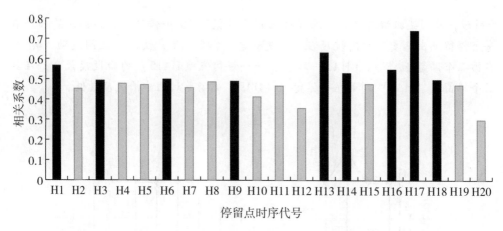

图2-6　香港海洋公园旅游情感体验过程愉悦度与总体愉悦度的相关系数

资料来源：黄潇婷，2015。

象后，会把这种印象扩展到对象的其他特征的知觉上去。晕轮效应的最大弊端就是以偏概全，将事物的某方面特征扩大到其所有方面。同样地，如果顾客对某餐厅已经形成了服务态度差的印象，他就很有可能将这种"差"扩大到餐厅的方方面面，形成餐厅服务人员态度差、环境差、食物差、整体都差的感知。当然，晕轮效应对某些品牌企业而言也是好事，一旦消费者认可该品牌，他们就更有可能认可该品牌旗下的产品。一些国际知名连锁酒店集团在开辟一些新的产品时，像高规格的酒店集团进军低价位的酒店市场时，旅游者即使没有消费过，也仍然会因为品牌效应而感到品质有保障。在旅游情境下，名人效应就是一种典型的晕轮效应（参见同步案例2-2）。

同步案例2-2　　　　旅游开发仅靠名人效应是不够的

从旅游资源出发，从旅游需求出发，从挖掘传统文化出发，从保留文化价值出发，这样的旅游开发或更具操作性和持久性。

莫言获诺贝尔文学奖后的各种商业效应开始显现，旅游也被沾染了所谓的"莫言热"。莫言的老家高密市是个原本不大为国人所知的地方，最近，"得奖效应""名人效应"却让这个名不见经传的地方成为旅游目的地之一，旅行社也开始纷纷推出高密旅游线路。据媒体报道称，文化旅游部门最近也在协商，准备整理莫言的旧居，将其作为红高粱文化品牌的一个景点挖掘出来。

趁热打铁，似乎没有比现在更合适的时机了，借助名人效应，让高密也一炮走红，随之带来的旅游浪潮一浪高过一浪，经济效益也日益明显。但这股热潮能持续多久，所带来的影响能有多深远，实际上可能并没有我们想象中的那么乐观。

名人所带来的旅游效应在旅游界并不鲜见。一些景点最初因名人而广为人知，如新会的"小鸟天堂"，因巴金在此写过一篇《鸟的天堂》而闻名。也有一些城市景点是名人故居。例如，波恩是著名音乐家贝多芬的故乡，很多音乐迷前往德国免不了去参观这个小城。广东梅县是叶剑英的故里，叶剑英故居也成了梅县的重点景点之一。不可否认的是，从某种程度而言，旅游受益于名人效应，也有赖于名人效应。

这也就是时下的"莫言热"掀起"旅游热"的原因之一。另外，连日来对莫言的采访报道接踵而至，人们认识到他的家乡就是其创作的源泉，也让这个地方更具商业炒作价值。比如，这里拥有悠久的历史文化、丰富的民俗风情，包括高密扑灰年画、茂腔、剪纸、聂家庄泥塑等在内的民间艺术等，都成为集聚旅游开发价值的要素。

这样的开发思路紧贴文化，似乎也迎合了人们的某种诉求。

然而，旅游开发远不止靠名人，它更需要贴近市场，需要符合民情，这样才能在产生经济效应的同时，也能带来更好的社会效应。而当下，抱着围观、凑热闹心态掀起的"莫言热"，好比他的作品在书店一抢而空，或是关于修建"莫言旧居"作为旅游景点引发热议等，一旦以透支名人声誉来进行过多的旅游商业炒作，旅游势头必难以长久，也不会具有太多的价值。

"莫言热"对于高密而言，到底能带来多大的好处？人们对此的关注度能否持续？旅游开发是否具有延续性？这些都是除了考虑名人效应之外需要思考的问题。从旅游资源出发，从旅游需求出发，从挖掘传统文化出发，从保留文化价值出发，这样的旅游开发或更具操作性和持久性。

当我们回过头再观"莫言热"，实际上它并不见得一定是"虚火"，例如，更多的人开始读他的作品，更多的人开始通过他笔下的一切从而认识关于他故乡的种种，认识过去的一段历史，了解在那片土地上的文化。这也就意味着更多的人或许对高密也将产生兴趣。如何让游人更好地认识高密，这才是旅游开发商和旅游管理部门首要考虑的事。①

同步练习2-1

请结合你对旅游者感知，尤其是晕轮效应（名人效应）的了解，回答以下问题：

问题1：在旅游开发、营销与管理中，还有哪些所谓的名人效应？

问题2：结合上述案例分析，这些名人效应产生的过程是什么？也就是说，为什么地方政府或目的地营销与管理机构会选择采用名人效应？

---

① 周人果：《旅游开发光靠名人效应是不够的》，载《南方日报》2012年10月17日第B02版。

(3) 刻板印象。刻板印象是指社会上的部分人对某类事物或人物所持有的共同的、笼统的、固定的看法和印象。刻板印象是对知觉对象特征的概括性了解。在旅游活动中，它有助于旅游者了解某一类目的地或群体的基本情况，快速做出旅游决策。但是，也会因刻板印象的局限性，使人的知觉产生偏差（参见同步案例2-3）。

同步案例2-3　　台湾人看大陆：游客安静有礼被忽略，刻板印象须改

台湾《旺报》在2015年10月8日刊发了一篇文章讲述台湾游客眼中的大陆人。文章称，旅行只看三件事，看山、看水、看人。旅行多了就会发现，山水景观变化多，人的变化更多。只是在那变化万千里，却也有些不变的事。大陆有13亿人口，作者在大陆旅行的时候看到了很多，也学到了很多。文章摘编如下：

(1) 认识很多"女汉子"。我曾遇过善良的计程车司机，过了排班时间无法营业，却仍让我上车，在不收费的情况下顺路载我到更容易搭车的路口。大陆什么类型的人都有，也因此很多有趣的名词被发明出来，比如说"土豪"，就是我们所说的暴发户、"田桥仔"，主要是形容本身无才能却因为经济发展致富的有钱人，并且外形或品格也不讨人喜欢。如果有钱又长得好看则可以晋升为另一个族群："高富帅"。"高富帅"一般都是指青年实业家，或是企业家第二代。

形容女生的称呼也很有意思，例如"女汉子"。"女汉子"是一群不讨好男人、自然率性，并且非常独立自主的女生。我在大陆旅行的时候认识了很多"女汉子"，特别是在大陆北方，她们总是笑口常开，自嘲着："如果上百度搜寻：比东北爷们还爷们。百度就会跳出：请问你要找的是东北娘们吗？"

(2) 安静有礼易被忽略。虽然大陆人这么多种、这么不同，很多人却还是喜欢以一个刻板印象去定调。那个刻板印象，多半来自一些不具观光素养的观光客。确实有一些"陆客"比较吵闹，不重视礼节又不守规矩，甚至随地吐痰或随地便溺，让人看了很头疼。但我们没有注意到的是，也有很多大陆观光客不会这样，但是因为他们比较安静，也容易被忽略。

我在世界各地旅行时，遇到过荒腔走板的大陆人，也遇到过热心助人的大陆人。特别是年轻一代的大陆观光客，因为经济和文化水平的提升，很多人已经有了正确的旅行观念，懂得观察体会各地文化，不全然都是大家印象中的又吵又粗鲁。

我在比利时布鲁塞尔遭抢，得到两位来自上海的留学生协助，我非常感谢他们，若非有会讲法语的他们帮忙，我恐怕无法顺利报案。后来我们三人也一起旅行一阵子，他们不乱买东西，不逃票，不喧哗，懂得欣赏古迹，也会和当地人互动，加上他们外语能力佳，更能快速了解一地的历史和文化，其中一位还会中、日、英、法四国语言，和他们旅行获益良多。当世界上许多人都在批评大陆观光客的行

径时,他们也只能苦笑。

这几年大陆经济发展快速,也逐渐走出封闭,和世界接轨。在这发展的道路上,如果除了物质上的进步之外,也愿意重视心灵和人文素养的提升,倡导礼貌和整洁,加上正确的观光观念不断被引入,可望过一段日子后,乱象和不文明行为也会逐渐被改进。[1]

(4)心理定势。心理定势是指个体在认识特定对象时心理上的准备状态,是指在对对象产生认知之前,就已经将对方的某些特征先入为主地存在自己的意识中,使知觉者在认识外在事物时不由自主地处于一种有准备的心理状态(参见同步案例2-4)。

同步案例2-4　　　　　　　　　　心理定势案例两则

案例1　陷入心理定势

有这样一个问题:一位公安局局长在路边同一位老人谈话,这时跑过来一位小孩,急促地对公安局局长说:"你爸爸和我爸爸吵起来了!"老人问:"这孩子是你什么人?"公安局局长说:"是我儿子。"请你回答:这两个吵架的人和公安局局长是什么关系?

这一问题,在100名被试中只有两人答对!后来对一个三口之家问这个问题,父母没答对,孩子却很快答了出来:"局长是个女的,吵架的一个是局长的丈夫,即孩子的爸爸;另一个是局长的爸爸,即孩子的外公。"

为什么那么多的成年人对如此简单的问题解答反而不如孩子呢?这就是定势效应:按照成人的经验,公安局局长应该是个男的,从"男局长"这个心理定势去推想,自然找不到答案;而小孩子没有这方面的经验,也就没有心理定势的限制,因而一下子就找到了正确答案。

案例2　打破心理定势

清朝时期,通山县有个叫谭振兆的人,小时候因为家里比较宽裕,父亲给他定了亲,亲家是同村的乐进士。后来,谭父死了,谭家渐渐衰退,经济条件远不如以前,乐进士便想赖婚。

一天,谭振兆卖菜路过岳父家,就进去拜见岳父。乐进士对他说:"我做了两个阄,一个写着'婚'字,另一个写着'罢'字。你拿到'婚',就把女儿嫁给

---

[1] 摸泥可:《台湾人看大陆:游客安静有礼被忽略 刻板印象须改》,见新浪网(http://news.sina.com.cn/o/2015-10-08/doc-ifxirmqz9531461.shtml)。

你；拿到'罢'字，咱们就退婚，从此谭乐两家既不沾亲也不带故。不过，两个阄你只看一个就行了。"说完就把阄摆出来。

谭振兆心想：这两个阄分明都是"罢"字，我不能上他的当。想到这，他立刻拿了一个阄，吞入腹中，指着另一个对乐进士说："你把那个阄打开看看，如果是'婚'字，我马上就离开这，咱们退婚；若是'罢'字，那就说明我吞下的是'婚'字，这门亲事算定了。"乐进士煞费苦心制造骗局，却被谭振兆识破，没办法只好把女儿嫁给谭振兆。①

> **同步练习 2-2**
>
> 结合你对旅游者感知的偏差（首因效应、晕轮效应、刻板印象、心理定势）的了解，回答以下问题：
> 问题 1：上述四种感知偏差是什么关系？
> 问题 2：上述四种感知偏差中的某两种偏差之间是否存在转换或者单向、双向影响的可能？如果存在，如何转换或者影响？

第二节 旅游者对目的地的感知

一、旅游者对目的地的形象感知

（一）形象及目的地形象

从心理学的角度来看，形象就是人们通过视觉、听觉、触觉、味觉、嗅觉等各种感觉器官在大脑中形成的关于某事物的整体印象，简言之，就是知觉的结果，是各种感觉的再现。有一点认识非常重要：形象不是事物本身，而是人们对事物的感知，不同的人对同一事物的感知并不完全相同，会受到人的意识和认知过程的影响。由于意识具有主观能动性，因此，事物在人们头脑中形成的不同形象会对人的行为产生不同的影响。

---

① "思维定势"词条，见百度百科（https://baike.baidu.com/item/思维定势/9263375？fr=aladdin&fromid=6806945&fromtitle=心理定势）。

旅游目的地形象是近年来旅游目的地营销、管理以及规划中最为引人关注的课题。所谓旅游目的地形象，简单地说，就是旅游地在旅游者心目中的各种印象的综合，是一种整体的感知印象。例如，人们一提起北京就会想起天安门、故宫、长城、颐和园等，说明北京在广大旅游者心目中的形象是"东方古都"的形象；而当提及上海，很多人脑海中就会闪现出东方明珠塔、金茂大厦、外滩、鳞次栉比的摩天大楼，说明上海在旅游者心目中的形象是现代化的东方大都市；而当谈及武夷山，人们就会想起大王峰、玉女峰、九曲溪等；说起张家界，脑海中就会反映出成群的峰林地貌；说起黄山，就会反映出迎客松、云海等；说起吐鲁番，很多潜在旅游者就会想到葡萄、炎热、盆地等。

（二）目的地形象感知的四维矩阵

一个简易地理解旅游者对旅游目的地形象感知状况的方法是通过知名度和美誉度两个指标构建一个形象矩阵（图2-7）。

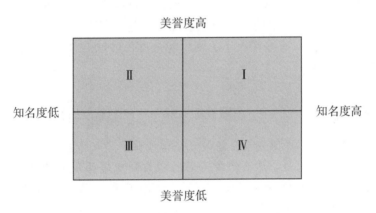

图2-7 旅游目的地形象的四种状态

知名度是指旅游者（包括潜在旅游者）对某个旅游地（或未来的旅游地）的识别、记忆状况，也就是说，到底有多少旅游者听说过、知道旅游地的存在（或将存在）。知名度的测量可用以下公式计算：

知名度＝知晓旅游地的人数/总人数×100%

而美誉度是指旅游者（包括潜在旅游者）对某个旅游地（或未来的旅游地）的褒奖、赞赏、喜爱程度，其测算公式如下：

美誉度＝称赞旅游地的人数/知晓旅游地的人数×100%

旅游地（包括未来的旅游地）的知名度与美誉度组合可以构成四种状态，如图2-7所示。其中：第一象限Ⅰ表示旅游地（未来旅游地）具有很高的知名度和美誉度，美名远扬；第二象限Ⅱ表示旅游地（未来旅游地）形象较好，知道的人都说好，遗憾的是，知道的人不多；第三象限Ⅲ表示旅游地（未来旅游地）形象不好且不出名（知道的人都说不好，还好知道的人不多）；第四象限Ⅳ表示旅游地（未来旅游地）声名狼藉，知道的人很多，且都评价很差。

（三）目的地形象感知的阶段性

旅游者对目的地的形象感知，实际上是一个动态变化的过程（参见同步案例2-5），主要可以分为旅游需求产生阶段、旅游购买决策阶段和实地旅游阶段。各个阶段的旅游形象感知各有特点。在旅游需求产生阶段，旅游者对目的地的形象感知主要是一种经验积累和感知意象。这种感知意象的形成主要来自日常生活中非旅游性质的信息交流与获取，通常通过报纸、广播、电视新闻等媒体媒介，以及参与过目的地旅游的亲朋好友的经历描述等途径来获取信息，并经过多年累积形成的。在旅游购买决策阶段，旅游者对目的地的形象感知更多地受到旅游目的地营销活动的影响。实际上，旅游者感知到的目的地形象是一种诱发意象，主要是受到旅游宣传广告、目的地节事活动宣传、旅游者游后评价等的影响而形成的。在实地旅游阶段，旅游者会修正之前对目的地的形象感知。有些情况下，会觉得"比想象的更美""果然名不虚传"，有些情况下，则可能觉得目的地的宣传"言过其实""实际情况根本不是这样"。

同步案例2-5　　　　　　　　藏族歌曲对西藏旅游形象的影响

说起藏族歌曲，也许很多人会想起《梦回西藏》《天路》《青藏高原》《回到拉萨》等脍炙人口的歌曲。这些经久传唱的歌曲到底给西藏的旅游目的地形象带来了哪些影响呢？这些影响又是如何产生的呢？朱竑、韩亚林、陈晓亮（2010）的研究指出，西藏的旅游形象具有多元性的特点。整体上而言，藏族歌曲能够影响潜在旅游者对西藏的形象感知，强化他们对西藏的向往。旅游者对旅游地形象的感知和建构是一个连续的过程，在不同的旅游环节和角色中，歌曲发挥的影响作用不同。藏族歌曲对西藏旅游地的诠释以自然风景为主、人文信息为辅，对宗教文化涉及不多。音乐传播旅游形象的实现依赖于音乐本身传播的成功，并非"造歌运动"之效果，而藏族歌曲却突破了语言约束，表现出以汉语为感知媒介的独特特点。另外，歌曲还对旅游者理性认识旅游地、触及旅游本真具有非常重要的意义。

同步练习2-3

请结合你对目的地形象以及如第一章所概述的旅游消费者行为学研究对象的了解，并通过在如第一章的知识链接1-3所列的国内外主流旅游学术期刊

> 进行文献检索，回答以下问题：
> 问题1：旅游者对目的地的形象感知会对他们的后续行为有哪些影响？
> 问题2：如果存在影响，这种影响是如何产生的？

二、旅游者对目的地要素的感知

具体来讲，旅游者对目的地形象的感知是通过对目的地各要素的感知所形成的整体认知。大多数的旅游目的地包括旅游吸引物、进入通道（当地交通、交通站点）、接待设施与服务（住宿、餐饮、娱乐、零售等设施）、旅游公共服务（各种类型的地方组织/机构提供的服务）和文化因素五方面的要素。当然，这五个方面的因素并非截然分离的，而是互相关联的。尤其是在旅游者感知中，这些要素是一个整体，不可分离。

(1) 旅游吸引物。旅游吸引物是指自然界和人类社会中所有能对自助旅游者产生吸引力的各种事物和因素。旅游者对目的地要素的感知中，对吸引物的感知最为直接，也最为重要。因为旅游吸引物是吸引旅游者前往目的地开展旅游活动的首要要素，所以也是旅游者自觉或不自觉地最关心的要素。此外，不少传统上并不被认为是吸引物的因素，也逐渐具有吸引物的功能，逐渐转化为吸引物。例如，下文将提及的交通工具、旅游公共服务等。

(2) 进入通道。旅游者对进入通道的感知主要集中在对交通的安全、舒适、快捷和灵活性方面的感知。其一，关于交通安全问题的报道往往会引起旅游者对某种交通工具的风险感知。例如，2014年"马航MH370事件"等航空灾难后，许多人害怕乘坐飞机出行。其二，旅游者对交通的舒适便捷感知影响到旅游者对目的地的整体评价与满意度。其三，在目的地内部的一些灵活性、创新性的交通模式已经不再是单纯的交通与运输功能，而是兼具吸引物的角色。例如，游览风景的索道、野生动物园里的穿梭巴士等。此外，近年来，随着自驾车的流行，不少地区的风景道也逐渐成为旅游吸引物。

(3) 接待设施与服务。目的地的接待设施包括住宿、餐饮、娱乐、购物设施等。相应的服务也是以接待设施为载体展开的。随着旅游者日渐追求享乐、舒适，接待设施与服务在旅游者感知中的重要性也日渐凸显。不少旅游目的地的宣传广告就是主打一流的旅游接待设施及一流的旅游服务。

(4) 旅游公共服务。旅游目的地的标识系统、旅游者投诉处理、天气交通信息提供、旅游安全保障等都是旅游目的地政府及商业部门必须提供的公共产品。这些旅游公共服务的供给将大大地提高旅游者对目的地的感知及评价。对具备较完善的旅游公共服务的城市而言，例如杭州，"宜居的城市"与"宜游的城市"合二为一，融为一体。

（5）文化因素。文化因素是指目的地整体的社会文化环境与文化物质载体，包括旅游地居民的好客程度、与旅游者的主客交往方式、居民的文化素养、当地的习俗、语言（方言）、物质文化载体等（参见同步案例2-6）。目的地的文化因素对旅游者的目的地形象感知作用越来越凸显。但是，旅游目的地的常住居民和外来旅游者对文化因素的感知是存在显著差异的。

同步案例2-6　　　　　在广州的中国国内游客对粤语的感知

卢昱帆、陈钢华、黄松山和保继刚（Lu, Chen, Huang, Bao, 2019）基于我国汉语方言多样化的背景，以粤语为感知对象，研究去广州旅游的国内游客（粤语非母语）对粤语的感知，以及更进一步，探讨粤语感知对游客满意度和行为意向的影响。作者通过梳理文献发现，已有研究证实了语言在塑造旅游体验中的重要作用，但存在两种截然不同的观点。一种观点认为，语言会对游客的旅游体验带来不便，一定程度上阻碍了游客获取旅游信息与服务；另一种观点则认为，语言营造的氛围反而会加强游客对目的地的真实文化体验。然而，这两种观点都是基于跨文化旅游的背景。那么，在同一语言背景下不同方言区的游客到底有什么样的方言感知呢？作者以粤语方言为对象，在广州进行了两项连续的研究，分别探索了游客感知粤语方言的维度和这些维度对游客行为的影响，结果发现：①中国游客感知粤语方言的四个维度包括：地方性（local characteristics）、魅力性（captivation）、功能性（functionality）和知识性（dialect understanding）。其中，地方性是指游客在接触粤语的过程中感受到的粤语地区的地方特色，如"粤语方言很好地传达了地方特色"；魅力性是指游客对粤语方言的情感反应，如"我现在被粤语方言迷住了"；功能性是指游客感知、接触粤语能为其创造价值和利益，如"实地接触粤语，满足了我对岭南文化的好奇心"；知识性是指游客感知、接触粤语可以增加游客对其的了解，如"实地接触粤语，使我对它有了更多的了解"。②感知粤语方言的功能性、知识性和地方性会影响中国游客的旅游满意度。③地方性和魅力性会影响中国游客对广州的重游意愿。④魅力性和知识性会影响中国游客对广州旅游的推荐意愿。⑤对粤语有一定了解的中国游客和完全不了解粤语的中国游客在粤语方言感知方面存在些许差异。

> **同步练习2-4**
>
> 请基于上述研究背景,回答以下问题:
> 问题:上述研究的结论是否可以推广至其他方言较为流行的旅游目的地城市(例如,上海、厦门、香港)?

第三节 旅游者对距离的感知

感知距离是指人们从主观意识出发,凭借已获得的信息和自己的知识、经验,对两地之间实际距离所做出的估计(参见知识链接2-2)。旅游者感知到的旅游距离是以克服客观距离所消耗的时间、费用和精力来衡量的(卢昆,2003)。与实际距离相比,旅游者感知到的距离对旅游决策行为的影响力更强。旅游者对旅游距离的感知对其旅游行为存在阻碍和促进两方面的作用。

知识链接2-2   中国人距离远近的感知标准及群体差异

感知距离对旅游目的地形象、旅游满意度以及旅游者的目的地选择行为具有重要影响。刘佳等(2015)的一项研究运用由感知距离定位图获取的第一手数据和单因素方差分析法,分析了中国人对距离远近的感知标准及不同常住地、性别、学历和年龄群体差异。他们发现:①中国人对距离远近感知标准为:直线距离≤200公里、时间距离≤4小时,感知"很近";直线距离200~400公里、时间距离4~8小时,感知"近";直线距离400~700公里、时间距离8~13小时,感知"远";直线距离700~1000公里、时间距离13~20小时,感知"很远";直线距离≥1000公里、时间距离≥20小时,感知"遥远"。②常住地交通便利程度、性别、学历、年龄都在影响着人们对距离远近的判断。

(1)阻碍作用。旅游者对距离的感知也是对旅行在交通上所要付出时间、费用和精力的衡量,如果距离太远,付出就要更大,这对旅游者的出游阻碍力也就越大。另外,已有研究显示,旅游者对目的地形象的感知符合距离衰减规律,即旅游者的惯常环境距离旅游地越远,其对旅游地形象的感知越低。有学者提出,惯常环境距离旅游地远的旅游者对目的地的认知水平较低,甚至会出现认知扭曲,而距离近的旅游者认知水平较高、较全面（李蕾蕾，2000）。因此，一般来说，感知距离越远，旅游者的选择机会就越小，反之则越大。这也就是为什么目前短途旅游市场占旅游市场的比例远远大于长途旅游市场，在中国国内旅游中始终占据着旅游市场的主导地位。

（2）促进作用。正所谓"身边无风景""距离产生美感"，很多时候，远距离的目的地对旅游者有着特殊的吸引力。距离遥远意味着神秘和陌生，遥远的距离产生了更多的不确定性因素，给人更大的想象空间，带来更大的精神刺激。同时，也有研究表明，远距离更容易让旅游者产生美的想象。有学者通过对不同距离的旅游者对周庄的印象感知研究表明，距离越远，旅游者对周庄的美誉度认知越高（张宏梅、陆林、章锦河，2006）。这种由神秘、刺激、美所共同作用产生的吸引力，一旦超过了阻力作用，会吸引人们到远距离的目的地去旅游。例如，太平洋夏威夷群岛和法属塔希提岛（Tahiti，港台译为"大溪地"）具有相似的人文风情和海岛景观，但若条件许可，美国的旅游者更乐意选择后者度假，正是因为距离远所产生的神秘感使得塔希提岛对美国旅游者更具有吸引力。

旅游者感知的距离对旅游行为既有可能产生促进作用，又有可能产生阻碍作用。这两种作用的相对强度在很大程度上取决于旅游者的旅游动机。假日休闲旅游者一般会选择距离近的目的地，而对于探索性、纪念性的旅游活动，旅游者更愿意选择远距离的目的地（参见知识链接2-3）。

知识链接2-3　　文化距离对旅游者行为的影响

文化是一个内涵丰富、包罗万象的概念，指人类在整个社会历史发展过程中所创造的物质财富和精神财富的总和。所谓文化距离（cultural distance），一般是指两种文化之间的差异程度。文化差异越大，则文化距离越大。目前，用于测度两种或多种文化间距离的主要方法是用霍夫斯塔德的文化维度理论。正如本书第十一章将具体阐述的，霍夫斯塔德的文化维度理论（Hofstede's cultural dimensions theory）由荷兰心理学家、社会学家、荷兰文化所所长吉尔特·霍夫斯塔德于1980年提出。他开创性地提出文化差异的四个维度：权力距离、不确定性规避、个人主义与集体主义、阳刚气质与阴柔气质。此项调查开创了学术界用定量方法衡量文化差异的先河。20世纪80年代，霍夫斯塔德将儒家文化思想纳入跨文化研究范畴，并提出了文化维度理论的第五个维度——"长期导向—短期导向"，进一步完善了文化维度理论。2010年，霍夫斯塔德提出了文化维度理论的第六个维度——放任与约束。

世界各主要国家和地区在上述六个维度的最新得分都可以在"CLEARLY CULTURAL"官网（http://clearlycultural.com/geert-hofstede-cultural-dimensions/）获得。因此，各个国家或地区间的文化差异（文化距离）也可以计算出来。

杨旸、刘宏博和李想（2016）针对中国大陆和日本出境旅游的一项研究表明：日本居民在过往目的地和计划前往目的地的选择上都显著偏好总体与日本文化差异大的国家。具体而言，他们偏好在"权力距离"和"不确定性避免"维度差异较小而在"集体主义""性别气质"和"长远考虑"维度差异较大的目的地。相比而言，中国大陆居民在出境目的地选择上受文化距离的影响较小。

课堂讨论2-1

问题：结合知识链接2-3有关文化距离的知识，讨论是否存在一个最佳的或者临界文化距离？

讨论要点：见参考文献：周玲强和毕娟（2017）。

第四节 旅游者对风险的感知

安全是指未受到威胁，没有危险、危害、损失。国家标准（GB/T 28001）对"安全"给出的定义是："免除了不可接受的损害风险的状态"。风险是指遭受损失、伤害、不利或毁灭的可能性。风险是指一个事件产生我们所不希望的后果的可能性。旅游消费者行为领域的风险感知，可以从一般消费者的购买风险感知和旅游者的风险感知两个方面来理解。

一、一般消费者的购买风险感知

在消费者行为领域，顾客感知风险越高，则他们的感知价值越低、购买意愿越低、满意度越低，从而重复购买行为越少。了解旅游者对旅游风险的感知，对预测旅游者的购买行为有着重要意义。根据杰克比和开普兰（Jacoby & Kaplan, 1972）提出的消费者感知风险类型的划分，消费者感知到的购买风险主要包括：①财务风险。由于决策行为的失误导致自身财务方面的损失，主要是购买的产品价值低于付出的费用而带来的风险。②绩效风险。购买的产品质量没有预期的好而带来的风险。③心理风险。由于购买的产品与自身的社会地位、形象的不符合而造成损失的风险。④实体风险。产品本身对消费者带来的人身方面损害的风险。⑤社会风险。因购买决策而遭到身边亲友等嘲笑、反对以及疏远的风险。另外，罗斯尼尔斯

（Roselius，1971）还提出了时间风险的风险类型，即消费者在购买决策过程中面临耗费大量时间收集信息的风险。

二、旅游者的风险感知

旅游者的风险感知是一个多维的概念。旅游风险是旅游者在其旅游行为中所感知到的可能发生的负面结果。旅游者对旅游风险的感知与其购买行为紧密关联。旅游具有独特性，因而旅游者感知到的风险要比一般的购买行为更高。①旅游产品具有无形性。旅游产品以无形服务为主，在购买之前看不到、摸不到、无法品尝和无法嗅到，旅游者在选择产品时面临着更多的不确定因素，尤其是对于产品能否满足自身期望的不确定性更容易感知到决策失误带来的风险。②旅游产品具有不可转移性。即生产与消费的同时性，旅游者必须到达目的地现场才可以体验到旅游产品，这也意味着旅游者必须离开自己熟悉的环境，到一个陌生的地方去，在这种情况下，旅游者会感知到更多关于人身安全方面的风险。比如，当前备受媒体和学界关注的旅游中的自然灾害风险，像印尼海啸、汶川地震，以及近期颇受关注的雾霾天气（参见知识链接2-4）；不确定性的社会动乱，像美国的一些突发性恐怖袭击、泰国的政治暴动等都会让旅游者在决策前感知到人身安全风险，其中女性旅游者还会有更多关于暴力和性骚扰的担忧。③旅游产品具有复杂性。旅游产品涉及旅游者在吃、住、行、游、娱、购多个方面的决策，收集信息和购买过程更加复杂、费时费力，旅游者更容易感知到时间方面的风险。④旅游者的风险感知存在显著的社会人口统计学分异特征。这意味着，不同社会人口统计学特征的旅游者对同一旅游活动的风险感知是有差异的，或者参与同一旅游活动所面临的风险来源是不同的。

知识链接2-4　　　　　　　　　　**什么是雾霾天气？**

"雾霾"，是"雾"和"霾"的组合词。雾霾常见于城市。霾，也称灰霾（烟雾）。空气中的灰尘、硫酸、硝酸、有机碳氢化合物等粒子也能使大气混浊。我们将目标物的水平能见度在1000～10000米的这种现象称为轻雾或霭。形成雾时，大气湿度应该是饱和的（如有大量凝结核存在时，相对湿度不一定达到100%就可能出现饱和）。由于液态水或冰晶组成的雾散射的光与波长关系不大，因而雾看起来呈乳白色、青白色或灰色。雾霾天气是一种大气污染状态，雾霾是对大气中各种悬浮颗粒物含量超标的笼统表述，尤其是PM2.5（空气动力学当量直径小于等于2.5微米的颗粒物）被认为是造成雾霾天气的"元凶"。随着空气质量的恶化，阴霾天气现象出现增多，危害加重。中国不少地区把阴霾天气现象并入雾一起作为灾害性天气预警预报，并统称为"雾霾天气"。

2013年,"雾霾"成为年度关键词。这一年的1月,4次雾霾过程笼罩30个省(自治区、直辖市),在北京,仅有5天不是雾霾天。有报告显示,中国最大的500个城市中,只有不到1%的城市达到世界卫生组织推荐的空气质量标准,与此同时,世界上污染最严重的10个城市有7个在中国。2014年1月4日,国家减灾委员会办公室、民政部首次将危害健康的雾霾天气纳入2013年自然灾情进行通报。2014年2月,习近平在北京考察时指出:应对雾霾污染、改善空气质量的首要任务是控制PM2.5,要从压减燃煤、严格控车、调整产业、强化管理、联防联控、依法治理等方面采取重大举措,聚焦重点领域,严格指标考核,加强环境执法监管,认真进行责任追究。2017年,李克强总理亲自将"坚决打好蓝天保卫战"写入报告。①

> **课堂讨论2-2**
>
> 问题:结合知识链接2-4有关雾霾天气的知识,讨论雾霾天气以及对雾霾天气的感知是否以及如何影响国内游客和入境游客对中国或者对某些特定目的地的形象感知以及出游意向。
>
> 讨论要点:见参考文献:李静、Pearce、吴必虎、Morrison,2015;程德年、周永博、魏向东、吴建,2015。

本章小结

1. 心理学家认为,感觉是人脑对直接作用于感觉器官(眼睛、耳朵、鼻子等)的客观事物的个别属性的反映。

2. 知觉是人脑对直接作用于感觉器官的客观事物各个部分和属性的整体反映。

3. 旅游者感知是建立美好旅游体验的基础,是用以构建旅游目的地形象和品牌的基础。

4. 与人在正常环境下的感知一样,旅游者的感觉也存在感受性、适应性、交互作用性和群体差异性等特征。同样,旅游者的知觉也存在选择性、整体性、恒常性和理解性等特征。

5. 旅游者感知可能会存在以下四个方面的偏差:首因效应、晕轮效应、刻板

---

① "雾霾"词条,见百度百科(https://baike.baidu.com/item/霾/731704?fromtitle=雾霾天气&fromid=10109877&fr=aladdin)。

印象和心理定势。

6. 影响旅游消费者感知的客观因素有感知对象的刺激强度、感知对象的出现频率、感知对象的变化性。

7. 旅游目的地形象是旅游地在旅游者心目中的各种印象的综合，是一种整体感知印象。

8. 旅游者感知到的旅游距离是以克服客观距离所消耗的时间、费用和精力来衡量的。与实际距离相比，旅游者感知距离对旅游决策行为的影响力更强。

思考题

1. 旅游者对目的地的形象感知会影响他们的后续行为吗？如何影响？
2. 结合旅游者感知的相关理论，分析哪些营销策略可以显著提升潜在旅游者对目的地的感知？
3. 举例说明旅游者感知的偏差是如何产生的。

案例分析题

国内自助旅游者对西藏的目的地形象感知

2017年6月至7月，中山大学旅游休闲与社会发展研究中心"昌都市全域旅游发展规划（2017—2030）"课题组在"蚂蜂窝"网站选取了2016—2017年间发表的、行程记录完整的40份游记（自助旅游者）作为样本，对其所体现的与昌都、西藏旅游消费有关的基础信息进行统计分析。"规划课题组"将40篇游记的文字部分进行整理，删除客观描述与行程、预算等客观信息，将剩下的部分合并，进行词频分析。别除掉部分代词、介词等无含义的词汇，罗列词频高于10的词汇。

如表2-3所示，词频较高的词汇可分为五类：第一类为地名；第二类为风景；第三类关于信仰；第四类关于藏族；第五类是描述西藏的其他相关词汇。以上五个类别的词汇形成了国内自助旅游者对西藏（包括昌都）目的地形象的整体感知。

表2-3 西藏及昌都旅游目的地形象感知词频列表

词汇	词频	词汇	词频	词汇	词频
西藏	151	措	27	雪山	15
拉萨	80	布达拉宫	27	八一镇	14
看	72	藏民	26	藏族	13

续表2-3

词汇	词频	词汇	词频	词汇	词频
藏	68	高	25	湖	13
看到	41	住	24	冰川	13
天	36	路	20	心灵	12
珠峰	35	信仰	20	朝拜	12
一次	35	车	20	转	12
感觉	33	寺	19	鲁朗	12
时间	33	海拔	18	墨脱	12
林芝	32	虔诚	17	雅鲁藏布大峡谷	12
高原	32	世界	17	公路	11
大昭寺	29	风景	17	甜茶	11
桃花	28	第一	16	一步	11
美	27	喜欢	16	磕	11

(1) 地名要素。词频较高的地名依次有"西藏""拉萨""藏""珠峰""林芝""大昭寺""布达拉宫""八一镇""鲁朗""墨脱""雅鲁藏布大峡谷"。其中,"西藏"的词频达到151次,"藏"的词频达到68次。联系上下文可知,更多的时候,自助旅游者是将西藏作为一个整体在描述,产生的是对西藏整体的感知与态度。而"拉萨"是他们对西藏印象中一个十分重要的部分,是每个人来到西藏的必去之地。此外,"珠峰"、林芝、大昭寺、布达拉宫、八一镇、鲁朗、墨脱、雅鲁藏布大峡谷是他们路线的重要节点。

(2) 风景要素。关于风景要素的高频词汇分别为:"湖""天""高原""桃花""路""风景""雪山""冰川""公路"。自助旅游者们形成对西藏的感知便是:坐落于青藏高原,有着美丽的天空、湖泊、雪山、冰川、林芝的桃花,以及"充满传奇与惊喜"的公路。

(3) 信仰要素。"寺""信仰""虔诚""心灵""朝拜""转""一步""磕"等词汇都体现出西藏的信仰文化,很多人前往西藏是为了感受信仰的力量,信仰是西藏的一个重要的符号。

(4) 人的要素。关于"藏族",自助旅游者们印象深刻的是"甜茶""藏民",以及"藏族"风格的建筑、店铺、服装等。"甜茶"是藏族饮食文化的重要部分,而关于对"藏民"的印象,除了信仰以外,"友好""幸福""淳朴""执着""淡定"等词汇是自助旅游者对藏族群众的概括。

(5) 其他要素。描述西藏时，自助旅游者们习惯用"美""世界""第一""喜欢"等词汇。西藏拥有多个世界之最，"珠峰"是世界第一高峰，"318"国道被视为世界最危险的公路，等等。西藏是美丽的，大家喜欢这样美丽、特别的西藏。

综上所述，自助旅游者更多的是形成对西藏的整体感知，高原、天空、湖泊、雪山、冰川、公路、桃花是对西藏自然风光的感知，信仰文化和藏族文化是自助旅游者对西藏文化的感知。由此可见，只要昌都符合自助旅游者对于西藏的想象，即"高原、天空、湖泊、雪山、冰川、公路、桃花、信仰、藏文化"，就很有可能获得自助旅游者的青睐。因此，在加强营销、提高知名度的前提下，每一个想要前往西藏旅行的自助旅游者都有极大可能将昌都规划至行程中。[①]

问题：结合上述案例，思考旅游者对目的地的形象感知受到哪些因素的影响，对目的地的形象感知是否以及如何影响旅游者的后续行为（意向）。

[①] 西藏自治区昌都市旅游发展委员会、中山大学旅游休闲与社会发展研究中心：《昌都市全域旅游发展规划（2017—2030）》，未刊稿。

第三章　旅游者动机

学习目标

1. 理解旅游需要和旅游动机的概念内涵与特点。
2. 理解旅游动机的经典理论。
3. 了解旅游动机产生的条件与影响因素。
4. 了解旅游动机在旅游市场营销中的应用。

引导案例

"佛系"青年是怎样旅游的？

2017年年底，在微信"朋友圈"大火的"佛系"生活已蔓延至旅行中来，"说走就走""有啥吃啥"已成"佛系"旅行者最鲜明的态度。

结合用户预订大数据，携程发布了《"佛系"旅行报告》。该报告显示，"佛系"旅行者以"85后"和"90后"为主，他们更喜欢自由行，每年出游超过8次。而在目的地选择上，厦门、成都等适合逛、吃的地方备受追捧。同时，该报告指出，特色酒店和民宿取代高星酒店，在"佛系"旅行者心中占据不可动摇的地位。

风景大好的工作日，往往请假去旅游。据了解，在《第一批"90后"已经出家了》刷屏以后，早已流行起来的"佛系"旅行受关注。《"佛系"旅行报告》显示，目前，不只是"90后"，许多"85后"也正在加入"佛系"旅行者的行列，他们都持有"说走就走"的旅行态度，向往旅途中遇上不经意的"小确幸"。

为了获得更好的旅行体验，"佛系"旅行者更热衷错峰游，往往约上三五好友结伴而行。而在出游方式上，更随心的自由行是主要选择，这样可以走哪算哪，并且随走随停。值得一提的是，他们的出游频率更高。《"佛系"旅行报告》指出，"佛系"旅行者每年至少安排8次出游，除了节假日和平时周末，还会在风景大好的工作日请假去旅游。所以，那些可以一路"逛吃"的目的地受欢迎程度非常高。根据携程大数据，一方面，成都、西安、厦门、杭州、三亚、大理、苏州、桂林、长沙、青岛上榜"'佛系'旅行十大热门目的地"。同时，稻城亚丁、黔南、甘孜、湛江等小众目的地一样人气旺盛。另一方面，出境旅游时，"佛系"旅行者更青睐免签或者落地签的目的地，泰国、马尔代夫、越南、塞班岛、尼泊尔、长滩岛等地旅游热度大增。

据介绍，随着"佛系"旅行的态度深入人心，在酒店选择方面，他们更爱住特色酒店和民宿，以往受欢迎的高星酒店"首选"地位不保。《"佛系"旅行报告》指出，相比于其他游客群体，爱住特色酒店和民宿是"佛系"旅行者身上最显著的标签之一。其中，2017年1—11月，选择入住这两大类型酒店的占比超过六成。"在旅途中，如果遇到天气不好、短暂休整等情况，酒店也是一道好风景。待在民宿里，他们还可以更深入地体验当地风情和文化习俗。"携程酒店预订专家解释称。

与此同时，在交通工具方面，"佛系"旅行者大多选择高铁或者飞机出游，票价并不是关心的重点，只为快速逃离喧嚣的都市和繁忙的工作。此外，有一部分"佛系"青年喜爱自驾旅行。《"佛系"旅行报告》显示，"佛系"旅行者的出发时间集中在下午和晚上，基本上不做旅游攻略，带上较少的行李，开启"说走就走"的旅行。这背后与他们的旅行态度相契合。

在携程酒店预订专家看来，正是这种自由随性的旅行安排，让"佛系"旅行者成为旅行幸福指数最高的群体。①

旅游已经成为部分现代人的生活方式。本章的引导案例介绍了时下流行的"佛系"旅行。作为旅游管理专业的学生，我们理应思考是什么因素在推动着"佛系"旅行的发生，即人们为什么会形成这种旅游行为？在回答这一问题之前，不妨让我们思考一些问题：你在什么情况下特别想去旅游？想去哪里旅游？想要什么方式的旅游？要更好地理解与回答上述问题，首先必须了解旅游者的需要、动机及其影响因素。

---

① 《"佛系"青年是怎样旅游的?》，见迈点研究院网站（http://res.meadin.com/HotelData/149476_1.shtml）。

第一节　旅游需要

一、需要

需要是一种心理和生理上的匮乏状态，是个体在生活中感到某种匮乏而力求满足的一种内心状态。尽管需要并非一定会带来后续的行动，但这也不能否认需要是有机体活动的积极性源泉，是人进行活动的基本动力。需要可以简单地分为生理性需要和社会性需要，也可以对应地分为物质需要和精神需要。然而，人作为社会动物，其生理需要总是带有社会的特征，就像任何的物质需要都带有社会的特征一样。因而，上述的两种分类就略显宽泛。在实际中，人们更常用的是马斯洛的需要层次理论。

（一）马斯洛的需要层次理论

1943年，美国现代心理学家、行为科学家马斯洛（Maslow）在《人类动机的理论》一书中提出了需要层次理论（Maslow, 1958）。马斯洛认为，人类至少有生理、安全、社交、尊重、自我实现五种基本需要。这五种需要由低层次向高层次逐步发展，依次递进。

马斯洛关于人的需要的五个层次的理论中，有一个重要假设：人的需要以层次的形式逐个上升，即当较低一级的需要获得相对满足以后，追求高一级的需要就成为继续奋斗的目标。马斯洛关于需要层次理论的基本结构如下：

（1）生理需要（physiological needs），包括食欲、睡欲、本能性的活动和母性行为等。这种需要是最优先、最基本的，因而也是最强大的动力。

（2）安全需要（safety needs），包括免受野兽的伤害及冷热气候的袭击和犯罪、谋杀、专制的威胁的需要，以及偏爱职业稳定、工作受到保护并有一定积蓄和各种保险等需要。

（3）社交需要（social needs），包括希望与家庭、亲友、同事、上司建立和保持良好的人际关系并得到爱情和友谊，愿意归属某些团体以受到他人的帮助并能帮助他人等要求。

（4）尊重需要（esteem needs），一是希望自己有成就、有实力、能胜任、有信心并能自由和独立，二是希望自己有威望、有名誉、受人赏识、得到高度评价和重视。

（5）自我实现需要（self-actualization needs），希望自己日益成为自己所期望的人,完成与自己能力相称的一切事,找到自己的位置,发挥自己的潜力,达到理想的境地,获得最大的乐趣。

1954年,马斯洛又在"尊重需要"和"自我实现需要"之间加上"求知需要"和"审美需要"(图3-1)。

马斯洛的需要层次理论最早应用于临床心理学研究领域,后被咨询、市场营销以及旅游等许多应用领域借鉴。马斯洛的需要层次理论得到广泛认可的一个主要原因可能是它的简明性,但这一理论也因为缺乏明确、稳定的实证研究支持而经常受到抨击。

图3-1 马斯洛的需要层次理论

(二)其他需要理论

人的需要理论在心理学与管理学方面的应用较多。虽然旅游研究中多采用马斯洛的需要层次理论,但也关注其他的需要理论,从而对马斯洛需要层次理论的不足之处做补充与调整。本小节将重点介绍成就需要理论与ERG需要理论。

1. 成就需要理论

20世纪50年代,美国哈佛大学教授麦克利兰(McClelland,1965)基于对人的需要和动机的一系列研究,提出了成就需要理论(Achievement Need Theory)。麦克利兰把人的高层次需要归纳为对成就、权力和亲和的需要。他对这三种需要,特别是成就需要,做了深入的研究。

(1)成就需要(need for achievement):争取成功、希望做得最好的需要。麦克利兰发现,一些人有强烈的内驱力要将事情做得更为完美,使工作更有效率,以获得更大的成功,但他们追求的是个人的成就感,而不是成功之后所带来的奖励。麦克利兰所说的这种内驱力就是成就需要,而高成就需要者喜欢能独立负责、可以获得信息反馈和中度冒险的工作环境。

(2)权力需要(need for power):影响或控制他人且不受他人控制的需要。高权力需要者喜欢"承担责任",喜欢竞争性和地位取向的工作环境。

(3)亲和需要(need for affiliation):建立友好亲密的人际关系的需要。高亲和(归属)需要者渴望友谊,喜欢合作而不是竞争的环境,希望彼此之间能沟通与理解。

麦克利兰认为,了解和掌握这三种需要,对于管理人员的培养、使用和提拔均具有重要意义。高明的领导者,要善于培养具有高成就感的人才。这种人才对于企业、国家都有重要作用。一个企业拥有这样的人才越多,它的发展就越快,利润就越多。同样地,一个国家拥有这样的人越多,就越兴旺发达。

2. ERG需要理论

美国耶鲁大学的阿尔德弗(C. Alderfer,1989)在马斯洛提出的需要层次理论的基础上进行了更接近实际经验的研究,提出了一种新的人本主义需要理论。阿尔德弗认为,人们一共存在三种核心的需要,即生存(existence)的需要、相互关系(relatedness)的需要和成长与发展(growth)的需要。因而,这一理论被称为ERG理论。

生存的需要与人们基本的物质生存需要有关,它包括马斯洛提出的生理需要和安全需要。第二种需要是相互关系的需要,即指人们对于保持重要的人际关系的要求。这种社会和地位的需要的满足是在与其他需要相互作用中达成的,它们与马斯洛理论中社交需要和尊重需要分类中的外在部分是相对应的。最后,阿尔德弗把成长发展的需要独立出来。它表示个人谋求发展的内在愿望,包括马斯洛理论中尊重需要分类中的内在部分和自我实现层次中所包含的特征。

马斯洛的需要层次是一种刚性的阶梯式上升结构,即认为较低层次的需要必须在较高层次的需要满足之前得到充分的满足,二者具有不可逆性。而ERG理论并不认为各类需要层次是刚性结构。比如说，即使一个人的生存和相互关系需要尚未得到完全满足，他仍然可以为成长发展的需要工作，而且这三种需要可以同时起作用。此外，ERG 理论还提出了一种叫作"受挫—回归"的思想，即当一个人在某一更高等级的需要层次受挫时，那么作为替代，他的某一较低层次的需要可能会有所增加。例如，如果一个人社会交往需要得不到满足，可能会增强他对得到更多金钱或更好的工作条件的愿望。因此，管理措施应该随着人的需要结构的变化做出相应的改变并根据每个人不同的需要制定出相应的管理策略。

二、旅游需要

（一）旅游需要的概念

马斯洛的需要层次理论被广泛地运用到旅游需要的研究中。旅游需要是指人们可以通过旅游行为而获得满足的一些基本需要，尤其是精神性和社会性的需要。马斯洛的需要层次理论似乎并不足以完全解释人的旅游需要，但也可以看出，有可能促成旅游需要的多是那些较高层次的精神需要，比如，社交需要、尊重需要。尽管人们外出时有较低层次的生理和安全需要，但这并非人们外出旅游的主要目的，更无法成为驱使其外出旅游的需要。皮尔斯等学者（Pearce & Lee，2005）以马斯洛的需要层次理论为基础提出了"旅游需要模型"（Travel Needs Model），强调只有在满足低级阶段的需要之后才能向高级阶段移动，并利用动态和多动机方法来解释旅游行为。

> **课堂讨论 3-1**
>
> 问题：结合上文对需要、旅游需要的论述，讨论在旅游情境下，旅游需要和旅游者需要的关系。
>
> 讨论要点：见本书附录。

需要指出的是，旅游需要理论会涉及两部分群体的需要（孙九霞、陈钢华，2015）。一是旅游者的需要，指现实旅游者在旅游过程中的需要，包括准备阶段的需要、旅途阶段的需要、结束阶段的需要；二是潜在旅游者的需要，指具有旅游消费倾向的一类人的需要，重点关注的是"旅游行为究竟源于人们的哪些需要"，这将在本节集中阐述。

依据旅游需要的概念，人类的基本需要失衡并被感知、好奇心驱动力是产生旅游需要的两个主观原因。第一，基本需要失衡并被感知到产生了变换生活环境以调节身心节律的旅游需要。第二，好奇心驱动了认识与探索的旅游需要。仅仅研究旅游需要产生的主观条件，还不能很好地解释和说明为什么同样是身心的疲劳紧张，有的人采取旅游的方式去释放，而有的人却利用别的方式进行释放，以及为什么同是探奇求知，有的人在国内，而有的人去了国外。因此，人们产生旅游需要还要有一系列的客观条件。在很大程度上，旅游需要的产生受经济因素、时间因素、社会因素和旅游对象因素四个方面条件的制约。

（二）旅游者的一般需要

尽管不同旅游者的具体需要表现出多元性与差异性，但可以将之抽象归类，识别出旅游者的一般需要。根据马斯洛的需求层次理论在旅游需要中的应用，可将旅游者的一般需要分为天然性需要、社会性需要与精神性需要，覆盖生理需要、安全需要、社交需要、尊重需要、求知需要、审美需要以及自我实现需要。

旅游者的天然性需要是指旅游者在旅游过程中的生理需要和安全需要，即衣、食、住、行、保健以及人身财物的安全等。旅游者的社会性需要包括社交需要与尊重需要，旅游者可以通过旅游活动实现探亲访友、建立新的人际关系以及在人际交往中获得尊重等目标。旅游者的精神性需要包括求知需要、审美需要以及自我实现需要。旅游者能够在旅游过程中认识新事物，追新猎奇，求知求美，增加人生经历和体验。

然而，旅游需要并非像马斯洛的需要层次理论所描述的那样呈现出逐个上升的关系。需要的分类只是相对的，因为人生活在复杂的社会环境中，需要的各个方面都是不可分割、相互联系的。例如，饮食除了满足果腹需要外，人们往往还需要食物具有较好的色、香、味、形等特点。这些特点则是为了满足人们对美和艺术的精神性需要。表现在旅游需要上，不同层次或类型的需要应该是可以同时被满足的。例如，在美食旅游中，旅游饮食消费既要满足生理需要与安全需要，也要满足审美需要以及自我实现需要。

同步练习 3-1

有人说，现在的西藏旅游就像是之前的海南旅游，每一个人都跃跃欲试。西藏的旅游资源丰富度与品质都非常高，一直都是大多数人憧憬着"一辈子必去一次"的理想之地，但是艰苦的自然条件也一直成为部分人的顾虑。请结合本节所学的知识，分析西藏"旅游梦"与顾虑背后的旅游需要特征及层次间的关系。

第二节 旅游动机的产生

一、动机及动机理论

动机（motivation）是指激发、维持和调节个体进行某种活动，并促使该活动朝向某一目标进行的心理倾向或动力。由此可见，动机是引导未来行为的力量。潜在的动机引导我们进行具体活动的选择。例如，口渴促使我们喝水，饥饿促使我们进食，寒冷促使我们穿衣服，劳累促使我们休息，等等。从动机的产生源泉来看，可以分为生理性动机和心理性动机两大类。所谓生理性动机，是指以生物性需要为基础的动机，又称生物性动机、原发性动机等。生理性动机很多样，例如，饥饿、性、母性等。心理性动机是指以社会文化需要为基础的动机，因此又称社会性动机、继发性动机。常见的心理性动机有成就、归属、权力等。

动机理论是指有关"人为什么有如此行为"或"某人的某种行为到底出于什么动机"的解释。下述几种动机理论是对上述问题的解释。

（一）本能理论（Instinct Theory）

达尔文的进化论从生物发展方面证明了人和动物是个连续的体系。在此之后，有心理学家把达尔文的生物进化观点引入心理学的研究中，从而把人的动机还原到一般动物的动机，提出了本能论，试图用本能论取代过去的意志论和理智论。麦独孤是本能论的代表。他列举了人的 18 种本能。他的基本主张是：本能是天生的倾向性，即对某些客体格外敏感，并在主观上伴随着一种特定的情绪。他认为，本能是一种有目的的行为，虽然由于学习，引起本能行为的外界情景的性质可以改变，某些行为反应的模式也可以调整，但本能的核心情绪是不会改变的。按照本能理论，有什么行为便有什么样的本能与其相对应。例如，战争是由于好斗的本能，聚敛是由于储蓄的本能。但是，这样的说法显然不能很好地解释为什么在特定的物种身上会出现特定的行为模式，而不是其他的行为模式。因此，本能理论在风靡之后，遭到广泛的抨击。

（二）驱力降低理论（Drive-Reduction Approach）

美国生理学家坎农（Cannon，1985）提出稳态的概念，认为生物必须保持机体内环境的平衡。体温、血液、激素、营养等代谢因素，一旦失去平衡都需要调整。自主神经系统是这类调整的机构，它的活动是不自觉的。但正如生物反馈技术所证明的那样，这些过程也可置之于中枢神经系统的控制之下，成为有意识的行为。赫尔（Hull，1996）认为，机体的需要产生驱力，驱力迫使机体活动，但引起哪种活动或反应，要依环境中的对象来决定。只要驱力状态存在，外部的适当刺激就会引起一定的反应。这种反应与刺激之间的联结是与生俱来的。如果反应减弱了驱力的紧张状态，那么，反应与刺激之间的联结就会和条件反射的机制一样得到加强。由于多次加强的累积作用，习惯本身也获得了驱力。所以，赫尔认为，行为的强度是先天的刺激—反应间的联结和后天获得的习惯共同决定的。按照驱力降低理论，人类经常通过满足原始驱力（primary drive）所潜藏的需要来降低驱力。例如，如果饿了，我们就会去寻求食物。与原始驱力相对应的是次级驱力（secondary drive），是指由先前的经验和学习所产生的需要。应该说，驱力降低理论具备一定解释力，但当这一理论面对的是人们的目标不是减少驱力，而是要保持甚至增加兴奋度或唤醒水平时，解释力就显著不够了。为了对这些现象进行更好的解释，心理学家们提出了唤醒理论。

（三）唤醒理论（Arousal Theory）

唤醒理论，又译作激发论。唤醒理论的代表人物伯莱因（Berlyne，1955）在对人的感觉经验进行考察时发现，人对新奇的刺激的感觉，是随着刺激的重复出现和历时的长短而展开的，刺激重复得越多，时间越长，感知表象的新奇性就会逐渐降低。人在审美活动中获得的愉悦是由这样两种"唤醒"引起的：一种是"渐进性"唤醒，即审美情感的紧张度是随着感知和接受的过程而逐步增加的，最后到达度的临界点产生愉悦体验；另一种是所谓的"亢奋性"唤醒，就是情感受到突发的冲击迅速上升到达顶点，然后在"唤醒"下退时获得一种解除紧张的落差式愉悦感。

（四）诱因理论（Incentive Theory）

20世纪50年代以后，许多心理学家认为，不能用驱力降低的动机理论来解释所有的行为，外部刺激（诱因）在唤起行为时也起到重要的作用，应该用刺激和有机体的特定的生理状态之间的相互作用来说明动机。例如，吃饱了的动物在看到另一个动物在吃食，将会重新吃食物，这时的动机是由刺激引起的。人类经常追求刺激，而不是力图消除紧张使机体恢复平衡。诱因理论强调了外部刺激引起动机的重要作用，认为诱因能够唤起行为并指导行为。

（五）认知理论（Cognition Theory）

美国心理学家托尔曼（Tolman，1925）通过对动物的实验研究提出行为的目的性，即行为的动机是指望得到某些东西，或者企图躲避某些讨厌的事物。凭借经验，我们还期望通过某些途径或手段来达到我们行动的目的。这就是期望理论的出发点。但是，动机理论不仅要解释人是如何被推动的，更要解释他为什么这样活动而不那样活动。达到目的的活动可以采取多种形式，有许多不同的途径，但一个人为什么采取这一条而不选取另一条？这就要追究他是怎样看待事物的因果关系了。因为，人们是根据他们对因果关系的了解而采取达到目的的手段的。这就是归因理论。所以，期望理论和归因理论可以说是认知的动机理论的连理枝。动机的认知理论，对人类行为的内部动机和外部动机进行了关键性的区分。所谓的内部动机，是指人类做出某种行为时源于内心的渴望，并非外部的奖赏；外部动机，则是指人类做出某种行为时希望获得外部的奖赏。举例来说，某中学生热爱文史哲，愿意为之废寝忘食，他是发自内心的热爱和对知识的渴求，并非为了家长和亲朋好友的赞誉或物质奖励；如果他是为了获得老师及家长的物质奖励或口头表扬，则他是受外部动机驱使在学习这些知识。

二、旅游动机及其产生

依据如上所述的动机理论，并结合旅游情境，可以发现：旅游动机是引发、维持个体的旅游行为并将旅游行为导向旅游目标的心理动力，是推动人们进行某种旅游活动的内在心理动因，具有激活、指向、维持和调整的功能，能启动旅游活动并使之朝着目标前进。旅游动机是旅游者行为的重要决定因素，大多数旅游动机理论的核心内容是旅游需要的概念。有学者认为，除了旅游需要之外，促使或影响人们产生旅游动机的因素和条件还有旅游消费者对旅游对象（旅游吸引物）的感知、符合消费者需要的旅游对象（旅游吸引物），以及必要的经济条件和闲暇时间。旅游动机就是促使人们离开居住地外出旅游的内在驱动力。人们的社会性需要以及好奇心是产生旅游行为的内在动力，也可以说是主观条件，但如果不具备一定的客观条件，人们的旅游行为最终也不会发生。一般而言，促使旅游动机产生的主、客观条件表现为以下几个方面。

（一）个人因素

个人的旅游需要是旅游动机的诱发性因素，没有旅游需要，旅游动机便无从产生。旅游作为一种特殊的产品，具有一定的趣味性和刺激性，在人们的享受与发展需要不断增强时，它对许多人产生了吸引力，促使人们产生外出旅游的意愿。对于处在生活节奏不断加快、工作高度紧张环境中的人们而言，逃离城市的喧嚣、换换环境、享受一下轻松的生活、调整疲惫的身心是他们的愿望。另外，在适当的时间走向社会、走向自然，偶尔地体验一下"他乡"的风土人情、文化习俗和大自然的秀丽风光，也是人们的期盼。这种逃避大城市的喧嚣，到异国他乡去探新求异的心理，对人们旅游动机的产生起着决定性的作用。但是，不同的个性心理特征使人们的兴趣、爱好以及处事的态度有所不同。兴趣广泛、喜欢新异事物、乐于结交朋友的人，热衷于外出旅游；喜欢安静、稳定生活的人，乐于利用闲暇的时间在家读书、看电视、做家务，而不太愿意去参加在他们看来"费时费力又费钱"的旅游活动。前者对旅游总是抱有强烈的愿望，而后者则需要一定的诱导因素才会有可能产生旅游的欲望。

（二）经济因素

旅游是一种消费行为，要满足这种消费就要在经济上有足够的支付能力，即有可任意支配的收入。可任意支配的收入是个人可支配收入扣除日常生活必需品支出和固定支出后的余额。从理论上讲，可任意支配的收入一般可用于轿车、旅游等消费品。也就是说，只有一个人或家庭的收入超过日常开支后，才可能产生外出旅游的动机。现今，我国大多数家庭解决了温饱问题，正走向小康社会，收入水平普遍提高，生活质量也在不断改善，日常生活消费方面的支出比重慢慢下降，大部分家庭有了更多的可支配收入。这些因素都或多或少地促进了旅游动机的产生。收入水平不仅决定着旅游动机能否产生，同时还影响着旅游者在旅游活动中的消费水平、消费结构以及消费方式。但是，收入水平只是影响旅游动机的一个条件，并不是决定促使人们产生旅游动机的唯一条件。

（三）时间因素

旅游需要时间。旅游者是否有闲暇时间决定了其是否参与旅游活动。闲暇时间是指人们工作、学习、生活及其他必需时间之外，用于满足精神需要的时间，即人们可以自由支配的时间，包括一天工作以后的闲暇时间、周末的闲暇时间和休假的时间。一般来说，一天工作之后的闲暇时间是不足以让人们产生旅游动机的。周末闲暇时光和休假期，特别是休假时间是人们外出旅游的最佳时间，同时也是人们产生旅游动机的有利因素。

我国从1995年5月开始实行每周五天的工作制。1999年9月又出台了新的休假制度。公共假期的延长促生了第一个"国庆黄金周"。近年来，各种法定假日的"三天假"又无形中给人们创造了更多的闲暇时间。另外，一些单位的"旅游假"制度，使得人们可以自由支配的时间增多，为人们实现外出旅游创造了条件。2013年年初，国家颁布的《国民旅游休闲纲要（2013—2020年）》以"满足人民群众日益增长的旅游休闲需求"为出发点，重点强化了推动落实带薪年休假制度的有关内容，首次明确提出"到2020年，职工带薪年休假制度基本得到落实"，并提出多项措施，以保障国民旅游休闲时间。这些充裕的闲暇时间都将为人们旅游动机的产生提供有利因素。

（四）社会因素

社会因素是指一个国家或地区的经济发展条件、文化因素以及社会时尚等。旅游作为一种现代生活方式，不可能脱离社会经济条件而单独存在。因此，人们的生活环境对他们的旅游动机的产生会有一定的影响。经济发展水平直接诱发旅游动机的产生。只有当整个国家或地区的经济发展到一定程度时，才有足够的经济条件来建设旅游设施、开发旅游资源，从而提高旅游的综合吸引力，诱发人们旅游的兴趣和愿望；同时，也只有经济高度发展、物质文化水平相对丰富和经济支付能力增强时，人们才会产生旅游动机。社会时尚也促进旅游动机的产生。为了寻求安全感和社会认同感、与社会大众保持同步并得到社会的认同，人们会相互模仿，从而形成时尚。当人们把旅游当成与其他消费品一样的消费，成为人们生活中不可或缺的内容时，它就会像日常消费品一样形成时尚。党的十九大报告指出，中国特色社会主义进入新时代，我国社会主要矛盾已经转化为人民日益增长的美好生活需要和不平衡不充分的发展之间的矛盾。在中国特色社会主义建设的新时代，旅游已经成为人民美好生活需要的首要内容。旅游是传播文明、交流文化、增进友谊的桥梁，是人民生活水平提高的一个重要指标，出国旅游更为广大民众所向往。旅游需求是推动我国供给侧结构性改革的重要起因。因此，在我国供给侧结构性改革中，旅游业大有可为。

> **课堂讨论3-2**
>
> 问题：结合上文对需要、旅游需要以及对动机、旅游动机的论述，讨论在旅游情境下的旅游者动机的特点。
>
> 讨论要点：见本书附录。

第三节 旅游动机理论及其应用

一、旅游动机的经典理论

（一）普洛格的旅游动机理论

普洛格（Plog，1974）提出的旅游动机模型是学界最广泛使用的模型之一。为帮助一些处在客源低迷期的旅游目的地重新定位，并成功扭转旅游业发展的颓势，普洛格依据人格特征将旅游者进行分类。普洛格关于旅游动机的理论是与旅游者人格（personality，又称个性）分类结合在一起的。普洛格认为，旅游者人格是一个连续统（continuum）。如图3-2所示，在连续统的两端分别是"多中心型"（allo-centric）人格和"自我中心型"（psychocentric）人格，从而对应了从冒险型到依赖型的旅游者类型连续统（保继刚、楚义芳，2012）。在这个心理类型连续统上，一个人的心理类型距离冒险型越近，外出旅游的可能性就越大，并且其选择的旅游目的地的冒险性和陌生性就越大。影响方向始终是由左向右，且不可逆。

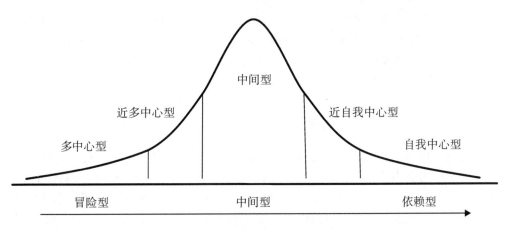

图3-2 普洛格的旅游者人格分类

资料来源：保继刚、楚义芳，2012。有改动。

多中心型人格具有冒险精神，持有游览或发现新旅游目的地的动机，很少去同一个地方两次；自我中心型人格则将思想或注意力集中于生活琐事，他们在旅行模式上更趋保守，偏爱"安全"的旅游目的地，且经常重游。据普洛格（Plog，

1974）的估计，总人口中的人格特征可能接近于正态分布，处于两端的多中心型人格和自我中心型人格都是少数，绝大多数人处于两者之间。这些人当中，接近多中心型的被称为"近多中心型"（near-allocentric），接近自我中心型的被称为"近自我中心型"（near-psychocentric），处于中间的被称为"中间型"（mid-centric）。

> **课堂讨论3-3**
>
> 问题：结合上文对普洛格的旅游动机理论的论述，讨论在现代旅游业的情境下，不同人格类型旅游者的人格特征与相应的旅游行为。
>
> 讨论要点：见本书附录。

必须注意的是，尽管普洛格（Plog，1974）的理论模型为理解旅游者的动机提供了一种有用的方式，但该理论却难以应用。因为如前文所述，旅游者在不同情况下可能持有不同的动机，从而在目的地选择上表现出不同的人格类型。

> **同步练习3-2**
>
> 在网络论坛上经常会发现许多人发布的"故地重游"的帖子，讲述自己再次造访一个旅游城市或景区的经历。请结合旅游动机的产生条件与特点以及丹恩的旅游动机理论，分析旅游者重游动机的产生可能有哪些模式。

（二）丹恩的旅游动机理论

丹恩（Dann，1977）将旅游动机分为两种力量：推力和拉力。这就是旅游动机研究中广为引用的"推—拉"动机理论模型（Push and Pull Theory）。具体而言，推力是一种发自内心的渴望，即旅游消费者"想做什么"；而拉力则指外部环境所产生的拉动，主要是指旅游目的地的属性，即旅游消费者"能做什么"。"推—拉"动机分别代表对旅游者内外两方面的驱动力，是研究旅游动机的一种有效方法。"推—拉"动机理论把旅游动机与旅游目的地属性及特征真正地结合了起来，架起了产品需求和产品供给之间的桥梁，从而使旅游目的地的一切活动都能围绕旅游者的需求开展，从需求的角度来研究旅游目的地发展中各种供给因素的重要性，对提高产品质量、企业的经营业绩、旅游者的满意度都有重要意义。

克朗普顿（Crompton，1979）的研究支持了"推—拉"动机理论模型，并进一步将推力动机分为七个方面：逃离、自我探索、放松、声望、回归、密切亲友联系和增加社会交往。他将拉力动机分为两种：新奇和教育。后来，曼内尔和艾泽欧-爱荷拉（Mannell & Iso-Ahola，1987）提出两种主要的推动和拉动因素，即个人因素和人际因素。他们提出，人们旅游的动机是为了摆脱现实中的个人或人际矛盾，并获得个人与人际关系的补偿和回报。旅游所带来的个人回报主要有自主决策、能力意识、挑战、学习、探险和放松，而人际关系的回报则源于社会交往。

与丹恩的旅游动机埋论类似，艾泽欧-爱荷拉等（Iso-Ahola, et al., 1982）提出的旅游动机模型包括两个方面因素：逃避（escaping element）和寻求（seeking element）。"逃避"指离开日常环境的愿望，"寻求"指通过去相对照的环境旅游以获得内在的心理回报的愿望。

同步案例3-1　　中国大陆游客为什么会选择去泰国度蜜月？

一想起度蜜月，很多中国人第一时间会想到什么目的地，马尔代夫、大溪地、土耳其、日本、韩国，或者泰国？近年来，中国出境旅游蓬勃发展。中国旅游研究院发布的《2015年度中国出境旅游发展报告》显示，2014年中国出境旅游人数首次过亿，达到1.07亿人次，与2013年相比，增长19.49%。同时，随着"90后"达到适婚年龄的人数增加，目前，中国结婚产业正进入新的高峰期（王菲、宋萌、信心 等，2015），蜜月旅游作为一种新兴的旅游方式在中国旅游市场上崭露头角。据"智研咨询"发布的《2017—2022年中国婚庆行业深度调研及未来前景报告》，预计2017年中国婚庆市场规模将达到14640亿元，未来五年（2017—2021）年均复合增长率约为23.11%。根据携程发布的《2017蜜月旅游消费报告》数据显示，2017年国人在蜜月主题游上面的花费比2016年增长了20%。国内外蜜月相关线路的人均费用超过8000元。其中，60%的人选择出境度蜜月，人均花费超过12000元。那么，中国大陆的蜜月游客为什么会选择泰国？他们的动机是什么？作为蜜月目的地的泰国吸引中国大陆蜜月游客的因素有哪些？

中山大学旅游学院泰国籍留学生迟小络（指导教师：陈钢华）的一项研究对上述问题进行了回答。研究发现（迟小络，2019）：①蜜月旅行的推力动机包括：夫妻关系、探新求异、声望、追求浪漫、逃脱现世环境、放松。②选择泰国作为目的地的拉力因素包括：可进入性、社会环境、娱乐、安全性、购物、自然资源、设施和服务、人文资源。

（三）麦金托什的旅游动机理论

美国学者罗伯特·麦金托什和沙西肯特·格普特在他们合编的《旅游的原理、

体制和哲学》一书中,将所有人的旅游动机分为四类(保继刚、楚义芳,2012):身体健康的动机、文化动机、交际动机和地位与声望的动机。具体内容是:

(1) 身体健康的动机。包括休息、运动、游戏、治疗等动机。这一类动机的特点是以身体的活动来消除紧张和不安。

(2) 文化动机。即了解和欣赏异地文化、艺术、风俗、语言和宗教等动机。这些动机表现出了一种求知的欲望。

(3) 交际动机。包括在异地结识新的朋友,探亲访友,摆脱日常工作、家庭事务等动机。这种动机常常表现出对熟悉的东西的厌倦和反感,以及逃避现实和免除压力的欲望。

(4) 地位与声望的动机。这类动机包括考察、交流、会议以及从事个人的兴趣所进行的研究等。它的特点是在进行旅游活动的交往中搞好人际关系,满足其自尊,被承认、被注意、能施展其才能,取得成就和为人类做贡献的需要。

(四) 田中喜一的旅游动机理论

日本学者田中喜一在 1950 年由日本旅游事业研究会出版的《旅游事业论》中,将人的旅游动机归为四类(保继刚、楚义芳,2012):

(1) 心情的动机。例如,思乡之心、交际之心、信仰之心。
(2) 身体的动机。例如,治疗需求、保养需求、运动需求。
(3) 精神的动机。例如,知识的需求、见闻的需求、欢乐的需求。
(4) 经济的动机。例如,买物目的、商用目的。

二、旅游动机理论的应用

旅游动机理论的应用实践主要集中在识别不同旅游细分市场(不同类型旅游者)的旅游动机。这与旅游动机的经典理论的分类类似。正如前文所述,个体存在着差异,在旅游动机上呈现出复杂性。因而,识别旅游动机是市场细分研究与实践方面的重点。目前,旅游市场已经分化出多种主题的旅游形态、具有不同特征的旅游者群体、拥有多种旅游景观与活动的旅游目的地。所以,有必要更深入地识别不同主题的旅游市场中旅游者的动机(参见同步案例3-2)。

根据体验对象的不同,旅游市场可以分为自然旅游、文化旅游、城市旅游、乡村旅游、海岛旅游、会展旅游、体育旅游、"黑色旅游"等专题(主题)。在现有研究中,通过因子分析对问卷调查所获数据进行处理,是目前基于旅游动机差异进行旅游市场细分的主要方法(Chen,2015)。但近年来,也有不少研究采用文本材料、定性访谈等资料进行质性分析,并运用经验归纳或聚类分析以识别不同类型市场中旅游者的动机。此外,根据特定人群的差异,旅游市场又可以分为老年旅游市场、儿童旅游市场、家庭旅游市场、残疾人旅游市场、同性恋旅游市场等不同专题，并且现有研究业已证明上述不同细分市场中出游者的动机是不一样的。因此，对不同专题（主题）的旅游市场的旅游动机进行识别和分类对目的地营销十分重要。

同步案例3-2　　基于动机差异的不同主题旅游市场的细分

有学者对冈比亚的乡村旅游市场进行旅游者动机研究时，运用问卷调查法收集到430名旅游者的数据，并利用因子分析将冈比亚乡村旅游市场上旅游者的动机分为自然文化、体验真实乡村、求知、享受阳光海滩这四种（Rid, Ezeuduji, Haider, 2014）。

霍顿（Holden, 1999）运用旅游生涯阶梯理论对490名苏格兰高地滑雪者进行问卷调查，发现：滑雪者的滑雪动机随滑雪技能的提高而发生变化，寻求刺激、社会交往和满足自尊等几个动机表现得尤为明显。另外，安迪纳和密德特（Adina & Medet, 2012）对罗马尼亚的200名本科生的问卷调查发现，追求新异体验和学习新东西是这些年轻人产生文化旅游行为的主要动机，然后依次是体验文化、放松身心以及娱乐消遣。

金等学者（Kim, Kim, Goh, 2011）以美食节为例，剖析了美食旅游者的动机类型：推力动机包括学习饮食文化知识、感受新奇美食的欢乐，以及协同家人休闲放松；拉力动机则表现为旅游地特征、活动质量和饮食产品。其中，"旅游地特征"包括天气、娱乐购物、饮食质量和价格等，"活动质量"包括饮食活动的场地和人员管理，"饮食产品"包括食物的种类和多样性。

在研究特定人群的旅游动机方面，金和游欣然（Kim & Lehto, 2013）对韩国161个有残疾儿童的家庭进行问卷调查，识别出以下五个家庭旅游动机类型：发展智力、社会交往、增强身体素质、放松和逃离、家庭和睦。

在旅游细分市场中，被识别出的旅游动机类型可能是多种多样的。这些动机类型以及基于动机差异的市场细分可以指导目的地的市场营销实践者为不同细分市场提供不同的旅游产品和服务，以满足多样性的旅游消费偏好。那么，如何识别旅游动机的差异呢？在现有研究中，有哪些主题的旅游市场开展过动机识别及市场细分？如何针对有不同旅游动机的旅游者群体量身定制旅游产品和服务呢？同步案例3-3、3-4进行了分析。

同步案例3-3　　基于动机差异的韩国高尔夫旅游者类型划分

金和里奇（Kim & Ritchie, 2012）在对韩国高尔夫旅游者进行研究时，首先运用因子分析识别出商业机会、利益、学习与挑战、逃离与放松、社会交往/亲情五种旅游动机，然后通过聚类分析后发现，韩国高尔夫旅游者可以分为三个类别："高尔夫热情型旅游者"（Golf-Intensive Golfers）、"多目的型旅游者"（Multi-motivated Golfers）和"同伴型旅游者"（Companion Golfers）。对于"高尔夫热情型旅游者"而言，"利益"或者说实际的好处（例如，物有所值水平）是最重要的，其次是"学习与挑战"和"逃离与放松"；对于"多目的型旅游者"而言，几乎每个动机都是很重要的；而对于"同伴型旅游者"而言，"社会交往/亲情"的目的位居首位，"利益"动机紧随其后。相比较起其他两类高尔夫旅游者而言，"同伴型旅游者"不太看重"商业机会""学习与挑战"。

同步案例3-4　　中国背包客的出行动机及市场细分

背包旅行（backpacking），主要指背着高过头的大背包作为行李而开展的长途跋涉的旅行。这一类旅行者也因此被称为"背包客"（backpacker）。早在20世纪，国内就已经出现了类似国外背包客的出行群体。他们因注重较长时间的旅行体验，偏好具备灵活性的游程安排，注重旅途的社会交往，重视对目的地社会文化的深度体验，偏好经济型的住宿设施，在国内常常被冠以"驴友"（因音同"旅友"）的称谓。在中国社会转型的大背景下，背包旅行实际上可以泛指具备上述特征的诸多旅行形式。

那么，中国背包客的旅游动机有哪些呢？陈钢华、保继刚和黄松山（Chen, Bao, Huang, 2014a）的一项研究表明，中国背包客的旅游动机可以划分为以下四个：社会互动（social interaction）、自我实现（self-actualization）、目的地体验（destination experience）和逃离与放松（escape and relaxation）。

（1）社会互动动机。社会互动也称社会相互作用或社会交往。它是人们对他人采取社会行动和对方做出反应性社会行动的过程，即我们不断地意识到我们的行动对别人的效果；反过来，别人的期望影响着我们自己的大多数行为。它是发生于个人之间、群体之间、个人与群体之间的相互的社会行动的过程。社会互动是人类存在的重要方式。对于中国情境下的许多背包客而言，诸如"寻找生命中的另一半（发展一段恋情/结识异性朋友）""让自己与众不同""与其他的背包客交流、学习"和"结识新朋友"等动机显著地体现了他们对社会互动的渴望。

（2）自我实现动机。自我实现是指人都需要发挥自己的潜力，表现自己的才能；只有当人的潜力充分发挥并表现出来时，人们才会感到最大的满足。对于中国情境下的许多背包客而言，诸如"提升个人技能""认识自我""发展个人能力"和"检验自我"等都是显著的自我实现的动机。

（3）目的地体验动机。猎奇、探索和求知等动机一直以来都被旅游心理学和旅游行为研究认为是旅游者的基本出游动机，也是人类的基本动机之一。因此，前往旅游目的地，去了解目的地的历史、文化和社会，去体验目的地的生活方式等，是旅游者出游的基本目的和活动之一，因而也体现了旅游作为一种异地的休闲行为的本质特征——旅游的异地性和被吸引性。背包旅行作为旅游方式的一种也不例外，背包客的出行动机也包含了认知和体验目的地的因素。对于中国情境下的许多背包客而言，诸如"与当地人交流、互动""了解目的地的历史、文化和社会等信息"和"体验目的地的生活方式"等都是显著的目的地体验的动机。

（4）逃离与放松动机。"逃离与放松"动机包括"逃离"与"放松"两个相互联系的维度，诸如"逃离日常的工作和生活""对未来充满迷惑，出来散散心"和"实现身体和心情的放松"等都是显著的逃离与放松的动机。逃离与放松的动机，表明背包客期望通过背包旅行这样一种追求独立、个性、群体交流与互动以及参与式体验的长时间旅行方式来逃离惯常的职业与生活场景，放松身心。

基于旅行动机的差异，陈钢华、保继刚和黄松山（Chen, Bao, Huang, 2014a）运用聚类分析将中国背包客细分为以下三类：自我实现者（self-actualizers）、目的地体验者（destination experiencers）、社交寻求者（social seekers）。

（1）自我实现者。这一类背包客在自我实现的旅游动机上分值最高，显示出自我实现的内在愿望驱使他们进行背包旅行。对于自我实现者来说，逃离和放松也是一个非常重要的因素，逃离和放松似乎能够形成自我实现的良好基础。

（2）目的地体验者。这一类背包客选择背包旅行的主要目的是了解目的地的社会文化与历史，积极与当地人交流，体验当地的生活方式。目的地体验动机在这一类背包客的出游动机中占主导地位。

（3）社交寻求者。对于这群中国背包客来说，最重要的动机因素是寻求社会互动，亦即社会互动动机在他们的背包旅行中占主导地位。

> **同步练习3-3**
>
> 结合同步案例3-4的内容，在了解了中国背包客的旅游动机以及细分群体后，请回答以下问题：
> 问题1：中国背包客的出行动机体现了旅游动机的哪些特点？
> 问题2：如何运用旅游动机特点及经典理论知识来识别和讨论这些动机？
> 问题3：根据中国背包客的类型，背包旅行目的地应该如何进行市场营销？

第四节　旅游动机的影响因素

前文对旅游动机的产生条件和特点进行了详述，实现了整体上的认知。通过对旅游动机的经典理论与应用实践的学习，可以看出旅游动机的复杂性等特点，从而产生出不同的细分市场。到底是什么在影响人们选择不同的旅游目的地呢？这就涉及旅游动机的影响因素。国内众多学者对旅游动机的影响因素进行了系统归纳和研究。已有研究对旅游动机的影响因素进行了全面的归纳，识别出众多因素。基于此，本节将从"主体因素"与"外部因素"两方面进行总结。

一、主体因素

主体因素是与旅游者个体相关的因素，是影响旅游动机的首要和决定性因素，主要包括内在心理因素和主体客观因素。内在心理因素包括人格特征、文化背景、学习等；主体客观因素包括性别、年龄、职业、受教育程度、经济水平、闲暇时间、身体状况、家庭结构等。

（一）内在心理因素

1. 人格特征

人格是个人的内心自我反映，是指会对其个人行为产生影响的个性心理特点。人格通常表现为，一个人的性格会决定其个人偏好，从而会影响他的行为。先天基因因素与后天社会因素都会影响人格特征。在关于人格类型的研究中，瑞士心理学家荣格（C. G. Jung）划分了四类人格：感觉思维型、感觉情感型、直觉思维型、直觉感情型（杜炜，2009）。不同人格类型会表现出在理性与感性、长期与短期、独立与从众等方面的众多不同。在旅游动机的研究中，学者们多采用普洛格的旅游者人格分类进行分析，将旅游者分为冒险型、近冒险型、中间型、近依赖型、依赖型五类。不同类型的人群在旅游动机方面表现出较大差异。人格类型属于多中心型的冒险型旅游者，其特点是思想开朗、兴趣广泛多变。处于另一端的属自我中心型的依赖型旅游者，其特点是思想谨小慎微、多忧多虑、不爱冒险，他最强烈的旅游动机是休息与放松。普洛格的这一模型，虽然大体将人按个性心理特征划分为这五种主要类型，但是这种划分并非绝对。他也肯定了人在心理上存在某种连续性，表现在行为上就是人的行为具有明显的弹性或灵活性。

2. 文化背景

文化背景是指一个人长期的文化积淀，即个体较稳定的价值取向、思维模式、心理结构的总和。本节谈论文化背景的影响主要指，一个人由于受其所处成长环境及社会文化的长期熏陶和影响，在谈及某一人物或某一事物时，在思想感情上对该人或该事物所持有的反应。在跨文化研究中，文化背景对旅游动机的影响尤为强烈，大多数中国旅游者倾向有文化活动的目的地，且在旅游消费的方面表现出节俭。印度旅游者则对宗教旅游情有独钟。

3. 学习

学习是旅游消费者购买行为的内在驱动力之一。这里所说的学习是指旅游者获取旅游经验的途径。其中，包括旅游者得自于自己过去外出旅游过程中的亲身经历，也包括取自于他人对有关旅游经历的介绍。在这一学习过程中，旅游者会建立起自己对有关旅游目的地以及对有关旅游产品的看法，这些看法会形成基本的习得标准，供自己日后外出旅行时用作选择旅游目的地或选择旅游产品的依据。

（二）主体客观因素

1. 性别、年龄

从性别上看，男性与女性的差别体现在个性、行为和脑力等方面。女性普遍具有求美的心理和情感性特点，较为注重旅游产品的外在表现和情感体现，容易受到外界因素的影响，有追求时尚的心理。男性则较为注重旅游服务的整体感受，消费选择较为独立。由于男人和女人在家庭和社会两方面所处的地位和作用不同，在旅游动机上也有一定程度的差别。例如，男子外出旅游多以公务、经商为目的，女子外出旅游很多是以购物、探亲等为目的。然而，旅游动机也并非一成不变的。在以往的旅游者中，男性所占比例较大，女性所占比例较小。随着社会的进步、妇女就业率的提高和家务劳动的减少，女性旅游者所占的比例会逐步提高。

从人的年龄段来看，儿童天性活泼好动，对事物充满好奇，他们更倾向于娱乐性的旅游动机。青年人充满活力，感觉敏锐，具有冒险精神，由于平时学习、生活和工作的单调、乏味，使他们成为了热衷旅游的群体。中年旅游者是旅游市场的主体部分，他们工作稳定，有着丰厚的收入，对旅游设施的要求较高。老年人尤其是享有养老金或退休金的老年人，有较多可支配的时间和自由支配的收入，喜欢慢节奏的出行，对旅游设施的环境卫生、交通条件等较为重视。由此可见，人在不同年龄段的不同旅游需要，影响了他们对旅游动机的选择。

2. 职业、受教育程度

职业影响到人的收入和闲暇时间。一般而言，高收入和工作性质比较自由的职业者（比如，金融家、企业主、高级职员、自由业者以及医生、律师、作家、自由摄影家等）产生旅游动机的可能性较大。同时，职业的选择又与他们的受教育程度有着密切的联系。一般来说，由于职业不同，会形成收入水平、工作性质和工作方式等方面的不同，不同职业的人对旅游的需求也存在着较大的差别。从来我国旅游的外国人的职业构成可以看出，商人、行政人员、工人、专业技术人员等所占比例较大，而农民、服务人员等所占比例较小。职业声望越高，参加户外娱乐活动的次数和种类越多。

文化知识的提高有助于对外界事物的了解，从而影响人们的需要和动机。个人的文化程度与修养显然与一个人的受教育程度有关。受过较高程度教育的人，掌握的知识和关于外界的信息也相对较多，从而更有亲自了解外部世界的兴趣和热情；同时，也有助于克服对陌生环境的不安和恐惧。另外，受教育程度还对旅游活动偏好及购物消费水平产生影响。一般来说，文化程度越高，消费能力越强。

3. 家庭结构、人口和收入

从家庭结构和人口上看，老年空巢家庭（子女独立后，家中只留下老人的家庭）和富裕的退休者比较容易出游；未婚单身、"丁克家庭"① 产生旅游需求的可能性较大。家庭人口多，生活负担就重，可自由支配收入则相对较少；反之，可自由支配收入就相对比较多。这就形成了不同家庭在旅游需求上的差别。从社会的发展趋势上看，家庭的平均人口数逐渐减少。随着家庭需要养育人口的减少，旅游支付能力相应提高，从而促进了旅游动机的产生。在家庭出游背景下，探讨其群体旅游动机十分必要，因为家庭旅游者的旅游动机可能是混合的，与家庭结构和幸福感有关，而不是聚焦于个人的满足感。其旅游动机基于以下四个因素：家庭历史和归属感、直系亲属的凝聚力、家庭沟通、家庭适应性。

人们可自由支配的收入与旅游需求也有着密切的联系，在其他因素不变的情况下，人们可自由支配的收入越多，对旅游产品的需求量就越多；人们可自由支配的收入越少，对旅游产品的需求量就越少。

4. 健康状况

身体是否健康是人们是否参加旅游最为基础的原因。旅游活动都需要耗费一定的精力和体力。旅游者的身体健康状况是旅游动机的直接影响因素。身患重病的人

---

① "丁克家庭"（Double Income No Kids, DINK）即"双薪无子女家庭"。

很难进行旅游活动,而健康状况不佳的人只能在能力允许的范围内选择旅程相对较短、耗时较少的旅游项目。由于健康状况的差异性,对旅游的需求也就相应地存在差异。值得注意的是,随着人们生活水平的提高和医疗保健技术的迅速发展,人的平均寿命不断增长,身体健康状况也在不断改善。当今社会,老年人的出游比例将大幅度地增加,由老年人构成的旅游群体在不断地壮大,并成为未来的客源主体之一。以以色列的老年度假市场为例,这个细分市场的旅游动机主要由老年人的收入和健康状况所决定,但是度假时间的长短随年龄的增长而变化:在 55 岁和 65 岁之间,由于闲暇时间和家庭收入的增长使得度假时间增长;而在 65 岁以上,收入的下滑和健康状况的恶化导致度假时间开始缩短(Fleischer & Pizam, 2002)。又例如,台湾地区的老年旅游者外出旅游的推力因素包括"提升自我""自尊""寻求知识""放松"和"社会化";拉力因素包括"清洁和安全""设施、活动和成本""自然和历史景观"(Jang & Wu, 2006)。推力因素中的"寻求知识"和拉力因素中的"卫生和安全"是老年旅游者最重要的旅游动机。回归分析发现:年龄、性别和经济地位对旅游动机的影响不大,而健康状况与老年旅游者的旅游动机之间的关系显著。

同步案例 3-5   社会人口统计学特征与中国赴泰国度蜜月游客动机的关系

中山大学旅游学院泰国籍留学生(指导教师:陈钢华)的一项研究(迟小络,2019)就受访者性别、年龄、文化程度、职业、家庭每月平均收入五项指标与赴泰国度蜜月推力动机和拉力动机的关系进行了独立样本 T 检验或单因素方差分析。发现:①探新求异、逃脱现世环境动机因性别的不同而存在显著的差异($p<0.05$):女性的受访者更容易产生蜜月旅行的欲望;性别不同的受访者在夫妻关系、声望动机、追求浪漫、放松的动机上没有显著的差异。②不同年龄的中国蜜月游客在度蜜月动机上不存在显著的差异。③不同文化程度的中国蜜月游客在声望动机上存在显著性差异($p<0.05$):对蜜月旅游动机来说,高中或中专学历的中国蜜月游客比大专及以上学历的蜜月游客受到声望动机的影响更大;在夫妻关系、探新求异、追求浪漫、逃脱现世的环境、放松的动机上没有显著性差异。④不同职业的蜜月游客在逃脱现世环境动机因素上存在差异($p<0.05$):对蜜月旅游动机来说,职业是个体工商户的中国蜜月游客比职业是企业职工、学生、政府与事业单位职工、教师的蜜月游客,受到逃脱现世环境动机因素的影响更小;在其他五个推力动机上,没有显著差异。⑤不同家庭每月平均收入的中国蜜月游客在度蜜月推力动机上不存在显著的差异。

二、外部因素

旅游动机的影响因素相当复杂，除了旅游者的主体因素外，还包括政治环境、社会文化、经济与技术水平等外部因素。

（一）政治环境

政治以各种方式影响人们的旅游动机，特别是各国政府的政治态度直接影响了旅游者的旅游动机。一个稳定有序的政治环境是保证旅游得以长足发展的重要条件之一。一个国家，如果政局不稳、社会动乱、治安差，不管是对该国旅游者还是对国外旅游者来说，所承受的心理压力都非常大，那么旅游动机也不会或难以产生。

另外，由于各国的政治环境不同，各国旅游者的旅游动机也存在一定的差异性。例如，从家庭文化和社会背景来看，以色列背包客的动机和旅游模式有着显著的特色：高度的集体取向（Maoz，2007）。与日本背包客相似，以色列背包客倾向于支持家庭和集体价值观。与日本背包客所不同的是，在国家和军事政策影响下，以色列的年轻人会在服完军役之后，去印度或其他更远的旅游目的地旅行。他们将这种旅游经历作为迈向成熟的自我的阶段：从服从社会准则到独立和自由的自我。这种特殊的文化背景影响了以色列背包客的旅游动机。以色列背包客的旅游行为表现出挑衅行动、开放的性接触、不顾当地居民的请求、将当地居民视为仆人对待（Maoz，2007）。

（二）社会文化

随着社会文化的日益多元化，处于不同社会文化背景中的人们的价值观念、态度、信仰等有着很大程度的不同，他们的旅游动机也必定受到社会文化的影响。例如，一项对日本人赴海外旅游的动机的研究指出，繁重和长时间的工作根植于日本文化环境中，使得海外旅游对他们来说不是一件容易的事情。因此，日本旅游者在海外旅游中特别渴望获得知识、享受和冒险。因此，海外旅游在日本成为一种地位的象征（Cha，Ken，Uysal，1995）。又例如，一项对北京和上海的老年人的旅游动机的研究指出，社会和文化环境的变化对中国老年人的旅游动机产生了重要的影响。中国老年人生活水平的提高，直接影响了他们的健康和感知能力；而国家政策的变化潜移默化地促进了社会和文化环境的剧烈转变（Hsu，Cai，Wong，2007）。

（三）经济与技术

经济发展水平是决定旅游需求量大小的关键性因素。经济发展水平越高，旅游需求的程度越强。信息技术的发展是实现旅游需求的重要因素。信息技术的迅猛发展带动了媒体产业的发展，为旅游者提供了全面、周到的信息服务和沟通渠道。同时，交通技术的发展也满足了人们长期受压抑的旅游需求，提高了旅游的便利和舒适度。

---本章小结---

1. 旅游动机是引发、维持个体旅游行为并将行为导向旅游目标的心理动力，是推动人们进行旅游活动的内在心理动因。
2. 旅游动机的经典理论有普洛格的旅游动机理论（旅游者人格连续统模型）、丹恩的旅游动机理论（"推—拉"动机理论模型）、麦金托什的旅游动机理论（身体健康的动机、文化动机、交际动机和地位与声望的动机）和田中喜一的旅游动机理论（心情的动机、身体的动机、精神的动机、经济的动机）等。
3. 大多数旅游动机理论的核心内容是旅游需要。
4. 旅游动机在形成过程中受多种因素的影响，包括内在心理因素和主体客观因素，还包括政治环境、社会文化、经济与技术等外部环境的影响。

---思考题---

1. 重游旅游者的动机有哪些类型？
2. 如何将"推—拉"理论运用于冰雪旅游和蜜月旅游的市场分析中？
3. 结合一部热门影片，分析电影是如何影响人们的旅游动机的。

---案例分析题---

红色旅游动机及其影响因素

红色旅游是我国特有的说法，是中国特定阶段的历史与现代旅游相结合而形成的一种新型的旅游方式。它是指以中国共产党领导人民在革命和建设时期建树丰功伟绩所形成的纪念地、标志物为载体，以其所承载的革命历史、革命事迹和革命精神为内涵，组织接待旅游者开展缅怀学习、参观游览的主题性旅游活动。红色旅游发展的时间并不长，虽然国际上对此类旅游研究不多，但也有相类似的研究，主要表现为以纪念革命事件和人物、增强爱国主义和民族精神为主题的旅游活动。自2004年以来，开始有西方学者密切关注我国的红色旅游文化，但他们的研究主要侧重于红色旅游的发展及其意识形态特征。红色旅游作为一项政治、文化、经济三位一体的工程，涉及多元主体。红色旅游带有很强的政府导向性。有研究者指出，从内部动机来讲，中国民众参加红色旅游的动机主要基于对先烈的敬仰、对革命精神和高尚人格的追求、对血与火战场的寻觅、对革命生活的体验等"红色情结"（徐仁立，2010）；而从外部而言，红色旅游资源的吸引力和红色旅游社会环境的营造是旅游者参加红色旅游的外部诱因。在对韶山、井冈山及遵义的红色旅游者的调查中，有学者却发现"观光游览、增长知识，开阔视野、放松心情，消除疲劳"在旅游者的动机中占了绝大多数（孟凡绢，2009）。所以，红色旅游资源作为一种独特的资源，其本身的吸引力还是激发动机的主要原因。从行为上来看，红色旅游的旅游者的出游方式主要以团队游为主，多与家人或朋友一起出行，他们一般不会在旅游区过夜，在景区的购物消费普遍不高。

问题：在了解了红色旅游及红色旅游者的动机后，请回答以下问题：
（1）中国民众参加红色旅游的动机体现了旅游动机的哪些特点？
（2）红色旅游动机及其激发受到哪些因素的影响？

第四章　旅游者态度与情绪情感

学习目标

1. 了解态度的相关概念和知识。
2. 掌握旅游者态度的定义、类型、形成及改变。
3. 掌握旅游者的情绪情感类型和情绪情感体验。
4. 了解旅游者情绪情感研究的发展方向。

> **引导案例**
>
> **"萨德事件"后赴韩游客下降**
>
> 根据韩国央行2017年12月13日发布的数据显示,从2017年3月起,访韩中国游客骤减。2017年3—10月间,中国公民入境韩国人数同比减少356.5万人次,为238.2万人次,单月同比降幅在40.0%到69.3%之间。预计2017年访韩的中国游客将同比减少400万人次,仅为2016年的一半。在中国出境游蓬勃发展之时,为何赴韩中国游客骤减?
>
> 2017年3月起,由于"萨德事件",中韩关系跌至谷底。中国国内反"萨德"情绪不断升级。首尔明洞、东大门等热点旅游地点的多间酒店收到中国旅行团及散客退订要求。乐天旗下酒店首当其冲,三成预订遭取消。从3月到6月,中国游客屡次拒绝在济州下船,乘邮轮访韩中国游客数量以同比减少45%、减少80%、减少91%、减少95%的速度萎缩。
>
> (资料来源:根据相关报道整理。)

读完上述案例,不少读者应该能够发现,从中国旅游者退订酒店、拒绝下船等抵制行为中折射出的是中国旅游者对韩国部署"萨德"反导系统的认知、情感以及行为倾向。认知、情感以及行为倾向也是旅游者态度的三个构成要素。旅游者态度对旅游发展有重要影响。因此,了解旅游者态度与情绪情感对于旅游管理、营销等方面均具有重要意义。本章将重点阐述态度及其构成要素、旅游者态度以及旅游者的情绪情感。

第一节 态度概述

一、态度的定义

什么是态度？态度通常被理解为关于一个特定对象的一种评价性判断，它可能是有利的、不利的或者中性的。态度是"一种心理倾向"，可以通过对某个特定的实体进行评估来表达；这种评估往往带有某种程度的赞成或不赞成倾向。从社会心理学视角来看，已经普遍认可的定义是由弗里德曼（G. Fridman）、梅尔斯（D. G. Myers）和米切纳（H. A. Michener）提出的认知、情感[①]、行为倾向三成分组成的持久系统。

二、态度的特性

1. 态度的对象性

态度必须具有特定的态度对象，不能孤立存在。态度对象可以是具体的，也可能是抽象的，即一种状态或观念。

2. 态度的社会性

态度不同于本能，不是与生俱来的。态度是人在社会生活中经过一定的体验后通过积累经验形成的。因此，态度具有社会性，受社会环境和社会关系的影响。

3. 态度的稳定性

态度是在需要的基础上，经过长期感知和情感体验形成的。态度中的情感成分使其往往带有强烈的情感色彩并具有稳定性和持久性。正是由于这种稳定性，个体才能更好地适应客观世界。

4. 态度的主观经验性

个体的意识世界有两个：一个是观念世界，另一个是经验世界（乐国安，

---

① 本书中，作为态度构成要素之一的"情感"是广义的，包含狭义的"情感"和"情绪"。作为态度的成分，本书统一使用"情感"。本章第二节将单独介绍情绪、情感两种体验。

2009）。观念世界是以在后天的社会生活中不断积累各种经验为基础形成的，由信仰、价值观、人生观及其他各种各样的思想观念构成。经验世界是个体在与周围环境的直接相互作用中形成的，包含以一定的经验形态存在的认识、判断、评价及各种体验和感受。态度介于这两个世界之间，常常反映个体所持有的价值观和世界观等，但又包含相当多的经验成分。

5. 态度的内隐性

态度是一种内在的心理状态，虽然包含行为倾向，但并不等于行为本身，不能直接被观察到。因此，一个人的态度往往只能通过其言论或行为来间接推断。态度的内隐性使得了解人的真实态度存在一定的困难。对态度的测量往往需要借助比较精细的量表法或投射法。

三、态度的结构

态度具有一定的结构，由认知、情感及行为倾向三种成分构成（图 4 - 1）。

1. 认知成分

认知成分由关于态度对象的心理印象组成，包括有关态度对象的所有事实、知识和信念。态度的认知成分具有倾向性和组织性，人的既定认知模式或刻板印象多因这两种特性形成。因此，态度的认知成分有时候会与一般的事实认知有所区别，产生一定的偏差。

2. 情感成分

情感成分是个体对态度对象的一种内心体验，包括个体对态度对象肯定或否定的评价以及由此引发的情绪、情感。最普遍的情感概念框架包括四组：愉快和讨厌、振奋和倦怠、放松和压抑、激动和忧郁（Russell & Snodgrass，1987）。在消费者心理领域，消费者对产品的情感以产品认知为基础并结合自身的需要和价值判断而形成。

3. 行为倾向成分

行为倾向是个体对态度对象的一种内在反应倾向。行为倾向与行为不同，是一种行为的准备状态，即准备对态度对象做出某种反应。在消费者心理学领域，消费者在对产品产生正面情感后，可能会产生某些行为倾向。但是，倾向需要在合适的时机条件下才能转变为实际行为。

如图 4 - 1 所示，一般来说，认知是态度的基础，情感是态度的核心，行为倾向是态度的最终表现形式并影响最终的外显行为。认知、态度和行为倾向三部分都包含功能性的（有形的）和心理的（抽象的）特征。在常见的基础评价维度中，三者通常被认为是正相关的。但在实际情况中，三者并非总是相互联系、协调一致的。当三者出现不协调情况时，个体会采用一定的方法进行调节。与此同时，某一成分内的反应可能比成分间的反应更强烈。因此，每个态度成分——认知、情感和行为倾向——可能具有与其他两种成分不一样的特殊变量。从三者之间的相互关联程度来看，认知成分的相对独立性最高，与其他两种成分的互相影响也相对最小。

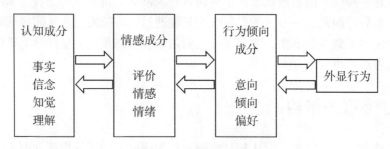

图 4-1　态度的结构

资料来源：侯玉波，2002。

第二节　旅游者态度

一、旅游者态度的定义

上一节中，我们已经对态度及其构成要素做了具体阐述。基于此，我们可以对旅游者态度做出如下界定：旅游者态度是指旅游者在了解、接触、享受旅游产品和旅游服务的过程中，对旅游体验本身、旅游产品和旅游服务、旅游企业以及旅游目的地较为稳定持久的，包括认知、情感和行为倾向的内在心理倾向。作为旅游者态度的具体化，旅游者态度的构成成分需要相互协调，认知、情感和行为倾向的一致性十分重要。

同步案例 4-1　　　　　　旅游者态度要素一致性的重要性

涂红伟等（2017）从旅游者在目的地情绪感受的视角，探讨积极情绪在目的地形象和旅游者行为意愿之间的中介效应，以及目的地形象对积极情绪的作用边界。通过对厦门市278名旅游者的调查分析，作者发现：目的地形象能显著地正向影响旅游者的行为意向；积极情绪是旅游者行为意向的诱发因素，显著地正向影响旅游者的行为意向，在目的地形象与旅游者行为意向之间起到部分中介作用；另外，新奇感能显著正向调节目的地形象对积极情绪的影响。

这一研究说明，当旅游者对目的地形象的认知具有新奇感时，旅游者更易产生积极情绪，从而诱发口碑推荐或重游的行为意向，在合适时机下产生实际行为。这主要是由于，在旅游者对厦门的态度中，认知、情感和行为倾向三方面是一致的，态度的稳定性好。如果三种成分出现了分歧，认知和情感不一致，那么即使有条件进行重游或口碑推荐，旅游者也不一定会去做，因为其态度是摇摆不定的。

知识链接4-1　　　　　　　　中介效应与中介变量

在旅游消费者行为学研究中，经常会涉及中介效应（作用）、中介变量等概念。中介效应（mediating effect）指的是X对Y的影响是通过M实现的，也就是说，M是X的函数，Y是M的函数（Y—M—X）；M是中介变量（mediating variable）。与之相区别的是，如果变量Y与变量X的关系是变量M的函数，则称M为调节变量（moderating variable），这种效应称之为调节效应（moderating effect）。也就是说，Y与X的关系受到第三个变量M的影响。调节变量可以是定性的（如性别、族群、学校类型等），也可以是定量的（如年龄、受教育年限、刺激次数等），它影响因变量和自变量之间关系的方向（正或负）和强弱。

二、旅游者态度的类型

不同旅游者对特定目的地以及旅游本身（是否出游、如何出游等）具有不同的态度。常见的旅游者态度有以下几种。

1. 向往

向往通常来源于对旅游目的地或旅游本身的热爱。持有向往态度的旅游者常常表现出比较坚定的信念，只要有付诸行动的条件，就会积极前往目的地实施旅游活动。比较常见的有：宗教信徒对宗教圣地的态度，例如，前往麦加朝圣是每个伊斯兰教信徒毕生的愿望；"追星族"对名人代言的态度，比如，在韩流明星风靡之时，不少"追星族"都为能去SBS电视台（首尔广播公司）大楼偶遇明星而赴韩旅游；"购物狂"对"购物天堂"的态度等。旅游者这种向往的态度往往被旅游目的地利用，以吸引旅游者。

同步案例4-2　　所有名人代言都能成功影响旅游者对目的地的态度吗？

并非所有名人代言都会成功影响旅游者的目的地态度，还需要考虑"名人—目的地匹配度"以及旅游者个人卷入度的影响。个人卷入度可以理解为个体所感知到的产品、广告和购买决策与个人之间的相关性。沈雪瑞等学者（2015）的研究显示：①匹配、不匹配和无名人代言这三种情况的目的地态度在低个人卷入条件下均有显著差异；而在高个人卷入条件下，以上三种情况下的目的地态度并没有发生显著变化。②在不匹配和无名人代言两种情形下，高卷入者比低卷入者的目的地态度更积极；而在名人与目的地匹配时，高、低卷入者的目的地态度无显著差异。③从目的地营销实践角度看，对于高个人卷入者，显然提供令人信服的目的地属性信息更可能获得较好的营销效果；而对于更多处于一般卷入水平的受众来说，采用名人代言仍不失为一种改善受众目的地态度的可行方案。重点是，目的地在选择名人代言时，应充分考虑名人与目的地之间的匹配关系。

2. 期待

期待是一种十分常见的态度，在大多数旅游者身上都能有所体现。对一个特定的旅游目的地或一次旅行经历，人们总希望能从中获得异于日常生活的惊喜，或者得到身心的轻松愉悦。但是，具有不同社会人口统计学特征的个体对于同一旅游目的地可能会产生不同的期待。例如，对度假区而言，老年人更期待目的地的无障碍服务以及度假体验对身体状况的改善，中年人更期待舒适休闲的氛围和精致的休闲度假活动，青年人则期待具有趣味性或挑战性的户外活动。

3. 好奇

好奇可以被简单定义为探索新奇、陌生、多样性的生理和心理状态。旅游与文化好奇关系密切，尤其是国际旅游。例如，20世纪80年代，不少西方旅游者趁中国对外开放的契机前来旅游，正是因为对中国这个封闭多年的社会主义国家感到好奇。超越熟悉的日常环境、寻求新奇，可能是旅游最简单的原因之一。具有异域风情和神秘色彩的旅游目的地，常能对好奇的旅游者产生十足的吸引力。通常来说，一个物品越远，可能越让人感到好奇。但是，一些邻近的东西也可能是新奇的，例如，只在规定时间对外开放的空间。

4. 回避

旅游是脆弱的。一旦消费者对目的地产生了厌恶或恐惧等消极情感，回避的态度就可能产生,从而打消出行的念头。这种态度在很大程度上受目的地环境的影响。回避的态度可能是长期稳定的,也可能是暂时的。例如,对于常年战乱不断、危险系数较高的中东某些地区,旅游者会因其内部的政治、社会、文化等环境因素而长期持有一种负面评价。在洪涝灾害期间,不少潜在旅游者都纷纷回避前往桂林阳朔旅游,但在洪水退去后,阳朔的旅游者数量又很快恢复到了正常水平。

同步案例 4-3　　火山喷发重创巴厘岛旅游　印尼政府拨款"救市"

2017年12月4日,印度尼西亚巴厘岛的阿贡火山持续喷发。持续规模喷发的阿贡火山已重创巴厘岛旅游业,印尼政府决定拨款1000亿印尼盾"救市"。

随着圣诞节和新年的到来,本该游客如织的旅游胜地印尼巴厘岛却显得冷清,酒店入住率比2016年同期大跌了55%。据巴厘酒店和餐馆协会主席苏卡瓦蒂介绍,2017年12月岛上酒店的入住率仅有25%,而2016年12月岛上酒店的入住率为80%,巴厘岛旅游业面临严重损失。

印尼旅游部部长阿里夫日前在与巴厘岛旅游业者开会商讨后对媒体表示,"将给予在圣诞节和新年佳节期间前往巴厘岛旅游的所有旅游者,包括国际和国内游客40%~50%的折扣",希望此举能够吸引因担心阿贡火山还可能大爆发而取消前往巴厘岛的游客回流。阿里夫透露,为此印尼中央政府决定拨出1000亿印尼盾专款给予扶持。

印尼巴厘岛是世界著名的旅游胜地,其经济主要依赖旅游业驱动,70%的收入直接或间接来自旅游业。旅游业也是印尼的支柱产业之一,2016年占该国国内生产总值的4.5%。印尼旅游局预测2017年旅游业将占国内生产总值的5.5%,2018年将上升至6.5%。目前,印尼大部分旅游收入都来自巴厘岛。

据阿里夫披露,印尼政府原先预估今年到访巴厘岛的外国游客将达600万人次,因阿贡火山喷发的影响,这一数字可能降至550万。[①]

5. 抵制

抵制态度往往源于旅游者对目的地的不满和反对情绪,这种态度的产生通常与一些地区之间的突发事件、政治冲突相关。典型案例有:其一,2010年中国香港旅游者在菲律宾遭劫持的事件。由于菲律宾政府无所作为的处理方式,导致中国香港旅游者发生伤亡,最终引爆了中国香港市民对菲律宾政府的不满。在事件之后的

---

① 林永传:《火山喷发重创巴厘岛旅游　印尼政府拨款"救市"》,载中国新闻网(http://www.chinanews.com/gj/2017/12-20/8405263.shtml)。

一段时间，许多香港市民纷纷发起游行，抵制到菲律宾旅游。其二，2013年日本宣布将钓鱼岛"国有化"，掀起中国新一轮的反日情绪，赴日旅游迅速降温，旅游者纷纷退团，抵制日本旅游。类似的情况亦可见本章的开篇案例。

三、旅游者态度的形成

旅游者态度的形成可以借鉴态度形成的相关学说。古往今来，已有不少学者对态度形成的过程进行了相关理论阐释。本章将介绍较为普遍接受的学习理论和态度形成三阶段理论。

（一）学习理论

学习理论包括经典条件反射理论、强化理论以及班杜拉的社会学习理论。代表人物霍夫兰（C. Hovland）认为，人的态度与其他习惯的形成是一样的。人处于被动地位，在外界刺激下，通过"联结""强化"和"模仿"来习得态度。态度的形成主要有两种方法：信息学习和情感迁移。比如，旅游者在预订酒店客房时，某一酒店营销人员展现客房多舒适、设施多齐全、安保设施多到位等信息，可能会让旅游者对该酒店形成肯定的态度。但是，现在也有不少研究表明，获得某种相当说服力的信息，对态度的影响实际上比我们预期的要小很多。同样，以酒店宣传的例子来说，当背景中出现了可爱的小孩、温馨甜蜜的夫妻时，旅游者会把这些吸引人的特征与酒店联系起来，这样旅游者对酒店的好感就会增加，因为他们把对幸福家庭生活的正面情感迁移到了酒店上。

> **课堂讨论 4-1**
>
> 问题：结合上文对学习理论的论述，讨论学习理论中强调的情感的迁移（移情）与文学研究中所讨论的移情的联系和区别。
>
> 讨论要点：见本书附录。

（二）态度形成三阶段理论

心理学家凯尔曼（Kelman，1974）提出，态度的形成有三个阶段，即服从、同化、内化。在各阶段的变化过程中，人们从为了获得物质与精神的报酬或避免惩罚而采取表面顺从行为，逐渐变为自愿接受他人观点、信念，使自己的态度与他人的要求相一致，最终达到从内心深处真正相信并接受他人的观点而彻底转变自己的态度，并自觉指导自己的思想和行动。态度的形成从服从阶段到同化阶段再到内化阶段，是一个复杂的心理过程。当然，并不是所有人对所有事物的态度都要完成这整个过程。人们对一些事物的态度的形成可能完成了整个过程，但对另一些事物可能只停留在服从或同化阶段。

| 同步案例4-4 | 信息化时代网站创意对旅游者态度的影响 |

在信息化时代，越来越多的旅游者通过旅游网站进行信息搜索以进一步做出旅游决策。旅游网站的设计成为旅游者态度形成的重要影响因素之一。蔡礼彬和吴楠（2017）从广告心理学角度对网站创意元素的研究表明，网站创意对网站察觉有显著影响，旅游网站的创意越强，旅游者最终做出旅游决策的可能性也越大。但是，网站创意不会直接形成目的地察觉，必须经网站察觉才能形成对目的地的察觉。网站创意可以通过两条路径来说服旅游者：一条是旅游者受到网站创意元素的刺激，形成积极的网站态度，最终选择该旅游网站推荐的旅游目的地；另一条是旅游者通过网站获取目的地信息，形成目的地察觉后，随着对目的地了解不断加深，形成积极的目的地态度，最终形成去往该目的地的旅游意向。

四、旅游者态度的改变

态度的改变有两种情况：方向的改变和强度的改变。比如，某旅游者原来不喜欢用某种交通工具出行，后来变得喜欢了，这是方向的改变；原来对某旅游目的地有犹豫不决的态度，后来态度变得坚定不移，这就是强度的改变。当然，方向和强度也有关系，从一个极端转变到另一个极端，既是方向的改变，又是强度的改变。

（一）影响因素

影响旅游者态度改变的因素有两种：旅游者本身的因素和外界条件的改变。

1. 旅游者本身的因素

旅游者本身的因素是指，旅游者的需要、判断能力、性格特点、受教育程度及社会地位等因素都会对态度的改变产生影响。一般来说，当旅游者的需要得到最大限度的满足时，较容易改变其态度；性格比较随和、依赖性强、暗示性高的人容易改变态度；判断能力低的人，由于难断是非，常常人云亦云，容易改变态度；受教育程度高和社会地位高的人难以改变态度。

2. 外界条件的改变

旅游者态度会受到所处社会环境的影响。一些外界条件的改变也能改变旅游者的态度。①信息的作用。旅游者的态度是他们建立在各种信息的基础上形成的，收集到的各种信息间的一致性越强，形成的态度越稳固，越不容易改变。②旅游者之间态度的影响。态度具有相互影响的特点。由于旅游者一般不会对他们之间的意见交流产生戒备心理，旅游者之间的角色身份、目的和利益也具有相似性，彼此的意见常常较容易被接受，从而导致态度的改变。③团体的影响。旅游者的态度通常是与其所属团体的要求和期望相一致的。团体的规范和习惯力量会在无形中形成一种压力，从而影响团体内成员的态度。比如，虽然某旅游者非常想去国外看看异国风光，但由于它所在团体的人都想在国内旅游，那么他很大程度上会打消去国外旅游的念头。这就是所谓的群体压力下的"从众行为"。

> 课堂讨论 4-2
>
> 问题：结合上文有关旅游者态度改变的论述，讨论参照群体对旅游者态度（改变）的影响。
>
> 讨论要点：见本书附录。

（二）旅游者态度改变的过程

旅游者态度是一种相对基础性的、稳固的心理状态，一旦形成便不易改变。有关态度的改变过程，也有不少理论进行了阐释。其中，认知失调理论的影响最广。认知失调理论模型同样也适用于阐释旅游者态度的改变过程。

认知失调理论由费斯廷格（L. Festinger）于1957年提出。该理论认为个体有许多认知因素，比如，对于自我、行为以及周围环境等的信念和看法。当两种认知或认知与行为不协调时，就会出现认知失调状态。这种状态使人不适。因此，个体为了缓解失调、保持一致，就会用协调的因素代替失调的因素。此时，态度将发生变化。在旅游情境中，我们可以发现，只有当旅游者对某一旅游产品的认知和信念达到一定强度时，他们才有可能改变与态度不一致的行为。否则，他们只会倾向于改变态度或认知。因此，如果一个旅游企业想要从竞争对手那里赢得旅游者，就必须形成深入人心的品牌形象和核心竞争力，这样才能让旅游者认识到企业自身产品的优势，从而形成坚定的肯定态度，改变他们购买其他产品的行为。

第三节　旅游者情绪与情感

一、情绪、情感

在学术界，情感研究大致可分为两个阶段。20世纪80年代之前，由于西方理性主义哲学思想的束缚与情感的难以把握的特点，传统意义上的情感研究大多散落于哲学与心理学等学科中。哲学研究主要从宏观抽象的层面上对理性与情感的关系进行探讨，心理学则主要从个体生理、心理层面探究情感的形成机制以及情感的内涵、属性与功能等基本问题。20世纪80年代之后，随着社会情感问题的增多以及相关学科研究条件的成熟，尤其是现象学哲学思想的发展，在社会学、政治学、教育学、语言学、人类学甚至是经济学、计算机科学、管理学、建筑学等学科中，都先后出现了情感研究的热潮，情感成为一个备受多学科关注的全新研究领域或研究视角。重要的是，这些关于情感的新兴研究工作开始从社会现实的角度来分析情感，并试图突破先前理性主义的思想堡垒。其中，社会学的贡献尤为突出，它一方面向我们揭示情感背后的社会现实，另一方面也关注情感对社会的积极与消极作用（刘丹萍、金程，2015）。

（一）情绪、情感的定义

情感是态度这一整体中的一部分，它与态度中的内向感受、意向具有协调一致性，是态度在生理上的一种较复杂而又稳定的生理评价和体验。《心理学大辞典》认为：情感是人对客观事物是否满足自己的需要而产生的态度体验。同时，一般的普通心理学课程还认为：情绪和情感都是人对客观事物所持的态度体验，只是情绪更倾向于个体基本需求欲望上的态度体验，而情感则更倾向于社会需求欲望上的态度体验。

情绪是身体对行为成功的可能性乃至必然性在生理反应上的评价和体验。行为在身体动作上表现得越强就说明个体的情绪越强，例如，喜会是手舞足蹈、怒会是咬牙切齿、忧会是茶饭不思、悲会是痛心疾首等，都是情绪在身体动作上的反应。生理反应是情绪存在的必要条件。

情绪和情感有如下区别：①情绪有很大的情境性、激动性、短暂性、不稳定性和外显性，情感则既具有情境性，又具有稳定性、长期性和内在性。②情绪更多是生理性的，而情感则更多是社会性的。③就人类个体的体验而言，情绪体验发生在前，情感体验产生在后。

然而，情绪和情感也有如下联系：①情绪是情感的基础，情感通过情绪的形式表现出来。②情绪无法脱离情感而存在，情绪是情感的具体体现。

正是由于情绪和情感的复杂关系，在心理学界，主流观点认为情感与情绪一起包括在感情之中；但是，也有学者认为，情感过程包括情绪与情感；还有个别学者认为，情感包括情绪和感情。这种关系的复杂性还与术语翻译有密切关系。在英语中，情感、情绪、感情皆可用"emotion""feeling"表示，情绪、感情皆可用"sentiments"表示，亦可分别用"mood"和"affection"表示。三词之间的种属关系远不如汉语明确、稳定（邹本涛，2011）。参见表4-1。

表4-1 情绪、情感与感情的比较对照表

情绪	情感	感情
与有机体的需要相联系（人与动物共有）	与人的社会需要相联系（人类所特有）	包含情绪与情感的综合过程
情境性、暂时性、外显性	稳定性、持久性、内隐性	
标示感情的反应过程和外部表现，侧重于脑主导的神经生理过程和感情的明显外部行为	标示感情的状态或内容，侧重于人对事物的内心感受和主观意义体验	标示感情状态及反应的普遍的概念
1. 三者是同一过程、同一现象，情绪和情感是一体两面，密不可分。 2. 情绪和情感有共同的生理基础，二者都是在大脑皮层的主导作用下，皮下中枢与内脏器官协同作用的结果。 3. 情绪和情感相互交叉，情绪是情感的活动过程和外部表现，情感是情绪的深化和本质内容。		

资料来源：金程，2015。

同步案例4-5　　　　　　　　**情绪、情感对旅游需求的影响**

情绪、情感在旅游体验中有重要意义，对旅游需求有重要影响。有学者（Dragouni, Filis, Gavriilidis, Santamaria, 2016）研究了1996—2013年情绪和情感对美国出境旅游需求的溢出效应。他们用消费者信心指数和经济政策不确定性指数作为情感的替代指标，用"标普500指数"来表征情绪。结果显示，情绪、情感和出境旅游需求之间存在着中度至高度的相关关系。更重要的是，情绪和情感指标是对出境旅游需求产生溢出冲击的源头。情绪和情感所产生的溢出效应的大小是随时间发生改变的，取决于某些社会经济和环境事件。

（二）情绪的类型

情绪的类型有多种划分方式。普拉特切克（Plutchik，1989）从积极与消极、单一型与综合性、两极性和强度4个维度提出了8种人类基本情绪，即狂喜、接受、惊奇、恐惧、悲痛、憎恨、狂怒、警惕。伊扎德（C. Izard）提出从愉快度、紧张度、激动度和确信度4个维度对情绪进行分类，提出了人类有9种基本情绪：兴奋、喜悦、惊奇、悲痛、憎恨、愤怒、羞耻、恐惧和傲慢。下文将具体阐述两种常用的情绪类型划分方式。

1. 根据情绪发生的强度、速度、持续时间划分

（1）心境（mood）。心境，即人们常说的心情，是一种比较微弱、平静并持续一定时间的情绪体验，具有弥散的特点。心境可以分为暂时心境和主导心境。暂时心境指由当前的情绪造成的心境，常常是偶然触发的。主导心境则是由一个人的生活道路和早期经验所造成的个人独特的、稳定的心境。

（2）激情（passion）。激情是指个体强烈的、暴风骤雨般的、激动而短暂的情绪状态，例如，暴怒、狂喜、绝望等。这种情绪往往发生在强烈刺激或突如其来的变化之后，具有迅猛、激烈、难以抑制等特点。人在激情的支配下，常能调动身心的巨大潜力。激情有4个基本特点：其一，激情具有激动性和冲动性。其二，激情具有短促性，冲动一过立即减弱或消失。其三，激情具有明显的指向性，一般由特定的对象引起。其四，激情具有外显性，例如，怒发冲冠、喜极而泣、咬牙切齿、眉开眼笑等。

（3）应激（stress）。应激又称应激状态，是出乎意料的紧张与危险情境所引起的高度紧张的情绪状态，是个体的一种适应性反应。导致应激反应的刺激因素被称为应激源（stressor）。应激反应包括应激生理反应和应激心理反应，两种反应是同时发生的。应激生理反应是指应激会改变机体的激活水平，使生理系统发生明显的变化，例如，肌肉紧张、心率加快、呼吸急促、血压飙升、肾上腺激素分泌增加等。人在应激时的心理反应一般有两种不同的表现：一种是目瞪口呆、手足无措，头脑一片混乱，不知如何处理眼前的突发事件；另一种是头脑清醒、急中生智、判断准确、行动迅速，能够及时摆脱困境。由于应激反应使人的精神处于高度紧张的状态，长期处于应激状态会使人的身心健康受到影响，导致适应性疾病发生。

（4）挫折（frustration）。挫折是指人们在有目的的活动中，遇到无法克服或自以为无法克服的阻碍，导致其需要或动机不能得到满足的情况而产生的情绪反应。挫折常常表现为烦恼、困惑、焦虑、沮丧、失望、痛苦、愤怒、不安等负面情绪的交织。挫折与人的抱负水平直接相关，具有双重性质。在积极方面，给人以教训，锻炼人的意志；在消极方面，使人失望、痛苦、沮丧，甚至是意志消沉而不思进

取。挫折可以导致不同的行为反应，既可以是理性行为，例如，改变策略、降低要求、找借口以自我安慰等，也可能是非理性的。

2. 根据情绪表现的方向和强度划分

（1）积极情绪。积极情绪，即正向情绪或具有正效价的情绪，是指在某种具体行为中，由外因或内因影响而产生的利于继续完成工作或者正常思考的正面的情绪状态。罗素和弗里德曼（Russell & Feldman，1999）指出："积极情绪是当事情进展顺利时，你想微笑时产生的那种好的感受。"从分立情绪理论的观点来看，积极情绪包括快乐、满意、兴趣、自豪、感激和爱等（郭小艳、王振宏，2007）。

（2）消极情绪。与积极情绪相反，消极情绪是指在某种具体行为中，由外因或内因影响而产生的不利于继续完成工作或正常思考的负面的情绪状态。消极情绪包括忧愁、悲伤、愤怒、紧张、焦虑、痛苦、恐惧、憎恨等。

（三）情感的类型

"人非草木，孰能无情。"作为人的一种存在方式，情感始终伴随着个人的日常生活，并在个人与社会发展中发挥重要作用。人的情感复杂多样，可以从不同的观察角度进行分类。由于情感的核心内容是价值，人的情感主要应该根据价值关系的运动与变化的不同特点进行分类。据此，我们可以将情感划分为以下三种类型。

（1）道德感。人们根据一定的道德标准，评价自己和别人的言行、思想、意图时产生的情感体验。同情、反感、眷恋、疏远、尊敬、轻视、感激、爱、憎、背信弃义等属于道德感；同志感、友谊感、爱国主义感、集体主义感，也属于道德感。道德感和道德信念、道德判断密切相关，因而具有明显的社会性和阶级性。

（2）理智感。理智感是由客观事物间的关系是否符合于自己所相信的客观规律所引起的情感，是在认识和评价事物过程中所产生的情感。理智感是人们学习科学知识、认识和掌握事物发展规律的动力。人的理想、世界观对理智感有重要的作用。例如，求知欲、好奇心都属于理智感的范畴。

（3）美感。美感是对客观现实及其在艺术中的反映进行鉴赏或评价时所产生的情感体验。人的美感不是人的自然的禀赋，而是在人的自然的禀赋的基础上，经过社会历史实践的产物。

二、旅游者的情绪类型及情绪体验

如前所述，从表现方向和强度来看，情绪的基本类型有喜（快乐）、怒（愤怒）、哀（悲哀）、惧（恐惧），以及畅爽体验。在整个旅途中，旅游者能全面体验到这些基本情绪，其中以喜，即欢乐、愉悦体验为主。但是，当旅游者遭遇一些意料之外的紧急情况或处于特殊的旅游情境中时,也会体验到愤怒、悲哀和恐惧的情绪。例如,遇到紧急的自然灾害时,旅游者会体验到恐惧、悲哀;前往"黑色旅游地"参观景点时(如汶川地震遗址、南京大屠杀遇难同胞纪念馆等),旅游者就会体会到悲哀、愤怒或者恐惧,有些人会默默压抑自己的悲伤,哭红了眼眶,有些人甚至会大哭一场,整天难以平复。

当前情绪研究的重心已经从阐释情绪如何像认知一样影响个体的行为反应,进一步发展为更深入地探索何种因素可以驱使个体产生不同的离散情绪(discrete emotions)以及这些情绪体验又如何影响个体的行为。在所有离散情绪中,敬畏情绪被认为是一种与旅游特别相关的复杂情绪。本节将进行相关介绍。

知识链接 4-2　　旅游者的情绪调节

与情感相比,情绪具有不稳定性。在旅游过程中,情绪通常由对目标、动机或体验的评价导致,具有短暂性、主观性和变动性,需要即时的关注和行动。这些情绪可能是正面的,也可能是负面的。最新研究(Gao & Kerstetter, 2018)表明:旅游者为了获得最大程度的积极旅游体验,往往会对其情绪进行心理干预,即情绪调节。旅游者的情绪调节策略由三个阶段构成(图4-2),即人际调节、情境调节和内心调节,最终使消极情绪转化为积极情绪或使积极情绪变得更加积极。

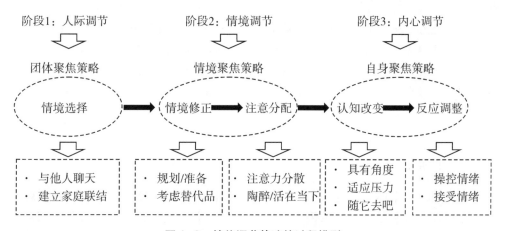

图4-2　情绪调节策略的过程模型

资料来源：Gao & Kerstetter, 2018。

同步案例 4-6　　旅游者情绪、情感的动态变化

台湾是大陆旅游者情绪得以展现的一个典型旅游目的地。金程(2015)以大

陆赴台旅游者为研究对象，展开对旅游者情绪的细致考察，试图回答旅游者情绪、情感的动态性及其变化机制这两方面的问题。研究首先通过参与观察、半结构化日记与深度访谈的方法收集研究资料，共收集到有效的旅游者日记158份，接受访谈和提供游记的旅游者有17位，然后运用内容分析、重复测量方差分析以及解释现象学分析的方法对研究资料进行全面深入的分析。

研究结论表明：①对大陆旅游者而言，台湾具有广泛的吸引力，是一个大众化的旅游目的地。旅游前，历史、政治、音乐、演艺和文学是大陆民众了解台湾的主要途径。②旅游过程中，大陆旅游者产生的主要是积极情绪，消极情绪很少出现。在不同旅游阶段，情绪的强度呈现动态变化：旅行初始，期待和消极情绪的强度较高。旅行期间，积极情绪的强度达到最高峰，然后减弱，消极情绪的强度跌至谷底，旅游者的情绪体验最为美好。旅行后期，期待的强度降至最低，现实性、追溯性情感和消极情绪的强度有所回升。此外，特定旅游刺激物的出现会打破通常的情绪变化趋势，而人口学特征对一些特定情感也有所影响。③旅游开始前，教育、新闻、音乐、文学、影视等媒介建构了大陆旅游者对台湾的各种想象性情感，其中以"政治色彩浓郁"和"自然环境优美"最为突出。旅游过程中，旅游者以旅游六要素为情境对先前的想象进行印证，形成一系列现实性情感，其中，大陆旅游者印象最为深刻的是"充满人情味儿"。旅游结束后，大陆旅游者对紧张仓促的行程进行回顾整理，形成以"政治上的疏离"与"文化上的亲近"两种情感为主的追溯性情感。

归纳地看，旅游前，各种大众媒介塑造了旅游者对目的地的各种想象性情感；旅游中，旅游者对先前的想象进行印证和探索，从而产生一系列现实性情感，客观条件、人际关系与个人情况均会对旅游者的现实性情感产生影响；旅游后，旅游者通过回味、思考，进一步产生追溯性情感，而追溯性情感又会对旅游者自身、人际关系乃至整个社会产生作用。

（一）快乐体验

快乐是人类个体由自身需要的满足程度或目的实现程度所带来的一种体验状态，是由需要（包括动机、欲望、兴趣）、认知、情感等心理因素与外部诱因的交互作用形成的一种复杂的、多层次的心理状态。从旅游的角度来说，快乐体验是在旅游者达到所期盼的目的后解除紧张感的一种情绪体验。旅游者快乐的程度取决于他们愿望的满足程度。旅游者外出旅游很大程度上是为了"找乐子"。因此，很多旅游者都希望导游员具有幽默、诙谐的个性。

（二）愤怒体验

愤怒情绪是指个体在一些特殊的事件刺激后所表现出来的一种强烈不满或悲痛的负面情绪。愤怒情绪的产生往往是因为旅游产品或服务存在缺陷。比如，旅游者通常对目的地所发生的"欺客宰客""强迫购物"等事件表现出对导游的愤怒情绪，对旅游景区产生怨恨。除此之外，其他旅游者或其他事情妨碍了其个人目的的达成，也会使其积累紧张而产生愤怒的情绪体验，例如，"插队"现象导致队伍前进缓慢时，旅游者会显得烦躁不安。对于同样的旅游产品或服务缺陷，不同的旅游者会因为认知和归因方式的差异而表现出不同的情绪状态，或是产生不同程度的愤怒体验。一般而言，当旅游者认为旅游产品或服务的缺陷是可控制的而非不可避免时，他们更容易感到愤怒。

（三）悲哀体验

悲哀作为一种负性基本情绪，通常是指由分离、丧失和失败引起的情绪反应，包含沮丧、失望、气馁、意志消沉、孤独和孤立等情绪体验。悲哀程度取决于失去的东西的重要性和价值大小，也依赖于主体的意识倾向和个体特征。根据程度不同，悲哀进一步细分为遗憾、失望、难过、悲伤、极度悲痛。悲伤有时伴随哭泣，从而使紧张释放，心理压力缓解。它是一种消极的情绪，也是一种心理保护措施。一般情况下，旅游者会极力避免旅途中的悲哀体验，但是某些特殊的旅游景点也可能让部分旅游者体验到悲哀，例如，前往"黑色旅游地"的旅游者有时会"痛哭一场"。

同步案例 4-7　　耶路撒冷的千年哭墙：犹太人心中永远的痛

耶路撒冷是全球犹太人、基督徒和穆斯林共同向往的圣城，被公认为"离上帝最近的地方"。事实上，世界各地写给上帝的信件一直源源不断地被投递到这里。

如果说耶路撒冷是"天国的邮局"，那么哭墙就是"天国的阶梯"。因为当地邮局把信件"呈阅"给上帝的方式，通常是层层叠叠塞到哭墙的缝隙里。

哭墙其实不过是一堵约 50 米长、18 米高的废墙，由 600 块左右的巨石堆砌而成。墙面斑驳，杂草丛生。但这可不是普通的一堵墙，它是犹太人心里永远的痛。

翻开圣经故事，可以触摸到犹太民族的悲情历史：3000 年前，大卫以耶路撒冷为都城，建立了统一的古以色列王国。随后，大卫的儿子——所罗门王开创了历史上的鼎盛时代，这个犹太盛世的标志即为耗费 7 年打造的圣殿（史称"第一圣殿"）。据说这座为供奉摩西十诫和约柜而建的殿堂宏伟壮丽，曾被誉为"上帝的居所"。可惜好景不长。公元前586年,耶路撒冷被巴比伦人攻占,第一圣殿被付之一炬。之后,圣殿被重建,但很快又被罗马人夷为平地,仅存西边的一段护墙(因此哭墙原名西墙)。罗马帝国统治时期,绝大多数犹太人逃离耶路撒冷,由此展开了2000年大流散的血泪史。

经过1967年的一场"六日战争",以色列从约旦手里夺回耶路撒冷,阔别近2000年的哭墙由此重回犹太人的怀抱。收复哭墙后,以色列政府并没有大兴土木重建圣殿,只是拆除了一部分破败街区,为哭墙开拓了一片宽阔的广场。

千百年来,只要获得重归故里的机会,犹太人都会找到这段护墙,在这面象征信仰和苦难的石墙前深情祈祷,哭诉流亡之苦,"哭墙"由此得名。

哭墙前的众生相是最令人难忘的。前来祈祷的犹太人络绎不绝,几乎人手一本犹太经典《妥拉》(Torah,即《圣经》的前五卷书),面对哭墙个个千言万语,一往情深。他们当中有的面壁而立念念有词;有的长跪在地默默哀思;有的正把纸条塞进墙缝;有的干脆搬张椅子正襟危坐,整天沉浸在与上帝的对话中不舍离去。[①]

(四) 恐惧体验

从心理学的角度来讲,恐惧是有机体企图摆脱、逃避某种情景而又无能为力的一种情绪体验。人类的大多数恐惧情绪是后天获得的。恐惧反应的特点是对发生的威胁表现出高度的警觉。恐惧体验产生的主要原因是由于个体缺乏处理可怕情境的能力或对付危险事物的手段。一般而言,除了一些可以让部分有特殊兴趣的旅游者感到恐惧的旅游项目或活动外,旅游者在旅途中很少会体验到恐惧的情绪,因为旅游供给方会为旅游者提供部分与惯常环境类似的体验,将旅游者的危险感知控制在一定的范围内。

同步案例4-8　　　　　　　　日本富士急鬼屋

日本富士急鬼屋以一整栋大楼为鬼屋,鬼屋的外形是个破旧、凄凉、战栗的医院。里面没有规定的路线,而是让旅游者在整个医院里随意行走。设计者在恐怖机关设置方面不遗余力,以吓破你的胆为目标。

超战栗迷宫结合了迷宫、鬼屋的设计,全长700米,背景是废弃闹鬼的医院。从一开始的候诊室的气氛酝酿,到案内说明的电影放映,以及启程前的幽灵写真,十分钟的前置过程处处充满小插曲,足以让你忘记这一切都只是游戏,并且不自觉

---

① 《耶路撒冷的千年哭墙:犹太人心中永远的痛》,载中国新闻网(http://www.chinanews.com/cul/2011/05-30/3077073.shtml)。

地陷入无限恐惧里。

青白色的灯光，提着人头踮脚而行的护士，以及无数关卡中不时闯出的抓人鬼魅，和三选一但命运相同的安排，最后大概没有谁不是凄惨地尖叫着逃出医院。总之，这是一处可以把女同学的手抓到受伤、男同学的手握到汗湿，并且充分发挥盲视、尖叫、急速快跑等潜能的惊险地带。①

（五）畅爽体验

1. 畅爽体验的含义

畅爽体验（flow experience），也可译为流畅体验、沉浸体验或心流体验，是指个体对某一活动或事物表现出浓厚的兴趣，并能推动其完全投入某项活动或事务的情绪体验。这种情绪体验自然而然、源源不断地出现。畅爽体验是一种包括愉快、感兴趣等多种情绪成分的综合体验，与马斯洛提出的高峰体验（peak experience）及普里维特提出的高峰表现（peak performance）相似（Privette，1983），而且这种情绪体验是由活动本身而不是任何其他外在目的引起的。

2. 畅爽体验的特征

处于畅爽状态中的个体几乎都有的 9 个共同特征，分别是"A：技能—挑战平衡""B：明确的目标""C：清晰的反馈""D：个人注意力高度集中""E：感知控制力""F：行动与意识融合""G：失去自我意识""H：时间感的变化""I：自身有目的的体验"（Csikszentmihalyi, Rathunde, Janis, 1993）。其中，A、B、C 是畅爽体验的前因条件，D、E、F 是畅爽体验的具体特征，G、H、I 是畅爽体验的结果（Hoffman, 2000）。因此，畅爽体验本身是一种有益的体验，可以帮助个体实现目标（如赢得比赛）或提高技能（如成为一名更好的国际象棋手）。旅游者的畅爽体验是积极心理学在旅游学中的重要应用领域。

3. 畅爽体验产生的条件

畅爽体验产生的条件有三个。

（1）能力与挑战匹配。具体来说，就是经过努力能够战胜挑战，畅爽才能产生。否则，不胜任或太容易会让人觉得"没劲"。太难则力所不及，无法将活动进行下去；太易则"胜之不武"，既无成就感，身心也不能进入状态。

（2）活动要有结构性特征。就是指一个活动应该具有确定的目标、明确的规

---

① "富士急鬼屋"词条，见"360 百科"（https://baike.so.com/doc/5633813-5846438.html）。

则和相应的评价标准,也就是说,活动要具有可操作性和可评判性。

(3)主体自身特点。有的人不容易产生畅爽情绪,有的人则容易产生。畅爽概念的提出者西卡森特米哈伊(Csikszentmihalyi)将容易产生畅爽的人格称为"自带目的的人格"。这种人把生活看作享受,做事多是因为自我的原因,而不是为了获得其他外在目的。他们对生活充满好奇和兴趣,比较有耐心和坚持性,非自我中心,行为多出于内在动机,并自我奖赏。另外,他们的注意力容易高度集中。

同步案例 4-9   山地滑雪中的畅爽体验

在中国,山地滑雪已成为一项重要的冬季生态旅游活动。从旅游体验视角出发研究生态旅游者的忠诚度,对山地滑雪旅游开发具有重要意义。基于畅爽体验理论,郑群明等(Zheng, et al., 2017)根据对324位在湖南大围山滑雪场有滑雪体验的生态旅游者的问卷调查,研究了畅爽体验、积极情绪与生态旅游者的忠诚度之间的关系。结果揭示了生态旅游者畅爽体验的五个维度:"全神贯注""自我意识丧失""时间扭曲""自成目的的体验""技能—挑战平衡"。其中"时间扭曲""自成目的的体验""技能—挑战平衡"这三个维度对生态旅游者积极情绪有显著的正向影响。"全神贯注""自成目的的体验""技能—挑战平衡"这三个维度对生态旅游者忠诚度有显著的正向影响。积极情绪对生态旅游者的忠诚度有显著的正向影响。因此,发展生态旅游产品应注意营造畅爽体验产生的环境,通过提供人性化服务促进积极情绪的产生并发展体验式旅游活动。

(六)敬畏体验

敬畏体验是个体面对自然奇观、神圣宗教、权力人物、伟大艺术等外部环境刺激时产生的一种包含有困惑、惊叹、畏惧、谦卑等复杂情绪的综合体验。敬畏情绪能导致旅游者感觉与周围环境具有更加强烈的连接,使旅游者产生更加强烈的欲望来延长、记忆和重温他们的旅行体验。敬畏还促使旅游者在旅游中产生行为和态度上的忠诚。

同步案例 4-10   旅游者的敬畏情绪

田野等学者(田野、卢东、Samart, 2015;田野、卢东、吴亭, 2015)对旅游者的敬畏情绪的研究做出了重要贡献。他们从敬畏情绪原型理论及情绪评价理论角度出发,以峨眉山风景区为例,探索旅游者在我国山岳型旅游目的地自然环境与宗教氛围中如何产生敬畏情绪体验,敬畏情绪又如何影响旅游者满意度与旅游者忠诚。他们的研究发现：自然环境和宗教氛围组成的环境因素能够诱发旅游者的敬畏情绪，敬畏情绪作为中介变量在自然环境对旅游者满意度的影响路径中起部分中介作用，在宗教氛围对旅游者满意度的影响路径中起完全中介作用，敬畏情绪体验又通过旅游者满意度的中介，进一步正向影响旅游者忠诚。这一研究初步建立了以"环境评价—情绪体验—满意度—忠诚"为路径的概念模型（图4-3）。

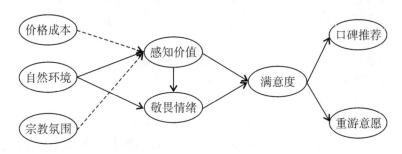

图4-3　情绪体验—满意度—忠诚模型

注：虚线表示路径在 $p = 0.05$ 水平下不显著。

随后，他们的研究进一步发现：旅游中的自然环境和宗教氛围两种因素不同程度地影响旅游者认知层面和情感层面的反应，文化属性和价格成本对产生旅游者感知价值的作用不显著。旅游者在认知方面的感知价值和情感方面的敬畏情绪又进一步影响旅游者的满意度，并通过满意度的中介影响他们的忠诚。研究结果还表明，旅游者在西藏旅游中产生的敬畏情绪来自自然环境和宗教氛围两方面的刺激。自然环境和宗教氛围使旅游者感受到外部的宏大感和自我的渺小感，从而激发旅游者的敬畏情绪。这种敬畏情绪不仅会显著影响满意度，而且也受到感知价值的影响，从而部分中介感知价值与满意度的关系。敬畏情绪作为一种积极情绪，当旅游者感知价值越高时，积极情绪的唤醒水平也越高，从而更能诱发旅游者的敬畏情绪。

三、旅游者的情感类型及情感体验

旅游者情感是旅游者在旅游过程中对客观事物是否满足自己需要而产生的态度体验。在心理学中，情感一般包括道德感、理智感和美感。理智感一般是与人的智力活动相联系的情感体验，而旅游体验中与智力活动相关联的要素较少。因此，本节主要讨论旅游者的美感和道德感。

(一) 旅游者的美感

旅游者的美感是指具有一定审美观念的旅游者对旅游活动中的审美对象（旅游景观、他人以及自己）进行评价时产生的一种肯定、满意、愉悦、爱慕的情感体验。根据审美层次论观点，可以将旅游者的美感划分为以下三个层次：

（1）悦耳悦目。即以视觉、听觉为主的全部感官（包括味觉、嗅觉、触觉和运动觉等）在审美过程中所体验到的愉快感受。这是旅游者最普遍也最容易获得的一种美感。

（2）悦心悦意。即旅游者透过各种感官接触到具有审美价值的审美形象，领悟到审美对象某些较为深刻的意蕴，进入到一种内心的欣喜状态，是一种相对纯然的精神层面的喜悦。

（3）悦志悦神。即旅游者在凝神欣赏审美对象时，竟有知觉、想象、理解和情感等心理功能的交互作用，唤起昂扬向上的精神和意志，激起追求道德超越和完善的动力，是旅游者美感的最高层次。

另外，还需注意的是，美感是旅游者的一种主观态度，易受旅游者自身因素的影响，同时还受审美对象的影响。引起旅游者美感的客观刺激，不仅包括审美对象的感性特征，也包括思想内容。

同步案例 4-11　　　　　　　　　　**文学旅游的审美消费**

文学作品中的剧情、情节总能引发旅游者对原型地的美好想象，例如，《边城》与凤凰古城。文学旅游在浅阅读时代具有非凡的意义。现代阅读方式的变革打破了传统的文学审美模式和获取知识的路径，对我国文学的现代生存提出了挑战。通过文学旅游获取知识并接受审美教育，已成为鲜活的时代话题，具有新的时代意义。姜辽、徐红罡（2017）以《水浒传》故事发祥地——水泊梁山为案例，研究了文学旅游者的审美消费。研究发现：①文学作品作为"前结构"或"前理解"存在，是文学旅游者的一种期待视界，对文学作品的熟识程度决定了文学审美的深度。②文学旅游者的审美消费体现为审美感知、审美想象、审美理解和审美情感的有机融合，其中，前者（审美感知）是后三者的起点，审美感知通过人物、往事、故事环境、小说情节等展开审美想象；审美感知借助景观、人物、环境达到审美理解；审美感知能够激发文学旅游者的审美情感，包含对作品、作者、人物、时事的评价以及自我励志。

(二) 旅游者的道德感

旅游者的道德感是指旅游者运用一定的道德标准评价自身或他人的思想、意图和行为时所产生的一种情感体验。当旅游者的言行与自身道德标准一致时，他们会对自己产生自豪、满意的情感；反之，则会感到不安、内疚、羞愧；当其他旅游者的言行符合个体的道德标准时，个体会对其产生赞赏、尊敬、钦佩等积极情感；反之，则会对其生产厌恶、鄙视、反感、憎恶等消极情感。旅游者的道德感也会受到所处历史背景、社会环境等外界因素的影响，因为道德评判的标准会有差异。

同步案例4-12　　　　　　　　　　目的地不道德事件管理

简和布瑞恩（Jan & Brian，2016）的研究表明，当旅游者在目的地遭遇不道德事件时，其道德感常常趋于负面。不道德事件越严重，目的地机构的责任归属也越严重，旅游者越容易对目的地产生敌对情绪。然后，旅游者可能会决定情感上回避事件或传播负面的口碑。但是，积极的目的地形象在削弱道德感产生的敌对情绪中具有重要作用。此外，选择情感上回避事件的旅游者相较于传播负面口碑的旅游者更可能发生重游行为（图4-4）。

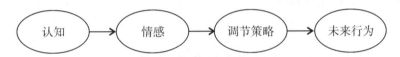

图4-4　旅游者对目的地非道德事件的反应顺序

资料来源：Jan & Brian，2016。

旅游者对目的地非道德事件的反应不是一步到位的，在每个阶段，目的地管理者都能够采取措施减少旅游者因道德感产生的负面情感（图4-5）。

第四节　旅游者情绪情感研究的新方向

情绪情感是人的一种内在心理状态，不易被观察到。但是，随着心理学和高精度仪器的发展，旅游学者可以利用实验仪器对其进行观察与测量，由此萌生出新的研究方法。同时，随着信息技术的发展，心理学者及旅游学者可以更容易获得大量数据，从而实现对更广阔人群的研究，不再局限于少量样本，使得研究更具有普遍性。

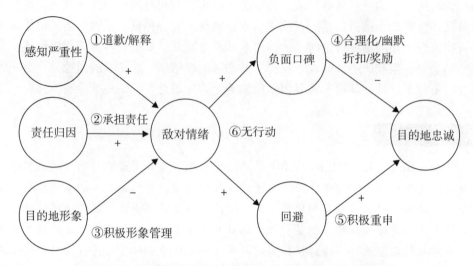

图 4-5 旅游者对目的地不道德事件反应模型及管理策略

资料来源：Jan & Brian, 2016。

一、"自我报告"与心理生理测量法

在过去，研究者完全依赖于情感报告这种测量工具来捕获个人在旅游环境中的情感结果。该方法要求受访者通过回答开放式问题或对评价情绪情感状态的李克特量表的测量项目进行评分来表达他们的情绪情感反应。这类方法统称为"自我报告"的方法。该方法虽然有一定用处，但存在以下问题：容易导致认知偏见；抽取社会可接受答案；受访者可能忘记或未意识到所经历的情绪情感体验。

心理生理测量通过跟踪心理生理指标（如心跳率和面部肌肉运动）来识别反应刺激。与传统的自我报告方法相比，心理生理测量可以持续进行并且不依赖于语言、回忆或干扰信息处理。目前，有五种用于旅游研究的心理生理学测量方法（Li, Scott, Walters, 2015）。

（1）皮电分析。生理唤起导致汗腺激活（参与情绪诱发的出汗），可以通过测量皮肤对电流的电阻或电导来分析情绪情感反应。

（2）心率反应。心率反应是在一段时间内（通常情况下是 1 分钟）测量的心跳次数，是心理生理学中最常用的方法。这是一种可靠的、不受外部干扰影响的测量方式，既可以在实验室环境下进行，也可在非实验室情境下使用。

（3）面部肌肉活动。面部肌肉活动是内在心理活动的重要生理指标。例如，可以通过电极来测量在皮肤上的电子以判断面部肌肉是否收缩。

(4) 眼动分析。眼动分析或眼动追踪通常可用于补充其他的心理生理方法。主体在面部肌肉活动或心率变化时，究竟在看什么特定的刺激物？这对心理生理测量而言十分重要。眼动测量记录受试者暴露在刺激下时眼睛注视的次数和注视时间来精准识别外部刺激。

(5) 血管活动。血管活动测量、记录参与者的血压、脉搏量和血压脉搏率。这些测量高度敏感，一般应用于与恐惧相关的刺激的研究中。

当然，"自我报告"和心理生理测量两类方法也可联合使用。结合最新的自我报告方法与神经认知方法，可以为情绪情感研究提供额外的洞察力（Moyle，Moyle，Bec，2017）。

> **同步练习4-1**
>
> 近年来，随着信息和通信技术（ICT）的不断发展，实时地（real-time）测量旅游者情绪体验的时空差异的研究开始涌现。请结合本节所学的知识，通过检索中文以及（或）英文文献，对旅游者生理情绪、情感进行实时测量的进展（历程、主题、方法）做出回顾。

二、大数据

随着客观世界各领域信息化的不断发展，多元化数据的指数级增长趋势愈加明显，大数据（big data）概念应运而生。它代表着人类认知过程的进步，是继云计算、物联网等技术之后的又一次伟大变革。大数据中有相当一部分源于人类的生产和生活，而传感技术的进步使得理解人类的活动成为可能。人们开始尝试使用计算机技术理解和运用人类社会的自然语言，情感计算应时而生，其相关理论及技术得到不断提升和完善。

旅游是人类的一种生活方式，情感贯穿于旅游活动的始终。在旅游前，旅游者通过搜索目的地信息进行旅游决策、旅游预订；在旅游中，旅游者可以基于地理位置分享即时的情感（积极或消极情感体验）；在旅游后，旅游者会对旅游整个过程进行满意或失望的评述（博客、旅游虚拟社区）。这些基于Web2.0、通过移动互联网进行信息发布的用户创造内容（User-Generated Content，UGC）构成了旅游大数据的主要数据源。在情感计算等技术的支撑下，挖掘旅游大数据所包含的情感成为旅游研究的新方向之一。大数据视角下的情感研究遵循"数据—情感计算—情感分析模型—理论和实践工程"的路径展开。

1. 大数据：旅游情感研究的数据源

在 Web2.0 环境下，搜索引擎、社交媒体、电商平台迅猛发展，非结构化数据、异构内容、个性化内容呈指数级增长，用户创造内容（UGC）成为一种新兴的网络信息资源创作与组织模式，其内容涵盖娱乐、商业、社交、兴趣、舆论等类型。旅游大数据源包括 Facebook（脸谱）、Twitter（推特）、微博、旅游虚拟社区等社交媒体产生的各类的短评和游记，在旅游电商平台（Online Travel Agent, OTA）购物后留下的评论信息等多种类型。这些 UGC 内容中蕴含着丰富的情感信息，为深入挖掘用户情感提供了海量数据。以文本形式呈现的用户创造内容成为情感分析和观点挖掘的重要来源，尤其是 UGC 用户创造的大量主观文本和复杂交互式文本，具有更多的主观能动性、多样性和情感的复杂性。

2. 情感计算：旅游情感研究的推动力

"情感计算"概念的提出对于情感研究来说具有里程碑式的意义。情感计算的目的是赋予计算机识别、理解、表达和适应人的情感的能力，使逻辑计算与感性情感实现有机融合，使计算机具有更高的、全面的智能。通过强大的存储和计算能力，计算机可获取各种设备上的海量情感信号，建立情感数据库，标注情绪并提取反映情感状态的特征，训练识别情感的模型，进而映射外在情感表现，理解并反馈情感状态，进而达到情感交流的目的，即情感信号的获取、情感状态的识别、情感理解和反馈以及情感表达。国内外已有很多关于情感计算的模型和软件，这些都为情感分析提供了有力的工具，推动着基于大数据的情感计算和分析。

3. 情感分析模型：理解情感行为的钥匙

情感分析模型是在情感计算基础上对数据的深层次挖掘。不同领域的专家利用量化的情感数据，根据研究和应用目的，构建领域内的情感分析模型，这些模型包括旅游者情感体验时空分析模型、旅游者情感—满意度分异模型、旅游者情感的影响因素分析模型等。通过这些应用和理论模型的分析，可以揭示旅游者情感体验的规律，分析影响因素，最终理解旅游者的情感行为（李君轶、张妍妍，2017）。

当下，基于大数据的旅游研究主要围绕三类主题开展。第一类是对网络文本进行较为直接的内容分析，从而了解旅游目的地或旅游者的感知特征和用户体验以及它们之间的因果关系。第二类是采用语言学中的文本分析方法结合计算机技术进行数据挖掘，例如，采用自然语言处理工具，对旅游网站中文本数据进行抓取和分析，根据词频统计、相关词聚类，发现网站内容中蕴含的问题。第三类是通过收集特定专属数据，例如，通信数据或电子支付数据等，构建数学模型分析旅游者出行和消费特征。旅游从业者可以通过这些数据挖掘，分析旅游者满意度和预测市场需求，从而改进服务和营销策略。

> **同步练习 4-2**
>
> 尽管旅游学界在情感研究方面取得了初步成果，但旅游者情感研究的深度和广度仍然不足。请结合本节所学知识，通过检索中文以及（或）英文文献，对旅游者情感研究（包含情绪研究）的进展（历程、主题、方法）做出梳理和回顾。

本章小结

1. 态度是个体对某一特定事物、观念或他人的，稳定、持久的，由认知、情感和行为倾向三个成分组成的心理倾向。
2. 作为态度的核心，情感是人对客观事物是否满足自己的需要而产生的态度体验。
3. 态度以及作为态度核心的情感会对旅游者的其他心理行为产生深远影响。
4. 旅游者的情绪体验包括：快乐体验、愤怒体验、悲哀体验、恐惧体验、畅爽体验和敬畏体验。
5. 旅游者的美感是指具有一定审美观念的旅游者对旅游活动中的审美对象进行评价时产生的一种肯定、满意、愉悦、爱慕的情感体验。
6. 旅游者的美感划分为以下三个层次：悦耳悦目、悦心悦意、悦志悦神。

思考题

1. 如何将学习理论和"三阶段理论"运用于分析旅游者态度的形成？
2. 如何将认知失调理论运用于分析旅游者态度的改变？
3. 举例说明如何理解态度是由认知、情感和行为倾向组成的心理状态。
4. 如何理解旅游者情绪体验各类型之间的关系？
5. 分析旅游者的情绪、情感如何影响他们的后续行为。

案例分析题

度假目的地在线营销

不仅是酒店业，在整个旅游行业，尤其是针对家庭出游群体的主题公园、度假区等行业，旅游营销的重要策略之一就是情感迁移（移情）。基本的思路是：让旅游者接触到那些温馨、甜蜜、幸福、快乐的画面，让旅游者将这些画面与自己如果前往那里旅游所能获得的体验的想象结合起来，让旅游者充满期待，提升旅游者的认知水平和喜爱度（情感），产生前往那里旅游的冲动（行为倾向），从而积极的旅游态度得以形成。图4-6展示的是珠海长隆国际海洋度假区中文版官方网站的首页上固定展示的图片。

图4-6 珠海长隆国际海洋度假区中文版官方网站固定展示图片

问题：结合本章有关旅游者态度形成的知识以及移情的发生机制，阐述旅游者移情的发生机制以及这种机制对目的地营销的启示。

第五章　旅游产品购买决策过程

学习目标

1. 了解旅游信息搜索行为的基本特征。
2. 掌握旅游产品决策购买的相关概念和知识。
3. 理解旅游产品的购买决策过程模型并学会反思与改进。

> **引导案例**
>
> **年轻人如何挑选旅行目的地？**
>
> 我们回顾了"好奇心日报"从旅游行业大会、业内公司，到各种各样的年轻旅游者（比如，经历过"间隔年"的年轻人）的报道，也采访了"穷游私人定制"、Hive、"白日梦旅行"这样的新型公司或项目。与此同时，为了知道更多年轻人的看法，"好奇心研究所"针对旅游消费、个人旅游体验、对旅游景点的看法、旅游方式做了多个调查（图5-1）。
>
> 年轻人如何挑选旅行目的地？
>
> （1）并不是中老年人才喜欢度假。在我们的调查中，"做了大半年工作狗，想对自己好一点"超越了"出去看世界"和"说走就走"的情怀，成为年轻人出门旅游的最大动机。
>
> （2）不像"旅行目的地推荐"的推荐更受欢迎，公众号的文章或者"知乎热帖"，只要能把日本的美食、海湾的浪漫、山间民宿的避世其中之一讲得清楚生动，就足以让年轻人动心了。
>
> （3）早就看腻了老套的景点，"鲜为人知"成了当今对旅游景点的最佳封号之一。
>
> （4）找旅游攻略的地方，之前"蚂蜂窝"和"穷游"是主流，现在更喜欢用"知乎"甚至是微信朋友圈，在这样的平台似乎更容易找到"鲜为人知"的景点和靠谱的玩法。
>
> （5）做攻略的时候被信息爆炸困扰，希望有一个针对自己需求一次性解决所有问题的靠谱参考资料。

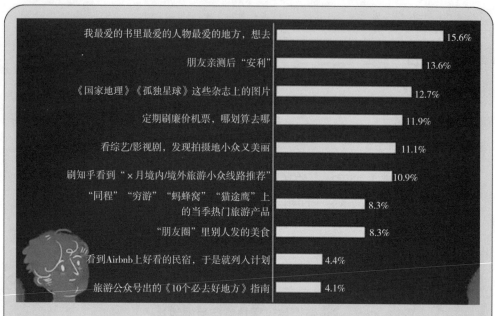

图 5-1 年轻人如何挑选旅游目的地

(6) 这个参考资料曾经可能是 Lonely Planet，而用过一次之后，就会因为旅行信息太过时而惨遭淘汰。

(7) UGC 游记最大的问题是干货太少，"好奇心研究所"曾做过一个"你在找旅行攻略的时候无法忍受什么？"调查，1036 人无法忍受没有干货的旅行心情类 UGC 攻略，393 人无法忍受"你推荐个餐馆，连地址都没有"。

(8) 虽说是在社交网络时代，但决定旅游目的地时，还是会最先考虑自己喜欢的书籍、电影中描绘的地方。

(9) 决定出境游前，很多人可能不会有明确的目的地，已经包装好的产品因为降低了规划成本，会影响旅游者的决定。

(10) 在熟悉一个旅行地点后，第二、三次去更会以兴趣为中心选择旅游目的地，比如，骑行、潜水、滑雪等，因为会对当地最好的潜水地点、滑雪场有所了解。①

请你总结文中提到的年轻人旅游方式的特征，并思考或讨论：作为年轻人的你，是否认同这些特征？你认为这些表述符合你和身边同学的实际情况吗？你所知

---

① 李哲：《关于年轻人现如今的旅游方式，好奇心日报有 56 个发现，比如"被动旅游"》，见"好奇心日报"网站（http://www.qdaily.com/articles/32501.html）。

道的旅游信息来源有哪些？什么样的信息对于年轻人来说更有价值呢？年轻人做旅游决策有什么特征？影响因素有哪些？这些都是了解旅游消费者的购买决策时需要认真思考的问题，也是本章阐述的重点。

第一节 旅游信息搜索行为

一、旅游信息搜索行为概述

旅游信息的搜索贯穿整个旅游活动的始终，是保证旅游质量的关键因素之一。它是一个动态过程，包含从旅游信息需求到选择的全过程，是对各种因素的综合考虑和测评。对旅游产品购买的决策来说，旅游信息搜索有着至关重要的意义，是旅游者进行购买决策的前提。

（一）旅游信息搜索的动机

一般来说，当人们意识到自己的旅游需求时，会设法多方面搜索信息，以了解旅游目的地和产品的情况，为下一步的比较和选择奠定基础。这是人们（潜在旅游者）进行信息搜集的最普遍的动机。但是，人们（潜在旅游者）搜索旅游信息也并非完全为了拟定旅游决策或购买旅游产品，还存在获取知识、休闲娱乐、规避风险等动机，且这些动机可能是相互融合并存的。

（1）功能型动机。通过搜索信息了解旅游目的地及相关产品的情况、解决旅游需求问题、帮助人们（潜在旅游者）进行旅游规划，是人们（潜在旅游者）首要的信息搜索动机。通常需要获取到吃、住、行、游、购、娱等多方面的信息。

（2）求知型动机。一些潜在的旅游消费者搜索旅游目的地及相关产品的信息时，仅仅是出于好奇心或获取知识的目的，以增长见识、积累经验、建立信息库。虽然不是直接为制订旅游规划，但他们也会形成对旅游目的地形象的认知，可能会激发旅游动机。

（3）娱乐型动机。旅游信息的搜索过程，对于部分潜在旅游消费者来说也是愉悦新奇的体验。消遣娱乐可能是他们进行信息搜索的最主要动机。

（4）规避型动机。潜在旅游者进行信息搜索的目的还可能是为了降低旅行决策的风险和不确定性。

（二）旅游信息搜索的内容

不同类型的旅游者在进行信息搜索时的侧重点有所不同，但一般最为看重的信息通常是旅游目的地概况、景点和旅游活动介绍、餐饮和住宿的可选类别与条件、交通信息、旅游消费等。对于自助旅游者而言,对旅游地图、旅游路线、天气预报、天气情况、特色餐饮等的需求也较高。总体而言,从现有研究可以发现,国内旅游者对于"吃、住、行、游"四要素相关信息的关注度普遍高于"购、娱"方面的信息。这与旅游消费者的旅游动机、消费习惯是息息相关的。

在互联网时代下,交互性信息在旅游信息搜索中发挥的作用日益明显,越来越多的旅游消费者在进行信息搜索时,首先从旅游攻略、旅游者日志和点评中获取信息,并以之为参考制订自己的旅游计划。由此,以往旅游者的点评或评论信息成为旅游者决定是否购买某旅游产品的重要参考依据。

此外,旅游消费者对不同类型的旅游目的地所侧重的搜索内容可能不一样。例如,对大型城市、远距离目的地,以综合信息搜寻为主,而对中小城市、近距离目的地则可能更多是针对特定景区、吸引物的搜索。

同步案例5-1　　　　　　　　在线评论如何影响餐馆选择?

随着互联网与电子商务在旅游消费各个领域的渗透,在线评论已经成为众多消费者购买决策的主要信息来源和参考。尤其是在选择餐馆方面,在线评论的影响越来越大。那么,在线评论是如何影响消费者的餐馆选择的呢?朴尚元和尼古拉(Park & Nicolau,2015)对伦敦和纽约的45家餐厅的5090条在线评论的研究表明:人们认为,在帮助决策方面,极端的评论(正面的或负面的)比起中等的评论更有用。因此,人们对评论有效性的感知与实际的在线评论之间形成了一个倒U型的结构。再具体点说,负面的评价比正面的评价更有用。

(三) 旅游信息的来源及影响因素

1. 内部信息和外部信息

旅游消费者搜索信息的来源主要包括两方面:内部信息和外部信息。内部信息指的是激活记忆里储存的知识,可能是从过去对某景区(景点)的信息搜寻或个人经历中主动获得的,也可能是先前通过低度介入的学习方式被动获取的;外部信息包括主动从亲朋好友等周围人群获取的个人经历的信息,也可能是来自政府或消费者群体发布的中立信息,或来自广告、旅行社等的营销信息。同样,外部信息也可能是被动获取的(图5-2)。

2. 旅游信息搜索的影响因素

从旅游消费者角度看,影响内部信息的信息记忆的因素主要有:①记忆的线

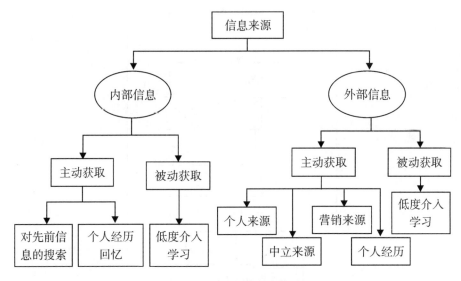

图5-2 旅游者搜索信息的来源

索。这与获得信息的情境有关，特别是当消费者获得信息时所形成的心情与提取信息时的心情类似的时候，就容易获取其信息。②刺激的熟悉感。一般情况下，对某刺激越熟悉，就越容易回忆起来。③刺激的突出性。这与引起消费者注意的程度相关，辨别度高的信息更容易形成长时间的记忆。④信息的视觉性。一般来说，视觉性刺激比语言性刺激更容易被记忆和提取。

外部信息的搜索一般是在内部信息搜索完成之后进行的（图5-3）。影响旅游消费者外部信息搜索的因素主要有：①市场环境。能利用的备选方案数量越多，旅游消费者就会搜索更多的信息。②旅游产品的特性。包括价格、距离、可感知风险、产品的丰富性等。一般情况下，旅游产品价格越高、旅游目的地距离越远、旅游者感知到的风险越大，就越会搜索更多的信息。③情境因素。包括时间、空间、利用信息来源的可能性以及其他临时性的一些情况。比如，若是需要在较短时间内解决问题，旅游消费者会来不及搜索更多的信息。④个人因素。主要包括旅游者个人过去的经验和知识、解决问题的风格、搜索信息的方法、参与程度以及性别、文化背景、收入水平等。⑤信息来源的渠道。目前，主流的旅游信息搜索渠道是互联网平台。尤其是社交媒体的应用使得旅游信息呈现丰富性、交互性、即时性的特征，对旅游消费者的信息搜索行为产生了很大的影响。

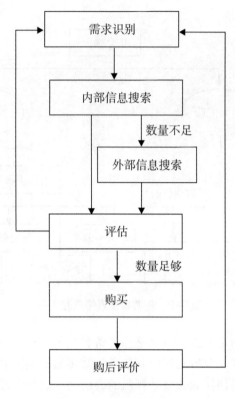

图 5-3　购前信息搜索模型

二、旅游信息搜索行为的特征

（一）行为特征

一般而言，旅游消费者在旅游前的信息搜索尤为重要，直接决定了其是否出游、选择哪个旅游目的地及购买怎样的旅游产品。因此，旅游者往往会在出游前进行大量的、集中式的信息搜索。所以，一般认为，旅游消费者的信息搜集主要分为三个阶段：收集信息、制订计划、旅行预订。事实上，不同于一般的商品购买决策，由于旅游决策行为贯穿旅游开始前到旅游结束后的整个过程，旅游信息的搜索也贯穿整个旅游活动的始终。

不同类型旅游消费者的信息搜索行为呈现出不同的特征。例如，研究发现，男性在处理信息时逻辑性更强，且相对理智，而女性较为主观，往往凭直觉。她们在处理信息的过程中可能会产生较多的联想和意象诠释。女性在言语沟通和阅读方面的能力强于男性。因此，她们更容易被说服。男性和女性消费者在信息搜索行为偏好上有很大的区别。男性热衷于具体的、客观的线索，例如，物体的形式和属性；女性则对外界环境变化更加敏感，倾向于经验性的、体验性的信息，且在做出决定之前，一般会尽可能详尽地分析从各种渠道获取的信息。在跨文化研究中，有学者发现（Chen，2000）：韩国和日本同属高语境文化社会，因此偏爱隐晦和间接的旅游信息；澳大利亚则是一个低语境文化社会，偏爱图片、符号等信息表现方式。

互联网已成为旅游信息搜索的一个最重要的渠道。在进行网络信息搜索时，旅游消费者的行为也呈现出一些特征，最明显的是基于关键词检索进行信息的搜索、注重旅游攻略和旅游点评（评论信息）。随着智能手机的普及，旅游信息的搜索也越来越多地在各类手机应用（App）上实现。相应地，旅游者在进行信息搜索时也呈现时间和地点的分散性特征。

（二）行为模式

旅游消费者的信息搜集行为呈现出多样性的特征，且随着技术的变迁及消费习惯的变化而改变。尽管如此，仍存在一些普遍性的模式，值得我们探讨。福德尼斯和莫瑞（Fodness & Murray，1999）尝试性地构建了一个旅游者信息搜索过程模型（图5-4）并认为，旅游者进行信息搜集的策略与搜索的偶然性、旅游者的个体特征和搜索行为的结果是相关的。因此，旅游信息搜索是一个复杂的过程。

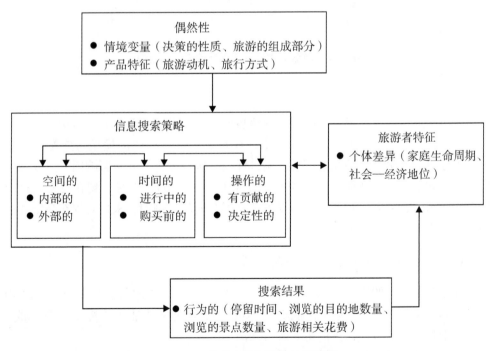

图5-4　旅游者信息搜索过程模型

资料来源：Fodness & Murray，1999。

古索伊和麦克利里（Gursoy & Mccleary, 2004）通过研究建立了旅游消费者信息搜索的理论模型（图 5-5）。该模型是建立在旅游消费者的心理动机、经济因素和信息搜索方式上的综合体。他们指出，旅游消费者在信息搜索时可能会使用到内部和外部的信息。信息搜索直接受内部和外部成本以及参与搜索的程度的影响。此外，亲朋好友和专家的意见、自身的学习和先前的经验都会直接影响到信息搜索行为。

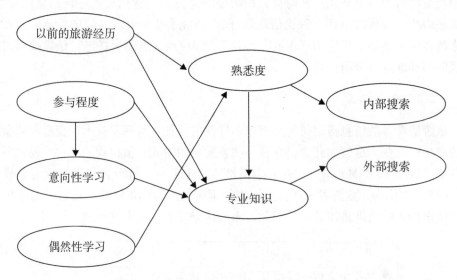

图 5-5　旅游者信息搜索影响因素互动模型

资料来源：Gursoy & Mccleary, 2004。

如前所述，旅游消费者在旅游前的信息搜索尤为重要。有研究专门探讨了这个阶段的旅游者的行为特征。例如，海德（Hyde, 2008）构建的模型将旅游前的信息搜集分成三个阶段，即收集信息、制订计划、旅行预订，并将影响因素分成两个部分，即旅游度假的特征和旅游者本身的特征（图 5-6）。但是，现在看来，这个模型所展示的影响因素和信息搜索渠道都是不全面的，例如，未包含现在最重要的旅游信息来源——互联网。

（三）信息技术发展下的旅游信息搜索

随着信息技术的发展，旅游网站成为传播旅游信息资源的重要渠道（具体内容参见同步案例 5-2）。网络旅游信息具有搜寻成本低、传播快的特点，是大部分潜在旅游者出行前搜寻信息的主要参考来源。

网络旅游信息还具有多样化的呈现方式，基于文本的、图像的、声音的信息的

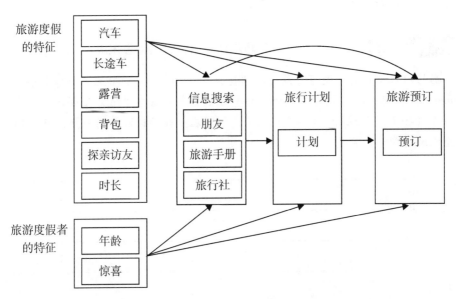

图5-6　旅游者信息搜索影响因素互动模型

资料来源：Hyde，2008。

结合，使得旅游信息呈现丰富化、直观化的特征。尤其是自虚拟现实技术诞生以来，旅游消费者在出游前就能如同身临其境地"体验"一番，对他们决定是否购买旅游产品的决策有着重要的影响。

旅游者基于网络进行消费行为与决策的交流，利用社交媒体进行评价、交流的方式被称为网络口碑传播。网络口碑对旅游产品购买决策起到了重要的影响。这在社交媒体方面体现得尤为明显。在互联网的信息交互中，往往还会有"关键意见领袖"（Key Opinion Leader，KOL）。他们主导着网络社区中信息的传播和接受。所以，旅游消费者在进行网络信息搜索时，也可能被旅游网站的营销和网络参照群体刺激而产生旅游需求。

但是，互联网一方面在提供丰富的流通信息，另一方面也造成网络信息的无序性。结果是这种无序的"海量"信息往往超过了人们的信息处理能力，造成旅游者的困境和焦虑，带来信息超载。信息超载也是消费者做出"什么也不做"决策的其中一个原因。旅游消费者可能会困惑，从而放弃购买、延期购买、寻找更多信息或者让其他人代买。消费者困惑被定义为"消费者无法在信息获取过程中对产品或服务的各个方面做出正确的评价"。对于旅游购买决策来说，由于旅游产品的无形性、异地性、多形态、高消费等特征，信息超载更加容易使旅游者陷入困惑状态。因此，根据旅游消费者信息搜索行为的特征，有序地进行旅游信息的发布、管理对于旅游目的地营销来说也很重要。

同步案例5-2　　　　　马尔代夫旅游者的信息来源

据马尔代夫旅游部发布的最新的调查报告（Maldives Visitors Survey Report September 2017）显示（图5-7），65%的受访旅游者的信息渠道是互联网，其次是口碑推荐（46%）和旅行代理（26%）。这说明在如今的国际旅游市场，互联网已经成为旅游消费者最主要的信息渠道。

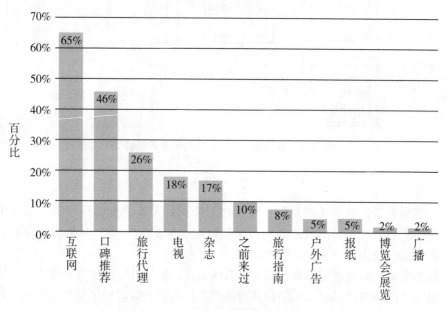

图5-7　马尔代夫旅游者的信息来源

报告还显示，几乎所有国家的受访者都表示，了解马尔代夫主要的信息渠道是互联网。其中，法国（75%）、中东（74%）、日本（74%）、美国（70%）、德国（67%）五个国家（地区）的旅游者使用互联网来了解马尔代夫的比例最高。作为马尔代夫过去5年（2012—2016）的第一大客源市场，中国（含大陆、台湾、香港和澳门）旅游者中，有63%选择互联网作为了解马尔代夫的信息渠道。①

---

① Ministry of Tourism（Maldives）. Maldives Visitors Survey Report September 2017. http://www.tourism.gov.mv/packages/maldives-visitors-survey-september-2017/.

第五章 旅游产品购买决策过程

> **同步练习5-1**
>
> 结合案例和本章有关旅游信息搜索的内容，开展如下调查工作：
> 问题1：以某个海滨（山地、滑雪度假区）为例，调查受访者的主要信息来源。
> 问题2：针对你所在的年级（学院、大学），调查大学生出游信息搜索渠道及可能的影响因素。

第二节 旅游产品的购买决策过程模型

一、旅游产品的购买决策概述

旅游产品购买决策是指个人根据自己的旅游目的，收集和加工有关的旅游信息，提出并选择旅游方案或旅游计划，并最终把选定的旅游方案或旅游计划付诸实施的过程。这一过程可以简要地表达为如图5-8所示。

可见，最终购买一项旅游产品是一个复杂过程的结果。旅游者在进行旅游产品购买决策时，关键是要回答两个问题：一是要不要去旅游，二是到哪儿去、如何去及何时去。这包含需要考虑的各个方面的内容，如图5-9所示。

（一）旅游产品购买决策的影响因素

希摩尔（Schmoll, 1977）提出了一个旅游决策过程模型。模型主要展示影响旅游产品购买决策的相关因素及其关系。希摩尔将影响旅游者购买决策的因素分为四个方面，如图5-10所示。

梅奥和贾维斯（Mayo & Javis, 1981）认为，了解旅游者如何做决策，需要洞察影响他们决策的相关的个人、社会和心理因素。一般而言，可以将这些因素分为内部因素和外部因素。图5-11阐释了位于中心位置的决策者所受到的内、外部因素的双重影响。影响旅游者决策行为的内部心理因素包括感知、学习、个性、动机和态度。通过感知过程，个体会对各种信息做出选择、组织和解释，从而形成有意识的映象；学习是建立在经历基础之上的个体行为的改变；个性则与行为模式和心理结构相关，而心理结构将行为和经历有序地联系起来；动机是促使个人为实现个人目标而采取行动的内部驱动力；态度包括对某一客体、事件或他人的认识以及肯

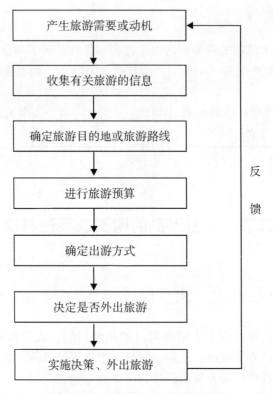

图5-8　旅游产品购买决策的过程

- 哪一个目的地（包括国家、地区、旅游度假胜地）
- 选用何种旅行方式（定期航线、包租航线、渡船、火车、长途汽车、公交车、自驾车、自行车、徒步）
- 何种住宿设施（提供服务的或不提供服务的）
- 度假所需时间（天或星期）
- 在一年当中的什么时间度假（季节、月份、具体的日期）
- 购买包价产品还是单项产品
- 选择哪一个旅游经营商（如果是购买包价产品的话）

图5-9　旅游产品购买决策需要考虑的问题举例

定的或否定的情感。相关的社会影响因素则归纳为角色和家庭、参照群体、社会阶层、文化和亚文化四个方面。

梅奥和贾维斯的模型将旅游决策的影响因素进行了非常概括性的分类，但还忽略了一些相当重要的因素：内部因素方面，例如，旅游者的身体状况、可支配收入

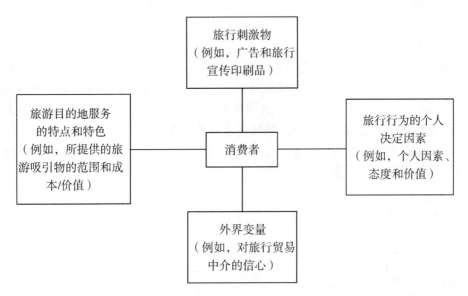

图 5–10 旅游决策过程模型

资料来源：Schmoll，1977。

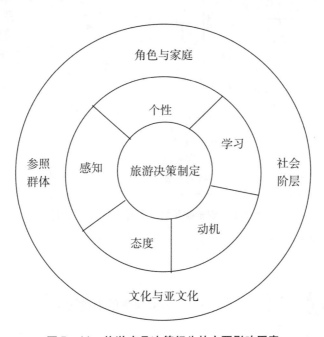

图 5–11 旅游产品决策行为的主要影响因素

资料来源：Mayo & Javis，1981。

情况、闲暇时间等；外部因素方面，例如，政治因素、旅游产品的特征、旅游市场行为等。

米德尔顿（Middleton）在1988年提出的旅游者购买行为模型，即"刺激—反应"模型（图5-12），则结合旅游者特征和决策过程的各个阶段，描述了各影响因素的交互作用：前两个部分为输入因子，它们中的大部分都能被市场控制；而最后一部分则代表着购买行为输出，意识到在购买过程中，朋友与参照群体的重要性；将动机视为购买行为中弥合了感知需求和购买决策之间差距的动态过程，强调购买行动直接与动机相关联，并反过来与购买者的特征相联系；将产品满意看作是影响未来购买行为的最强有力的手段。

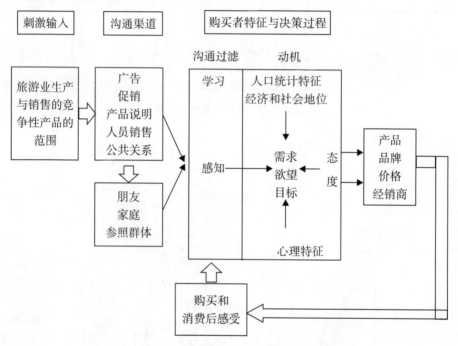

图5-12 旅游购买的"刺激—反应"模型

资料来源：Middleton，2001。

知识链接5-1　　　　　　　　参会决策的影响因素

会奖行业（Meetings, Incentives, Conferencing/Conventions, Exhibitions/Exposition/Event, MICE）是近年来迅速增长的服务行业，与旅游业存在很多的交集。那么，是什么因素决定了人们是否参加展会呢？如果决定参加展会，是什么因素决定了人们参加某些会议，而不参加其他会议呢？为此，我们需要有测量的工具（量表）来测量人们参会的影响因素。柳正恩和田桂成（Yoo & Chon，2008）开发并验证了一份参会决策影响因素的量表，包含以下五个维度（及其测量题项）。

（1）目的地吸引力（destination stimuli）。这一维度包含了以下3个测量题项：参访会议举办地的机会、会议举办地的其他参访机会、会议举办地的形象吸引力。

（2）专业及社交网络机会（professional and social networking opportunities）。这一维度包含了以下4个测量题项：见到我所在领域的熟人、与同事及朋友的私人交流、职业网络的拓展、参与专业协会。

（3）教育机会（educational opportunities）。这一维度包含了以下4个测量题项：密切关注我所在行业的变化、聆听资深人士的讲话、会议主题、实现我学习的愿望。

（4）安全与健康条件（safety and health situation）。这一维度包含了以下3个测量题项：会议举办地的安全状况、会议举办地的卫生标准、我自身适宜出行的健康状况。

（5）出行可达性（travelability）。这一维度包含了以下3个测量题项：去到会议举办地所需时间、参加会议的总花费、我个人的财务状况。

> **同步练习 5-2**
>
> 结合本章有关旅游产品购买决策的影响因素的内容（图5-10、图5-11、图5-12），回答如下问题：
> 问题1：哪个理论模型最适合解释参会决策的影响因素？
> 问题2：个体参会决策的影响因素与个体出游决策（旅游产品购买决策）的影响因素有何异同？

（二）旅游产品购买决策的特点

1. 复杂性

由前一部分内容可看出，影响旅游者进行产品购买决策的因素非常复杂，既包括个人因素，也包括环境、产品、营销等多方面的因素。而且，这些因素是会相互影响的，也会随着时间、地点、环境的变化而发生改变。并且，旅游者的购买决策实际上是一系列决策的总和，包含了从旅游开始前到购后评价结束的整个过程。其间任何一个环节出错，例如，在制订旅游计划时团队成员出现意见分歧，都可能导致购买决策的提前终止。所以，旅游者的购买决策是一个非常复杂的过程。

2. 情境性

如前所述，影响旅游消费者决策的因素是复杂的，并且不是一成不变的，而是随着时间、地点、环境的变化而不断变化的。因此，旅游消费者的购买决策必然带有明显的情境性特点。旅游消费者的购买决策的内容、时间、地点、方式随情境的不断变化而每每相异。这也决定了旅游消费者在进行不同的购买决策时，不会从固定的模式出发，而是视具体情况具体分析。

3. 偶发性

与复杂性一脉相承的是，旅游消费者的购买决策实际上并不一定是连续的。这是由于旅游产品以及旅游消费本身的异地性造成的。旅游产品购买决策的情境性特点也使得旅游者在实施既定的方案时，可能会出现难以避免的情况，从而难以严格执行之前的方案，而不得不做出动态的调整。这就是我们常说的"计划赶不上变化快"。而这个动态调整的过程可能又是一个小的决策过程。此外，由于旅游者在目的地的体验和消费容易受到诸多外部因素的干扰，从而可能影响旅游体验质量和满意度，进而影响他们的忠诚度以及后续购买行为的决策。

二、旅游产品的购买决策过程模型

（一）旅游产品购买决策过程的经典模型

消费者购买行为是指消费者为满足自身需要而发生的购买和使用商品或劳务的活动，是人类社会中最普遍的一种活动。它广泛存在于社会生活的各个空间、时间，成为人类行为系统中不可分割的重要组成部分。有关购买行为的消费行为理论也较早开始受到研究者的关注。大约在20世纪30年代到40年代末期就开始出现了商业调查，到20世纪60年代则出现了消费者行为学的教材。但是，早期的消费者行为研究主要集中在制造业，随后才是一般意义的服务业，直到20世纪70年代才开始出现旅游者购买决策模型。

瓦哈、克朗普顿和罗斯菲尔德（Wahab, Crompton, Rothfield, 1976）提出的旅游者购买决策过程模型是最早描述旅游者购买决策过程的模型之一（图5-13）。这个模型将旅游者的购买行为看作是一个经过有意识的计划和理性思考的活动。并且，他们似乎将决策过程看成一个直线的过程，在决策制定时，各因素之间没有任何分别，也没有相互关系。

由马西森和沃尔（Mathieson & Wall, 1982）提出的旅游者决策制定过程模型

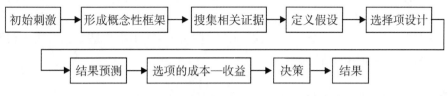

图 5-13 旅游者购买决策过程模型

资料来源：Wahab，Crompton，Rothfield，1976。

则把购买过程分成了五个阶段（图5-14）：①旅游需求与欲望的感知阶段；②信息的搜寻与评估阶段；③旅游决策阶段（比较可选方案）；④旅游准备和旅游体验阶段；⑤对旅游结果的满意度及评估阶段。不同于瓦哈等（Wahab，Crompton，Rothfield，1976）的直线模型，马西森和沃尔的模型展现了所列的影响因素及它们之间的相互关系会影响到决策的每一个阶段，认识到旅游购买决策会随旅游者特征及其认知、旅行特征和目的地资源与特征的改变而不断变化的动态性。

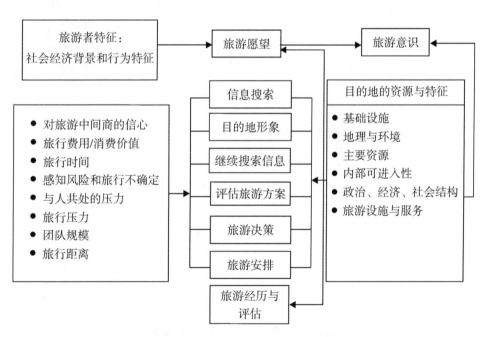

图 5-14 旅游者决策制定过程模型

资料来源：Mathieson & Wall，1982。

莫提荷（Moutinho，1987）提出的度假旅游者行为模型则认为，旅游者的购买决策过程有三个阶段，分别为：购买决策前和决策过程阶段、购后评价阶段以及未来决策制定阶段。并且，莫提荷模型（图5-15）中，最后一个阶段结束后会返回到第一阶段，从而形成一个循环。这一模型还提出，购买决策是动机、认知和学习这三个因素共同作用的结果。

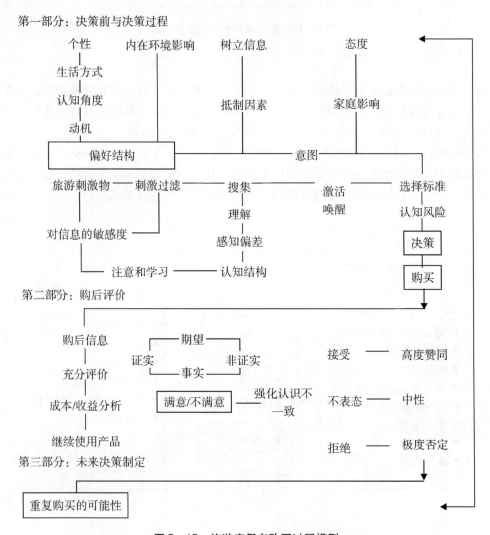

图5-15 旅游度假者购买过程模型

资料来源：Moutinho，1987。

如图5-15所示，莫提荷模型的第一部分涉及从旅游刺激到购买决策的全过程。莫提荷把决策过程看作是一系列的决策冲突。这些决策建立在感知形象、旅游目的地促销信息、以前经历、潜在目的地形象、旅游中间商的建议或社会影响的基础上。

第二部分为购后评价。购后评价有三个主要目的：第一，它丰富旅游者的经历。第二，它提供对市场相关决策的检验机会。第三，它提供反馈，为调整未来购买行为打下基础。

第三部分主要通过分析不同的重复购买行为来研究旅游者的后续行为。在模型中列入购后评价和未来决策制定是莫提荷对全球旅游行为分析的尝试与贡献。米德尔顿（Middleton）在1988年提出的"刺激—反应"模型（图5-12），便将购后行为与决策过程建立了联系，也是一个经典的旅游产品购买决策过程模型。

以上内容讨论了旅游产品购买决策过程的一些经典模型。这些模型具有较高的创新性、实践性和参考性，为理解旅游者购买决策行为提供了很好的理论基础，但也或多或少地存在一些局限性：①这些理论模型将旅游者的决策看作是理性的逻辑推理过程。但现实中，许多旅游者的购买决策只是部分理性或者是感性的。②总体上而言，这些理论模型缺少实证研究结果的支持。很少有证据表明这些模型能真正代表现实中旅游者的购买决策模式。③这些理论模型将旅游者看作是没有差异的同质性群体。实际情况是，不仅旅游者自身存在很大不同，而且分属不同细分市场的旅游者的购买决策过程也会受到诸多不同因素的影响。④这些理论模型忽略了旅游产品的独特性以及旅游购买决策过程的复杂性，导致模型解释现实的价值有限。⑤这些理论模型多是描述旅游者决策过程，而未能解释旅游者为什么会做出某些特定决策。⑥这些理论模型的可操作性较低。在现实中，旅游营销人员难以使用它们来设计、开发相应的营销策略。

（二）旅游产品购买决策过程模型的反思与改进

1. 后续的旅游产品购买决策过程模型

如前文所述，旅游产品购买决策过程的经典模型具有一些局限性。后来的研究中出现了一些针对购买决策的某个具体过程（如旅游目的地的选择过程）的模型，或重点探究某些变量对旅游产品购买决策的影响。这些研究能为解释旅游决策的过程及原因、解答旅游营销工作人员的困惑提供一些新的思路。

旅游目的地的选择是旅游者在购买决策过程中最为核心的环节。关于旅游目的地的选择过程也形成了一些经典的理论模型。伍德赛德和莱松斯基（Woodside & Lysonski，1989）提出了一个旅游者目的地选择模型。这个模型的建立是基于心理学对旅游者目的地认知进行的分类，被视为是有关旅游者目的地决策研究的一大创举（图5-16）。模型的几个核心概念分别为：①情感联系，指的是旅游者与某一特定目的地相关联的特殊情感；②旅游者目的地偏好，受到对目的地意识的层次分类和情感联系的共同影响,最终得出的一个目的地的排序;③旅游意向,指在特定时间对某一特定目的地进行观光游览的感知喜好;④情景变量,在某一特定的时间和地点所存在的对当前行为产生影响的所有因素,包括物质环境、社会环境、时间视角、任务因素、先前状态等。

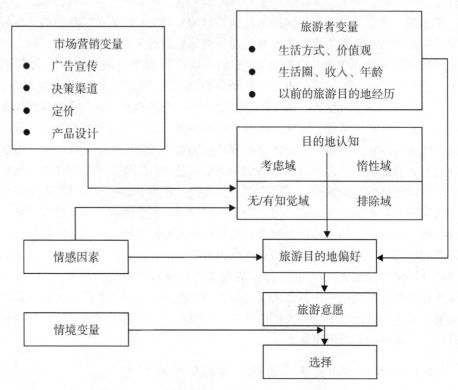

图 5-16 旅游者对目的地的认知与选择综合模型

资料来源:Woodside & Lysonski,1989。

厄姆和克朗普顿(Um & Crompton,1991)提出的休闲旅游目的地的选择过程模型,则检验了态度在休闲旅游目的地选择过程中的作用(图 5-17)。这个模型认为,影响旅游者进行目的地的选择的变量主要有三个,即外部因素、内部因素和认知构成,并将决策过程分为五个阶段,分别为:①通过被动地获取信息或偶然的学习形成对目的地属性的认同;②在做出一般的旅游、度假决定之后,对目的地的选择过程正式开始(包括对环境制约因素的考虑);③从简单地产生对目的地的意识向旅游动机被激发进而积极主动地选择目的地逐步推进;④通过主动的信息搜索,进而形成对令人产生欲望的目的地属性的信任;⑤从令人产生欲望的目的地中挑选一个特定的目的地。

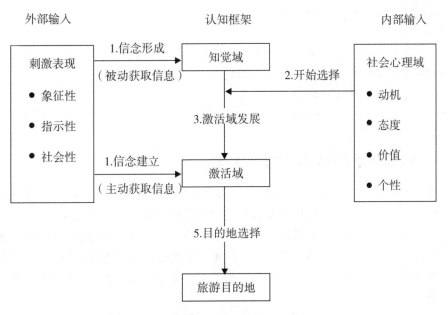

图5-17 休闲旅游目的地的选择过程模型

资料来源：Um & Crompton, 1991。

知识链接5-2　　厄姆和克朗普顿模型的后续发展与应用

抽象的理论模型，有时候为了追求简约而往往忽视了一些细微的要素。之前发展出的理论，可能仅适用于当时的具体场域。因此，人们经常关注理论及模型在实际应用中的效果。当然，在后续研究中，任何理论都需要结合具体的情境来进行修正，以便更好地解释旅游消费者行为的变化。Um & Crompton 模型的提出是基于两位研究者，尤其是克朗普顿教授多年来的研究（Crompton, 1977；1979）。从现有的研究成果来看，Um & Crompton 模型在后续的研究中得到了较为广泛的运用和修正（Crompton, 1992；Crompton & Ankomah, 1993），也验证了其在实证研究和营销实践中的有效性。例如，一项针对邮轮乘客的研究（Petrick, Li, Park, 2007）就广泛地运用了上述相关成果，并进行了细微修正，使之更好地用于探索邮轮乘客的决策过程。

> **课堂讨论 5-1**
>
> 问题：结合上文有关旅游产品购买决策过程模型的论述，讨论厄姆和克朗普顿模型与伍德赛德和莱松斯基模型的异同。
>
> 讨论要点：见本书附录。

2. 家庭旅游者的产品购买决策行为特征

消费者行为研究发端于西方世界，其研究主要强调"个体"在消费决策中的功能与作用。这种研究视角将消费者视为"问题解决者"和"体验者"，自我概念与建立在其上的个体生活方式及影响因素成为研究消费者行为的重点和主线。旅游产品购买决策的研究，主要侧重于个人决策，对群体决策的过程及行为特征关注较少。近年来，则出现较多对于家庭旅游消费者（包括夫妻/情侣、亲子）购买决策的研究。

家庭是构成人类社会的最基本的单元，也是最基本的首属群体。家庭旅游市场已发展成为世界旅游业的一个重要细分市场。家庭旅游不只涉及简单的购买选择，它不仅存在明确的目的性，而且直接产生特有的外部溢出效应，例如，培养孩子健康的生活方式和道德观念、增进并强化家庭成员的交流、促使家庭成员产生群体意识并增加家庭凝聚力等。在旅游产品购买决策中，家庭因素包括家庭的环境条件、家庭成员的文化背景、经济条件、教育方式等，都在影响着人们的消费观念和行为方式。所以，家庭与个人旅游产品购买决策行为有着一些不同的特征。

在以往研究基础上，四位韩国学者（Jang, Lee, Lee, Hong, 2007）提出了家庭与个体旅游目的地选择对比模型（图 5-18）。在该模型中，个体的旅游目的地选择只需要经过前期和后期两个阶段的考虑集，其决策影响主要来自个体对旅游目的地"推—拉"因素强度的对比及情境抑制因素的评估。相对而言，家庭旅游决策需要经过夫妻各自的前期考虑集、前期考虑集的融合修正、后期考虑集三个阶段。其中，"夫妻间讨论"是夫妻各自前期旅游目的地选择集得以相互妥协的重要因素。

> **知识链接 5-3**　　　　　　　**度假决策：配偶的角色**
>
> 科扎克（Kozak, 2010）针对土耳其家庭出游决策的研究表明：①不管是耐用品（如汽车、家具）还是非耐用品（如度假、外出就餐），配偶的意见很重要且妥协（compromise）是最常用的战术。②劝说（persuasion）是第二大强有力的战术。

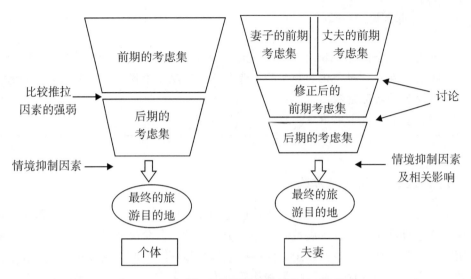

图5-18 家庭与个体旅游目的地选择对比模型

资料来源：Jang, et al., 2007。

③妥协与消费者（旅游者）对产品的满意度和推荐意向正向相关。在科扎克（Kozak, 2010）的问卷调查中，配偶所使用的其他战术还包括：讨价还价（bargaining）、强制（coercion）、威胁（intimidation）、牺牲（sacrifice）、给对方优先权（giving priority to the other）、卖家的推荐（recommendation by sellers）、亲朋好友的推荐（recommendation by friends/relatives）、小孩的介入（involvement of children）。

不同的家庭形态也会影响旅游产品购买决策模式。在现代社会，典型的家庭形态有三类：①核心式家庭，包括夫妻和未婚的子女。家庭旅游购买决策可以由夫妻共同做出，也可以由夫妻中的一方做出，还可以是孩子起主导作用的决策、包括孩子在内的家庭共同决策，或旅游目的地和住宿选择、花费预算等不同的子决策由不同的成员主导。这是随着社会发展而呈现出的家庭决策多样化特征。②延续式家庭，包括夫妻、子女及其祖父母或外祖父母。家庭旅游购买决策不仅要考虑孩子的需要，还要考虑到老人的各种需要。因此，消费决策较难做出，或方案选择的范围较小。③其他形态的家庭，包括"丁克"家庭、单亲家庭、未婚独身家庭、离异无子女的家庭等。这些形态的家庭的旅游消费模式各异。其中，"丁克"家庭可能更具备外出旅游的条件，旅游消费的模式比较新潮，比较容易做出旅游购买决策。

> **课堂讨论 5-2**
>
> 问题：结合图 5-18 所示的家庭旅游目的地选择模型，讨论在中国现阶段，尤其是在人口老年化和独生子女背景下，家庭生命周期如何影响家庭旅游目的地决策的实际过程。
>
> 讨论要点：见本书附录。

3. 对理论模型的反思和改进

前文介绍了一些旅游产品购买决策过程的经典模型。这些模型的基本假定是认为旅游者是理性主导的，其决策制定是一个连续的、分阶段的过程。尤其是古典的购买者行为理论认为，决策制定是由一些连续的步骤组成的。它包括认知需要、信息搜寻、备选产品评估、购买决策和购后行为等。事实上，由于旅游产品购买决策具有复杂性、偶发性和情境性的特征，在旅游者的实际购买决策过程中，可能出现多种与决策过程模型不符的情况。

从不同类型的旅游者来看，可能存在：①无计划型旅游者。他们可能本就渴望旅途的灵活性和多变性，将旅游前的认知思考和计划减到最少，旅游决策的过程只是简单的"说走就走"。②追求完美型旅游者。他们将预期的计划和环境与直接的旅游行为结合起来，在考虑旅游方案、旅游目的地和旅游活动时，希望做不同的对比和尝试，并且随时愿意接受新的信息、修改旅游计划。③不情愿型旅游者。指那些由于工作和家庭需要而出游的旅游者，旅游目的地和旅游活动等可能已由其他成员决定，他们只参与到了决策过程中的一部分。④有选择性的旅游者。他们计划对目的地进行长期停留的体验式考察，他们的信息收集更侧重于目的地的历史、文化、生活方式等，旅游决策以寻求真实体验为中心。

从旅游市场和产品的特征来看，可能出现以下旅游产品购买决策的情况：①旅游市场的促销行为。例如，当旅游产品的打折力度足够低时，会吸引旅游者做出"最后一分钟购买"决策，短暂回避其他的决定因素。②定制型旅游产品的推出。例如，为满足身体行动不便的旅游者所打造的旅游产品，有些人可以几乎不用考虑便做出决策。③不可预见情况发生。例如，某种旅游吸引物的刺激使得在旅游者决策过程中情感因素起决定作用。

可见，在现实中，旅游产品的购买决策具有多样、多变的情况。我们对理论模型展开学习、理解的同时，也要对它们进行反思和批判，并结合现实情况来分析旅游产品的购买决策行为，改进购买决策过程的理论模型。

本章小结

1. 旅游信息的搜索贯穿整个旅游活动的始终，包含从旅游信息需求到选择的全过程，是对各种因素的综合考虑和测评。
2. 旅游信息搜索的来源可分内部和外部信息，包含多种渠道。随着信息技术的发展，旅游消费者的信息搜索行为也呈现出新的特征。
3. 旅游产品购买决策同样贯穿整个旅游活动的始终，且受到多种因素的影响，具有复杂性、情境性、偶发性的特点。
4. 旅游产品的购买决策过程研究形成了多个经典模型，为理解旅游者购买决策行为提供了很好的理论基础，但也存在一些局限性，需要进行反思和改进。

思考题

1. 影响旅游产品购买决策的因素有哪些？请你根据本章学习内容和你的认识，绘制一个模型图。
2. 以小组为单位进行讨论，假定你们小组几位同学即将在假期开展一段为期3～5天的旅游，你们会如何进行相关的旅游产品购买决策？需要什么样的旅游信息搜索过程？假如这次旅游你是独自出游或与家人同游，信息搜索和旅游产品购买决策的过程会有何不同？
3. 根据旅游消费者的信息搜索和产品购买决策行为特征，谈谈你对旅游营销的思考。

案例分析题

家庭出游购买决策的类型学

正如本书第十章将要重点介绍的，类型学（typology）就是研究类型的学问。在许多学科都有类型学研究（如考古学、社会学、营销学等）。在家庭出游购买决策领域，同样可以依据决策的风格、过程等对这些决策做出类型划分。迪克洛普和斯奈德（Decrop & Snelders，2005）通过对比利时25户家庭的深度访谈和观察发现，家庭出游的决策过程涉及诸多影响因素（如年龄、动机、个人沟通能力、信息等）。两位作者将家庭购买出游决策（亦即家庭度假者）划分为以下六个类型：

（1）惯习型（the habitual vacationer）：介入度较低且每年几乎重复同样的度假行为。由于个性或者结构性的原因（如自己有度假小屋），他们受制于习惯的驱使。在许多情况下，这类度假者是风险厌恶型的，他们希望在目的地获得"在家的感觉。他们也希望通过经常到访同一个目的地（而不是将时间"浪费"在熟悉新的环境上）将度假时光最大化利用起来。惯习型度假者在一些细微方面也是保持习惯的。例如，有一对老年夫妻，他们从来不讨论交通的问题，因为他们都是自己开车。

（2）（有限）理性型［the (bounded) rational vacationer］：很早就开始为度假做细心的准备，谨慎决策。他们会很早就预定好行程、酒店、门票等，但这并不意味着他们的决策是完全理性的，相反，他们也是有限理性的（bounded rational）。

（3）享乐型（the hedonic vacationer）：很乐于思考、梦想和谈论他们的度假之旅，因为这会增加他们的幸福感。由于他们对度假之行的介入度很高，所以，他们会竭尽所能获取旅游信息并做旅游决策。一旦梦想目的地之行难以实现后，会立刻寻找替代性的目的地。在旅游体验方面，他们也追求那些享受型的消费。

（4）机会主义型（the opportunistic vacationer）：不怎么思考和谈论他们的度假之旅。他们对度假之旅的准备工作很少，所以，基本上算是无准备型的度假者。他们愿意等待一些有助于他们外出度假的机会，或者很担心外出度假会遇到各种限制（如小孩子上学、度假期间的薪资等）。这部分度假者中，也有很多是"到时再看"的人。

（5）受限型（the constrained vacationer）：出游决策受到各方面的限制。例如，资金有限、偏好冲突（家庭成员有不同的度假需求和偏好）、对度假体验的期望并不高等。

（6）调适型（the adaptable vacationer）：喜欢度假、喜欢旅行。他们会把对旅行和度假的安排与实际的情境结合起来，适时地做出调整。很多的决策常常做出得很晚，因为他们在等待最佳时机（对最终旅行方案的调适）。正因为如此，这一类度假者在决策时不会将行程和预订做得太细，以便给予度假更多的灵活性。

问题：结合本章有关旅游者出游决策的信息搜寻、产品购买决策、目的地选择的知识，讨论：

（1）这一类型学适合用哪个或者哪几个理论模型来解释？

（2）这一模型是否存在改进的空间？

第六章　旅游者社会交往

学习目标

1. 掌握社会交往的相关概念。
2. 理解旅游中社会交往行为的相关理论。
3. 掌握居民与游客视角下的主客交往理论。
4. 了解游客之间的社会交往。

引导案例

迎合更年轻的客群　万豪酒店推出新一代社交大堂

明亮通透的18米挑高中空结构、如同点点星光一般的散布式小吊灯、散发着自然清新气息的原木地板和长凳、摆放着家居风格大靠枕的松软沙发、共享办公空间里最常出现的宽大书桌……如果是万豪酒店的常客,走进酒店第一眼就看得出这不是上一代的大堂。

这样的大堂出现在深圳佳兆业万豪酒店(图6-1)。和以往令人熟悉的大理石地板、巨型吊灯、数量屈指可数的皮质或天鹅绒小型沙发,以及深色调为主的装修配色不同,万豪酒店这新一代的大堂看上去明快而又亲切,它在尝试用更好的空间感装下更多人的同时,还想用如同客厅一般轻松舒适的家居摆设给客人愿意身处其中社交、休息甚至工作的气氛。

仔细观察后不难发现,这种感官上的新鲜其实并不完全来自家具和装饰年轻随性的风格,而在很大程度上是由酒店大堂格局变化带来的。通常来说,老一辈酒店的大堂吧与休息区是相互独立的(图6-2),有些酒店的大堂层还设有单独的中式茶座或者外包的咖啡厅。这种设计虽然能方便客人在消费时享受沙发卡座带来的独处环境,同时对应区域的服务人员也能更专注地给客人提供独享服务,但这也让大堂被分割成好几块,整体的互动感不足。可在这新一代的设计中,大堂内几乎已经看不出功能区域的划分了,完全融为一体的大堂吧、休息区和办公区让客人愿意在其中白天喝茶、晚上喝酒,甚至围坐在大书桌前加班开会做头脑风暴。

图6-1 深圳佳兆业万豪酒店大堂

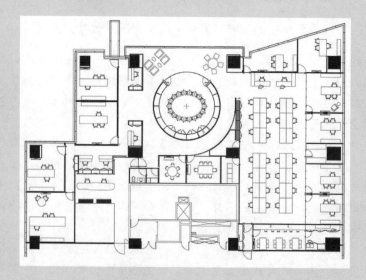

图6-2 上一代某间酒店的大堂层设计平面图

  出现这种明显的变化其实是因为高级酒店的消费者近年来越来越年轻了，万豪酒店也是如此。这些消费者喜爱社交，有年轻化的审美偏好，工作和生活之间的界限也不再明显，这也让酒店设计相应地发生了一些变化。"近年来，万豪酒店客群的变化有一种新的趋势，就是他们的年龄阶段变得更低，'80后''90后'的客人越来越多"，万豪国际集团亚太区品牌市场推广高级总监黄颖茵告诉界面新闻①,"这些新一代的旅行者喜欢享受生活,但生活和工作的界线划分又并不是那么清晰,所以我们也针对他们的习惯而做出改变。"

记者发现在深圳佳兆业万豪酒店,其大堂在早上 9 点开始有客人陆续入座,喝咖啡或用茶点;而到了午后和晚餐前人流会达到峰值,冷饮消费较多;由于供应鸡尾酒等饮料,也有一些客人会于晚餐后在大堂小酌或工作,甚至有些会奖团体抱着笔记本电脑围坐在沙发上,一半工作一半聊天,直至深夜一两点。

不过,虽然客群的变化带来了设计和风格的转变,可万豪酒店仍然保有浓重的商务沉稳形象。这也就是为什么即便位于郊区、依山傍海,深圳佳兆业万豪酒店开业后除了四成的周末度假客和两成的零散住客以外,其余四成都是会奖商务客人。但不论对哪一类客人来说,大堂都是他们非常愿意用于社交和工作的公共区域。

万豪集团是一直注重住店客人社交的,尤其是职场人士住客间的互动与社交。在 2014 年,它曾推出了一款基于职场社交平台——领英(LinkedIn)的手机应用 Six Degrees(六度空间)(图 6-3),让客人能看到当日酒店住客的职业资料并通过应用结识彼此,而如果有较多来自相近行业的客人住在同一间酒店,酒店甚至可以为他们组织专场主题派对,从而让商旅人士在酒店更好地结识彼此。而现在万豪酒店有了更便于社交的大堂之后,这就又多了一个让客人们彼此结识、增进情感的新场所。②

图 6-3　Six Degrees 可以通过职业、教育背景、爱好等资料,让住客们更好地了解彼此

---

①　界面是由上海报业集团出品,于 2014 年 9 月创立的新闻及商业社交平台。
②　丁皓辰:《迎合更年轻的客群　万豪酒店推出新一代社交大堂》,见环球旅讯网(http://www.travel-daily.cn/article/118945)。

旅游天然具有社会交往的属性。即便是一个人前往荒山野岭，如今也可以通过社交媒体与外界连接。随着旅游业的快速发展，旅游的社会交往功能受到更多重视，出现了诸如社交型酒店、社交餐饮平台、旅游社交软件等新兴旅游业态，充分说明了旅游者的社会交往行为的重要性。那么，什么是旅游者社会交往行为？旅游者社会交往行为有哪些类型？涉及旅游领域的社会交往理论有哪些？本章将予以阐述。

第一节　旅游者社会交往概述

一、社会交往行为概述

旅游者社会交往行为是人类社会非常重要的一种交往行为，是社会交往行为的一种特殊形式。旅游者社会交往最明显的特征便是旅游者的参与。从广义来说，自人类社会出现之后便有了交往行为。然而，如何定义社会交往，不同学科的解释侧重点有所不同。

近代以来，西方哲学家一直都在探讨社会交往问题。例如，黑格尔从绝对精神论出发，把交往看成是脱离现实物质内容的精神交往，是意识范围内的交往，是纯粹的思辨（姜爱华，2009）。费尔巴哈认为，交往的主体是有血有肉的现实的人，交往的内容不仅仅是精神交往更是感性的、日常的交往（欧力同，1995）。

马克思在继承德国古典哲学思想和古典政治经济学理论的基础上构建了关于社会交往的思想。马克思与恩格斯合著的《德意志意识形态》一书对社会交往理论做了较全面和系统的阐述。马克思对交往做了明确的界定："为了不致失掉文明的果实，人们在他们的交往方式不再适合于既得的生产力时，就不得不改变他们继承下来的一切社会形式。"（中共中央马克思恩格斯列宁斯大林著作编译局，1995）马克思界定的社会交往是一个极为广泛的概念，涵盖经济、政治、文化、社会、历史、阶级、集团、社会组织以及个人之间的一切关系性活动。他提到社会交往拥有三种形态：以人的依赖性为本质特征的自然经济形态、以物的依赖性为本质特征的商品经济形态、以自由个性为本质特征的产品经济形态。马克思所说的社会交往呈现出实践性、历史性、物质性和价值性的基本特征。

有学者把社会交往等同于社会互动（social interaction）。社会互动一词最早出现在德国社会学家西美尔（G. Simmel）1908年的著作《社会学：关于社会化形式的研究》（西美尔，2002）中。学界对社会互动的内涵有以下几种观点：其一，吉登斯在其著作《社会学》中将社会互动理解为："个体之间任何形式的社会接触。

我们大部分的生活都是由某种类型的社会互动构成的。社会互动是指人们相互谋面的正式与非正式情境。"（吉登斯，2015）。其二，莱特（E. B. Reuter）和哈特（C. W. Hart）在其著作《社会学导论》中提到，社会因素交互影响，导致人性与文化的产生，即为社会互动（转引自：麦休尼斯，2015）。其三，麦瑞认为，"社会互动是建立于沟通的基础上……个人借沟通之媒介而与他人互动"（转引自：奚从清，2010）。其四，也有学者试图在经济学中定义社会互动。例如，杜拉福和依沃奈兹（Durlauf & Ioannides，2009）在介绍社会互动研究进展时指出，社会互动是指"个体之间的相互依赖性，在这些相互依赖性之下，一个社会—经济行为人的偏好、信念及其面临的预算约束受到其他行为人的特征与选择的直接影响"。从以上定义来看，在微观层面上，社会互动是指个人与个人、个人与群体、群体与群体之间产生相互影响、相互作用的过程。从宏观角度来看，社会互动指的是社会上个人与社会、自然以及社会各个基本要素（社会、经济、政治、文化）之间发生相互影响、相互作用的过程。

当旅游者前往不同文化的目的地时，就会产生跨文化社会交往。跨文化社会交往，又可称为跨文化的社会互动，是指来自不同文化背景的人之间的面对面接触（Cushner & Brislin，1996；Li, Lai, D'Amour, et al.，2014）。根据不同的分类标准，跨文化社会交往可分为多种类型。例如，可以根据在谁的"地盘"上进行的交往活动、互动的时间长度、交往目的、参与的类型、参与的频率、参与者之间的亲密程度、相对状态、功率与数值平衡等进行分类。在心理学和社会学研究中，社会交往理论被看作是阐明群体间关系最好的方法之一。奥尔波特（Allport，1954）提出，群体间的交往可以是一种在一定条件下减少群体成员之间的偏见的有效的方法，例如，平等的地位、共同的目标、群内合作、对权威的支持和人与人之间的互动。管理良好的群体成员内的交往可以引导更好的互动，因为当群体内成员之间相互了解越多时偏见就会越少。一个人的看法可以由相关联的人来改变，然后改变对整个团体的看法。与其他类型的社会关系一样，旅游者与东道主之间的主客关系也需要采取必要的措施加以维护。

二、旅游社会交往行为理论

旅游中的主客交往是怎样的呢？有大量文献介绍了在酒店、度假村、邮轮、赌场、体育场所和其他场所（如餐厅和购物店），主人和客人间的关系是如何被建构和被管理的。下文将介绍旅游领域中有关社会交往的理论或模型。

（一）主客交往理论

自 1963 年努涅斯（Nunez，1963）发表第一篇关于主客交往（host-guest interaction)的文章之后,社会学家、人类学家、地理学家在理论与实证方面对主客交往进行了大量研究。其中,最具代表的著作有史密斯(V. L. Smith)主编的《东道主与游客：旅游人类学》(*Host and Guest：Anthropology of Tourism*)、格雷本(N. H. H. Graburn)所著的《旅游：神圣的旅程》(*Secular Ritual：A General Theory of Tourism*)、纳什(D. Nash)所著的《旅游人类学》(*Anthropology of Tourism*),以及史密斯和布兰特(Smith & Brent)主编的《主客关系新探：21 世纪旅游问题》(*Hosts and Guests Revisited：Tourism Issues of the 21st Century*)。

何为主客交往？学界将旅游者与旅游地东道主之间的互动关系称为主客关系、主客接触或主客交往。史密斯(V. L. Smith)认为,主客关系是旅游人类学研究中最重要的问题。《东道主与游客：旅游人类学》2001 年的修订版更多地关注到与旅游相关的复杂的国际与地方政治、经济背景,主客关系由此显示出复杂性。国外主客交往研究的主要内容是主客交往的理论和模型、影响因素、效应以及驱动力等。此外,对主客交往情境、满意度、情感一致性以及特定空间和领域(如旅游摄影、购物商店)的主客交往也有所涉及。国内研究则主要关注主客交往模式、影响因素、驱动力、交往效应以及交往情境等方面(汪侠、郎贤萍,2012)。

影响主客交往的因素有很多。第一,文化的差异性与相似性是影响主客交往的重要内容。赖辛格和特纳(Reisinger & Turner, 2005)的研究发现,文化因素(例如,文化价值观、相互之间的态度和感知、文化的熟悉性和类似性等)会影响主客交往。第二,旅游者的经历对主客交往的影响是非常显著的。例如,麦金托什等(McIntosh, Robert, Gooldner, Brent, 1995)认为,旅游者的旅游经验丰富度会对主客交往产生影响。第三,主客的交往动机会影响交往效果。乌利雷和雷赫尔(Uriely & Reichel, 2000)发现,当工作型旅游者与东道主之间的关系倾向于社会交往而非经济交换时,东道主可能会对旅游者持更加积极的态度。第四,主客交往的层次、频率、自由和真实程度会影响交往的效果。斯坦纳和赖辛格(Steiner & Reisinger, 2004)认为,主客之间交往的真实程度会影响双方的接触与体验,减少文化冲突和主客矛盾。第五,主客双方的社会人口统计因素会影响主客交往。塞恩(Thyne, 2006)在研究新西兰居民与入境旅游者之间的交往时指出,国籍是影响主客交往最重要的因素。

(二)社会交换理论

社会交换理论最初是一种关系维持理论,研究人们如何在关系中做出决定。在旅游研究中,社会交换理论常被用来解释在社区发展中居民对旅游的看法,也时常用来分析和解释作为一种社会行为的旅游活动。

什么是社会交换理论？20 世纪 60 年代,霍曼斯(G. C. Homans)在经济学"经济人"假设的基础上,创立了社会交换理论。他认为,在社会交换中,人们都会对投入产出，即对成本与报酬、投资与利润的分配比例做出判断，并希望报酬或利润胜于成本或投资。在这里，霍曼斯认为，任何一个群体的社会交往行为，都包括以下三个因素：其一，任务活动因素，即人们所从事的工作活动。这种活动属于浅层外显活动，一般容易为他人所觉察，例如，工作、学习，社交等。它常常是组织衡量一个人工作效率的依据。其二，相互作用因素，就是在完成任务时，人与人之间的行为影响。例如，彼此之间语言行为和非语言行为的相互沟通与接触，以及对他人的活动进行分析，他人的行为与自己的关系等。其三，情感活动因素，即个人之间以及个人与群体、个人与活动之间的情感反应。这种因素是属于深层的内隐的因素，一般不易直接观察到，但是，可以通过活动特点和他人的相互作用的方式等来了解。这可进一步加深相互之间的认识，有利于更加密切的配合。这三个因素之间的关系可以用一句话来概括：三个因素互为双向反应。后来的许多研究者也认为，群体的存在，一般都离不开这三个因素。首先，必须有共同活动的内容。如果没有共同活动的内容，群体也就不可能存在下去。其次，活动的成败又取决于人们对活动的认识、态度和情感；同时，为了使活动顺利进行，必须得到人们的相互协作和密切的配合。最后，在群体中，人们的感情交往占有重要地位，它不仅仅与活动的顺利进行有关，而且与人们之间的交往有关。

自20世纪90年代开始，社会交换理论被广泛地运用于旅游研究。这一理论关注的对象属于态度范畴，因而具有很好的解释力。在评估旅游者如何选择某一特定目的地（或东道社区如何看待旅游业）时，不仅需要考虑旅游者和当地居民的背景，而且还要考虑原目的地的传统和文化。除此之外，还需评估旅游者每一次旅游经历中的文化交流情况。更具体地说，根据社会交换理论，旅游者和当地人的态度显然受到由此产生的旅游交流的影响。旅游者的费用可被解释为旅行的经济成本，而东道社区成员的费用可被视为旅游的负面影响，例如，旅游者过多所造成的容量（包括环境、经济、社会文化方面的容量）饱和。

根据社会交往理论，社区居民对旅游业发展的态度是社区成员所认为的利益和代价之间的权衡。如果居民认为旅游业发展的积极影响（效益）比消极影响（成本）更有利，那么他（她）更有可能倾向于支持旅游业发展。

叶占雄（Ap, 1992）早在1992年就提出，社会交换模型可以帮助理解为何居民对旅游影响的认知是正向的或负向的。如图6-4所示，这一模型概述了居民参与旅游交换、持续旅游交换和脱离旅游交换的过程。在交换过程中所涉及的基本概念和要素有：需求满足、交换关系、交换结果和非交换结果。这一模型假定，社会关系涉及社会行动者之间的资源交换；社会行动者从交换关系中寻求互利；从居民的角度看，开展交换的主要动机是改善社区的社会和经济福祉；东道主居民的感知被用来预测居民与旅游的交换行为。

古索伊等（Gursoy, Jurowski, Uysal, 2002）在有关社区居民对旅游业的态度

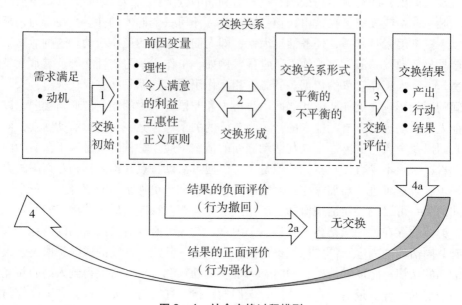

图6-4 社会交换过程模型

资料来源：Ap，1992。

的结构模型中指出，"感知到的地方经济状态"（perceived state of the local economy）、"感知到的利益"（perceived benefits of tourism）和"感知到的成本"（perceived cost of tourism）三个方面直接影响社区居民对旅游业的支持态度；"社区居民关注焦点"（community concern）、"生态中心主义的价值观"（ecocentric values）以及"居民对旅游资源的利用"（use of tourism resource base）则通过上述三个因素起间接作用。

（三）参照群体理论

"参照群体"（reference group）的概念最早来源于社会心理学。美国社会学家（社会心理学家）库利（C. H. Cooley）在他1902年出版的《人类本性与社会秩序》一书中首次提出"镜中我"的概念，并指出，他人的评价和态度是形成自我观念的一面"镜子"。1942年，美国社会心理学家海曼（H. H. Hyman）首次提出了"参照群体"的概念。海曼将人们的主观地位（subjective status）定义为与他人群体对比之后得出的自我社会地位认知，而这个他人群体就是人们的参照群体。

在消费者研究领域，参照群体被定义为对消费者很重要的社会群体，并且他（她）在形成态度和行为时将他（她）自己与之进行比较。家庭是最重要的参考群体，因为个人的价值观和期望是通过家庭影响建立起来的。

(四) 拟剧理论

拟剧理论（dramaturgical theory，也译为"拟剧论"）是说明日常生活中人与人之间相互作用的理论。拟剧论的倡导者是美国社会学家戈夫曼（E. Goffman），其代表作是《日常生活中的自我呈现》。他把社会比作舞台，把社会成员比作演员来解释人们的日常生活。

戈夫曼认为，社会和人生如同一个大舞台，社会成员作为舞台上的表演者都在意如何塑造在观众面前的自我形象。拟剧论研究的是人们运用哪些技巧在别人心目中创造印象。人们在社会生活的不同场合扮演着不同的角色。如果有剧本，就按剧本表演，如果剧本不明确或不完整时就要随机应变。为了表演，人们把舞台分成前台和后台。前台是观众可以看到并能接受特定信息、获取特定印象的表演场合。后台是为前台表演做准备、掩饰在前台不能表演的东西的场合。前台与后台是区分开的。人们不能将前台行为应用于后台，也不能把后台行为展现在前台，而是应该在不同的场合表现恰当的行为。区分的标准即社会的规范——对社会角色行为的规定。

同步案例6-1　　通过活动环境的创造性设计提高参与者的体验

环境心理学家研究人与环境之间的互动。他们发现，当一个人的环境发生改变时，他（她）的行为和经验也会被环境所改变。尼尔森（Nelson，2009）的研究认为，戈夫曼的拟剧论可以有效地应用于活动策划行业的事件设计和客户服务当中。实际上，在活动设计中，客人需要购买的是独一无二的故事与体验。无论专业人员设计过多少次活动环境，都有一些微妙的假设潜入他（她）的方法。观众和演员之间存在着一种共生关系。因此，那些可以活跃地与参与者互动、具有戏剧手段的人在这个活动策划行业中非常有优势。在以舞台作为一种理念的活动管理中，除了"演员""观众"和"演出"以外，还要关注活动的布景设置、环境氛围、服务场景、背景音乐、场地温度、小道具、灯光特效、装饰装潢、服装等因素。今天，参与活动的人们都经验丰富，普通的场景已不能打动他们，需要把客户服务与设计元素、体验创造和情感联系融为一体，设计出一种基于组合原理的事件管理新模型，为客人提供一种全新的体验。

(五) 社会交往情境模型

谢彦君（2004）在《基础旅游学》一书中提出了旅游交往情境模型（见图6-5）。他将旅游中的"人"概括为三个群体：旅游者、旅游从业者和旅游地居民。

群体间的社会关系不同,他们会产生相互接触、沟通与交流。交往一般可分为六个水平等级,即隔离、潜交、示意、互动、互助和竞争。"隔离"即交往处于零水平的状态。这种状态下的人身活动自由受到制约。因此,一般不会出现在旅游者中。"潜交"则是潜在性的交往。例如,旅游者在未动身前凭借宣传册或其他媒介对旅游业服务人员和居民态度的预期。"示意"是指向交往对象做出某种状态而不介入对方的活动的状态。表现在旅游者身上,则是向可能同行的人进行的启发、鼓吹或探讨行为,或是向旅游业服务人员提出各种旅游信息咨询。"互动"则是人与人之间的直接的社会交往活动。典型的互动方式即旅游者在旅游过程中与其他人(其他旅游者、旅游地居民、旅游从业者)的交际。旅游中的"互助"则体现在旅游者之间、旅游者与旅游地居民或旅游从业者之间的相互理解、支持和帮助。旅游中的"竞争"关系同样存在于旅游者之间、旅游者与旅游地居民之间、旅游者与旅游从业者之间。

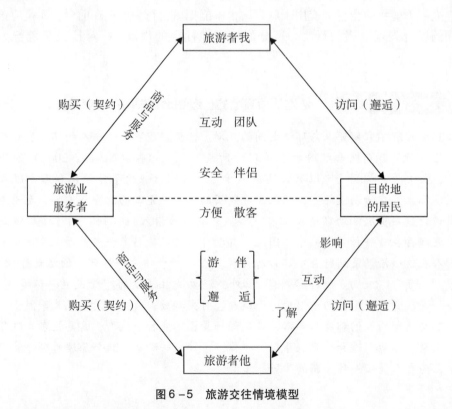

图 6-5 旅游交往情境模型

资料来源:谢彦君,2004。

第二节 旅游中的主客交往

旅游业蓬勃发展的根本,是旅游者与所遇到的人和造访的地方,以及提供旅游服务的机构和企业之间的平衡或和谐关系。旅游者与居民的主客交往是跨文化接触的一种特殊形式。通常来说,旅游者在目的地只短暂地停留一段时间,并对他们出行的时间会有所规划。他们旅行的目的所在使他们有别于其他类型的跨文化接触,比如,移民和临时逗留者与当地人的接触。旅游者不需要长时间地适应当地社会,旅游者通常带着他们家乡的文化出行。旅游者可能在一定程度上会经历文化冲击,且这样的冲击可能会"刺激"到旅游者,以满足他们所寻找的感官冲击。另外,相对富裕的旅游者群体在东道主社会处于独特的地位,通常像个"冒险家"一样。因此,他们有更多的机会从旅游的角度观察和审视东道主社区。下文将分别从社区(目的地)居民和旅游者两个视角阐述旅游中的主客交往。

一、居民视角

旅游业的发展对目的地环境(包括生态、社会文化、经济、政治等环境),特别是对作为"东道主"的当地居民产生不同程度的影响。客人之于东道主表现为旅游文化的来向传播。对东道主而言,其与旅游者的文化交往主要指对旅游者所携带文化的接收与排拒。最易于接收的文化是物质和技术层面的文化。前者主要指现代化的工具和产品,例如,电话和手机等通信工具、电视等传媒工具、服装面料等;后者主要指旅游经营活动中的经营方法,例如,家庭旅馆的经营、房屋的装修和布置等(孙九霞,2012)。在旅游研究中,有关居民视角的主客交往理论主要有"愤怒"指数、社会承载力理论和社会表征理论。

(一)道克西"愤怒"指数

1975年,由道克西(Doxey,1975)建立的"愤怒"指数(irritation index),基于当地居民对旅游者和旅游发展的态度改变将目的地的发展划分为不同的生命周期阶段。这一理论和指数假定,旅游发展所产生的负面社会文化影响可能导致社区(目的地)居民的愤怒,进而可能导致当地社区的不满。当地居民对外来旅游者及旅游发展的态度(阶段)一般经历兴奋阶段(euphoria)、冷漠阶段(apathy)、厌烦阶段(annoyance)、敌对阶段(antagonism)和最终阶段。根据霍尔和刘德龄(Hall & Lew,2009)的总结,这五个阶段分别有如下特征(图6-6):

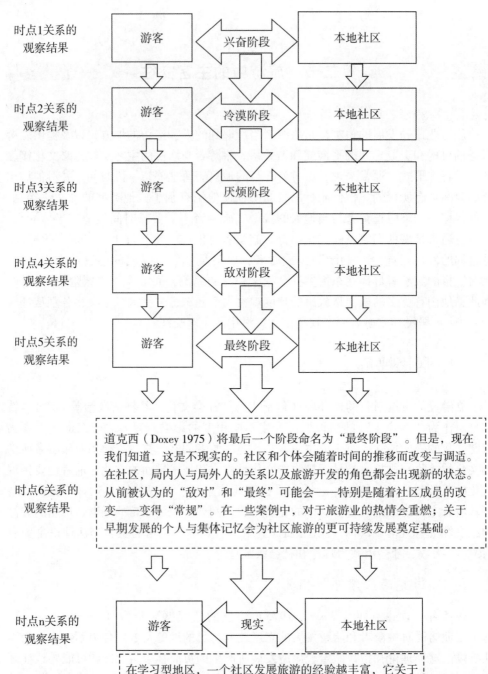

图6-6 重思道克西"愤怒"指数

资料来源：Hall & Lew，2009。

（1）兴奋阶段：旅游者人数相对较少，当地社区及居民欢迎旅游业，当地居民表现出最初的激动和热情。

（2）冷漠阶段：旅游者数量增加，从事旅游服务被看作是赚钱的重要途径，旅游者与居民的关系正式化、商业化。

（3）厌烦阶段：旅游业发展趋于成熟，大量旅游者涌入后，当地居民感受到旅游带来的社会文化上的威胁，态度变得反感，进而愤怒。

（4）敌对阶段：居民产生敌对情绪，将东道主社区发生的所有坏事都归因于旅游者的到来。

（5）最后阶段：旅游业的消极后果越来越严重，旅游者转向新的旅游目的地。

> **课堂讨论 6-1**
>
> 问题：结合上文有关道克西"愤怒"指数（理论）的论述，以及中国或其他国家（地区）的具体情境，讨论"愤怒"指数（理论）可能存在的局限。
>
> 讨论要点：见本书附录。

（二）旅游地社会承载力理论

承载能力这一概念最初来源于生态学。生态承载能力是指在某一特定环境条件下（主要指生存空间、营养物质、阳光等生态因子的组合），某种个体存在数量的最高极限。生态学的"承载能力"被借用于考察目的地的旅游发展时，延伸出经济承载力、社会承载力或旅游地环境承载力等诸多概念。1964 年，威戈（Wagar, 1964）在"The carrying capacity of wild lands for recreation"一文中界定了"游憩承载力"（recreational carrying capacity），并提出了相应的研究问题。这标志着旅游地社会承载力理论雏形的形成。旅游地社会承载力是在对旅游地社会文化环境未造成不可承受的改变和旅游者的体验质量未造成不可接受的下降的前提下所能够接待的最大的旅游者人数。旅游地社会承载力理论把旅游目的地居民作为一个整体来应对外来旅游者所带来的冲击。决定旅游地社会承载力的因素有（但不限于）：社会结构、文化传统、经济结构、政治结构等。旅游者的特征、旅游活动等则是决定社会承载力的外来因素。

旅游地社会承载力主要包括居民心理和旅游者体验两个方面的承载力。居民心理承载力是旅游目的地居民在心理感知上所能接受的旅游者的最大数量。另外，居民心理承载力方面还涉及旅游活动给目的地居民带来的冲击，包括对传统文化、生活方式、价值观等方面的冲击，以及对这些冲击可能造成的负面影响所产生的排斥心理。旅游者体验方面主要是指旅游者心理承载力，是指在不影响感知质量的前提下，旅游者所能容忍的拥挤程度。旅游者心理承载力受到旅游者偏好、旅游动机、文化水平等因素的影响。

同步案例6-2　日本东京都浅草寺周围居民对旅游活动的社会心理承载力

在对旅游目的地居民社会心理承载力的相关文献进行综述的基础上，张博（2014）构建了目的地居民社会心理承载力评价指标体系，并对日本东京都浅草寺周围居民对旅游活动的社会心理承载力情况进行了实证研究。浅草寺建于公元628年，位于日本东京都台东区，是都内历史最悠久的寺庙。寺庙区有著名的商业街，集美食、观赏、参拜于一体，年接待访问人数达3000万人次。在这一研究中，旅游目的地居民社会心理承载力被界定为：在不对与旅游相关的旅游地要素（包括政治要素、经济要素、文化要素、社会要素、环境要素、设施要素等）、旅游者的旅游体验、居民的日常生活造成不可接受的负面影响的前提下，居民可承受的旅游者数量的最大限度。在实际的测量中，作者采用问卷调查和访谈的方式，收集浅草寺周围居民对旅游发展的影响感知与态度的数据。问卷调查的测项包括："旅游对政策的影响""游客对居民生活的影响""居民与游客间关系""对当地经济发展的影响"等。研究得到以下几点结论：其一，总体上来看，浅草寺地区居民对旅游者的综合社会心理承载力评价趋向于积极方向。其二，从个体指标的评价来看，旅游业对当地的传统文化与风俗习惯、居民的生活方式与个人信仰、旅游地垃圾、社会治安都产生了较为明显的负面影响（评价值均小于0.4）。尤其是，作者在调研中也发现，不少受访者都感受到个人生活方式和信仰或多或少地受到了影响，社会治安，尤其是小型民事案件和纠纷等问题也随之增多了。其三，旅游业的发展对政府行为、居民收入、就业机会、基础设施建设、餐饮场所数量、城市绿地面积、居民间关系、居民与游客间关系、居民环保意识、社会文明程度、地域知名度方面都产生了明显的正面影响（评价值均大于0.6）。其四，至于其他方面，例如，旅游对政策、经济发展、其他行业、公共设施数量、娱乐设施数量、住宿设施数量、空气质量、野生动物栖息地、居民日常生活指标来说，表现不是特别强烈（评价值在0.4～0.6之间）。

（三）社会表征理论

在旅游研究中，社会表征理论（social representation）常被用来衡量居民对旅游者及对旅游业的态度。社会表征理论最早由法国社会学家涂尔干（Durkheim，又译为"迪尔凯姆"）提出，并由法国社会心理学家莫斯科维奇（S. Moscovici）进一步发展。莫斯科维奇把"社会表征"定义为"拥有自身的文化含义并且独立于个体经验之外而持续存在的各种预想（preconceptions）、形象（images）和价值（values）所组成的知识体系"（Moscovici & Abric，1984）。简单地说，社会表征就是人们用来对周围的事物、事件以及目标做出反应的一系列定义性的短语或形象，它们是人们用来了解周围世界的工具。表征指代的是人们用其理解身边客观世界的一种机制。在旅游情境下，居民通过旅游产业在社区中的社会表征来看待旅游的影响。这些社会表征的来源可分为三类：直接体验、社会互动（例如，与旅游者、家人、朋友、同事、陌生人等的互动）和媒体（Fredline & Faulkner，2000）。识别社区内的社会表征的关键是区分居民看法上的相似之处。

另外，在旅游目的地，如图6-5所示，当地居民和旅游者之间的关系在形式和性质方面差异很大：从结构化的、以商业交换为基础的接触，到自发的、偶然的接触，甚至是不涉及任何接触或交流的关系（即仅限于空间共享）。克里彭多夫（Krippendorf，1987）认为，目的地居民不是一个同质性的群体，并建议应该在主要业务范围内识别四种类型的人：与旅游者持续接触的有直接商业来往的人、与旅游者有非常规联系且与旅游没有直接商业来往的人、与旅游者有常规联系但将旅游作为部分收入的人、与旅游者没有关联的人。这些群体也可以构成一个连续体（图6-7）。

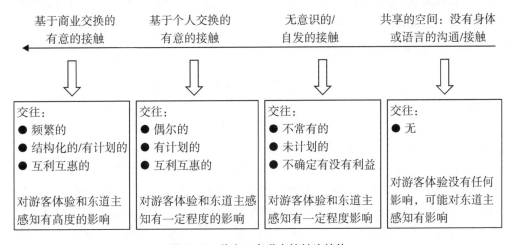

图6-7　游客—东道主接触连续体

资料来源：Krippendorf，1987。

二、旅游者视角

旅游中主客互动的另外一个重要视角便是旅游者的视角。旅游促使旅游者与东道主两个群体相遇,产生了主客的分野与对视。

(一)旅游者分类与社会交往

作为旅游者与居民社会交往的研究基础,以色列旅游社会学家科恩(E. Cohen, 1972)对旅游者进行了分类。根据旅游者对旅游的熟悉程度和猎奇性,科恩将旅游者分为四类:有组织的大众旅游者、个体大众旅游者、探险家和漂流者。前两种旅游者类型被进一步命名为"制度化的旅游者角色",另外两种则被称为"非制度化的旅游角色"。对于大众旅游者而言,他们的本土文化"环境罩"(environmental bubble)相当强烈。"环境罩"是指一面"保护墙",用来使旅游者免遭外界的风险与不确定。因此,在一定程度上,大众旅游者通过"保护墙"来看待目的地社会。大批旅游者在目的地被社会隔离。相反,"非制度化"的旅游者则想要去参与进当地社会并在旅行中体验新奇事物。他们寻找完全陌生的事物,与新的和不同的人直接接触。因为这样的旅游和生活方式,他们遇到各种各样的人,与当地社会有着较为深入的接触。科恩的研究揭示了旅游者对目的地的态度以及与他们在目的地的社会交往。

(二)旅游者凝视

1992年,以法国社会学家福柯(M. Foucault)有关"凝视"的著述《临床医学的诞生》为基础,英国社会学家厄里(J. Urry)提出"旅游者凝视"(tourist gaze,又译为"游客凝视""旅游凝视"等)理论。目前,"旅游者凝视"已成为旅游研究的一个重要的理论工具与视角。

在厄里(Urry, 1990; Urry & Larsen, 2011)的"旅游者凝视"理论中,凝视的主体是旅游者,凝视的对象是旅游目的地的自然、人文景观以及目的地居民。它强调的是旅游者施加于旅游目的地的一种单向的作用力,通过旅游者的视觉体验及其对旅游目的地进行的社会性建构来达到愉悦体验的目的。实际上,旅游者与其凝视的对象之间时常存在着一种反复的交互作用。旅游者凝视的对象是目的地;同时,旅游者也是目的地旅游企业、居民、旅游学者、旅游营销机构及旅行作家的凝视对象。因而,厄里(Urry, 1990)及后来的学者(例如,A. A. Lew, C. M. Hall 以及 A. M. Williams,参见 Larsen, 2014)将"旅游者凝视"概念发展为主客双向的旅游凝视。厄里指出,在旅游发展潮流中,各旅游地会有意识地、主动地开发自身的物质和符号性资源来发展旅游业。它们既是旅游者凝视的客体,同时也勇于回望。

不可否认,旅游体验中最根本的对象是视觉特性。因此,凝视成为旅游者与"他者"交互的手段,使旅游者产生某种程度的成就感和快感,并编排他们的各种体验。正是凝视调整着旅游者各种感官体验之间的关系和顺序。厄里也认为,旅游者要获得真正的体验,应该同时使用其他的感官。

根据厄里(Urry,1990;Urry & Larsen,2011)的观点,旅游者的凝视使旅游地被消费,引起旅游目的地文化出现所谓的"舞台化""表演化"倾向;目的地社会文化在时间和空间上发生变迁。在厄里看来,旅游实质上是文化自身的"游历",这个过程就是文化变迁。随着外来旅游者不断地凝视和消费,目的地的原本状况会被逐渐磨蚀消耗,最后演变成为一个"完全被消费的地方",结果就是目的地被社会性重构。所以,旅游地文化变迁是旅游凝视研究的另一重点内容。东道主凝视或者旅游者凝视对旅游者自身文化认同、价值观、心理、行为的影响也日益成为关注的焦点。

作为一种社会建构行为,旅游凝视背后暗含着一种支配与被支配、认识与被认识的组织话语机制和权力关系。由于旅游者的社会构成和旅游目的地居民社会之间存在着代际、族群性、社会经济状况等分层,旅游者凝视本身就具有支配性、变化性、社会性和不平等性。无论是旅游者凝视、东道主凝视,还是双向凝视,都属于"一方对另一方的权力"场景,一方处于主动和支配的地位,另一方则处于被动、迎合地位。这种场景对旅游本应带来的跨文化交流产生了阻碍,东道主曲意迎合旅游者需求,旅游者不能真正了解东道主文化,主客之间容易造成隔阂和矛盾。

同步案例6-3　　旅游凝视视角下的旅游目的地形象建构

大型演艺产品日渐成为备受旅游者青睐的旅游地体验活动,对目的地的形象建构有着重要影响。2004年,大型实景演出《印象·刘三姐》公演(图6-8),演出由张艺谋任总导演,王潮歌、樊跃任导演,梅帅元任总策划、制作人。前后共有67位中外著名艺术家参与创作,参与演出的演职人员达600多人,演出方案修改100多次,演出时长约70分钟。

刘三姐的形象随着时代的变迁经历了多次演化和现代建构,并被塑造成阳朔的形象符号之一。《印象·刘三姐》实景演出则成为旅游地的新型形象吸引要素。在此过程中,政府和项目开发商、居民与旅游经营者及旅游者等不同主体在"凝视与反凝视"中通过不同手段建构着目的地形象。旅游者通过凝视供给方的发射形象而获得阳朔的感知形象,并通过微博等媒介将感知形象转变为发射形象,完成对阳朔旅游地形象的再建构,而旅游地的供给方则借助"反凝视"接收旅游者的发

图6-8 《印象·刘三姐》海报

射形象获得感知形象,并依此对阳朔的目的地形象进行建构和修正。①

(三) 跨文化敏感性发展模型

跨文化敏感性发展模型(Developmental Model of Intercultural Sensitivity,DMIS)由密尔顿·班尼特博士(Bennett,1986)创立,是旨在解释人们对文化差异的反应的一个框架。他指出,在学术和企业环境中,个人在学习成为更有能力的跨文化交流者时,会以一些可预测的方式面对文化差异。他运用认知心理学和建构主义的概念,将这些观察分为六个阶段,以提高对文化差异的敏感性。这种模型的基本假设是,个体对文化差异的体验越综合、越多,他(她)在跨文化交往中的能力越会提高。在DMIS模型中,列出的每一阶段都表示一种特定的认知结构。这种认知结构表现为与文化差异相关的某种态度和行为。通过认识到对文化差异的潜在认知取向,就可以对行为和态度做出预测。

在DMIS的六个阶段中,前三个阶段归为"民族中心主义时期"(ethnocentric)。民族中心主义是指从本民族的文化标准与习俗来评价外国人或其他民族的一种习惯性倾向。在这一时期中,第一阶段——否认(denial)文化差异是个体以自己的文化作为唯一真实的文化所经历的状态。第二阶段——防御(defense)文化

---

① "《印象·刘三姐》" 词条,见百度百科(https://baike.baidu.com/item/%E5%8D%B0%E8%B1%A1%C2%B7%E5%88%98%E4%B8%89%E5%A7%90/6601071?fr=aladdin)。

差异是指个体认为自己的文化（或被采纳的文化）是唯一好的文化的状态。第三阶段——文化差异最小化（minimization）是指在个体自己的文化世界观中的要素被视为普遍存在的状态。DMIS 的后三个阶段属于"民族相对主义时期"（ethno-relativism）。民族相对主义基于"文化只有通过对比才能被理解，某种行为只能在一定文化语境下才能被正确理解"这一假设。在民族相对主义阶段，文化差异被认为是挑战而不再是威胁。人们试图去扩展自身对其他文化的理解，而不是一味地保持已有的文化。其中，第四阶段——接纳阶段（acceptance）开始于对文化差异的接纳。在第五阶段——文化适应阶段（adaptation），个体体验并接受其他文化，在行为上与那种文化相适应。第六阶段——文化融合阶段为最后一个阶段：文化差异已成为自身的文化身份的一部分。人们不再将自己视为任何单一文化的一员，个体在不同的文化世界观中自由进出，在两种或两种以上的文化的边缘建构自我身份，而不再处于某一种文化的中心。

同步案例6-4　　志愿者旅游和跨文化敏感性

"志愿者旅游"（volunteer tourism；也作"志愿旅游""志愿者旅行""志愿旅行"等）概念最早由维尔伦（Wearing）提出，被定义为："旅游者出于各种原因，以一种被组织的方式去度假，其间涉及援助或减轻某些社会群体的物质贫困，改善某种环境或是对社会及环境问题进行研究等的旅游活动。"志愿者旅游作为可替代性旅游和生态旅游的一种特殊类型，强调旅游活动对目的地利他性、负责任性、可持续性和对旅游者的愉悦功能。

在 Kirillova 等（Kirillova, Lehto, Cai, 2015）的研究中，作者引用跨文化敏感性的概念，研究了志愿者旅游情境中跨文化敏感度的改变。研究发现，志愿旅游有助于跨文化理解的经验性假设得以验证。作者在 DMIS 模型从民族中心主义到民族相对主义的连续渐变过程的基础上设计了模型（图6-9），以分析人在旅游中的改变。作者对调查数据的典型相关分析表明，与东道社区互动的质量是跨文化敏感性变化的最重要的预测因素。志愿旅游与跨文化敏感性的积极和消极变化有关。因此，志愿旅游有可能同时促进和抑制跨文化理解。

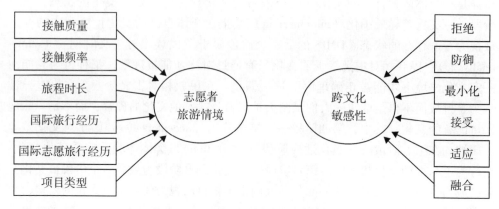

图6-9 跨文化敏感度改变模型

第三节 旅游者之间的社会交往

一、旅游者之间的社会交往概述

1. 顾客之间的互动

马丁和普拉特（Martin & Pranter，1989）于1989年发表了关于服务环境中的顾客关系的论文。之后顾客间互动（customer-to-customer interaction，CCI）逐步受到学者们的关注。但是，顾客间互动不是出现在所有的服务中的。马丁和普拉特识别了具有显著的顾客互动的服务所具有的7个主要特征：顾客的物理距离接近，顾客间可能发生语言交流，顾客会参与大量不同的活动，服务环境吸引了不同的顾客，核心服务是通用的，顾客必须偶尔等待服务，顾客希望节省时间、空间或服务工具。旅游活动具备上述多数的特征。黄珏和徐惠群（Huang & Hsu，2010）把顾客间互动界定为在服务环境中陌生顾客间直接的互动。乔治和明克（George & Mink，2013）的界定强调了互动发生的情境过程和主体类型，认为顾客间互动就是在产品和服务的获取和消费过程中，一些顾客彼此相遇并发生的任何类型的个体或群体性互动行为。

顾客间互动可以按照主体特征、发生场景、接触形式、内容特征、事件类型、互动水平以及互动效价进行多重分类。①根据互动主体特征的分类。基于互动主体的数量关系特征，顾客间互动可以分为一对一互动、一对多互动和多对多群组互动

(Li, Bolton, Bugel, et al., 2010)。②根据互动发生场景的分类。基于互动发生场景与服务提供者的相关性,可以将顾客间互动分为在场互动和离场互动(Harris, Baron, Parker, 2000)。③根据互动接触形式的分类。基于顾客接触的实际情况,可以将顾客间互动分为直接互动和间接互动(Kim & Lee, 2012)。

2. 旅游者之间的互动

借鉴顾客间互动的研究成果,一些学者对旅游过程中旅游者之间的互动(tourist-to-tourist interaction, TTI)进行了探索。旅游者间互动是顾客间互动在旅游情境下的表现,本质上是一致的。多数旅游者间互动研究都是在旅游的情境中应用顾客间互动的概念和理论。有学者基于顾客间互动的概念,指出在旅游业背景下,由于旅游者在旅游活动过程中需要分享共同的旅游环境,就不可避免地与其他旅游者发生直接或间接的互动(蒋婷,2012)。对于旅游者间互动的结果,有学者研究了旅游者间互动对旅游体验的影响。例如,在游览车中,人与人之间相对更近的空间距离为旅游者之间的社会交往提供了条件。旅行中的友情对旅游者的旅游体验有重要影响。此外,在邮轮等相对封闭的空间中,更容易触发旅游者之间的互动。具体而言,邮轮的有限空间不同于日常的生活空间。这种有限空间引发了旅游者之间的社会关系。这些关系也创造了有意义的旅游体验。在邮轮旅游中,旅游者之间互动的质量对旅游满意度有间接的正向影响,而对旅游体验则有直接的影响(Yarnal & Kerstetter, 2005)。郭紫敏(2017)的一项研究关注到中国旅游者之间的互动动机。她发现,中国旅游者之间进行互动的动机主要有以下三个:性格导向、分享欲、追求熟悉感(具体内容参见同步案例6-5)。此外,不同社会人口统计学特征(如性别、婚姻状况、年龄)的旅游者在与其他旅游者进行社会互动的动机方面并不存在显著差异。

同步案例6-5　　　　　　　　　　中国旅游者之间的社会互动

郭紫敏(2017)在阳朔针对中国旅游者之间社会互动动机的研究发现,所有的11个动机测项,可以通过因子分析萃取出三大动机因子:性格导向、分享欲、追求熟悉感。具体如表6-1、表6-2所示。

表6-1　旅游者之间社会互动动机因子分析结果

动机因子	因子载荷	解释方差(%)	可靠性系数
性格导向		30.472	0.854
他们很有趣	0.830		

续表 6-1

动机因子	因子载荷	解释方差（%）	可靠性系数
他们很友好	0.784		
有共同的兴趣	0.752		
喜欢他们	0.719		
能轻易成为朋友	0.657		
能理解对方	0.611		
分享欲		19.435	0.734
能向别人分享我的经历	0.834		
能知道别人的经历	0.776		
旅途结束后能向别人分享这一经历	0.688		
追求熟悉感		12.634	0.561
讲熟悉的语言	0.809		
来自相同地方	0.781		

备注：KMO=0.794，Bartlett's test of sphericity = 0.000（χ^2 =804.349，df =55）；分析采用主成分分析以及 Kaiser 标准化最大方差旋转法。

表 6-2　旅游者之间互动动机因子的各测项平均值

动机因子	平均值	排序
性格导向	3.39	
他们很有趣	3.67	2
他们很友好	3.73	1
有共同的兴趣	3.35	4
喜欢他们	3.25	5
能轻易成为朋友	3.14	8
能理解对方	3.19	6
分享欲	3.22	
能向别人分享我的经历	3.17	7
能知道别人的经历	2.97	9
旅途结束后能向别人分享这一经历	3.53	3

续表6-2

动机因子	平均值	排序
追求熟悉感	2.91	
讲熟悉的语言	2.89	11
来自相同地方	2.92	10

此外，研究还发现，中国旅游者之间的社会互动还有如下其他特征。

(1) 旅行结束后，97.9%的旅游者会向他人分享自己的旅游经历；其中，个别旅游者选择在有合适机会时才分享旅游经历。主要分享方式（渠道）为社交网络（朋友圈、微博等）和口述；除此之外，7.4%的游客会选择网络游记的分享方式（图6-10）。

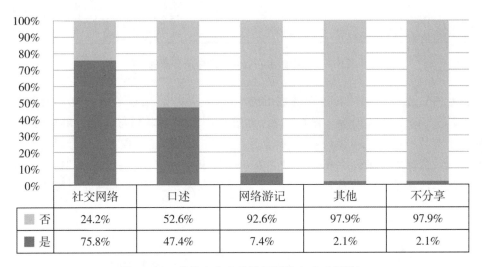

图6-10 旅游者分享旅游经历的方式（渠道）

(2) 在与其他旅游者的互动中，交流的主要内容是旅游景点、旅游经历以及旅游活动。其中，63.7%的旅游者会讨论旅游景点，46.8%的旅游者会讨论旅游经历，22.1%的旅游者会讨论旅游活动。除此之外，7.9%的旅游者会讨论后期可能打算去的地方、当地特色（风俗、饮食等）、住宿等（图6-11）。

(3) 旅游者之间的互动可能存在主动发生和被动发生两种情况。从均值来看，其他旅游者主动与己方交流（己方处于被动状态）占据首位，其次是主动参与到与其他旅游者的交流中、主动与其他旅游者交流，最后是其他旅游者邀请己方加入他们的交流中。从具体频率来看，"其他旅游者主动与己方交流"的频率（图6-

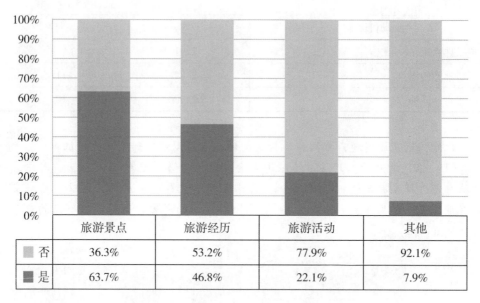

图6-11 旅游者在社会互动中所分享的内容

12，左图）在"一般"及以上的有63%，"主动与其他旅游者交流"的频率在"一般"及以上的有50%（图6-12，右图），"主动参与到与其他旅游者的交流"的频率在"一般"及以上的有54%（图6-13，左图），"其他旅游者邀请己方加入他们的交流中"的频率在"一般"及以上的有47%（图6-13，右图）。这在一定程度上反映了互动的被动性。所以，只有动机足够强烈的旅游者之间才能产生互动。

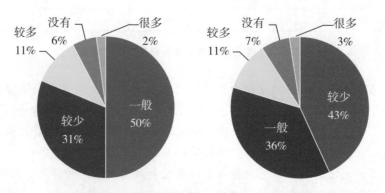

图6-12 其他旅游者主动与己方交流（均值2.73，左图）及主动与其他旅游者交流（均值2.58，右图）的频率

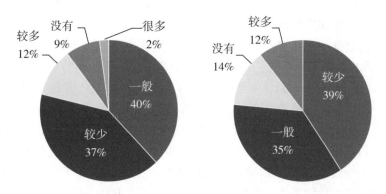

图6-13 主动参与到与其他旅游者的交流中（均值2.59，左图）及其他旅游者邀请己方加入到他们的交流中（均值2.45，右图）

二、旅游者之间的社会交往：以背包客为例

1. 背包旅游

背包旅游（backpacking，也作"背包旅行"）是一种现代旅游形式。洛克-墨菲和皮尔斯（Loker-Murphy & Pearce, 1995）将背包客定义为一群年轻的、预算有限的旅行者。他们喜欢廉价的住宿，注重与其他人（当地人和外地人）交流，有独立组织和灵活的行程，时间更长而非短暂的假期，并强调非正式的和参与性的娱乐活动。这一定义为后续诸多学者所采纳（例如，Chen, Bao, Huang, 2014a, 2014b; Chen & Huang, 2017; Chen, Huang, Hu, 2019）。在背包客的社会学分析中，研究者们通常将现代背包客的历史追溯到早期的两种旅行形式，这两种旅行形式非常广泛，得到青少年和年轻人参与追崇。第一个是17—18世纪的"大旅行"（grand tour），是欧洲贵族以启蒙教育为目的的旅行。第二种是徒步旅行，自中世纪以来就受到欧洲工人阶级青年的青睐。前者是一种"自上而下"的文化民主化，后者便是"由下而上"的文化传统的流动。这些融合的旅行文化部分地解释了当代背包客的异质性，包括浪漫主义旅游思想和实践，比如把工作和旅行结合起来。

背包旅游所独有的特质得到了社会和学术界的广泛关注。科恩（Cohen, 1972）在旅游者经验和角色分类的概念框架内讨论了背包客问题。在最初的分类中，他依据旅游者对旅游的熟悉程度和猎奇性，对他们进行了分类，例如，"漂泊者"和"探险者"。20世纪80年代，随着背包客数量的显著增长（与整个旅游业的增长相一致），背包旅游以独特的属性和显著的异质性被视为现代旅游的一个亚类。

背包客可能会因年龄不同而有所区别，而且部分"非背包客"旅行者确实也使用背包客惯常的住宿场所——青年旅舍。虽然各个国家（文化）对背包客有不同的界定，但通常而言，背包客包括那些在不同人生阶段（例如，gap year，常译为"间隔年"）之间旅行的人，但其他人则多是全职工作的旅行者，也包括打工度假者（working holiday-makers）。类似于旅游的定义，对背包客及背包旅行进行概念性的界定通常是较容易的（例如，上文提及的洛克-墨菲和皮尔斯的定义），但在实际的研究和实践中，不同学者或国家采用不一样的操作化定义。例如，陈钢华、保继刚和黄松山（Chen, Bao, Huang, 2014a）曾对现有研究中不同的背包客操作化定义进行过梳理。他们发现：旅行时长、住宿设施、年龄、旅行线路与活动、行李等曾被广泛地用于界定谁是一个背包客、谁不是一个背包客。在陈钢华等学者有关中国及西方背包客的系列研究（Chen, Bao, Huang, 2014a, 2014b; Chen & Huang, 2017; Chen, Huang, Hu, 2019）中，他们结合中国国情，背包客被操作化地界定为背着高过头的大背包做长途旅行、主要住宿设施为青年旅舍的自助旅行者。

> **课堂讨论6-2**
>
> 问题：结合上文有关背包客的论述，结合中国或其他国家（地区）的具体情境，讨论应该如何来界定谁是一个背包客。
>
> 讨论要点：见本书附录。

知识链接6-1 志愿旅行、"间隔年"、打工度假

Volunteer holiday 或 volunteer travel 的中文翻译为"义工旅行"或"志愿旅行"。这样的旅行方式在国内是一种很新鲜的概念。但在国外，其实是一种非常流行的旅行方式。外国人为什么喜欢义工旅行，有四点原因：第一，献出自己的爱心。第二，深入了解当地文化。第三，结交当地还有来自不同国家的不同文化的人，了解不同的文化和不同的理念。第四，释放自我，在一个美丽的环境中过上一段平淡的生活。把自己的旅行变得有意义，其实真是一件非常美妙的事情，跟"多背一公斤"的思想非常接近。义工旅行适合以下人群：其一，有爱心的人，有责任心的人，有团体纪律的人；喜欢跟别人沟通，喜欢张眼看世界的人；希望锻炼自己的个人能力的人；想释放自我的人。

"间隔年"（gap year）旅行是西方国家的青年在升学或者毕业之后、工作之

前，做一次长期的旅行，让自己在步入社会之前体验与自己生活的社会环境不同的生活方式。其间，学生离开自己国家旅行，通常也适当做一些与自己专业相关的工作或者一些非政府组织的志愿者工作。这样可以培养学生的国际观念和积极的人生态度，学习生存技能，增进学生的自我了解，从而让他们找到自己真正想要的工作或者找到更好的工作，更好融入社会。

"打工度假"（work and holiday arrangement，简称 WHA）是一些欧美国家流行的现象。这些国家的年轻人往往在完成学业后、开始正式地工作之前，花费大约一年时间到遥远的国外旅行，在此期间在当地打工赚取生活费用。目前，中国大陆公民可以申请打工度假签证的国家只有澳大利亚和新西兰。值得一提的是，许多人认为打工度假签证是旅游签证，事实上打工度假签证是一个工作签证，与旅游签证有本质区别。打工度假签证可以在符合条款要求的前提下进行全职的带薪工作或参加全职课程学习，例如，可以在领略新西兰秀美风光的同时，充分感受这里的社会人文风情。但是，移民局同时强调，这一签证的持有者，来到新西兰的最主要目的应当是"度假"，工作和学习应当被视作"非首要意图"。①

知识链接 6-2　　　　　　　　　　　　中国"驴友"

在中国，正在崛起一批背包客。他们背着帆布背包，带着户外探险的用具，看起来和西方国家的背包客没什么两样，也和他们一样崇尚着自由。然而，在似乎相同的外表下，他们表现出了一些"中国特色"。有研究（Lim，2008）表明，首先，在中国，背包旅游是一个以网络为主的现象。因此，在线和离线活动都是整个背包活动的组成部分。其次，中国背包已经进化出独特的语言和行为守则，使这个群体成为一个独特的文化实体。这一群体的共同名称为"驴友"。最后，中国背包远非旅游文学中西方背包客所描绘的那种无忧无虑的风格，而是蕴含着特定的核心价值观和精神气质，这些价值观和精神支撑着中国背包客的群体内部。这些价值观和精神的实施主要是通过面对面互动和在线活动这两个相互关联的环境之间的持续互动来实现的。

---

① "义工旅行"词条，见百度百科（http://baike.baidu.com/view/4531606.htm）；"间隔年"词条，见百度百科（http://baike.baidu.com/view/1637881.htm）；《新西兰打工度假签证 7 月 8 日将开放申请》，见中国新闻网（http://www.chinanews.com/hr/2014/05-28/6223130.shtml）。

> **同步练习 6-1**
>
> 结合本章有关背包客（背包旅行）的知识以及知识链接 6-1、6-2，回答如下问题：
>
> 问题 1：背包旅行与志愿旅行、"间隔年"（旅行）、打工度假分别是什么关系？
>
> 问题 2：除了知识链接 6-2 所述异同外，背包旅行（背包客）与国内社会广泛使用的"驴行"（"驴友"）还有哪些异同？

2. 背包客之间的社会交往

墨菲（Murphy，2001）的研究发现，背包客之间的互动是旅游者选择背包旅行这种出行方式的重要影响因素。陈钢华、保继刚和黄松山（Chen，Bao，Huang，2014a）对中国背包客出行动机的研究也发现，社会交往是他们最重要的出行动机之一。目前，有关背包客或旅游者之间互动的研究，主要涉及互动的动机、影响因素、类型以及文化特性等。具体而言，背包客之间互动的影响因素主要包括婚姻状况、旅游服务态度、组织社会交往活动的能力、背包客的旅游文化等（Sørensen，2003）。菲斯克和格鲁夫（Fisk & Grove，1997）将旅游者之间的互动行为分为礼仪事件和社交事件。礼仪事件包括与他人的身体接触、陌生旅游者之间愉悦的交流以及其他礼仪事件，社交事件则包括旅游者之间的相互帮助、相互推荐旅游线路和旅游产品等。川尔和瑞恩（Trauer & Ryan，2005）分析了散客间互动的行为文化。他们认为，旅游中的亲密关系可以借用斯坦恩（Stern，1998）的"相识—相交—持续—解散"模型来解释。也就是说，旅游者首先感知到旅游中"志同道合"的同伴的情感影响，继而将这种关系进行持续和深化，直至旅游结束。同时，在旅游中形成的亲密关系还会延续到他们回归后的日常生活；旅行结束后，网络为背包客的继续沟通和约会提供了便利，他们能够继续之前互动的话题（Murphy，2001）。彭丹（2013）提出了一个旅游者与旅游者之间社会关系演变的概念模型，认为旅游当中的社会关系会出现不同的发展进程，可能会出现以下三种情形：第一种情形是，原本互不认识的陌生人，结束旅游后依旧是陌生人。第二种情形是，原本并不认识的旅游者在旅游中发生互动，并可能形成临时群体并一同出游；旅游结束后，双方可能不再联系，也可能继续保持联系。第三种情形是，原本相识的旅游者在旅游中进一步交往，旅游结束后彼此之间的社会关系可能强化、保持不变或是恶化。

越南学者裴氏香与其同事（Bui & Wilkins，2016）开发了一份针对亚洲背包客之间社会互动的测量量表。这份量表包括如下 6 个维度：动机（motivation）、相似性（similarity）、关联（connection）、避免相似性（similarity avoidance）、区别（distinction）、推荐（recommendation）。具体而言，在出行前（学习者），亚洲背包客之间社会互动的动机（原因）可能是出于朋友的背包出行经历及推荐；在出行过程中（实践者），亚洲背包客会关注（做到）如下方面，寻求相似性（例如，与那些更容易相处的人交往，与讲类似语言的人交往），寻找志同道合的同行者，但会努力避免熟知自己个人隐私的人；旅行结束后（导师），亚洲背包客想让自己成为惯常环境中人们所羡慕的人，并向周围的人讲述自己背包旅行的经历，推荐亲朋好友背包出行。在上述研究发现的基础上，两位研究者总结了亚洲背包客社会互动的过程，如图6-14所示。

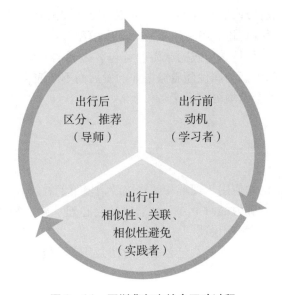

图6-14 亚洲背包客社会互动过程

同步练习6-2

结合本章有关背包客（背包旅行）的知识以及图6-14所示的亚洲背包客社会互动过程，回答如下问题：

问题1：背包客社会互动过程是否一定严格按照如图所示的顺序进行？

问题2：其他类型的旅游者之间的社会互动过程是否也遵循上述过程？

问题3：亚洲背包客之间的社会互动过程与其他地区或文化背景下的背包客之间的社会互动过程有何异同？

> 本章小结

1. 社会互动在微观上指的是个人与个人、个人与群体、群体与群体之间产生相互影响、相互作用的过程。从宏观上来看，社会互动指的是社会上个人与社会、自然以及社会各个基本要素（如社会、经济、政治、文化）之间发生相互影响、相互作用的过程。

2. 旅游社会交往行为理论主要有：主客交往理论、社会交换理论、参照群体理论、拟剧理论、社会交往情境模型等。

3. 在旅游中，居民视角的主客交往理论有："愤怒"指数理论、旅游地社会承载力理论、社会表征理论等。游客视角的主客交往理论有：科恩基于社会交往的旅游者分类、旅游凝视理论、跨文化敏感性发展模型等。

4. 背包旅游是一种特殊形式的旅游。背包客之间的互动属于旅游者之间互动的范畴。背包旅行的内涵与属性随着旅游业的发展而不断演化。分析背包客之间的社会互动可以运用社会情境分析框架。

> 思考题

1. 参照群体理论如何用于理解和解释旅游情境下的社会互动？请举例说明。
2. 旅游地社会承载力的两个方面（居民社会心理承载力和和旅游者社会心理承载力）如何协调？请举例说明。
3. 不同社会文化背景下的背包客之间的社会互动可能会存在哪些障碍？

> 案例分析题

海外背包客青睐澳大利亚，中国大陆游客旅游消费最多

据澳洲网报道，近些年来，越来越多海外人士选择去澳大利亚度假，包括大量来自世界各地的背包客，他们在澳大利亚边打工边旅行。

据澳大利亚旅游局（Tourism Australia）近日公布的最新官方数据显示，正是这些赴澳打工度假的人，推动了澳大利亚总体游客人数以及旅游业实现不断增长。值得一提的是，中国大陆游客依然是在澳旅游消费最多的海外游客。

背包客中，英国年轻人最多。据报道，对于赴澳度假的年轻人而言，边打工边度假这种方式最受欢迎，他们便是所谓的背包客。这些人持打工度假签证去到澳大利亚，通常在农场打工，居住在青年旅社或租房子住。在这些年轻的海外背包客中，英国人最多。据澳大利亚旅游局公布的数据，在截至2017年6月的1年内，共有6万名英国背包客去到澳大利亚，占全部赴澳背包客总数的18%，为最大的海外背包客群体。而紧随其后的则是韩国、德国和中国台湾背包客，同期这3个地区赴澳背包客人数均达到3.3万人。[①]

问题：结合本章有关背包旅游、志愿旅行、"间隔年"、打工度假等的知识，讨论：

（1）为什么中国背包客相对而言赴海外旅行的较少？相比之下，为什么英国背包客偏好去澳大利亚旅行？

（2）同样是亚洲国家或地区，为什么韩国和中国台湾地区有大量背包客前往澳大利亚旅行？

[①] 中新网：《海外背包客青睐澳大利亚，中国大陆游客旅游消费最多》，见旅讯网（http://www.travel-weekly-china.com/61486/）。

第七章　旅游者满意度

学习目标

1. 了解顾客满意度的理论及模型。
2. 掌握旅游者满意度的概念、特点和影响因素。
3. 掌握旅游者满意度的测量方法。
4. 理解旅游者满意度的影响。

引导案例

2016年度浙江省游客消费与质量评价调查报告出炉

什么样的旅程最令人满意？随着生活质量的渐渐提升，"旅游"对于每个人而言都不再是遥远的命题，而"旅游口碑"也占据了越来越重要的位置。回顾2016年，"诗画浙江"旅游品牌在"后G20"时代的驱动下，吸引了越来越多国内外"粉丝"① 前来观光。那么，当这些五湖四海的客人们怀着期待而来，他们是否也一样满意而归呢？

2017年3月13日，由浙江省旅游局指导，浙江省旅游质量监督管理所和浙江在线新闻网站联合主办的"2016年度浙江省游客消费与质量评价调查报告"发布会在宁波举行，浙江省旅游局副局长许澎和中国旅游研究院院长、国家旅游局数据中心主任戴斌出席了发布会。

该年度报告由中国旅游研究院通过线上线下的科学调研而形成，涵盖了浙江省12个城市和5A级景区，对餐饮、住宿、旅行社等旅游业态进行多维度的数据挖掘和分析，是对浙江旅游口碑形象的一次权威盘点。

2016年浙江省游客消费与质量评价调查报告显示，在过去的一年中，浙江省游客的整体满意度为76.82，全年满意度综合指数相对稳定，各个地市满意度也基本稳定在"满意"和"基本满意"之间。宁波、绍兴、舟山以较为

---

① "粉丝"是一个英语单词fans的音译。fan是"运动、电影等的爱好者"的意思，fans是fan的复数，就是追星群体的意思。粉丝就是指支持者。

明显的优势位列年度满意度前三,而杭州则较受网友们青睐,是当之无愧的年度"网红"目的地。

综合全年情况来看,浙江省旅行社服务和住宿服务的满意度指数相对较高,较往年有了较大提升。除此之外,2016年度5A景区游客满意度综合指数为79.57,景区环境和住宿的满意度评价较高,这与浙江省大力推行的"厕所革命"等一系列旅游环境和市场综合治理工作密不可分。

通过调查报告可以看出,生态环境、人文底蕴依然是决定旅游产业发展的重要因素。在收获点赞较多的城市中,宁波、舟山以优质的海洋生态环境获得了市场的认可,绍兴市老牌5A级景区鲁迅故里完善的旅游服务多年来一直被游客们所认可。

网络评选中摘取榜首的杭州则在G20盛会的洗礼下发展到更高的水准,而丽水则是将"全域旅游"建设落实到了旅游业的一点一滴中,好空气和好生态的打造,也让这颗"绿谷明珠"在旅游口碑方面获得了质的飞跃。

浙江省旅游局副局长许澎也在会上指出,游客评价是促进旅游产业发展的有效抓手,服务质量提升永无止境。"十三五"规划期间,旅游公共服务体系提升仍是浙江旅游产业发展的重点。这也是浙江省游客消费与质量评价报告带来的宝贵经验。①

从上文的描述中,大家可以发现,旅游者满意度受到各方的重点关注。那么,什么是旅游者满意度?关于它,又有哪些经典的理论?旅游者满意度有哪些基本特征?哪些因素会影响到旅游者的满意度?既然旅游者满意度那么重要,我们如何来测量它?在了解到旅游者满意度的高低及其影响因素之后,我们可以通过哪些途径来管理和提升旅游者满意度?本章将对这些问题进行详实回答,并就相关议题展开论述。

第一节 顾客满意度

1965年,美国学者卡多佐(Cardozo,1965)首次将"满意度"概念引入营销领域。20世纪80年代以来,顾客满意(又称"顾客满意度")一直是营销领域和

---

① 浙江在线:《2016年度浙江省游客消费与质量评价调查报告出炉》,见新华网(http://www.zj.xinhuanet.com/zjTravel/20170313/3677544_c.html)。

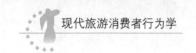

消费者行为领域的研究热点之一。关于什么是顾客满意，不同的学者有不尽一致的界定。这些不同的界定，可以从经典的顾客满意理论（模型）中得以管窥。下文主要介绍四个经典理论：期望—实绩理论、顾客消费经历比较理论、顾客需要满足程度理论和服务质量理论。

一、期望—实绩理论

期望—实绩理论，又称"期望不一致理论"。这一理论由美国学者奥立佛（R. L. Oliver）提出，认为顾客在购买产品或服务之前先根据过去的经历、广告宣传以及亲朋好友的推荐等途径，形成对产品或服务特征的期望，然后在购买和使用中感受产品和服务的绩效水平，最后将感知到的产品或服务绩效与期望进行比较，由此可能出现以下三种情况（Oliver, 1980）：其一，当感知绩效符合期望时，顾客既不会满意也不会不满意；其二，当感知绩效超过期望时（积极的不一致），顾客就会满意；其三，当感知绩效低于期望时（消极的不一致），顾客就会不满。可见，顾客满意度依赖于顾客对企业服务质量的感知。只有满意的顾客才会重复购买企业的产品和服务，才会对企业产生良好的口碑宣传作用。也就是说，顾客的满意感会对顾客忠诚感的培育产生积极的影响。

二、顾客消费经历比较理论

20世纪80—90年代，伍德洛夫（R. B. Woodruff）等学者从心理学、管理学的角度进行研究，提出需求也是顾客满意度的基本决定因素，进一步扩展和补充了"期望—实绩理论"。1987年，伍德洛夫、卡杜塔和简金思首次提出了以顾客消费经历作为标准的顾客满意形成理论（Cadotte, Woodruff, Jenkins, 1987）。他们认为，顾客对某产品或其他同类产品的消费经历会影响顾客的满意形成过程。顾客会根据以往消费经历，逐渐形成三类标准：其一，以最佳的同类产品或服务绩效为标准；其二，以一般的同类产品或服务绩效为标准；其三，以某企业产品或服务的正常绩效为标准。

三、顾客需要满足程度理论

1983年，韦斯特卜洛克和雷利（Westbrook & Reilly, 1983）提出了"顾客需要满足程度理论"。他们认为，顾客满意是一种喜悦的心理状态，这种心理状态源于顾客消费某一产品或服务获得的满足感。相反，顾客不满意是一种不愉快的心理状态，这种心理状态源于顾客没有从产品或服务的消费行为中得到满足。除此之外，顾客需要的变化也可以解释为什么顾客对某一产品的评价可能随着时间而变化，即使产品的表现能够一贯地符合其期望。

四、服务质量理论

美国市场营销学家帕拉休拉曼等（Parasuraman，Zeithaml，Berry，1985）提出了服务质量理论。这一理论以奥立佛（Oliver，1980）的期望—实绩理论为基础，从服务提供和服务传递两个角度解释了顾客满意的影响因素，并由此建立了一种新的服务质量评价模型[①]，即 SERVQUAL（Service Quality）模型，也称期望差距模型。总的来说，服务业顾客满意度是在之前的顾客满意度研究的基础上发展起来的，并在以往顾客满意度研究的基础之上建立起服务业顾客满意度理论。SERVQUAL 模型在服务业（包括旅游与酒店行业）受到了广泛的应用。期望差距模型从有形性、可靠性、响应性、保证性及移情性五个维度对服务业顾客满意度进行测评。有关 SERVQUAL 模型在旅游消费者行为研究与实践中的应用，见知识链接 7-1。

知识链接 7-1　　　　SERVQUAL 模型及其对服务质量的测量

服务质量（service quality）是指服务能够满足规定和潜在需求的特征和特性的总和，是指服务工作能够满足被服务者需求的程度。这一定义中，特性是用以区分不同类别的产品或服务的概念，例如，旅游有陶冶人的性情、给人愉悦的特性；酒店有给人提供休息、睡觉的特性。特征则是用以区分同类服务中不同规格、档次、品味的概念。依照服务质量的定义，可以做出如下界定：旅游服务质量是指旅游服务能够满足规定和潜在需求的特征和特性的总和，是指旅游服务工作能够满足旅游者需求的程度。

在主流的服务质量管理以及旅游服务质量管理领域，SERVQUAL 模型作为一个服务质量评价体系和管理体系被广为运用。其理论核心是"服务质量理论"，即服务质量取决于用户所感知的服务水平与用户所期望的服务水平之间的差别程度（因此，又称为"期望—感知"模型）。其计算公式为：SERVQUAL 分数 = 实际感受分数 - 期望分数。SERVQUAL 将服务质量分为五个维度：有形设施、可靠性、响应性、保障性、移情性（情感投入），每一维度又被细分为若干个问题。通过调

---

① 理论是对某个现象或行为，在一定的边界条件和假设下提出解释和预测的一整套系统性的相关构念和命题。模型代表了所研究的体系，并为研究该体系的部分或全部内容而建立。模型与理论的不同之处在于理论用于解释，而模型则用于表达。模型可以是描述性的、预测性的或规范性的。

查问卷的方式,让用户对每个问题的期望值、实际感受值及最低可接受的值进行评分,并由其确立相关的22项具体的指标来说明。然后,通过问卷调查、顾客打分和综合计算得出服务质量的分数。

第二节 旅游者满意度的构成与特征

一、什么是旅游者满意度

旅游者满意度是旅游领域的经典研究话题,并且一直是热门研究话题。美国学者匹赞姆(Pizam,1978)对旅游目的地旅游者满意度的研究为旅游者满意度的理论研究奠定了基础。关于旅游者满意度概念的界定,不同学者有不同的看法。从表7-1可以看出,大多数的旅游者满意度定义是以"期望不一致理论"为基础,重点强调旅游者对旅游过程的期望与实际旅游体验的比较。但也有一些学者以"顾客需要满足程度模型"为基础对旅游者满意度进行界定,重点强调在旅游过程中旅游者的旅游体验满足其需要的程度。有关旅游者满意度的理论是涉及旅游者消费行为和景区(目的地)服务管理的重要理论。受服务质量管理和顾客满意度理论的影响,且因为旅游业本质上的服务业属性,现有的旅游者满意度理论基本上都沿用服务管理领域的顾客满意度理论。

表7-1 国外旅游者满意度概念研究概况

年 代	学 者	主要观点
1978	匹赞姆(Pizam)	旅游者满意是旅游者对目的地的期望与在目的地的体验相比较的结果。如果旅游体验高于期望值,那么旅游者是满意的
1980	比尔德和拉吉卜(Beard & Ragheb)	旅游者满意是"积极的"感觉或感知,是建立在旅游者期望与实地体验相比较的正效应的基础上的
1998	崔博和施纳斯(Tribe & Snaith)	旅游者满意度是旅游者在旅游过程中的旅游体验满足其期望和需求的程度
2000	贝克和克朗普顿(Baker & Crompton)	旅游者满意度是旅游者对旅游目的地的旅游景观、环境、基础设施、接待服务以及娱乐活动等方面满足其旅游活动需求程度的综合评价

续表 7-1

年 代	学 者	主要观点
2005	赖辛格和特纳（Reisinger & Turner）	旅游者满意度是旅游者对游前预期和游后感知的一种判断。如果旅游者完成旅游活动之后，感到愉悦，则他对这次旅游活动是满意的；如果他感到不愉悦，则他对这次活动的评价是不满意的

基于以上的阐述，本书将旅游者满意度界定为：旅游者对一项旅游产品或服务可以感知的体验效果（或结果）与预期期望值相比较之后所形成的正差异（满意）或负差异（不满意）的心理状态。

二、旅游者满意度的阶段特征

鉴于旅游者满意度对旅游产品设计和服务设计的影响，研究旅游者满意度的驱动因素是旅游管理与营销机构最关注的领域。旅游者满意度的影响并不局限于产品和服务的消费，还可能带来积极的未来行为结果，例如，增加重游目的地的意向、提高目的地声誉、增加旅游者的目的地忠诚度以及正面的口碑宣传。而且，现有研究证实，旅游者满意度是服务质量、目的地形象、旅游动机、感知价值等因素共同作用的结果。因为旅游者的行为模式取决于发生在旅游前、旅游中和旅游后的复杂过程的多个变量间的广泛的关系，旅游者满意度被认为是多层面混合的体验。

旅游者满意度是指旅游者通过对比旅游活动过程的感知和事先预期所产生的心理差距。如果实际感知超过活动前预期，旅游者就会感到满意，差距越大，旅游者就越满意。反之，负向差距越大表明旅游者满意度越低。但在旅游的全过程中，旅游者的满意度受到多种因素的多重复杂的影响。如果旅游者期望从目的地获得的满意度太低，可能会导致旅游活动难以产生。因此，目的地旅游者满意度实质上是一个动态变化的过程，从旅游动机的产生到旅游活动的结束，在旅游体验的不同阶段，旅游者满意度会经历期望满意度、体验满意度、评价满意度和后旅游满意度四个阶段，具体如下所述：

（1）期望阶段满意度：目的地吸引力越大、美誉度越高，旅游者出游动机就越强烈，所期望的满意度也就越高，反之则越低。

（2）体验阶段满意度：随着旅游体验的开展，旅游者将出游前的期望转化为旅游实践，满意度会存在增大、稳定和减少三种可能。这三种可能性均会影响到评价阶段和后旅游阶段的满意度的高低。

（3）评价阶段满意度：旅游者对整个旅游过程的满意度进行期望—感知差异

化的总体评价，评价越高，满意度越大。

（4）后旅游阶段满意度：旅游体验结束后，旅游者表现出忠诚或抱怨。满意度越高，旅游者越愿意重游或者将目的地推荐给其他旅游者，则越能提高目的地潜在旅游者所期望的满意度。而抱怨度越高，则越可能造成满意度严重下降，从而会对目的地带来负面口碑，进而影响目的地潜在旅游者所期望的满意度。

三、旅游者满意度的部门构成

由于旅游是一个整体性的活动，旅游者满意度的形成也是一个整体性的心理感知过程。旅游者满意度主要是通过他们在旅游目的地接触到的"软环境"及旅游活动中的要素而形成的。一般而言，旅游学界和业界普遍认为，旅游者的体验主要涉及"食、住、行、游、购、娱"六要素。旅游者在这六要素（或其他要素）上的满意度会影响甚至决定其总体的满意度。例如，在香港理工大学开发的"理大旅客满意度指数"（PolyU Tourist Satisfaction Index）即由酒店、餐饮、零售、景点、交通、出入境服务六个方面的部门满意度构成并影响。具体而言，旅游学者对以下领域内旅游者的满意度或对其总体满意度的影响进行了探索。

（1）餐饮。窦尚孝（2015）运用 IPA 分析法（importance-performance analysis）研究中国出境旅游者对韩国饭店服务质量的满意度，发现中国旅游者对济州岛饭店服务的整体满意度较高，但在与语言有关的服务项目以及餐饮项目上的满意度较低。季明洁等（Ji, Wong, Eves, Scarles, 2016）提出了一个旅游饮食体验框架，即"与食物相关的个性特征→新奇食物消费→满意度→旅游结果"。研究发现：个性特征和新奇食物消费能够预测旅游者对食物的满意度。也就是说，与食物有关的个性特征和新奇食物消费能够正向地影响消费者对食物的满意度。对追求低新奇水平的食物的旅游者来说，他们的低期望更容易得到满足。

（2）住宿。赖嘉伟和希区柯克（Lai & Hitchcock, 2017）采用偏最小二乘非对称影响分析法（PLS impact-asymmetry analysis）探讨澳门高档酒店满意度的因子结构，研究发现，初次出游者（first-timers）喜欢标志性观光景点，但是，由于他们不熟悉酒店提供的服务，一旦他们获得之前未曾体验过的优质服务，就会产生高水平的幸福感，因此，他们相对来说更容易被满足。重复旅游者熟悉酒店服务，因此，有比以前更高的期待，并不容易被满足，而且会对一些服务表示不满意，喜欢对比不同酒店的服务质量。频繁旅游者熟知每个服务项目的质量，他们的期望基于熟悉性。有学者（Liu, Teichert, Rossi, et al., 2017）基于 TripAdvisor（"猫途鹰"网站）上位于中国 5 个城市的 10149 个酒店的 412784 条用户评论，从评论的语言差异角度为理解酒店顾客整体满意度的决定因素提供新的见解。研究发现，说不同语言的外国（如英、法、德、意、葡、西、日、俄）旅游者对酒店不同属性

（如客房、地点、整洁、服务、价值）的关注重点存在很大差异。同时，中国国内旅游者展现了对酒店相关属性（如客房、服务、价值）的独特偏好。

（3）交通。有学者（Ali，Kim，Ryu，2016）基于对马来西亚吉隆坡国际机场271位受访者的问卷调查，研究了国际机场的实体环境对乘客愉悦（passenger delight）和满意度的影响，以及国家认同在其间的调节作用。他们把机场实体环境分为"布局便利性""设施氛围与审美""功能性""整洁性"四个维度，研究结果证实了它们对乘客愉悦和满意度的影响以及国家认同的调节作用。亦即对不同文化背景的乘客而言，实体环境对他们的愉悦和满意度的影响是有差异的。

（4）游览。罗杰等（Rodger，Taplin，Moore，2015）运用随机试验方法检视了偏远国家公园中的服务质量属性（管理人员的存在、信息提供）与旅游者满意度和忠诚度之间的因果关系。研究结果表明，尽管对两个服务质量属性的实验操纵确实显著改变了旅游者感知服务绩效，但是，它们对旅游者满意度并没有显著的影响。杰森等（Jensen，Li，Uysal，2017）以挪威北部4个旅游景点的632个旅游者为样本，探讨不同的在场因素对旅游者感知和评价的不同影响。研究表明，在不同景点和不同旅游者类别中，旅游者对"演示平台"和"配套服务"的感知有显著差异，高科技和传统的演示平台对不同景点的旅游者满意度的影响有显著差别。

（5）购物。台湾学者（Tseng，2017）以具有高不确定性规避（uncertainty avoidance）的台湾在线旅游者（online tourists）为例，通过实验法研究旅游者在线购买行为满意度的影响因素。结果表明，后悔倾向（tendency-to-regret）在购后认知失调（post-purchase cognitive dissonance）的完全中介作用下影响在线购买满意度。也就是说，高不确定性规避的在线购买者的后悔倾向越强，则在购买后越可能体验到购后认知失调；购后认知失调感越强，则购买满意度越低。

课堂讨论 7-1

问题：结合上文有关顾客满意度、旅游者满意度的论述，讨论旅游者满意度的特点。

讨论要点：见本书附录。

第三节 旅游者满意度测量模型

一、期望—实绩模型

1980 年,美国学者奥利弗(Oliver,1980)提出了期望—实绩模型(理论),又称"期望不一致"模型。如图 7-1 所示,在旅游消费领域,根据该模型,旅游者在购买之前先根据过去的经历、广告宣传等途径,形成对目的地(旅游产品)或服务绩效特征的期望,然后在购买和使用中感受到目的地(旅游产品)或服务的绩效水平,最后将感受到的绩效与其之前的期望进行比较。比较的结果有三种情况:①如果感受到的绩效低于之前的期望,则会产生负的不一致,旅游者就会产生不满;②如果感受到的绩效超过之前的期望,则产生正的不一致,旅游者就会产生满意;③如果感受到绩效与之前的期望相同,则两者达到了协调一致,不一致为零。

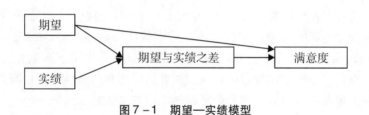

图 7-1 期望—实绩模型

资料来源:Oliver,1980。

期望—实绩模型一经提出就得到了许多学者的支持,但也有不少学者提出质疑。例如,斯旺和马丁(Swan & Martin,1981)的研究结果表明,期望与实绩之差对顾客满意程度并没有显著的影响。奥利弗(Oliver,1980)认为,期望与满意度间存在正相关,但丘吉尔和苏普利南特(Churchill & Suprenant,1982)认为,期望与满意度之间呈负相关关系。我国学者汪纯本(Wang,1990)也指出,顾客期望并不直接影响顾客满意度,而是通过实绩(期望与实绩之差)间接影响顾客满意度。

同步案例 7-1 "期望—实绩"模型在夏威夷以及马尔代夫实际调查中的运用

近年来,越来越多的旅游目的地的政府主管部门开始对旅游者满意度进行调查和监测。例如,夏威夷旅游局开展的旅游者满意度监测报告(visitor satisfaction monitoring report)已经连续发布了数年。这一调查直接采用"超过预期""达到预期""未达到预期"三个选项各自的百分比来表征旅游者的总体满意度。表7-2展示了2014年至2017年前两个季度各主要客源地的旅游者中表示此行超过预期的比例。其中,总体而言,认为"此行超过预期"的比例最高的是来自欧洲的旅游者,而该比例最低的则是来自中国的旅游者。

表7-2 夏威夷旅游者满意度调查(认为"此行超过预期"的比例)

(单位:%)

客源地	2014年				2015年				2016年*				2017年*	
	Q_1	Q_2	Q_3	Q_4	Q_1	Q_2	Q_3	Q_4	Q_1	Q_2	Q_3	Q_4	Q_1	Q_2
美国西部	33	34	38	34	35	38	37	40	42	44	42	42	40	45
美国东部	45	53	51	46	43	51	47	53	50	53	56	53	50	54
日本	29	31	35	36	33	34	35	35	37	39	37	39	45	41
加拿大	35	46	54	39	37	45	43	40	44	50	51	46	38	48
欧洲	48	40	55	52	56	53	51	48	57	54	52	53	53	53
大洋洲	38	33	37	40	41	40	31	35	39	37	39	39	41	36
中国	—	—	—	—	—	—	—	—	28	21	9	16	20	26
韩国	—	—	—	—	—	—	—	—	55	59	53	55	55	52

注:Q_1表示第一季度,以此类推。*表示初步数据。①

此外,马尔代夫旅游部(Ministry of Tourism)发布的最新市场调查(Maldives Visitors Survey —September 2017)显示,其开展的满意度调查也是采用类似的问题,直接问受访者是否认为"满足了度假预期"。如图7-2所示,日本旅游者和中国旅游者(含大陆、台湾、香港和澳门)的满意度最低,分别只有84%的日本受访者和89%的中国受访者认为此次马尔代夫之行"满足了度假预期"。

---

① Hawaii Tourism Authority. "Second Quarter 2017 Visitor Satisfaction Monitoring Report". http://www.hawaiitourismauthority. org/default/assetsFilereports/visitor – satisfaction/VSAT% 202nd% 20Quarter% 202017% 20(FINAL).pdf.

> **同步练习 7-1**
>
> 目前，在满意度测量中占统治地位的是期望—绩效模型（"期望不一致"模型）。但是，该模型最初是用于测量消费者对于一般功能性消费品的满意度。该模型的一个重要前提条件是预测性的旅游期望存在，并且将其作为满意度的比较标准。结合本章有关旅游者满意度的定义及测量模型的知识，回答以下问题。
>
> 问题1：在旅游消费与体验领域中，预测性旅游期望是否存在？
>
> 问题2：旅游者满意度是不是期望与不一致（差异）的函数？

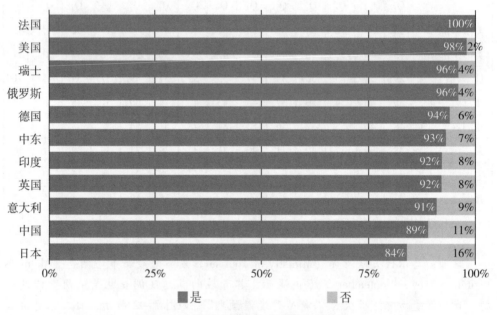

图 7-2　马尔代夫旅游者满意度调查[①]

二、情感模型

旅游活动具有明显的体验尤其是情感体验特征。旅游者在旅游活动中会经历高兴、愉快、失望等一系列情感。旅游服务与消费过程既是旅游者对旅游服务质量的认知过程，也是旅游者的情感体验过程。旅游者在消费过程中经历的情感会影响他

---

① Ministry of Tourism (Maldives). "Maldives Visitors Survey – September 2017". http://www.tourism.gov.mv/packages/maldives–visitors–survey–september–2017/.

们对旅游消费经历的评估。经过不断的探索，许多学者发现顾客消费过程中除了对产品和服务的感知会影响满意度外，消费情感也会对满意度产生显著影响。奥利弗（Oliver, 2000）在不断完善其顾客满意度研究的基础上于2000年提出了情感模型，如图7-3所示。与1980年他提出的期望差异理论（期望—实绩模型）相比，奥利弗认为，不仅期望与实绩之间的差异会影响满意度，而且整体情感以及其他比较结果都会对顾客满意度产生影响。在旅游研究领域，法朗特等（Faullant, Matzler, Mooradian, 2011）认为体验式的旅游活动（如爬山）可以激发强烈的情感进而影响旅游者满意度。法朗特等学者把持久的个人性格特征与两个基本的情感——"喜悦"和"恐惧"联系起来，并检验在爬山体验的情境下这两个基本情感在满意度形成过程中的作用。

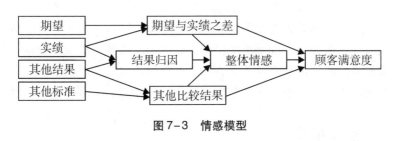

图7-3 情感模型

资料来源：Oliver, 2000。

三、公平性模型

鉴于学术界对期望—实绩模型提出了质疑，奥利弗（Oliver, 1997）在实证研究的基础上不断对其进行完善（图7-4）。他指出，满意度是比较的结果。顾客要判断自己对消费经历的满意程度，就必须对服务实绩与某一标准进行比较。服务公平性就是其中一个重要的标准。服务公平性是指顾客对服务性企业及其员工对待自己的态度和行为的公平程度的看法。研究表明，公平性包括结果公平性（分配公平性；distributional fairness）、程序公平性（procedural fairness）和交往公平性（interactional fairness）。

在旅游消费领域，结果公平性（分配公平性）是指旅游者对旅游企业（旅游目的地）为自己提供的服务结果是否公平的看法；程序公平性是指旅游者对旅游企业（旅游目的地）的服务过程和服务程序是否公平的看法；交往公平性是指旅游者对旅游企业（旅游目的地）的服务人员在双方交往过程中对待自己的态度和行为是否公平的看法。

近年来，学术界对三类公平性与顾客（旅游者）满意度之间的关系进行了广

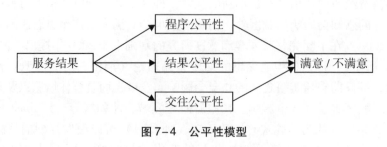

图 7-4 公平性模型

资料来源：Oliver，1997。

泛的研究。温碧燕（2006）的研究结果表明，三类公平性对顾客满意度都有显著的影响。粟路军和黄福才（2011）根据"认知—情感—行为"理论，构建了服务公平性、消费情感与旅游者忠诚关系的结构方程模型。以长沙市乡村旅游者为研究对象，他们发现：服务公平性是消费情感、旅游者满意的直接前因变量，对正面消费情感、旅游者满意度都具有显著的直接正向影响，对负面消费情感具有显著的直接的负向影响。因此，服务公平性是决定顾客（旅游者）满意度的一个重要因素。

四、服务质量模型

服务质量模型即 SERVQUAL 模型，是以服务质量理论为基础调查分析顾客满意度的工具。其理论核心是"服务质量理论"，即服务质量是顾客所期望的服务质量与顾客实际感知的服务质量之间的差距。它由帕拉休拉曼等（Parasuraman，Zeithaml，Berry，1985）在 20 世纪 80 年代提出并改进。SERVQUAL 模型将服务质量分为五个维度，即有形性（tangible）、可靠性（reliability）、响应性（responsiveness）、保证性（assurance）、移情性（empathy），并由此形成了被广泛使用的 SERVQUAL 量表，如表 7-3 所示（具体内容参见知识链接 7-2）。

知识链接 7-2　　　　　　　　SERVQUAL 量表的维度与原始题项

SERVQUAL 模型及测量量表的各个维度有如下界定。①有形性：物质设施、设备以及员工的外表；②可靠性：可靠地、精确地履行服务承诺的能力；③响应性：愿意并能及时地对顾客提供服务；④保证性：员工的知识、礼貌以及能让顾客产生信任感的能力；⑤移情性：关系、照顾，能为顾客提供个性化的服务。

SERVQUAL 模型在进行问卷调查时要对每一位被调查者测量两次：第一次测量顾客在接受服务之前所期望自己将获得的服务质量，即期望质量；第二次测量顾客接受服务后实际感受的质量，这是一种体验质量。最后计算两者的差值，作为判断服务质量水平的依据。

SERVQUAL测量量表由22个测量项目所构成（表7-3）。

表7-3 SERVQUAL量表原始题项

维度	测量项目
有形性	1. 有现代化的服务设施
	2. 服务设施具有吸引力
	3. 员工有整洁的服装和外表
	4. 组织的设施与他们所提供的服务相匹配
可靠性	5. 组织对顾客所承诺的事情都能及时地完成
	6. 顾客遇到困难时，能表现出关心并提供帮助
	7. 组织是可靠的
	8. 能准时地提供所承诺的服务
	9. 正确记录相关的服务
响应性	10. 不能指望他们告诉顾客提供服务的准确时间
	11. 期望他们提供及时的服务是不现实的
	12. 员工并不总是愿意帮助顾客
	13. 员工因为太忙以至于无法立即提供服务，满足顾客的需求
保证性	14. 员工是值得信赖的
	15. 在从事交易时顾客会感到放心
	16. 员工是有礼貌的
	17. 员工可以从组织得到适当的支持，以提供更好的服务
移情性	18. 公司不会针对不同的顾客提供有差别的服务
	19. 员工不会给予顾客个别的关怀
	20. 不能期望员工会了解顾客的需求
	21. 组织没有优先考虑顾客的利益
	22. 公司提供的服务时间不能符合所有顾客的需求

在旅游服务质量管理领域，SERVQUAL模型被广泛用于测量不同的服务部门（包括酒店、旅游者中心、国家公园等）的顾客满意度。阿卡玛和柯蒂（Akama & Kieti, 2003）用SERVQUAL模型测量了肯尼亚Tsavo West国家公园的旅游者的服

务质量感知以及旅游者对于国家公园产品和服务的整体满意度，并在服务质量五维度的基础上增加了价格和感知价值两个维度。埃金吉等（Ekinci, Prokopaki, Cobanoglu, 2003）使用 SERVQUAL 模型衡量了英国 Cretan 住宿设施的服务质量。研究结果表明：英国旅游者更注重服务中心的无形要素，旅游者对服务的整体满意度具有边际效应，旅游者性别和住宿设施类别不同会导致对服务质量的感知不同。可汗（Khan, 2003）在 SERVQUAL 模型的基础上，建立了 ECOSERV 模型，调查了生态型旅游者对服务质量的期望，因子分析显示，生态型旅游者对服务质量的关心依次是生态展示、自信度、可靠性、反应度、投入度和有形展示 6 个方面。侯赛因等（Hussain, Nasser, Hussain, 2015）利用 SERVQUAL 模型分析了迪拜航空公司的服务质量的决定因素，从可靠性、响应性、保证性、有形性、安全性和沟通性对服务质量进行了测量，研究结果表明：服务质量、感知价值和品牌印象对顾客满意度有积极影响。从以上的应用研究可以看出，SERVQUAL 及其修改版在不同的行业表现出了一定的差异性。

五、重要性—绩效模型

重要性—绩效分析法（Importance-Performance Analysis，IPA），也称重要性—绩效模型，最初是由马提拉和詹姆士（Martilla & James, 1977）提出。它是营销领域用来评价企业品牌、产品以及服务优势和劣势的一种分析方法。在旅游消费者行为及旅游营销领域，IPA 分析法被用于从旅游者感知服务的重要性和旅游者感知服务的绩效两个指标来测量旅游者满意度。IPA 分析法的分析要点在于将重要性测量与绩效分析结合在一个两维的方格图中。其中，横轴表示绩效（表现），纵轴表示重要性。这种处理方式，一方面增强了数据的解释力度，另一方面通过比较实际情况和理想状况之间的差别，能够据此提出一定的实际建议和指导。一般而言，IPA 分析法的实施步骤包括：

（1）确定所要考核的观测变量和考核分值范围。

（2）分别确立各观测变量的重要性（I）及表现（P）的分值，画出标有刻度的 IP 图。

（3）分别求出观测变量重要性及表现各自总的平均分（grand mean）或中值（median）；并找出以上两个平均数（或中值）在 IP 图中的确切交叉点；然后，基于该交叉点进一步画出一个"十字架"。此时，IP 图的 4 个象限便清晰地显示出来了。

（4）分别将各观测变量根据其重要性和绩效表现，逐一地定位在 4 个象限相应的位置，如图 7-5 所示。

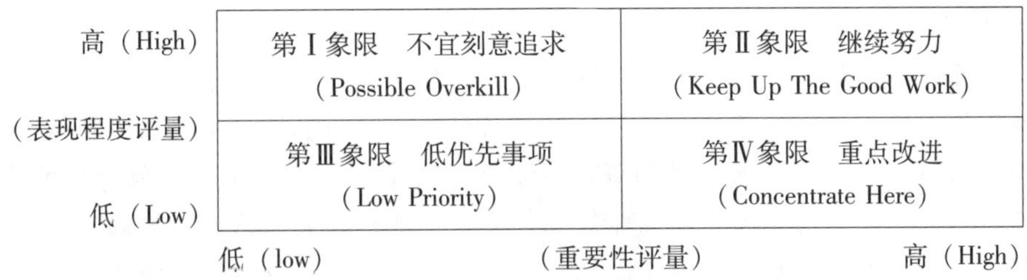

高（High）	第Ⅰ象限　不宜刻意追求 （Possible Overkill）	第Ⅱ象限　继续努力 （Keep Up The Good Work）
（表现程度评量）		
低（Low）	第Ⅲ象限　低优先事项 （Low Priority）	第Ⅳ象限　重点改进 （Concentrate Here）
	低（low）　　（重要性评量）　　高（High）	

图7-5　IPA分析法象限图

同步案例7-2　　基于IPA模型的韩国公共动物园的访客满意度

为了应对竞争日益激烈的旅游市场，维持访客数量，理解动物园访客的需求和满意度水平变得必不可少。有研究（Lee，2015）采用重要性—绩效模型对服务和设施属性的重要性以及表现进行评估，进而测量动物园访客的满意度。问卷调查了韩国的6个公共动物园的697位访客，分析结果表明：观看动物的便利性和安全性对访客来说非常重要，儿童是去动物园游览的一个十分重要的驱动因素。尽管与"动物福利"和"搜寻信息相关"的属性在IPA的分析结果中重要性和表现都较低，但是在回归分析中它们都是影响整体满意度的关键因素。因此，为了增强访客的满意水平，除了要发展多样化的可以最大程度上表现动物园的内在本质和质量的教育项目，还需要在改善动物园环境和增加动物福利方面付出更多的努力。

结合图7-5所示的四个象限，可对此研究的23个变量进行划分。

（1）第Ⅰ象限代表"高表现水平"和"低重要性水平"。因此，"展览的清晰解释""动物园的可达性""动物园的大小""门票费"被划分为"不宜刻意追求"。

（2）第Ⅱ象限代表"高表现水平"和"高重要性水平"。因此，"便于观看""游览路线便捷""旅游者安全""适宜儿童的展演""物种多样性""有休息的地方""洗手间"和"景观"被划分为"继续努力"。

（3）第Ⅲ象限代表"低表现水平"和"低重要水平"。因此，"动物福利""自然化的围栏""宽敞的围栏""改进的设备""专业的向导""信息提供""教育项目""食物质量"被划分为"低优先事项"。

（4）第Ⅳ象限代表"高重要水平"和"低表现水平"。因此，"动物的自然化行为""友好的员工""标识系统"被划分为"重点改进"。

知识链接7-3　　IPA分析法的缺陷与改进

IPA分析法有两个必要的前提假设。首先，重要性要素与满意度要素的评价必须相互独立；其次，各要素的满意度评价必须与总体满意度评价线性相关且此相关具有对称性。但是在现实调查中，这两个假设几乎难以实现。尽管 IPA 分析法在国内外的旅游研究中得到了广泛应用，但仍然存在一定局限性，主要表现在两个方面（陈旭，2013）：其一，重要性的评价不可避免地受受访者对实际绩效评价的影响；其二，单个要素与总体满意度呈非线性相关时，这种相关关系直接影响受访者对要素重要性的评价。为此，许多学者探讨如何通过对该分析方法进行修正，以克服本身所存在的局限性。例如，邓维兆（Deng，2007）在总结其他学者的研究基础之上，建议计算单项满意度与总体满意度之间的偏相关系数，作为引申重要性得分。由于偏相关系数排除了其他满意度变量对指定变量与总体满意度之间的相关性的影响，只反映该变量与总体满意度之间的净相关，因此，偏相关系数能更加准确地反映真实的重要性评价（陈旭，2013）。陈旭在使用传统的 IPA 分析法对鸡公山景区的旅游服务进行旅游者满意度的分析时，对重要性与满意度评价进行相关性检测；并按邓维兆的方法对 IPA 原始数据进行转换，以满意度评价计算引申重要性，以转化后的数据对各旅游服务要素进行分析，比较两种 IPA 分析结果之间的差异，认为传统的 IPA 分析法必须经过修正才能较为客观地反映真实的旅游者感知。

图 7-6 是采用传统的 IPA 分析法得出的结果，而图 7-7 则是采用邓维兆（Deng，2007）提出的修正方法得出的结果（图中，4 个象限的命名因不同学者根据具体研究情境而定，所以有所差异）。

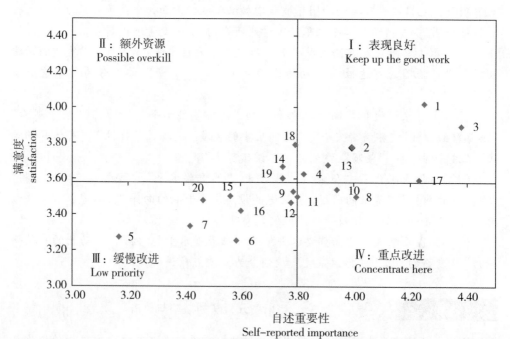

图 7-6　采用传统 IPA 分析法的属性分布

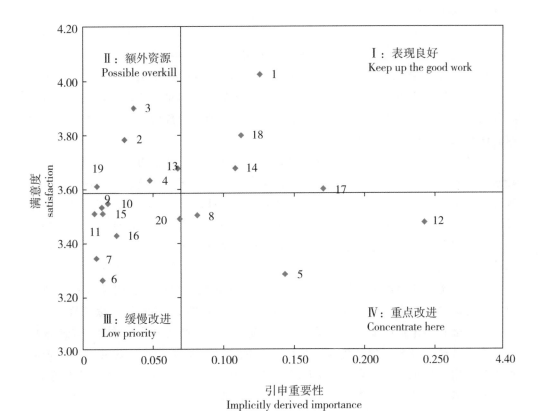

图7-7　采用修正后的IPA分析法的属性分布

注：图中的数字分别代表不同的目的地属性，例如，1代表"良好的公众口碑"，2代表"停车方便"。具体参见：陈旭，2013。

同步案例7-3　　换汤不换药？旅游者满意度测量的迷思

在体验经济时代，人们不只是出于功能原因购买服务，而且是购买一系列难忘的事件。旅游消费被认为是典型的享乐消费（hedonic consumption），表现为更高的情感摄入，旨在通过感观体验实现幻想、感觉和享受。因此，测量旅游者满意度理应测量对体验的满意度，测量旅游者的情感，而不仅是测量对产品的物理属性和服务质量的满意度。在体验经济时代，消费者认为企业提供优质产品和服务是理所应当的。放弃愉悦维度往往是旅游者满意度测量南辕北辙的主要原因。

通过深度访谈和参与观察，马天等（2017）的研究发现，很多旅游者在旅游之前并没有形成明确的旅游期望，他们或是对目的地一无所知，或者只有一些目的地形象（意象）。他们通常将之前对相似产品的消费经验作为比较标准，或是将所

得收益 (benefits) 与所做牺牲 (sacrifice) 进行对比。当所得收益超过所做牺牲时，感到满意；否则，则感到不满意。此外，旅游者的满意与在产品体验阶段与产品、人际之间的互动有关。在互动中，旅游者的情感被唤起，直接影响满意度评价。因此，旅游者满意度的测量并不总是满足"期望不一致"模型的前提条件——预测性期望的存在。旅游者满意度与在场体验过程中的互动密切相关，与所得收益与所做牺牲的比较有关，与之前对相似产品的消费经验有关，而不只是表现与预测性期望相比较的结果。

产品的物理属性在旅游者满意度中只能起到保健因素的作用，当其没有达到一般水平时可能会让旅游者感到不满意，但是在一些情况下，即使产品的物理属性或服务质量都不高，旅游者也不会感到不满意，因为体验在二者之间发挥重要的调节作用。旅游是典型的体验式产品，满意主要来自体验，而不是产品的物理属性和服务质量。因此，旅游满意度应该在测量产品物理属性和服务质量的基础上，增加对体验满意度的测量。

既然旅游体验的本质是愉悦，那么对体验满意度的测量理应测量旅游者的情感，研究通过移动生理传感器获得实时的、自然情景中的情感数据与访谈结合，以了解旅游者在具体情境下的情感强度。在旅游体验中，情感与在场旅游体验阶段的互动有关，包括与人（同行的人、目的地居民、旅游从业人员）的互动，与产品的互动，同时环境也对情感有直接影响。旅游者的消极情感和积极情感是共存的、交织的，只有强度较强的情感才会影响满意度。此外，满意度水平并不总是与情感变化一致，在一些旅游情境中，有消极情感的旅游者仍可能达到一般或者更高水平的满意度。

罗素 (Russell, 1980) 提出情感的两个维度：愉快 (pleasant) —不愉快 (unpleasant)、唤起 (arousal) —嗜睡 (sleepiness)。通过两个维度的组合，将会产生许多不同效价、不同强度的具体情感。在图 7-8 中，在愉快—唤起、愉快—嗜睡区域都产生了积极情感，所以，在该区域都会产生满意，而一般水平的满意通常位于愉快—嗜睡区域。从愉快—嗜睡区域到愉快—唤起区域，满意度会随着积极情感的唤起而增强（在图中通过逐渐变深的黑色来说明）。因此，愉快—唤起区域通常会产生更高水平的满意。与愉快—嗜睡区域相对，在不愉快——嗜睡区域常常会产生一般水平的不满意，不满意程度随着嗜睡水平的增加而增加（在图中通过逐渐变深的黑色来说明）。较为复杂的是不愉快—唤起区域（图中网格线区域），该区域既有可能产生高水平的满意也有可能产生高水平的不满意，结果与具体的情境有关。比如，在鬼屋的体验情境下，越多的不安、恐惧等情感被唤起，越能使旅游者感到刺激，收获难忘，从而会产生更高水平的满意。然而，如果在旅游过程中由于导游态度蛮横或服务极差导致顾客愤怒，将导致高水平的不满意。

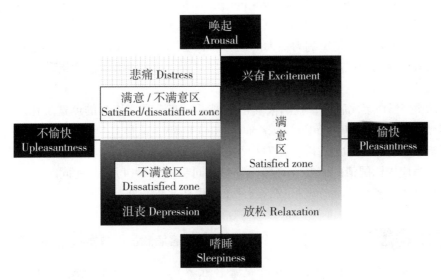

图 7-8　情感二维度与旅游者满意度水平的关系

第四节　旅游者满意度指数

一、顾客满意度指数概述

想要深入了解旅游者满意度的测量，必须先了解顾客满意度的测量。在现有实践中，顾客满意度的测量主要有指数和模型两种表现形式和方式，但两者并非截然对立的划分。指数是用于测定多个项目在不同场合综合变动的一种特殊相对数。例如，股价指数或股票指数是指运用统计学方法编制的用于反映股票市场总体价格或某类股票价格变动和走势的指标。目前，从世界范围来看，顾客满意度指数（Customer Satisfaction Index，简称 CSI）已成为许多国家衡量经济运行状况的重要指标，对评价经济产出质量具有重要意义。从 20 世纪 80 年代末开始，许多国家为了提升本国企业的竞争能力，都大力推进国家层面的顾客满意度指数创建工作。1989 年，瑞典率先建立了国家层面的顾客满意度指数，即"瑞典顾客满意度晴雨表指数"（Sweden Customer Satisfaction Barometer，简称 SCSB）。此后，美国和欧盟分别于 1994 年和 1999 年建立了各自的全国性顾客满意度指数，分别是"美国顾客满意度指数"（American Customer Satisfaction Index，简称 ACSI）和"欧洲顾客满意度指数"（European Customer Satisfaction Index，简称ECSI）。另外，新西兰、奥地利、加拿大和我国台湾地区也纷纷建立了各自的顾客满意度指数。目前，"美国顾客满意度指数"（ACSI）是影响力最大的顾客满意度指数，不仅被新西兰、奥地利等国家以及我国台湾地区所采用，而且欧盟和挪威所使用的顾客满意度指数也均以其为基础。

20世纪90年代后期，我国大陆也开展了顾客满意度指数的创建工作。"中国顾客满意度指数"（China Customer Satisfaction Index，简称C-CSI）以"美国顾客满意度指数"（ACSI）为基础，但对模型的结构以及测量指标体系进行了必要的修改，以适应中国国情的需要（具体内容参见同步案例7-4）。与此同时，一些地区性满意度指数和行业满意度指数的测评工作也在逐步开展。

同步案例7-4　　　　　2017年中国顾客满意度指数发布

央广网北京10月11日消息（记者吕红桥）　品牌评级机构Chnbrand昨天（2017年10月11日）发布2017年（第三届）中国顾客满意度指数，也就是C-CSI。这个指数的品牌排名和分析报告揭示了一些有意思的现象，比如，中国人对手机等电子产品满意度较高，老年顾客满意度最低等。

本年度的中国顾客满意度指数也就是C-CSI，得分是71.3分，比去年下滑了1.5分。而且值得注意的是，并不是某些品类拉低了总分，而是各个品类整体都有这样的态势。中国顾客为什么更不满意了？Chnbrand首席研究官姚颖解读，中国顾客满意度指数有三个维度，分别是总体满意度、要素满意度和忠诚度，前两者并没有变化。

姚颖："C-CSI的下降，完全是由忠诚度的下滑引起的。这部分下滑我们理解是信息时代带来的这种品牌转换的便利性，更多的选择、更多的资讯，消费者自然会有更多的转换，这很正常。"

指数报告披露了一些耐人寻味的现象，比如电烤箱、微波炉这样的家电类产品，和手机、笔记本电脑这样的信息通信类产品，得到消费者较高评价。而中介、培训、汽车后市场和母婴相关的服务品类，受到较多诟病。

从年龄看，"50后"的年长者满意度最低。分析认为，这是因为老年人的消费往往是长期的，另外，老年人的构成和需求状况也一直是在变化的（图7-9）。

姚颖："新加入的'老年一族'可能有更好的教育基础、更加雄厚的经济基础，也有更加广泛的需求范围和视野，他们希望得到的服务和产品从种类与质量上，都要比现在他们得到的要高一些。"

从满意度最高品牌的归属地来看，中国品牌占60%，相比去年增长显著。以手机行业为例（图7-10），华为首次超越苹果，成为满意度最高的手机品牌。而

vivo 也超越三星，占据这个品类榜单的第三名。

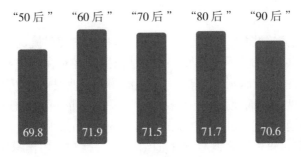

图 7-9　代际 C-CSI 得分比较

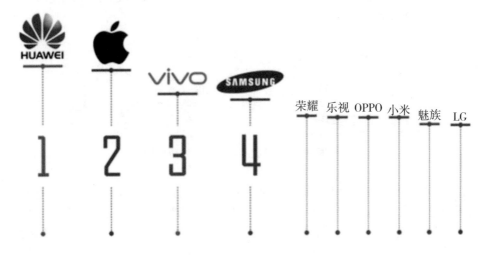

图 7-10　手机类品牌中中国本土品牌满意度上升

从榜单还能看出中国的消费趋势。比如，在冰激凌/雪糕品类，传统冰柜冰激凌的满意度下滑，而有独立实体店面的国际品牌冰激凌，像哈根达斯和 DQ，无论是得分还是排名，都明显上升。

姚颖："这些品牌它们本身的服务其实没有发生什么变化，但是消费者的期待变了。以前我可能会因为它的价格偏高而不满意，而现在我不太介意这一点，我会对它给我提供的更好的服务体验而感到满意。这个事情其实它本身透露出一个什么信号？就是关于需求升级的信号。"[1]

---

[1]　央广新媒体文化传媒（北京）有限公司：《2017 中国顾客满意度指数发布：国产手机受捧　老年人满意度最低》，见百度网（http://baijiahao.baidu.com/s? id = 1580968930449294128&wfr = spider&for = pc）。

二、"美国顾客满意度指数"

"美国顾客满意度指数"（ACSI）是由密歇根大学商学院的国家质量研究中心和美国质量协会共同发起并提出的。ACSI 是根据顾客对在美国本土购买、由美国国内企业提供或在美国市场上占有相当份额的国外企业提供的产品和服务质量的评价，通过建立模型计算而获得的一个指数，是一个测量顾客满意程度的经济指标。该模型覆盖了与消费者有关的 7 个经济部门的 40 个行业和 200 多家私营企业与代理机构。ACSI 作为一种顾客满意水平的综合评价指数，由国家整体满意度指数、部门满意度指数、行业满意度指数、企业满意度指数 4 个层次构成，包括 6 个潜在变量：感知质量、顾客预期、感知价值、顾客满意度、顾客抱怨、顾客忠诚。潜在变量之间的关系如图 7-11 所示。

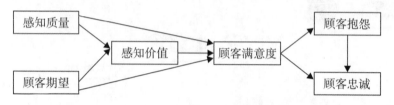

图 7-11　美国顾客满意度指数模型

在 ACSI 体系中，所有不同的企业、行业及部门间的顾客满意度是一致衡量并且可以进行比较的。它不仅让顾客满意度能在不同产品和行业之间比较，还能在同一产品的不同顾客之间进行比较，体现出人与人的差异。ACSI 提出了顾客期望、感知质量和感知价值这三个变量，它们影响顾客的满意度，是顾客满意的前因。感知价值作为一个潜变量，将价格这个信息引入模型，增加了跨企业、跨行业、跨部门的可比性。ACSI 模型各组成要素之间的联系呈现因果关系，它不仅可以总结顾客对以往消费经历的满意程度，还可以通过评价顾客的购买态度，预测企业长期的经营业绩。在实际调研时，ACSI 模型只需要较少的样本（120～250 个），就可以得到一个企业相当准确的顾客满意度。

课堂讨论 7-2

问题：结合上文有关"美国顾客满意度指数"的论述，并通过检索有关文献，讨论这一指数的优点和缺点。

讨论要点：见本书附录。

三、"理大旅客满意度指数"和"理大旅游服务质量指数"

由于旅游消费是一项综合性的体验型消费，旅游者满意度会受到所有直接相关和间接相关的服务部门的影响。香港理工大学酒店及旅游业管理学院（School of Hotel and Tourism Management，The Hong Kong Polytechnic University）结合旅游活动和旅游消费的性质与特点，构建了一个基于旅游行业各服务部门的旅游者满意度指数——"理大旅客满意度指数"（PolyU Tourist Satisfaction Index），自 2009 年首次发布以来，截至 2017 年 12 月已连续发布 8 次。"理大旅客满意度指数"分为两个层级。其一，"'理大旅客满意度指数'之部门模型"。这一模型以香港为例，计算入境旅游者对香港旅游行业六大服务部门（酒店、餐饮、零售、景点、交通、出入境服务）的满意度指数。各个服务部门的满意度的测度采用如图 7-12 所示的理论框架，实际的测度采用如下三个指标：总体满意度、与期望的比较、与理想的比较。其二，依据"'理大旅客满意度指数'之聚合模型"（图 7-13），按照各服务行业（部门）旅游者满意度对整体满意度中的"聚合服务满意度"（aggregate service satisfaction）的贡献之比重，计算综合的旅游者满意度指数（图 7-13 中的"聚合服务满意度"）。

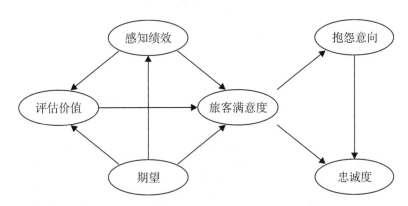

图 7-12　"理大旅客满意度指数"之部门模型

由香港理工大学研发且于 2013 年开始发布的"理大旅游服务质量指数"（PolyU Tourism Service Quality Index）旨在了解赴港各主要旅游市场对香港旅游行业六大服务部门的服务质量及总体旅游服务质量的评价及动态变化趋势。如图 7-14 所示，各个旅游服务部门（酒店、餐饮、零售、景点、交通、出入境服务）的服务质量均从交互质量、服务环境质量和结果质量三个维度测度。与"理大旅客满意度指数"非常类似，依据"'理大旅游服务质量指数'之聚合模型"（图 7-

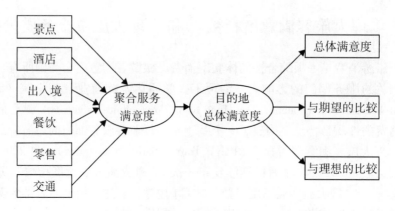

图7-13 "理大旅客满意度指数"之聚合模型

15)，按照各服务行业（部门）旅游服务质量对整体服务质量［"聚合服务质量"（Aggregate Service Quality）］的贡献之比重，计算综合的旅游服务质量指数（图7-15中的"聚合服务质量"）。

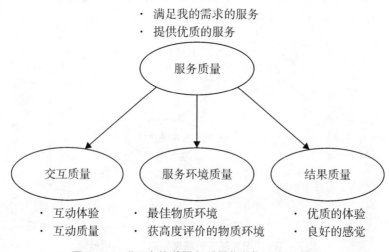

图7-14 "理大旅游服务质量指数"之部门模型

四、"中国游客满意度指数"

中国旅游研究院"游客满意度指数"课题组编制的"游客满意度综合指数"建立在对"现场问卷调查指数""网络评论调查指数"和"旅游投诉与质监调查指

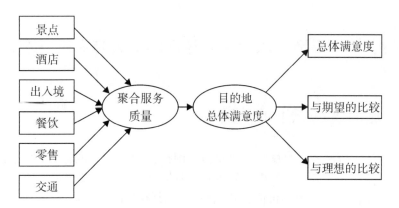

图 7-15 "理大旅游服务质量指数"之聚合模型

数"这三个分指标进行综合计算的基础上。上述三个分指标的设置依据如下所述。

（1）现场问卷调查满意度指数。依据主流的结构方程模型，主要参照美国行业满意度 ASCI 指数和三项中国国家与行业标准：商业服务业满意度指数测评规范（SB/T 10409—2007）、顾客满意测评通则（GB/T 19039—2009）、顾客满意测评模型和方法指南（GB/T 19038—2009）。

（2）网络评论调查满意度指数。主要依据当前管理学科较前沿的以案例研究法为基础的扎根理论，是以归纳法为基础，从旅游者网络评论中抽象出涉及城市旅游软环境评价的核心概念范畴，可以对以演绎法为基础的主流结构方程模型进行有效补充和充分验证。

（3）旅游投诉与质监调查满意度指数。主要根据是，旅游产业是关联性广的综合性服务产业，旅游服务涉及"吃、住、行、游、购、娱"等产业和城市整体服务质量，旅游者不确定的主观评价使得旅游服务投诉难以避免，旅游投诉与质量监督机制的监测可成为提升旅游服务质量的有效工作手段。三个分指标的权重系数根据"德尔菲专家评分"和"层次分析法"综合确定。

同步练习 7-2

结合本章有关旅游者满意度测量模型以及旅游者满意度指数的知识，回答如下问题：

问题 1：旅游者满意度指数与旅游者满意度测量模型是什么关系？

问题 2：旅游者满意度测量模型与旅游者满意度指数各自的适用范围有哪些差异和共同点？

第五节　旅游者满意度的前因与后果

一、旅游者满意度的前因

如前所述，旅游者满意度的形成受诸多因素影响。总结起来，主要是旅游者自身和旅游目的地两个方面。其中，旅游者自身因素主要是认知因素，包括动机、期望和感知（距离感知、感知价值、感知质量、形象感知等）等。

（一）认知因素

认知因素之所以影响旅游者的满意度，是因为满意度在很大程度上与旅游者的需求、目的和期望相关。因此，旅游者的动机、期望和感知等因素都会影响旅游者的满意度。其一，从旅游者动机的角度看。对于同一个旅游目的地，旅游者的动机和需求存在差异。目的地的产品和服务可能满足具有某种动机和需求的旅游者，而不能满足具有另一种动机和需求的旅游者。张宏梅和陆林（2010）的研究发现，旅游动机正向影响旅游者涉入，旅游者涉入正向影响旅游者满意度，旅游者涉入对旅游动机和旅游者满意度之间的关系起中介作用。其二，从旅游者期望的角度看。如果旅游者预期过高，而实际感知又过低，则将直接降低旅游者的满意度。因此，旅游目的地和旅游企业在营销宣传时要把握好度，不要任意夸大。其三，从旅游者感知的角度看。行为地理学认为，对于旅游目的地的吸引力真正起影响作用的是感知距离（耗费的时间和精力）而不是客观距离。如果某一个旅游地在旅游者感知中距离较小，但实际上却"跋山涉水""舟车劳顿"，则旅游者也会产生很大落差，对整个行程产生不满情绪。此外，旅游者对旅游目的地的形象感知也会影响满意度。例如，张宏梅和陆林（2010）以阳朔国内旅游者为例，使用结构方程模型技术探讨主客交往偏好对目的地形象感知和旅游者满意度的影响。研究表明：目的地形象是主客交往与满意度之间关系的中介变量，主客交往通过影响目的地形象感知进而影响旅游者满意度。

（二）旅游目的地因素

旅游者满意度主要是通过他们在旅游目的地接触到的"软环境"及旅游活动中的要素"吃、住、行、游、购、娱"等而形成。不同类型景区的旅游者满意度的影响因素是不同的。史春云和刘泽华（2009）的研究指出：资源品质、经营业者的服务态度与政府管理是影响旅游者总体满意度最重要的三大要素，其次是住宿和娱乐因素。也就是说，旅游者去到自然类型的旅游目的地旅游，影响其满意度最重要因素是景观质量和服务、管理等"软环境"。需要指出的是，不同类型的旅游者对同一旅游目的地的满意度也可能不尽相同。有国内学者（马秋芳等，2006）在对西安的旅游研究中发现，国内旅游者和欧美旅游者对饮食评价均较高，国内旅游者对住宿的评价高于欧美旅游者，在购物方面，欧美旅游者有相对较高的满意度，交通和娱乐方面的感受国内旅游者和欧美旅游者相差不大。欧美旅游者对人文旅游景点和自然旅游景点有不同满意度，对历史古迹、人文风情等人文因素评价较高。让到西安的欧美旅游者产生抱怨的方面包括：环境的污染和大气污染、公共设施的非清洁度、住宿设施的质量、外语的帮助不力、旅游信息相对缺少、旅游景区摊主和小贩的强拉强买。

二、旅游者满意度的后果

国内外学者从行为学的视角探讨了旅游者满意度对他们后续消费行为的影响。被探究的主要方面集中在旅游者忠诚度、抱怨或投诉行为等方面。

（一）旅游者满意度与旅游者忠诚度

大量研究表明，顾客满意度与顾客忠诚度之间存在着正相关关系。但是，对顾客忠诚的内涵的理解，有以下三种不同的观点（更多详细内容见本书第八章）：①行为性忠诚，主要从高频率的重复购买行为的视角来理解忠诚。②态度性忠诚，认为顾客忠诚应该是态度性忠诚，态度取向代表了顾客对产品和服务的积极倾向程度。③行为性和态度性结合忠诚，认为真正的顾客忠诚应该是伴随着较高的态度取向的重复购买行为。旅游研究者们广泛地认为，在研究旅游者满意度和旅游者忠诚度的关系时，应该将旅游者忠诚理解为行为性忠诚和态度性忠诚的统一。但在实际的研究中，尤其是基于问卷调查获取数据的研究中，旅游者忠诚往往只是从态度性忠诚，尤其是意向性忠诚（重游意向、推荐意向等）的角度加以测度。关于旅游者满意度和忠诚度之间关系的内容与理论模型，见上文的图 7-11、图 7-12 等。

（二）旅游者满意度与旅游者抱怨或投诉

当顾客不满意时，就会产生抱怨或者投诉。辛格（Singh，1990）指出，顾客的不满意会产生抱怨（voice）、离开（exit）、负面口碑（negative word of mouth）等后果。并且，他还研究了顾客不满意的程度和抱怨倾向之间的关系，发现顾客的不满意程度越高，抱怨和投诉的可能性越大。顾客满意度与顾客抱怨之间的负相关性已经在市场营销领域得到了广泛的证实。关于旅游者满意度和旅游者抱怨或投诉之间关系的内容与理论模型，见上文的图 7-11、图 7-12 等。

本章小结

1. 旅游者满意度的概念和理论从顾客满意度的概念和理论发展而来，关于旅游者满意度概念的界定，国内外不同学者有不同的看法。

2. 20 世纪 70 年代以来，许多学者基于不同的理论基础对旅游者满意度的概念进行了界定。

3. 美国学者皮赞姆认为，旅游者满意度是旅游者期望和旅游体验相互比较的结果。

4. 在旅游消费者行为研究中，常用的旅游者满意度测量模型有：期望—实绩模型、情感模型、公平模型、SERVQUAL（服务质量）模型、IPA 模型。

5. 在旅游消费者行为研究中，常见的满意度指数有："美国顾客满意度指数""理大旅客满意度指数"和"中国游客满意度指数"。

思考题

1. 在自媒体时代，旅游者对旅游目的地以及旅游企业的不满可以在网上掀起轩然大波。对目的地以及旅游企业来说，如何确保旅游者满意、保持良好的口碑面临更多挑战。请阐述在自媒体时代，旅游者满意度的影响因素有哪些？它们对目的地营销与管理有哪些启示？

2. 结合自身的旅游经历，分析自己对最近一次的旅游经历是否满意，以及哪些因素影响了此次旅程的满意度，决定性因素是什么，为什么，印象最深刻的事件是什么。

案例分析题

香港理工大学发表 2016 年度"理大旅客满意指数"及"理大旅游服务质量指数"报告

2017 年 9 月，香港理工大学（简称"理大"）酒店及旅游业管理学院发表的"2016 年度'理大旅客满意指数'及'理大旅游服务质量指数'"显示，结果与 2015 年比较总体有所提高。2016 年，"理大旅客满意指数"及"理大旅游服务质量指数"分别为 75.02 及 75.87。"理大旅客满意指数"比 2015 年的 74.71 提高了 0.31，反映指数已从 2014 年的大幅下滑逐步恢复过来。与此同时，"理大旅游服务质量指数"亦比 2015 年的 75.22 提高了 0.65 点。

理大酒店及旅游业管理学院副院长、"陈泽富伉俪国际旅游教授"及"理大旅客满意指数"首席研究员宋海岩教授说:"2014年和2015年的社会及政治问题令香港旅游业在2016年遇到一些波折。香港作为首屈一指的旅游目的地形象蒙上污点。"在此背景下,与2015年相比,2016年来自美洲,欧洲、非洲及中东,中国台湾及澳门,以及日本与韩国市场的旅客的满意度有所提高,而其他三个客源市场的"旅客满意指数"则下降(表7-4)。就旅游相关行业而言,交通、旅游景点和餐饮行业亦受到影响(表7-5)。

表7-4 香港七大客源市场的"旅客满意指数"

国家/地区	2016年	2015年	变化
美洲	80.64	80.17	+0.47
欧洲、非洲及中东	78.04	75.30	+2.74
澳大利亚、新西兰及太平洋地区	77.43	78.37	-0.94
南亚及东南亚	74.59	74.72	-0.23
中国台湾及澳门	74.04	72.69	+1.35
中国内地	73.51	73.64	-0.07
日本与韩国	66.84	66.29	+0.55

表7-5 香港旅游行业六服务部门的"旅客满意指数"

服务行业	2016年	2015年	变化
交通	78.19	78.57	-0.38
出入境	76.77	74.95	+1.82
旅游景点	75.04	75.24	-0.20
酒店	74.03	71.86	+2.17
零售	73.24	72.78	+0.46
餐饮行业	72.40	72.57	-0.17

"理大旅客满意指数"不仅评估服务行业的长期竞争力,亦将多个国际旅游目的地的情况进行比较。该指数除了受到香港旅游从业人员的重视外,亦广为其他国家和城市采用,包括新加坡和中国澳门(2010年)、中国广东省(2012年)以及澳大利亚(2014年)。"理大旅客满意指数"于2009年首次推出,今次2016年"理大旅客满意指数"是第八个年度发表。而"理大旅游服务质量指数"则于2012年首次发表,它将六大旅游服务质量指数加权平均,从而评估香港旅游服务

的整体质量。

在七个客源市场中,中国内地以及澳洲、新西兰与太平洋地区的"理大旅游服务质量指数"评分低于2015年的结果(表7-6)。就六个旅游服务行业而言,2016年出现一个比较均衡的波幅(表7-7)。2016年"理大旅游服务质量指数"为75.87,比同年的"理大旅客满意指数"75.02高出0.85。两项指数之间的差异显示服务表现未能提高旅客满意度的范畴。

表7-6　香港七大客源市场的"旅游服务质量指数"

国家/地区	2016年	2015年	变化
美洲	81.92	80.84	+1.08
欧洲、非洲及中东	78.31	74.93	+3.38
澳大利亚、新西兰及太平洋地区	77.96	80.00	-2.04
南亚及东南亚	75.80	72.64	+3.16
中国台湾及澳门	75.29	73.83	+1.46
中国内地	74.45	75.64	-1.19
日本与韩国	66.55	65.27	+1.28

表7-7　香港旅游行业六服务部门的"旅游服务质量指数"

服务行业	2016年	2015年	变化
交通	78.69	78.45	+0.24
出入境	77.55	75.78	+1.77
旅游景点	75.92	73.04	+2.88
酒店	75.36	75.45	-0.09
零售	73.90	72.76	+1.14
餐饮行业	73.67	73.86	-0.19

理大酒店及旅游业管理学院院长、"郭炳湘基金国际酒店服务业管理教授"及"理大旅游服务质量指数"首席研究员田桂成教授表示:"透过综合'理大旅客满意指数'及'理大旅游服务质量指数',可以有助旅游业持份者(注:在中国大陆,一般使用"利益相关者")更清晰了解自己的竞争力及优势,从而为旅客提供高质量的体验旅游,支持旅游业的可持续性发展。这两项指数亦有助香港公共部门制定政策,提升香港作为国际旅游目的地的吸引力。"

他继续说："酒店及旅游业管理学院致力为旅游行业进行前沿研究，以帮助业界应对全球各项挑战。"①

问题：结合本章有关旅游者满意度测度模型和指数等知识，讨论：

（1）"理大旅客满意度指数"和"理大旅游服务质量指数"基于哪些满意度测量模型？

（2）"理大旅客满意度指数"和"理大旅游服务质量指数"与"中国游客满意度指数"有哪些异同？

---

① 香港理工大学酒店及旅游业管理学院：《理大发表2016年度"旅客满意指数"及"旅游服务质量指数"报告》，见香港理工大学网站（http://hotelschool.shtm.polyu.edu.hk/wcms-common/temp/201709121155120865/news_TSI_TSQI_20170912_chi.pdf）。

第八章　旅游者忠诚度

学习目标

1. 了解顾客忠诚度的含义和分类。
2. 了解旅游者忠诚度的概念内涵和操作化定义。
3. 掌握旅游者忠诚度的测量。
4. 理解旅游者忠诚度的影响因素和驱动机制。
5. 了解旅游者忠诚度的培育。

引导案例

合并后如何打通忠诚计划？万豪任命喜达屋前高管管理忠诚计划

目前，万豪国际集团（Marriott International，以下简称"万豪"）计划提拔已在喜达屋（Starwood）工作长达13年之久的David Flueck担任万豪客户忠诚计划高级副总裁，管理该公司的三大忠诚计划——"万豪礼赏奖励计划""喜达屋优先顾客计划（SPG）"以及"丽思卡尔顿礼赏计划"。

Flueck在2016年9月万豪以133亿美元收购喜达屋后就加入了万豪，此前担任喜达屋SPG和收益管理高级副总裁。在新的岗位上，他将向万豪的首席营销官Karin Timpone汇报工作。Thom Kozik仍将担任万豪客户忠诚计划副总裁，负责管理"万豪礼赏奖励计划"和"丽思卡尔顿礼赏计划"，向Flueck汇报工作。在一次新闻发布会上，万豪表示，Kozik"还将负责尖端战略活动"，不过，该公司并没有透露这些活动的具体情况。

万豪选择喜达屋前高管负责三大忠诚计划的整合具有重大意义，尤其是业内许多人士都很困惑喜达屋会如何将自身的"基因"移植到新合并的这家全球最大的酒店公司中。在忠诚计划这一方面，万豪似乎努力想向SPG的会员证明，他们将把这一忠诚计划中所有受欢迎的因素整合进新的忠诚计划中，并于2018年正式推出新的忠诚计划。

Flueck在接受Skift采访时表示，他从喜达屋进入万豪后未曾想过会成为客户忠诚计划的高级副总裁。Flueck表示："我曾亲自参与SPG的设计，当时我们为会员提供了许多新的权益，SPG 的会员人数也有大幅增加。过去三年，我也在喜达屋负责酒店收益管理。将这些分析过程运用到忠诚度计划中是一件有趣的事情，我们会思考如何实现客人体验的个性化。"Flueck 表示，在担任高级副总裁后将重点关注"让会员体验万豪旗下各大酒店超棒的住宿体验，实现 SPG 与'万豪礼赏奖励计划'的优势互补，并开始对两大忠诚计划进行整合，这会比较麻烦"。

而整合三大忠诚计划的关键就是技术系统，目前还不清楚万豪是否仍在将喜达屋旗下酒店迁移到自己在 20 世纪 70 年代研发的主机技术平台 MARSHA 上。喜达屋前技术解决方案高级副总裁 Israel del Rio 担心万豪会逼迫喜达屋旗下酒店放弃使用较新的主机技术平台 Valhalla，转而使用 MARSHA。Flueck 并没有证实情况是否属实，但如果果真如此，我们倒可以看看万豪在 2018 年推出新的忠诚计划时，这一决定会不会有什么影响。

不过，之前万豪的 Kozik 和数字化高级副总裁 George Corbin 在接受采访时曾表示，万豪正在向喜达屋学习数字化和忠诚计划方面的一些做法，尤其是在体验方面，也就是 SPG 所说的"专属时刻"。Flueck 表示，"万豪礼赏奖励计划"的会员去年就可以通过 SPG Moments"专属时刻"享受 3000 种不同的体验，万豪在新的忠诚计划中将突出这一功能。Flueck 称："我认为，关注体验一定是旅游业的大势所趋，所以这也是我们在很长一段时间里都将关注的重点。"在谈及实现客人体验的个性化时，Flueck 表示，万豪正在借助大数据、机器学习和人工智能技术"在会员入住期间为他们推荐相关度更高的营销活动"。而这将在推出"万豪礼赏奖励计划"App 中新开发的实时通信系统"mPlaces"后得以实现。在被问到对希尔顿（Hilton）、凯悦（Hyatt）和温德姆（Wyndham）各自的忠诚计划的看法以及在管理万豪的忠诚计划时是否会将这些因素都考虑进去时，Flueck 说："在我看来，和许多这一领域的管理者一样，我也会时刻关注酒店业、航空业等旅游相关公司的发展情况。我们关注的重点是借助旗下酒店和体验为用户提供服务。从这一点的规模上说，没有竞争对手可以与我们相匹敌。很多人都很关注去年万豪收购喜达屋的事情，不过我们真正关注的是我们的会员。"[1]

---

[1] 环球旅讯：《合并后如何打通忠诚计划？万豪任命喜达屋前高管管理忠诚计划》，见环球旅讯网（http://m.traveldaily.cn/article/112405?_gscu_=158487285tipsz36&_gscs_=15848728x2fu8i36）。

顾客忠诚计划①的现代形式诞生于1981年美利坚航空公司的"常旅客计划"。该计划的推行和实施给美利坚航空公司带来了较高的利润。据统计，整个"常旅客计划"收入约占美利坚航空公司运输收入的50%。1986年6月，喜来登饭店集团（Sheraton）推出了全球第一家酒店系统的顾客忠诚计划——"荣誉宾客奖励俱乐部"。如今，顾客忠诚计划已经广泛使用于世界酒店业和其他各行各业中（如金融、零售等）。

那么，我们应该如何理解顾客忠诚度？在旅游情境下，什么是旅游者忠诚度？旅游者忠诚度有哪些基本特征？哪些因素会影响到旅游者忠诚度？既然旅游者忠诚度那么重要，我们如何来测量它？在了解到旅游者忠诚度的类型差异、高低之别与有无之分后，我们可以通过何种措施来开展相应的营销活动以提升和维护旅游者忠诚度？本章将对这些问题进行详实的回答，并就相关议题展开论述。

第一节 顾客忠诚度概述

自从经济学家提出了著名的"帕累托定律"（即"20/80定律"）后，顾客忠诚度就成为企业家经营管理的热门法则。企业家都深刻地体会到企业的主要利润仅仅掌握在小部分消费者的手中，牢牢地抓住这部分消费者，也就是维持顾客与企业的长期关系，培养本企业的忠诚顾客，对于企业的利润增长和营销战略都具有非同寻常的意义。实际上，在此前很长一段时间内，"满意"研究曾经在消费者行为研究中占有至高无上的地位，学术界与业界出现了一种狂热的追求。但是，由于"满意缺陷"（satisfaction defect）乃至"满意陷阱"（satisfaction trap）的出现，人们发现"仅仅满意是不够的"。于是，消费者行为研究的范式由"满意"向"忠诚"（loyalty）转移（Oliver，1999）。

在不断激化的全球竞争市场中，通过培养忠诚顾客来获得并进而稳固市场份额是企业赢利和持续发展的关键途径。随着创新性产品的快速涌入和特定市场的发展成熟，顾客忠诚度已经成为一项关键的管理挑战。长久以来，发展、保持并强化顾客忠诚度已成为企业市场营销活动的核心目标之一。明确顾客忠诚度的内涵及其具体的表现形式是开展顾客忠诚度培育活动的基础。

---

① 顾客忠诚计划，也叫顾客回报计划（Reward Programs，RPs），是公司在顾客对公司特定产品或服务累积购买的基础上对顾客所提出的激励。"顾客忠诚"也常被称为"顾客忠诚度"，均对应英文的"customer loyalty"。本书将交互使用"忠诚度"和"忠诚"。

一、顾客忠诚度的含义

英文中的"忠诚"（loyalty）一词源于拉丁语，强调人的合法行为的延续和发展。汉语中的"忠诚"则是指人们对人、团体和事业的尽心尽力的表现，指人的忠实、可靠性，强调特定行为的持续性。顾客忠诚度（customer loyalty）这一概念则是在现代社会的商业领域中逐渐被人们提出、重视。作为市场营销、消费者行为学等多个领域的研究重点，顾客忠诚度这一概念目前虽未形成统一的定义，但在长期的经验研究过程中，国内外学者对这一概念本身的理解日趋成熟。从早期的行动取向，到随后的态度取向以及行为和态度的综合取向的提出，国内外学界和业界对顾客忠诚度的理解呈现出从单一视角到多元视角的发展趋势。

（一）行为取向的顾客忠诚度内涵

20世纪50年代后期，随着服务经济的崛起，在对顾客行为测试的研究中，顾客对特定产品或服务的持续性购买行为开始受到研究者的关注。布朗（Brown, 1953）对品牌购买模式的研究发现，消费者在对不同产品的购买中存在着对某些特定品牌的明显的持续性，他将其总结为个体在品牌购买中存在着强烈和有效的品牌忠诚度。随后的一批早期研究者沿袭这一传统，将顾客忠诚度界定为一种"行为测度"（behavioral measure），可通过购买比例、重复购买的可能性、购买频率、推荐率等测量指标表现出来。不同的学者对测量指标的选取各有侧重。其中，具有代表性的观点如表8-1所示。

表8-1 顾客忠诚度行为取向的代表性观点

代表学者	年份	观点	测量指标
Cunningham	1956	将顾客在某一段时间中对某品牌的购买次数占总购买次数的比例作为衡量忠诚度的方法，以购买次数的50%作为分界点来区分忠诚与非忠诚	购买比例
Newman & Werbel	1973	顾客忠诚度是指顾客不需要搜集其他品牌信息，直接选择重复购买某一特定产品或服务的行为	重复购买的可能性
Jeuland	1979	顾客忠诚度是指顾客长期选择某一种品牌产品或服务的可能性	重复购买的可能性
Tucker	1993	对某一产品或服务连续购买三次即为顾客忠诚	购买频率

续表 8-1

代表学者	年份	观点	测量指标
Parasuraman, Zeithaml, Berry	1985	顾客忠诚是指除顾客本身的重复购买外，还愿意向他人推荐并予以正面口碑推荐的行为	推荐行为
Boulding, Kalra, Staelin, et al.	1993	顾客对某种品牌的产品或服务具有较高的推荐率即可称之为顾客忠诚度	

课堂讨论 8-1

问题：结合上文有关顾客忠诚度行为取向的论述，通过检索有关文献并结合自身或他人的实际经历，讨论顾客忠诚度行为取向的优势和缺陷。

讨论要点：见本书附录。

（二）态度取向的顾客忠诚度内涵

早在 1969 年，戴（Day，1976）在研究顾客的品牌忠诚度时就强调了态度的重要性。他的研究表明，缺乏强烈的内在偏好（internal disposition），仅仅出于条件限制而购买，可以视为一种"虚假忠诚度"（spurious loyalty）。舒马克和路易斯（Shoemaker & Lewis，1999）对"真实忠诚度"的研究进一步表明，在顾客态度这一驱使行为产生的根本性因素缺席的情况下，真正的顾客忠诚度难以建立并维系。随着"虚假忠诚度"和"真实忠诚度"这一焦点问题的探讨逐渐深入，越来越多的学者提出，应该把态度因素纳入对顾客忠诚度的考虑范围内。一部分学者从态度的视角出发，将顾客忠诚度定义为对产品和服务的一种偏好或依恋，测量指标有购买意愿、偏好程度等。具有代表性的观点如表 8-2 所示。

表 8-2 顾客忠诚度态度取向的代表性观点

代表学者	年份	观点
Jones & Sasser	1995	顾客忠诚度更多地表现为一种情感上的认同反应，它是顾客购买产品和服务之后产生的一种对于企业、产品和服务的归属感和认同感
Sirohi, Mclaughlin, Wittink	1998	顾客忠诚度的衡量包括顾客再购买意愿、购买更多商品的意愿以及向他人推荐的意愿

续表 8-2

代表学者	年份	观点
Fournier	1998	顾客忠诚度是顾客与企业之间的一种基于承诺、带有情感属性的同伴关系。当消费行为得到家庭成员或消费群体的支持,并且和社区成员身份或认同相联系时,这种同伴关系会更为紧密

课堂讨论 8-2

问题:结合上文有关顾客忠诚度态度取向的论述,通过检索有关文献并结合自身或他人的实际经历,讨论顾客忠诚度态度取向的优势和缺陷。

讨论要点:见本书附录。

(三) 综合取向的顾客忠诚度内涵

综合行为和态度两种取向来理解顾客忠诚度是目前学者们普遍采用的方法。这一综合视角关注与态度相一致的购买行为产生的特定条件,认为顾客忠诚度应是伴随着较高的态度取向的重复购买行为。具有代表性的观点如表 8-3 所示。

表 8-3 顾客忠诚度综合取向的代表性观点

代表学者	年份	观点
Griffin	1995	顾客忠诚度主要由两个因素构成:一是顾客对于特定产品或服务相对于其他产品或服务具有较高的依恋和态度倾向,二是顾客对该产品或服务的重复购买行为
Gremler & Brown	1996	服务业顾客忠诚度是顾客对特定服务商怀有的积极态度倾向和相应的购买行为的重复程度,以及在对该项服务的需求增加时,继续将该服务商作为唯一对象的倾向
Oliver	1997	顾客忠诚度是顾客对在未来重复购买某种特定的产品或服务的承诺,并由此承诺而产生的对该产品或服务的购买行为,而且不会因为市场的变化和竞争性产品的吸引而发生转移行为
Amine	1998	顾客对某种产品或服务的重复购买只是顾客忠诚度的表现形式,而顾客对该产品或服务的积极态度是确保此购买行为持续的前提

续表 8-3

代表学者	年份	观点
王月兴、冯绍津	2002	顾客忠诚度是顾客内在的积极态度、情感、偏好和外显的重复购买行为的统一

忠诚的本质在于反映双方之间的某种关系，尤其反映其中一方对另一方的某种持续、稳定、积极的心理和行为倾向。行为与态度是两个相互关联的因素。因此，无论从哪种角度进行分析，顾客忠诚度都是顾客与企业之间某种积极的联系，有利于维持顾客与企业之间现有消费关系。在实际研究过程中，研究对象的差异往往对顾客忠诚度的测量造成一定的影响。例如，生活必需品的高重复性购买行为易于测量，但高价值产品的顾客的高重复性购买行为的可能性往往较低，难以仅仅通过实际行为来测量顾客忠诚水平。因此，基于研究目的的差异，需优先选择与其研究目的更为贴切的方法对顾客忠诚度进行界定。

二、顾客忠诚度的分类

当概念本身呈现出多个维度时，对其类型化的探讨有助于深入把握所描述对象的内部层次性和复杂性。同样，对顾客忠诚度的分类研究伴随着这一概念内涵的讨论不断深入。在早期，学者们分别基于顾客行为和顾客态度对顾客忠诚度进行划分。例如，布朗（Brown，1953）基于顾客重复购买行为把顾客忠诚度划分为四类，分别是未叛离的顾客忠诚度、叛离的顾客忠诚度、不稳定的顾客忠诚度和没有顾客忠诚度。琼斯和萨瑟（Jones & Sasser，1995）基于顾客对产品或服务的重复购买意愿，将顾客忠诚度分为长期忠诚（真正的顾客忠诚，不易改变选择）与短期忠诚（当顾客发现有更好产品或服务的选择时，立刻就会转向另一个竞争对手）。随后，越来越多的学者综合顾客行为和态度两个维度对顾客忠诚度进行划分。例如，狄克和巴苏（Dick & Basu，1994）提出了基于顾客重复购买意向和重复购买行为的分类模型。现在，越来越多的新的分类视角被提出，更加丰富地揭示顾客忠诚度的内涵，为企业识别忠诚顾客、进行资源配置、针对性地开展营销活动奠定了基础。

（一）基于重复购买意向和重复购买行为的分类

根据顾客的重复购买意向和重复购买行为，狄克和巴苏（Dick & Basu，1994）将顾客忠诚度分为不忠诚、虚假忠诚、潜在忠诚和持续忠诚四个类型（图 8-1）。每一种类型的顾客的综合表现分别为：

(1) 不忠诚：很少或从不购买，也不想购买。
(2) 虚假忠诚：经常购买企业的产品或服务，但是情感忠诚度较低。
(3) 潜在忠诚：希望购买企业的产品或服务，但是实际条件不允许。
(4) 持续忠诚：对企业有很高的情感忠诚度，同时不断地重复购买。

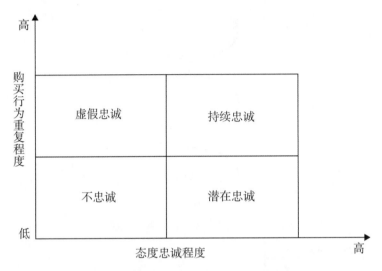

图 8-1 狄克和巴苏的顾客忠诚分类矩阵

资料来源：Dick & Basu, 1994。

在这四种类型的顾客之间存在着相互转化的可能。其中，虚假忠诚顾客往往是因为受购买便利性、优惠条件、转变成本及环境等因素的影响而重复购买。因此，虚假忠诚顾客易受外部条件变化的影响而转变为不忠诚顾客。影响潜在忠诚顾客重复购买的因素可能是企业的店铺较少导致购买不便或者产品、服务供不应求。因此，潜在忠诚顾客具有转变为持续忠诚顾客的可能性和潜力。对于企业而言，潜在忠诚顾客是企业需要重点挖掘的对象，而持续忠诚顾客则是企业利润的主要来源，也是企业需要持续关注并维持关系的对象。

（二）基于顾客忠诚度形成过程的分类

奥利弗（Oliver, 1999）认为，顾客忠诚度（包括态度忠诚度和行为忠诚度）的形成包含四个关键阶段。其中，态度忠诚度的形成需经历认知、情感和意向三阶段。行为忠诚度的形成则是这一连续过程的结果。首先，顾客基于产品或服务信息在认知上形成忠诚度；其次，顾客基于产品或服务表现的愉悦体验在情感上形成忠诚度；接着，顾客在意向上达成对产品或服务的承诺；最后，顾客付诸行动（图 8-2）。

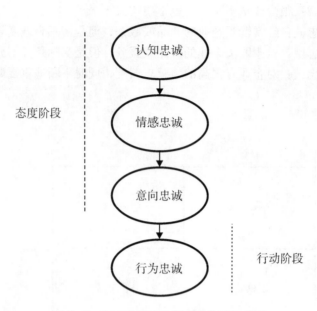

图 8-2　奥利弗的四阶段顾客忠诚度模型

资料来源：Oliver，1999。

每一阶段的具体表现如下：

（1）认知忠诚度：顾客亲身感触产品或服务的品质信息后形成。在这一阶段，顾客通过比较偏好产品和替代品的产品属性或表现情况，形成对产品的感知价值、服务质量和产品形象的认知，进而建立忠诚度。但这一阶段的忠诚度本质上仍然浮于表面。

（2）情感忠诚度：顾客获得持续性的满意后形成的对企业所提供产品或服务的偏爱。在这一阶段，随着顾客认知上的产品属性或服务表现的吸引力不断增强，愉悦感和偏好态度逐渐形成，个体建立起与产品或服务的情感联系，忠诚程度加深。但这一阶段的忠诚度仍然会发生转移。

（3）意向忠诚度：顾客尚未付诸行动的再购买意向。随着对于特定产品或服务的正面情感的累计，顾客逐渐形成强烈的购买意向。但这一阶段的忠诚度仍有一定的脆弱性。

（4）行为忠诚度：顾客把已形成的购买意向转化为实际的重复购买行为。个体的意图不一定会转化为相应的行动。从购买意向转化为实际行动需要克服环境影响或替代产品市场营销手段的吸引等障碍。

> **同步练习 8-1**
>
> 问题 1：为什么认知忠诚、情感忠诚、意向忠诚又被合称为态度忠诚？
> 问题 2：价格容忍度能否作为旅游者忠诚度的指标？
> 问题 3：风险容忍度能否作为旅游者忠诚度的指标？

（三）基于顾客忠诚度情感来源的分类

企业和顾客之间的情感联系对顾客忠诚度的维系起着至关重要的作用，良好的情感互动可以为企业带来真正忠诚的顾客。根据情感来源的不同，辛德尔（2001）认为，可以将顾客忠诚度划分为 7 种类型（表 8-4）：垄断忠诚、惰性忠诚、潜在忠诚、方便忠诚、价格忠诚、激励忠诚和超值忠诚。

表 8-4　辛德尔基于情感来源的顾客忠诚度分类

忠诚度类型	特征描述
垄断忠诚	垄断市场中，顾客别无选择，由此表现出情感依恋程度低，重复购买频次高
惰性忠诚	由于惰性而不愿意花费时间和精力寻找新的产品或服务，同样表现为低依恋、高重复购买的行为
潜在忠诚	顾客有重复购买的意向，但是一些制约因素的存在限制其实际购买行为，因此表现为低依恋和低重复购买
方便忠诚	类似惰性忠诚，但区别在于这类顾客在情感上乐于接受所购买的产品或服务，表现为低依恋、高重复购买行为
价格忠诚	对价格十分敏感，倾向于提供最低价格的产品或服务供应商，同样表现为低依恋、高重复购买行为
激励忠诚	因享受企业特别提供的积分回馈或奖励而重复购买，同样表现为低依恋、高重复购买行为
超值忠诚	具有典型的情感忠诚，同时表现为高重复的购买行为。这类顾客是企业产品的传道者

第二节 旅游者忠诚度的内涵

作为顾客忠诚度这一概念在旅游情景中的应用与延伸,对"访客忠诚度(visitor loyalty)"或"旅游者忠诚度(tourist loyalty)"的相关探讨从20世纪90年代开始出现在休闲、游憩、娱乐和酒店等领域,研究对象主要是高尔夫等休闲活动类产品及航空、酒店等购买频率较高的产品。20世纪80年代后期,随着越来越多的旅游目的地,特别是滨海度假目的地进入成熟阶段,"旅游者忠诚度"逐渐进入目的地旅游者行为及营销与管理研究者的视野,受到目的地旅游企业、旅游行业和政府部门的重视。

一、概念内涵

由于学者们对旅游者忠诚度的理解普遍建立在顾客忠诚度的理论基础上,并且在旅游者忠诚度研究受到关注之初,消费者行为研究领域中对顾客忠诚度内涵的理解基本形成了一致的取向,即综合行为和态度两个维度来界定顾客忠诚度,大多数旅游研究者在理论层面上认同旅游者忠诚度的"行为+态度"二维结构。持这一观点的代表性学者有法克耶和克朗普顿(Fakeye & Crompton, 1991)。他们提出,旅游者忠诚度可以划分为行为和态度两个层面。其中,行为层面是指旅游者参与特定的活动、设施与接受服务的次数,表现为旅游者多次参与的一致性;态度层面则是指旅游者情感上的偏好。国内旅游学界较早研究目的地旅游者忠诚度的学者有邹益民、黄晶晶和邵炜钦等。邹益民和黄晶晶(2004)提出,旅游者忠诚度不仅是重复购买行为,更是一种高品质的心理倾向,是心理连同重复购买的内在的有机结合。邵炜钦(2005)则将旅游者忠诚度界定为旅游者对某一旅游目的地有所偏爱,在未来一旦有闲暇时间及可自由支配收入的情况下,就会对该目的地的旅游产品产生重复购买行为。孙九霞和陈钢华(2015)认为,旅游者忠诚度是旅游者对某一旅游目的地或旅游产品所具有的高度认同感和归属感,以及重复购买、正面推荐和将之作为首选的行为。

二、操作化定义

考虑到旅游消费与一般的产品或服务消费的差异,尤其是旅游目的地体验作为一种消费产品的特殊性,学者们在对"旅游者忠诚度"的操作化定义中往往选择单一的视角进行界定。

肯定单一行为取向具有可行性的学者,例如,奥普曼(Oppermann,2000)提出,不同于高重复性购买的一般消费品,旅游产品是一种相对而言稀缺的产品,衡量很长一段时间内旅游者对某一目的地的态度是不现实的。并且,虚假忠诚一般出现在低度参与决策的产品和服务购买中。度假旅游项目价格很高,旅游者对目的地的选择更偏向于是一种有意识的决策行为。因此,对于要求高度参与决策的目的地产品来说,实际的重游行为就能反映出旅游者对一个目的地的积极态度。

虽然奥普曼的观点不无道理,但更多的学者还是倾向于从态度层面进行操作化的定义。例如,陈和古索伊(Chen & Gursoy,2001)提出,旅游行业中的重复购买行为较可能出现在航空、酒店等产品中。对于旅游目的地而言,由于受到旅游经历与求异心理的影响,重复购买行为很难出现。同样地,法奥和卡罗德(Fyall & Callod,2003)指出,旅游者忠诚度在很大程度上体现在态度层面而不是行为层面,旅游者受到某些情景因素的影响而经常购买某一旅游产品或者选择某一目的地,可能仅仅只是因为习惯或没有别的选择。这部分旅游者随时有可能转向目的地的竞争对手。

由此可见,综合考虑旅游体验的特殊性、旅游动机的复杂性以及旅游活动的实现会受到时间、距离等诸多客观因素的影响(具体见本书第五章),对旅游者忠诚度的理解在理论层面上需要认识到其内在的"行为+态度"二维结构,但在进行操作性定义(具体的研究实施和测量)时应当根据不同的旅游产品(目的地)类型来使用适当的测量变量以保证忠诚度测量的有效性。有关旅游者忠诚度的测量见下文。

第三节 旅游者忠诚度的测量

正如本章第二节对旅游者忠诚度的操作化定义所介绍的,从理论上来讲,旅游者忠诚度的测量包括行为忠诚度和态度忠诚度两个维度,而态度忠诚度又包含认知忠诚度、情感忠诚度和意向忠诚度。不同旅游情景中的旅游者忠诚度的具体表现形式存在差异。为有效地选择恰当的测量指标,需要从整体上对既有的旅游者认知忠诚度、情感忠诚度、意向忠诚度和行为忠诚度的主要测量指标进行全面的了解。

一、旅游者行为忠诚度的测量指标

(一) 重游行为

作为最直接、最易于观察到的行为体现,重游行为是考察旅游者行为忠诚度的核心指标,也是目的地管理者的关注重点。但是,由于旅游业的特性,尤其是旅游者的异质性需求所限,作为单一观测指标的重游行为难以真正反映旅游者对目的地的忠诚度。例如,陈钢华和肖洪根(Chen & Xiao, 2013)对厦门市重游旅游者的研究发现,城市旅游地重游游客的动机有七个方面,分别是:无可奈何(出于时间、金钱、精力的限制)、弥补缺憾、商务公务、怀旧、猎奇求新、分享、专门层次重游(如购物、宗教朝拜等)。基于重游动机的差异,通过聚类分析,城市旅游地的重游游客被划分为4个类别:怀旧型、外界驱动型、猎奇补缺型和分享型。其中,基于无可奈何动机的"外界驱动型"重游者占所有受访重游者的24.8%。在态度忠诚阶段理论(Oliver, 1999)和计划行为理论(Theory of Planed Behaviour; Ajzen, 1991)的基础上,余意峰和丁培毅(2013)提出了累积行为忠诚度这一概念,用于指涉若干次从认知、情感到意向再到行为忠诚的重复决策过程的累积。他们认为,一次又一次的重复目的地旅游决策最终导致了累积行为忠诚度的产生,而累积的行为忠诚度则进一步影响未来的目的地重游决策,从而产生一个连续的反馈环(参见同步案例8-1)。

同步案例8-1　　　　　　　　　　　　**马尔代夫旅游者的行为忠诚度**

滨海和海岛度假旅游一直是国际旅游业的重点领域。最近十几年来,随着新兴海岛(滨海旅游度假地)的崛起,国际度假旅游市场的竞争也日趋激烈。因此,旅游者的忠诚度也成为海岛和滨海旅游目的地政府部门和企业关心的议题。那么,这些海岛(滨海旅游目的地)的政府部门是如何来了解和测量旅游者的行为忠诚度的呢?马尔代夫的旅游、艺术与文化部①每年定期发布的马尔代夫旅游者问卷调查(Maldives Visitor Survey)给出了部分答案。

据2014年6月的问卷调查报告(Maldives Visitor Survey Report June 2014;于2014年6月23日至7月21日在易卜拉欣纳西尔国际机场针对即将离境的旅游者以英文、德文、法文、意大利文、俄文、中文和日文7种不同语言的问卷展开调查,总样本为1800人,有效样本为1621人)显示,20%的受访旅游者是重游旅游者

---

① 马尔代夫的旅游、艺术与文化部(Ministry of Tourism, Arts and Culture),据2019年4月最新的检索,现已改为马尔代夫旅游部,即 Ministry of Tourism。

（其中，已来过马尔代夫 2~5 次的受访者占 15%；6~10 次的占 3%；10 次以上的占 2%），亦即第二次及以上到访马尔代夫。①

（二）推荐行为

旅游者的推荐行为包括向周围人（亲朋好友）推荐目的地、在网上发布目的地的正面介绍、向陌生人讲述自己的旅游经历等。将推荐行为纳入测量中，可以弥补单一的重游行为指标的测量缺陷。当旅游者囿于主观或客观原因，暂时不具备"故地重游"的条件时，他们对目的地的忠诚度可以通过正面口碑推荐行为表现出来。随着社交媒体和自媒体的影响力逐步增强，消费者以微博、微信以及旅游社交网站等为主要信息来源的生活方式极大地促进着在线口碑效应的发挥。因此，可以说正面口碑推荐行为的重要性有逐渐追赶旅游者自身实际重游行为的重要性的趋势。

二、旅游者认知忠诚度的测量指标

同样，鉴于现有研究对旅游者认知忠诚度的测量缺乏足够的关注，尚未形成统一的测量指标，本书根据服务业中顾客认知忠诚度的测量（Harrison，2013）及目的地认知忠诚度的测量（Yuksel，Yuksel，Bilim，2010）的共性，将之归纳为"认可程度"，表示旅游者对所体验对象（目的地）的积极评价，尤其是对其相对于其他同类型体验对象（目的地）的竞争优势的高度认可（表 8-5）。

表 8-5 旅游者认知忠诚度的测量题项

学者	测量题项
Harrison（2013）	我相信×企业能比其他企业提供更多的服务内容
	×企业的服务比它同层次的更好
	我相信购买同一类型的服务，×企业的更便宜
	如果我有这类的服务需求，×企业会是我的首选
	比起同一类型的其他公司，×企业提供给我更优质的服务
Yuksel，Yuksel，Bilim（2010）	比起我曾去过的其他地方，×旅游地提供给了我更优质的服务
	在所有的目的地中，×旅游地是最好的
	作为一个旅游目的地，×旅游地的整体质量是最佳的
	我相信×旅游地提供给了我比其他目的地更好的体验

---

① Ministry of Tourism（Maldives）. *Maldives Visitor Survey Report June* 2014. http://www.tourism.gov.mv/packages/mvs-2014-june/.

三、旅游者情感忠诚度的测量指标

鉴于现有研究对旅游者情感忠诚度的测量缺乏足够的关注,学界尚未形成统一的测量指标,本书根据服务业中顾客情感忠诚度的测量(Harrison,2013)及目的地情感忠诚度的测量(Yuksel,Yuksel,Bilim,2010)的共性,将之归纳为"偏好程度",表示旅游者在情感上形成的对目的地的偏好(表8-6)。

表8-6 旅游者情感忠诚度的测量题项

学者	测量题项
Harrison(2013)	我越来越喜欢×企业
	比起其他的企业,我更喜欢×企业提供的产品和服务
	我最享受×企业提供的服务
	比起其他的企业,我更乐意接受×企业提供的服务
	我对于自己在×企业的购买决策一般都是很开心的
Yuksel,Yuksel,Bilim(2010)	我喜欢待在×旅游地
	当我待在×旅游地时,感觉会更好
	比起其他的旅游目的地,我更喜欢×旅游地

四、旅游者意向忠诚度的测量指标

(一)重游意向

重游意向(也称为"重游意愿")是目前应用最为广泛的旅游者忠诚度的测量指标之一。正如上文所述,旅游产品的需求弹性大,旅游者需求的异质性高。并且,即使是真正忠诚的旅游者,也会因为旅游消费的异地性而容易受到诸多原因的限制,难以顺利实现重复游览的愿望。而且,由于时间序列数据(跟踪数据)采集的困难,直接测量旅游者的重游行为在多数情况下是不可行的。在这种情况下,把重游意向作为旅游者忠诚度的测量指标具有一定的实践意义。

(二)推荐意向

对于在目的地现场开展的旅游者忠诚度调查而言,推荐意向(也称为"推荐意愿")是一个广泛使用的测量指标。向他人介绍和推荐某一特定的目的地在一定程度上体现了旅游者与目的地之间的深厚情感联系。尤其是对旅游目的地高度忠诚的旅游者而言,对于目的地的归属感和责任感使其热衷于充当目的地的"免费宣传员",向他人正面地介绍和推荐目的地。

(三)未来首选意向

未来首选意向(意愿)指的是在未来各种现实条件具备的情况下,旅游者将某一特定目的地作为自己参观、游览的首要选择的态度。选择的先后体现了旅游目的地在旅游者心中不同的重要程度。首选即表现了这一目的地在旅游者心中具有很高的地位,是其迫不及待希望实现的愿望。这种渴望的心情正是旅游者目的地忠诚度的一种体现。因此,未来首选意向可以作为衡量旅游者忠诚度的测量指标。

同步案例8-2　　　　　　马尔代夫旅游者的意向忠诚度

据2014年6月的问卷调查报告(调查背景见同步案例8-1)显示,95%的受访者表示在马尔代夫的体验"符合预期",98%的受访者表示愿意向亲朋好友推荐马尔代夫,92%的受访者表示愿意再度来马尔代夫旅游。

据最新的调查报告(*Maldives Visitors Survey Report September* 2017)显示,19%的受访旅游者是重游旅游者(其中,已来过马尔代夫2~5次的受访者占15%,6~10次的占2%,10次以上的占2%),亦即第二次及以上到访马尔代夫;91%的受访者表示在马尔代夫的体验"符合预期",98%的受访者表示愿意向亲朋好友推荐马尔代夫,90%的受访者表示愿意再度来马尔代夫旅游。

另外,据调查报告显示(图8-3),印度和俄罗斯的旅游者表现出的重游意向最高,均为96%;日本和德国旅游者紧随其后,均为94%;中东的旅游者的重游意向也较高,有93%的受访者表示愿意再来马尔代夫旅游;中国旅游者的重游意向也较高,为92%。在推荐意向方面(图8-4),马尔代夫也有着很高的旅游者意向忠诚度,例如,所有受访的瑞士旅游者、意大利旅游者和法国旅游者表示会向其他人推荐马尔代夫,亦有99%的中国受访旅游者表示愿意向其他人推荐马尔代夫。[①]

---

① Ministry of Tourism (Maldives). *Maldives Visitors Survey Report September* 2017. http://www.tourism.gov.mv/packages/maldives-visitors-survey-september-2017/.

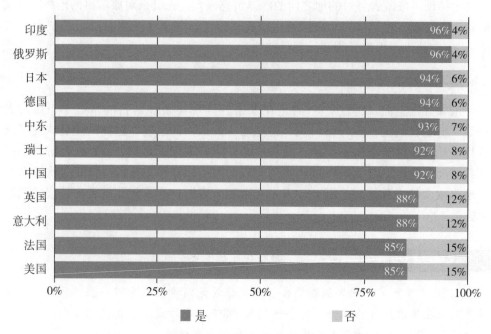

图8-3 马尔代夫的旅游者意向忠诚度（重游意向）

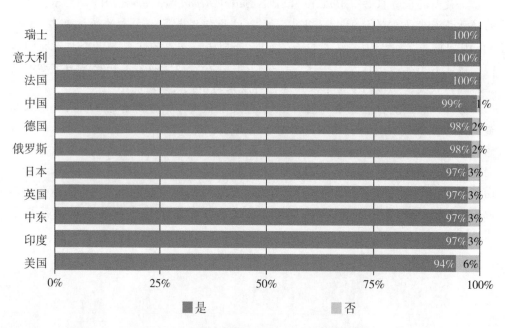

图8-4 马尔代夫的旅游者意向忠诚度（推荐意向）

第四节 旅游者忠诚度的影响因素

一、旅游者层面

(一) 旅游者满意度

如第七章所述,顾客满意度是指顾客通过对某种产品或服务的可感知效果与他(她)之前的期望相比较后,所形成的一种愉悦或失望的感觉状态(Oliver,1977),属于心理范畴。顾客忠诚度则除了态度这一心理成分之外,还包括行为成分,即实际的重复消费行为。因为两者都包含顾客的心理因素,故存在某种程度上的内在联系。早期研究中多采用了因果关系建模方法对此进行检验,以满意度为因,忠诚度为果,认为顾客满意度对顾客忠诚度有正向影响。但是,现在越来越多的研究证实,顾客满意度与顾客忠诚度之间的关系强度受转换成本、风险容忍度、价格容忍度等购买情景的影响,即顾客满意度对顾客忠诚度的影响并非一定是直接的,而是可能存在许多调节因素或中介因素。张新安和田澎(2007)通过结合狄克和巴苏(Dick & Basu,1994)的顾客忠诚分类,对顾客忠诚度与顾客满意度之间的对应关系以及顾客满意度如何影响顾客忠诚度的机制进行了较为全面的分析,如图8-5所示。

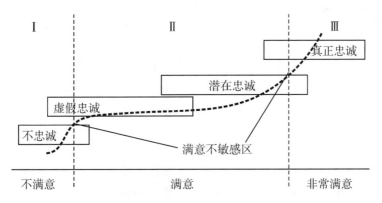

图8-5 顾客满意影响顾客忠诚的作用机制

资料来源:张新安、田澎,2007。

(1) 在Ⅰ区中,不满意的顾客,其需求和期望没有得到满足,如果出现其他消费选择或者转换成本很小的话，他们很容易转换消费场所（或产品）成为不忠诚的顾客。即便顾客缺乏其他选择，或者面临很高的转换成本而被迫重复消费，也是在约束条件之下的虚假忠诚。约束条件一旦失效，比如，垄断被打破，顾客即会流失。

（2）在Ⅱ区中，顾客的期望和需要得到了满足，并表达出了满意的心理状态。然而，满意的顾客却可能成为以下四种忠诚类型中的任意一种。这是因为：其一，顾客可能仅仅是购买、消费，感觉还可以而已。这一消费经历对其购后态度和行为都未造成什么影响。正因为这样，他（她）很容易成为不忠诚顾客。其二，如果顾客受其他条件的约束（如市场垄断），他（她）也可能会重复消费成为虚假忠诚顾客。其三，虽然传统的营销理论认为，满意的顾客会具有较高的态度取向。然而，这并不意味着顾客一定会忠诚。比如，在很低的转换成本下，或者有其他品牌（产品）可以让其更为满意，他（她）就不一定会选择重复消费，而只能成为潜在忠诚顾客。其四，满意的顾客也可能在较高的取向态度下重复消费，成为真正忠诚的顾客。

（3）在Ⅲ区中，顾客表达出了高度满意，表明其期望和需求得到了意料之外的满足。这种强烈的满意感可能会提升顾客对产品所持有的信念，引发其情感上的认同感，产生行为倾向，并促使其重复消费，成为真正忠诚的顾客。此外，如果来自其他品牌的吸引也很大，尽管非常满意，顾客仍然可能会转换消费，而只表现出潜在忠诚。

由此可见，顾客满意并不构成顾客忠诚的充分条件，但是随着满意程度的提高，顾客会更趋于忠诚。

在国内外的旅游者忠诚度研究中，旅游者满意度与旅游者忠诚度也是一对紧密联系的概念。研究者的观点和发现同样从之前简单的"旅游者满意形成旅游者忠诚"逐渐发展为"满意不一定忠诚，满意只是忠诚的必要条件"。而且，受多样化需求和某些情境因素的影响，旅游者满意度与旅游者的行为忠诚度（如目的地重游）之间的联系比一般服务项目或产品情境中的关系更加薄弱。换言之，旅游者满意度对旅游者忠诚度的影响主要是表现在态度忠诚方面。

（二）感知价值

顾客感知价值是顾客所能感知到的利得与其在获取产品或服务中所付出的成本进行权衡后对产品或服务效应的整体判断（Parasuraman，Zeithaml，Berry，1985）。顾客感知价值的形成不依赖于产品或服务是否已经使用，但顾客满意必须依赖于使用后的经验和感受。一般来说，当顾客感知价值大于期望价值的时候，顾客就会满意。因此，对于初次购买的顾客而言，感知价值是满意度的前因变量，即感知价值通过顾客满意度这一中介变量影响顾客忠诚。而对于多次购买的顾客而言，已有购买或使用经验的顾客的满意程度建立在与先前的评判标准的比较上，而与标准的比较将决定顾客是否满意，满意度的大小最终影响顾客对价值的感知。这种情况下，顾客价值直接影响顾客忠诚。

在旅游情境下，旅游者感知价值是旅游者对目的地旅游价值的感知。不同于一般的顾客感知价值，旅游者感知价值更多基于体验的视角，具有内在多维性，对于属性差异明显的旅游目的地，呈现不同的表现形式。总体上，旅游者感知价值不仅对旅游者忠诚度有着直接的积极影响，还通过旅游者满意度这一变量间接地对忠诚度产生影响。

（三）感知质量

顾客感知质量指顾客按照自己对产品或服务的使用目的和需求状况，综合分析市场上各种经由正式或非正式途径获得的相关信息，对一种产品或服务所做的抽象的主观的评价（毕雪梅，2004）。感知质量不同于实际的质量，它是顾客根据自身价值判断和偏好所得出的评价结果。这一结果既反映了质量的实际水平和感知过程绩效，也反映了顾客的价值取向。感知质量对顾客忠诚度的显著性影响已得到广泛证实。不少旅游研究者也证实了，旅游者对旅游目的地的感知质量不仅对他们的忠诚度有着直接的积极影响，而且通过旅游者满意度作为中介变量间接地对他们的目的地忠诚度起到影响。对于目的地的旅游者来说，他们的质量感知由旅游目的地服务感知与旅游资源本体感知所构成。感知质量通过影响旅游者对旅行经历的满意程度，进而影响他们重游的可能性。

（四）地方依恋

地方（place）是人文地理学研究和更广泛的社会科学研究的核心概念，是人的生活环境中被感知的有意义的地理单元。因与人的紧密结合，也由于人的体验，空间充满了价值和意义，具体表现为符号、情感和价值等。因此，地方对于个体来讲是有价值和意义的，个人对于地方正面的评价就会产生个人对地方的依恋感。地方依恋（place attachment；也译为"场所依恋"）由地方认同（place identity）和地方依赖（place dependence）两个基本维度构成。地方认同又被称为心理依附，是个体对一个特定地区所持有的一种态度、价值、思想、信念、意义、行为意图及特别的归属感；地方依赖是一种功能性的依赖，包含了社会与物理资源的可用性这一功能性内涵。人们因为特殊的原因必须在某些特定的地方进行相应的活动，以致在长久的需要和使用过程中对地方产生依靠，进而衍生对该地历史、文化，甚至社会脉络的特殊感情。作为影响游后行为倾向的重要心理前因，地方依恋是产生重游的主要动机，对旅游者的目的地忠诚具有显著的驱动作用。

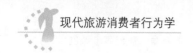

(五) 个人卷入

卷入（involvement；也译为"涉入"）是个体所察觉到的产品与其内在需要、生活理想及其兴趣相关联的程度（Zaichkowsky，1994），可分为情感卷入和认知卷入两个维度。个人卷入（personal involvement）强调从个人注意力水平或个人唤醒程度的角度来衡量卷入水平的高低。个人卷入水平的高低影响消费者的品牌搜索、信息加工、态度改变、购买意向形成、购后推荐等诸多方面。对于旅游者而言，旅行过程中的个人卷入是通过与社会环境的交互作用而形成的，受到个体差异和经验的影响。旅游者不同层面的个人卷入对他们的满意度和忠诚度产生不同的影响。一般来说，旅游者参与活动越多、旅游体验越深入，旅游者忠诚度则会越强烈。毕竟，忠诚更多地源于内心，只有更丰富、更难忘的内心体验才更有可能激发出忠诚的意愿。

(六) 旅游者个人特征

在消费者行为研究中，研究者发现有些顾客本身就不容易被满足或不易忠诚，而有些顾客则相反。部分学者因此提出个人特征是"满意—忠诚"关系的调节变量，即有着不同性别、年龄、收入、生活方式等要素的顾客，其满意度和忠诚度的关系会有显著的差异。比如，洪堡和吉尔里（Homburg & Giering，2001）通过实证研究发现，顾客满意度与忠诚度之间的关系受到顾客个人特征的显著影响。其中，男性群体相对于女性群体而言，产品满意度对忠诚度的影响较强；对于女性群体而言，销售过程的满意度对忠诚度的影响更强；年轻人及高收入人群的忠诚度不强烈地依赖于他们对产品的满意度。类似地，在旅游情景中，旅游者的个人特征，包括社会人口因素、生活方式、消费水平、人格特性等往往作为旅游者满意度的直接驱动因素以及其与旅游者忠诚度间的调节变量，影响两者之间的关系强度。比如，马茨克尔等（Matzker, Füller, Faullant, 2007）在调查阿尔卑斯山区滑雪旅游者之后发现，生活方式和消费水平是影响旅游者满意度与忠诚度之间关系的两个重要因素。其中，重视家庭及健康的群体，其满意度对忠诚度有更强的影响。如果他们对滑雪胜地满意，就会比其他生活方式的人群更忠诚。在消费水平方面，消费更多的人群无论是在重游意向方面还是正面的口头宣传意向方面都表现得更为忠诚。

二、目的地层面

(一) 目的地形象

目的地形象是人们对旅游目的地的观念、想法和印象的总和，是由目的地的旅游吸引物和其他要素交织而成的总体印象，包括对目的地的认识、印象、偏好、想象和情感等。目前，认知形象和情感形象作为目的地形象的主要构成内容已经得到了广泛认同。其中，认知形象是旅游者对目的地属性或特征的感知，而情感形象是旅游者对旅游目的地所做出的情绪反应和体验，例如，愉快、放松、激动等（Embacher & Buttle，1989）。目的地形象是旅游者出游预期起点之一，也是旅游者行为的决定因素之一。研究表明，目的地形象的改善一方面可提高旅游者对目的地的感知质量及满意度，另一方面有助于增强旅游者的重游和推荐意愿，即目的地形象往往是通过影响旅游者满意度、感知质量等中介变量从而对旅游者忠诚度起到间接影响。虽然已有部分研究发现了旅游者对目的地的形象感知可对他们的目的地忠诚度产生直接的驱动作用，但是否适用于更加普遍的情景尚需更多的研究进一步证实。

（二）服务质量

从互动的角度看，服务是一种主观体验过程。在这个过程中，生产和消费同步进行。相对应地，服务质量是一个主观的范畴，它取决于顾客对服务质量的预期（期望的服务质量）同其实际体验到的服务质量水平的对比。如果顾客所体验到的服务质量水平高于或等于顾客预期的服务质量水平，则顾客会获得较高的满意度，从而认为企业（服务供应商）具有较高的服务质量。反之，则会认为企业（服务供应商）的服务质量水平较低。

旅游业是典型的服务行业，服务是构成旅游者体验的重要组成部分，与旅游资源同等重要。对旅游者而言，服务质量是他们在目的地体验到的旅游服务质量与服务质量预期之间的对比。在目前已有的实证研究中，服务质量被证明是满意度的前因变量，并通过满意度、感知公平、感知价值等变量的中介作用影响旅游者的态度忠诚。

同步练习8-2

根据上述有关旅游者忠诚度的影响因素的知识，结合自身或身边人的经历，回答：

问题1：影响旅游者忠诚度的旅游者层面因素与目的地因素之间的关系是什么？

问题2：如何理解影响旅游者忠诚度的旅游者层面的各因素之间的关系？

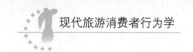

三、其他因素

在旅游者和目的地层面，除以上介绍的满意度、感知价值、感知质量、地方依恋、个人卷入、个人特征、目的地形象、服务质量八个主要的影响因素外，还有一些其他因素也被学者提出并进行了不同程度的探索，包括旅游动机、熟悉度、感知距离、感知价格、感知风险等。比如，感知距离是以旅游者在寻找目的地的信息以及克服实际距离所消耗的时间、资金、精力来衡量的，感知距离太远则会使旅游者产生惰性，从而影响旅游者的行为忠诚度。实际上，关于旅游者忠诚度影响因素的研究处于不断的探索过程中。基于不同的理论背景及旅游情景，研究中影响因素的选取还存在差异。因此，还需要在明确不同影响因素的普适性和特殊性的基础上有针对性进行多案例（多情境）验证。这会有助于形成对旅游者忠诚度驱动机制的更深的、更稳定的理解和解释。

第五节　旅游者忠诚度的驱动机制

为更加深入地了解旅游者忠诚度形成的过程，在上述有关影响因素的基础上，还需要明确这些因素是如何影响旅游者忠诚度的，以及这些因素之间的关系如何。这就是旅游者忠诚度的驱动机制。在众多顾客忠诚理论中，基于交易层面的顾客满意理论是目前研究最多、最为透彻也是应用最为广泛的顾客忠诚分析理论。随着顾客满意度研究的逐步深入，研究者们发现，仅仅从顾客满意度的角度对顾客忠诚进行研究具有较大的局限性，许多学者在顾客满意研究的基础上进一步拓展了顾客忠诚的相关研究。如前所述，目前，研究者已普遍认可顾客感知价值和顾客满意度对顾客忠诚度存在着显著影响。然而，不同学者对于感知价值和顾客满意度在顾客忠诚度形成中的作用的认识存在差异。①持"顾客满意论"的研究者将顾客满意度作为直接预测顾客忠诚度的唯一重要因素，认为其他因素可通过满意度间接影响顾客忠诚（Hernon，Nitecki，Altman，1999）。②持"感知价值论"的研究者则认为，顾客感知价值才是影响顾客忠诚度最重要的驱动因素，顾客满意度会影响顾客对价值的感知，从而进一步通过顾客感知价值对顾客忠诚度产生间接作用（Gale，1994）。③持"价值满意双驱动论"的研究者则认为，顾客忠诚度是顾客满意度和顾客感知价值共同作用的结果，对忠诚的贡献几乎同等重要。因此，顾客满意度和顾客感知价值对顾客忠诚度均具有直接的影响。

总体上，三方的观点都以顾客满意理论为基础，将顾客满意度和感知价值作为影响顾客忠诚度形成的最主要的两个因素。目前,大量的实证研究已经证实顾客忠诚度、顾客满意度和感知价值三者之间存在密切的稳定关系。因此,可以将其归纳为广义的顾客满意度驱动理论。顾客满意度与感知价值对顾客忠诚度的驱动作用已经在不同国家、不同行业获得实证支持。在旅游行业,旅游者忠诚度的驱动机制研究大多以广义的顾客满意驱动理论为基础,针对旅游产品的消费特征有所修正。下面将对其中基于顾客满意理论的典型的旅游者忠诚模型进行介绍。

一、感知价值—满意度驱动模型

伽拉扎和索拉(Gallarza & Saura,2006)将"质量—价值—满意—忠诚"链运用到对大学生旅游行为的实证研究上,提出旅游者忠诚的"感知价值—满意度驱动模型"。在这一模型中,旅游体验中的价值包括积极和消极两个维度,积极层面包括效率、服务质量、娱乐、审美、社交价值;消极层面包括花费的时间和精力。旅游者基于积极价值和消极价值形成的收益和成本的感知是整个解释模型的起点。研究发现,如图8-7所示,效率直接影响旅游者忠诚,娱乐、审美、社交价值和花费的时间和经历通过感知价值和满意度的中介作用影响旅游者忠诚;服务质量既可以直接影响旅游者忠诚,又可通过感知价值和满意度间接影响旅游者忠诚。

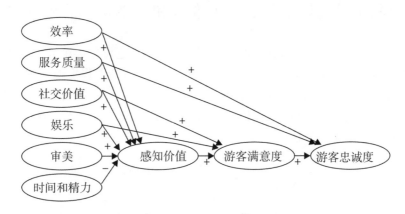

图8-7 感知价值—满意驱动模型

资料来源:Gallarza & Saura,2006。

二、动机—满意度驱动模型

尹裕植和乌伊萨尔(Yooshik & Uysal,2005)提出的旅游者忠诚的"动机—满意度驱动模型"中,将旅游动机划分为推力动机(push motivations)和拉力动机(pull motivations)。其中,推力动机涉及旅游者内心的渴望,往往和情绪或心理方面相关,在模型中使用放松、家庭团聚以及安全和趣味等题项进行测量;拉力动机则涉及目的地的属性,往往和外部认知性的情景相关,在模型中使用适宜的天气、整洁的环境、购物、夜生活和当地的美食等题项进行测量。研究发现,如图8-8所示,推力动机促进旅游者忠诚度的提升,而拉力动机会削弱旅游者满意度,进而不利于旅游者忠诚度的提升。

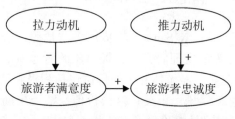

图8-8 动机—满意度驱动模型

资料来源:Yooshik & Uysal, 2005。

三、基于目的地形象、个人卷入和地方依恋的满意驱动模型

普拉亚格和瑞安(Prayag & Ryan, 2012)将目的地形象、个人卷入、地方依恋和旅游者满意度作为旅游者忠诚度的前因变量建立结构方程模型(图8-9)。通过对在毛里求斯岛过夜的国际旅游者的实证研究发现,个人卷入水平、目的地形象和地方依恋对旅游者忠诚度起到积极的作用。但是,三个前因变量与旅游者忠诚度之间的关系强弱受到游客满意程度的调节。

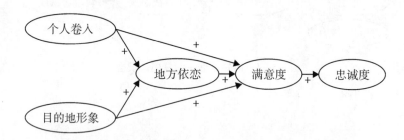

图8-9 基于目的地形象、个人卷入和地方依恋的驱动模型

资料来源:Prayag & Ryan, 2012。

四、特定旅游产品的顾客忠诚驱动模型

上文介绍的三种模型针对目的地层面的旅游者忠诚,接下来将介绍两种特定旅游产品(旅游行业)的顾客忠诚驱动模型。旅游目的地由不同类型的旅游吸引物、接待设施以及其他支撑性设施和产品组成。因此,对于目的地各部门和行业的管理者而言,考察旅游者在特定旅游产品(旅游行业)的消费过程中的忠诚度形成机制,也具有重要的实践价值。在众多的行业(部门)中,酒店行业和节事活动领域中的顾客忠诚尤为受到关注,并形成了一些有代表性的研究成果。

1. 酒店顾客忠诚驱动模型

在奥利弗(Oliver,1999)提出的四阶段顾客忠诚模型的基础上,三位韩国学者(Han,Kim,Kim,2011)对酒店顾客忠诚形成过程中的态度忠诚形成的三阶段(认知忠诚、情感忠诚、意向忠诚)进行了多维度的测量,考察每一阶段的构念(变量)之间的因果关系,并加入"惰性"作为调节变量,最终形成如图8-10所示的驱动模型。其中,酒店顾客的认知忠诚通过服务质量与感知价值两个变量进行测量,情感忠诚通过积极情绪、消极情绪与满意度三个变量来测量,意向忠诚通过承诺和重游意向两个变量来测量。在这一模型中,可以直观地看到,对于酒店顾客而言,认知层面的服务质量和感知价值通过影响情感层面的情绪(积极与消极)和满意水平进一步影响到意向层面的承诺和重游意向,并最终作用于行为忠诚。在最终的行为忠诚的形成过程中,旅游者的惰性起到了调节作用。亦即对于惰性较低的群体而言,重游意向和行为忠诚之间以及满意度和承诺之间的关系强度明显增强。

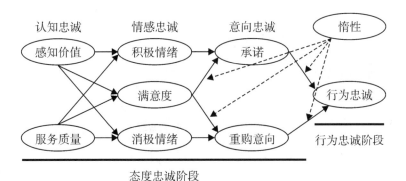

图8-10 酒店顾客忠诚驱动模型

资料来源:Han,Kim,Kim,2011。

2. 节事活动参与者忠诚驱动模型

郑胜勇和坦福德（Jung & Tanford，2017）通过对已有节庆活动文献的元分析，总结并提炼影响节庆活动参与者满意度和忠诚度的因素，将之归为两类：其一是节庆体验的属性，包括活动、原真性或独特性、特许经营、环境、逃离或者享受、社会交往；其二是节庆总体感知，包括成本或价值、服务质量。每一个因素的具体内涵如下（图8–11）。

（1）活动：由节目、娱乐、音乐和主题内容构成。
（2）原真性或独特性：节庆描绘当地文化的方式。
（3）特许经营：共同的标记和经营模式。
（4）环境：现场的氛围和设施。
（5）逃离或者享受：参加活动过程中的欢乐、激动等情绪。
（6）社会交往：陪伴家人和朋友的时间。
（7）成本或价值：参与者主观感受到的节庆体验是否值得投入的成本。
（8）服务质量：工作人员责任感和服务效率的感知。

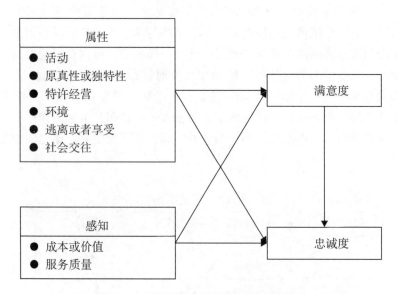

图8-11　节事活动参与者忠诚驱动模型

资料来源：Jung & Tanford，2017。

其中，节庆活动（包括节目、娱乐、主体活动等）和环境（包括氛围、厕所和设施等）是影响满意度和忠诚度的最重要的决定因素，成本或价值对于满意度和忠诚度的形成都很重要，而服务质量相对不重要，节庆满意度和忠诚度呈现出强相关。

第六节 旅游者忠诚度的培育

一、旅游者忠诚的益处

（一）企业层面

顾客忠诚的培育问题一直都是市场营销理论界与企业界的关注焦点，尤其是在市场竞争日趋激烈和顾客争夺成本提高的情况下更是如此。一般来说，旅游者忠诚可以从如下五个方面给旅游相关企业带来益处（张新安、田澎，2007）。

（1）忠诚的顾客会保持重复消费行为，并倾向于购买企业的其他产品，由此，会带来稳定的、可预期的远期销售收益。

（2）维持一个忠诚顾客的成本远远低于争取一个新顾客的成本，从而降低企业的营销成本。

（3）忠诚顾客的购买行为不需要价格优惠或者累计积分等促销手段，并且反过来，他们更容易接受溢价，为企业带来超额利润。

（4）忠诚顾客经常正面宣传企业的产品或服务，并推荐其他人购买，形成口碑效应，帮助企业获取新的顾客。

（5）顾客忠诚在企业内部会带来一种联动效应，有助于提高员工满意度和保持率，进而可提高其工作效率，降低企业运营成本。

（二）目的地层面

在目的地层面，旅游者忠诚可以从以下三个方面为旅游目的地带来益处（孙九霞、陈钢华，2015）。

（1）重游者对目的地相对较为熟悉，所以，针对重游者的服务成本和营销成本都会降低。

（2）即使旅游者的重游行为较少发生，态度忠诚的旅游者对目的地的正面口碑宣传也会为目的地省去大量的广告和宣传费用。

（3）忠诚的旅游者对价格和同类型目的地促销敏感度的降低会使目的地企业获取更多利润。

因此，无论是企业层面还是目的地层面，争夺旅游者的竞争逐渐取代产品或服务本身的竞争，吸引以及留住旅游者是旅游企业成功、目的地可持续发展的关键所

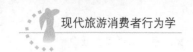

在。因此，接下来将分别从旅游企业和旅游目的地两个层面介绍旅游者忠诚的培育。

二、旅游者忠诚的培育

（一）旅游企业层面

作为企业市场份额和顾客资产的形成源泉，顾客忠诚已成为企业制订或执行营销计划的战略目标。基于此，赖克哈尔德（Reichheld，2001）提出培育顾客忠诚必须遵循的六项基本原则。这些原则同样适用于旅游相关企业。

（1）实现双赢，与合作伙伴联合起来有效服务顾客价值这一重心。
（2）严格挑选，慎重选择有发展潜力的伙伴建立忠诚。
（3）保持简约，明确而简易的忠诚规则是公司存在和效率的基础。
（4）论功行赏，及时奖励忠诚顾客，与其共同分享经济优势。
（5）反馈交流，与合作伙伴开展坦诚双向交流和相互学习。
（6）倡导实践，使公司的合作伙伴真正了解忠诚的含义。

本书在赖克哈尔德（Reichheld，2001）提出的企业顾客忠诚培育原则的基础上，根据前文所述的旅游者忠诚影响因素和驱动机制，提出旅游企业培育旅游者忠诚的如下四点策略。

1. 选择正确的目标市场

旅游企业培育忠诚的旅游者的第一步是选择正确的、合适的目标市场。传统的目标市场选择的方法主要是基于经验和统计基础对顾客进行市场细分来确定目标市场。常用的市场细分变量有地理变量、人口统计变量、心理变量和行为变量等。此类方法虽然对管理旅游者有一定的价值，但是无法深入了解旅游者潜在价值和旅游者忠诚等。实际上，旅游者的忠诚不一定会带来理想的价值，企业盲目开展旅游者忠诚计划可能收效甚微。合理的做法是首先了解游客价值，集中力量提高最有价值的旅游者群体（细分市场）的忠诚度。

斯塔尔等（Stahl，Matzler，Hinterhuber，2003）以顾客生命周期为依据将顾客价值分成基础价值、成长价值、网络价值和学习价值四个部分。旅游企业可以建立旅游者数据库，并通过数据挖掘寻找基础价值、成长价值、网络价值和学习价值较大的而且又与企业核心竞争力相匹配的旅游者作为目标市场。在此基础上，及时把握目标市场的需求变化，并针对变化进行精准营销。

| 知识链接8-1 | 什么是精准营销 |

精准营销（precision marketing）就是在精准定位的基础上，依托现代信息技术手段建立个性化的顾客沟通服务体系，实现企业可度量的低成本扩张之路，是有态度的网络营销理念中的核心观点之一。精准营销就是公司需要更精准、可衡量和高投资回报的营销沟通，需要更注重结果和行动的营销传播计划，还有越来越注重对直接销售沟通的投资。精准营销有三个层面的含义：第一，精准的营销思想，营销的终极追求就是无营销的营销，到达终极思想的过渡就是逐步精准。第二，是实施精准的体系保证和手段，而这种手段是可衡量的。第三，就是达到低成本可持续发展的企业目标。

2. 实施旅游者满意战略

在选择正确的目标市场的基础上，实施旅游者满意战略是旅游企业的旅游者忠诚培育策略的核心。按照传统市场营销学的观点，让顾客满意是培育顾客忠诚最有效的途径。赖克哈尔德（Reichheld，2001）的研究表明，只有非常满意的顾客才会忠诚于企业。因此，培育旅游者忠诚，首先必须让旅游者满意。旅游者满意的提升主要通过旅游者满意战略实现。具体来说，旅游者满意战略是旅游企业为了使旅游者能对自己的产品或服务产生高满意感，综合而客观地评价旅游者的满意程度，并根据测评和分析的结果，找出差距，改善产品、服务及企业相关因素的经营战略。旅游者满意战略的实施需要旅游企业转变经营观念，树立旅游者满意观念；识别旅游者需求，满足旅游者关键需要；加快产品创新，提高旅游者价值期望；重视旅游者的投诉，降低旅游者的抱怨频度；建立旅游者信息管理系统，实施客户关系管理；实施旅游者资源计划，实现业务流程重组；建立旅游者满意监控系统，适时修正旅游者满意策略等。

3. 增加旅游者感知价值

增加旅游者感知价值是培育旅游者忠诚不可忽略的基础策略。旅游者价值是旅游者忠诚的物质基础。因此，要培育旅游者忠诚，必须不断地增加旅游者的感知价值。增加旅游者感知价值的途径有三种：其一，提高旅游者的感知利得；其二，降低旅游者的感知利失；其三，两者兼而实行之。提高感知利得的主要策略包括优化产品、完善服务、提高人员素质和强化品牌建设。降低感知利失的主要策略包括对旅游者采取降低产品价格、节省旅游者时间、减少旅游者精力成本和体力成本的消耗等。其中，价值创新是实现旅游者感知价值最大化的有效手段。价值创新的方法或途径包括：其一，对现有产品或服务持续性的价值改进和产品或服务方法的根本性革新。其二，通过变革企业组织结构，优化业务流程，提高运作效率，为旅游者创造更多的相对价值或绝对价值。其三，通过价值差异化策略创造"价值差额"等。

4. 改善企业服务质量

改善服务质量是促进旅游者忠诚培育的关键性策略。服务质量承载着企业的品牌形象，是企业是否值得顾客信赖的"试金石"和"稳定器"。因此，服务质量的好坏将会对旅游者忠诚的形成起着决定性的作用。企业服务质量的改善可以从服务策略、服务系统和服务人员三方面入手：其一，服务策略是企业为顾客服务的指导思想。服务策略的选择包括低成本策略、差异化策略和集中化策略。旅游企业在提高服务质量时，可以选择通过强化关键服务项目和减少非关键服务项目来降低旅游者服务成本，实现服务低价格，不断地推出新的服务项目实现与竞争对手的差异，集中于某一类服务实现服务的个性化和定制化等途径。其二，服务系统是企业为顾客服务时的服务内容、服务流程和服务环境。改善服务系统包括不断地更新服务项目以满足旅游者追求新奇的消费需求，按照服务的科学规则重新设计服务的操作过程，更新技术设备满足旅游者便利性需求以及优化服务环境使旅游者得到愉悦享受等途径。其三，服务人员是企业为旅游者服务的主体。优化服务人员形象、改善服务态度和规范服务方法通常是提高服务质量的有效方法。

（二）目的地层面

1. 整合并提供高质量的旅游服务和产品

整合并提供高质量的旅游产品和服务是旅游目的地的政府部门、旅游营销与管理组织以及各旅游企业通力合作、培育旅游者忠诚的物质基础。旅游者购买的旅游服务和产品的核心在于体验，而旅游者体验的好坏不是由单一的产品或服务决定的，而是取决于整个过程的连续体验的满意程度。因此，需要目的地各有关部门进行统一协调，整合提供高质量的服务或产品。为了保证旅游者能够获得满意的旅游体验，目的地各部门需要提前了解影响旅游者消费体验的关键因素，有针对性地进行改进。旅游产品的无形性决定了服务是整个过程中最主要、关键性的因素。因此，需要重视旅游者与服务人员的接触点并集中进行服务提升，比如，在景区中，旅游者的购票和咨询、导游讲解是最需要注意的服务接触点。在关键的服务接触点，服务人员的态度语言、行为举止与精神状态等会直接影响到旅游者的感知质量。因此，对于服务人员的培训和管理是提升服务质量的重要环节。旅游目的地各部门应该给予服务人员更多的关怀，给他们创造和谐的文化氛围，并增加必要的技术培训，以此保证高质量的旅游服务的输出。

2. 树立并宣传积极的目的地形象

在提供高质量的旅游产品与服务的基础上，树立并宣传积极的目的地形象是目的地培育旅游者忠诚的有效保障。旅游目的地对其形象的塑造应该是内在价值和外在气质的统一，有个性特色且有内涵。如此，才能产生独特的吸引力，使目的地的形象和精神内涵与旅游者产生共鸣。对目的地的宣传与推广应是一个持续性的过程，贯穿于旅游者的消费前、中、后的各个阶段。在旅游者消费前，可以通过网络虚拟设施对目的地的主打产品、核心特色、文化内涵和理念进行展示和介绍，增强旅游者的游前认知；在旅游者消费过程中，借助高质量的实体产品和服务宣传目的地形象并展示当地特色；在旅游者消费后，可以通过建立旅游目的地信誉评价体系，邀请旅游者对体验过程进行评价，这样既可向旅游者展示目的地注重质量、以旅游者为中心的理念，也为旅游者进行后续的旅游决策提供了参考和借鉴。

3. 建立并维系情感联系，加强关系管理

具体到目的地的操作层面，需注意建立并维系情感联系，加强与旅游者的关系管理。旅游者态度忠诚的形成建立在旅游者发自内心的对目的地的情感认同基础上。因此，建立并维系情感联系是培育旅游者忠诚的关键措施。情感联系的建立依赖目的地与旅游者之间持续不断的沟通。在旅游者对目的地进行信息咨询的阶段，目的地应尽可能地掌握旅游者的需求，并为其提供合适的专业建议。在游览过程中，服务人员需要细心地观察旅游者的行为，揣摩他们的心理，与旅游者进行及时的沟通，了解旅游者游览过程中的不满和期待，并适时进行改进。在游览结束后，目的地各部门可以对旅游者进行回访，了解他们在目的地的体验，对旅游者的意见进行及时反馈。通过各阶段的沟通，旅游者会逐步体会到目的地对他们体验的重视和关注，由此产生被重视的感觉。这种感觉有助于加强其与目的地的情感联系，进而促进忠诚态度的形成。对于表现出态度忠诚的旅游者，目的地需进一步通过关系营销维系旅游者与目的地之间的情感联系，促使其最终在行为上达到对目的地的忠诚。其中，关系营销是把营销活动看成一个企业与消费者、供应商、分销商、竞争者、政府机构以及其他公众发生互动作用的营销理念和实践。关系营销的核心是建立和发展与这些公众的良好关系。

知识链接8-2　　关系营销的本质特征、形态及其在旅游营销中的运用

关系营销是把营销活动看成是一个企业与消费者、供应商、分销商、竞争者、政府机构及其他公众发生互动作用的过程，其核心是建立和发展与这些公众的良好关系。1985年，巴巴拉·本德·杰克逊提出了关系营销的概念，使人们对市场营

销理论的研究又迈上了一个新的台阶。关系营销理论一经提出，迅速风靡全球，杰克逊也因此成了美国营销界备受瞩目的人物。巴巴拉·本德·杰克逊为美国著名学者、营销学专家。他对经济和文化都有很深入的研究。著名营销大师科特勒评价说："杰克逊的贡献在于，他使我们了解到关系营销将使公司获得较之其在交易营销中所得到的更多。"

1. 关系营销的本质特征

关系营销的本质特征可以概括为以下几个方面：

（1）双向沟通。在关系营销中，沟通应该是双向而非单向的。只有广泛的信息交流和信息共享，才可能使企业赢得各个利益相关者的支持与合作。

（2）合作。一般而言，关系有两种基本状态，即对立和合作。只有通过合作才能实现协同，因此，合作是"双赢"的基础。

（3）双赢。即关系营销旨在通过合作增加关系各方的利益，而不是通过损害其中一方或多方的利益来增加其他各方的利益。

（4）亲密。关系能否得到稳定和发展，情感因素也起着重要作用。因此，关系营销不只是要实现物质利益的互惠，还必须让参与各方能从关系中获得情感的需求满足。

（5）控制。关系营销要求建立专门的部门，用以跟踪顾客、分销商、供应商及营销系统中其他参与者的态度，由此了解关系的动态变化，及时采取措施消除关系中的不稳定因素和不利于关系各方利益共同增长因素。

此外，通过有效的信息反馈，也有利于企业及时改进产品和服务，更好地满足市场的需求。

2. 关系营销的形态

关系营销是在人与人之间的交往过程中实现的，而人与人之间的关系非常复杂。归纳起来大体有以下几种形态：

（1）亲缘关系营销形态。指依靠家庭血缘关系维系的市场营销，如以父子、兄弟姐妹等亲缘为基础进行的营销活动。这种关系营销的各关系方盘根错节、根基深厚、关系稳定、时间长久、利益关系容易协调，但应用范围有一定的局限性。

（2）地缘关系营销形态。指以公司（企业）营销人员所处地域空间为界维系的营销活动，如利用同省同县的老乡关系或同一地区企业关系进行的营销活动。这种关系营销在经济不发达，交通邮电落后，物流、商流、信息流不畅的地区作用较大。在我国社会主义初级阶段的市场经济发展中，这种关系营销形态仍不可忽视。

（3）业缘关系营销形态。指以同一职业或同一行业之间的关系为基础进行的营销活动，如同事、同行、同学之间的关系，由于接受相同的文化熏陶，彼此具有相同的志趣，在感情上容易紧密结合为一个"整体"，可以在较长时间内相互帮助、相互协作。

（4）文化习俗关系营销形态。指公司（企业）及其人员之间以共同的文化、信仰、风俗习俗为基础进行的营销活动。由于公司（企业）之间和人员之间有共同的理念、信仰和习惯，在营销活动的相互接触交往中易于心领神会，对产品或服务的品牌、包装、性能等有相似需求，容易建立长期的伙伴营销关系。

（5）偶发性关系营销形态。指在特定的时间和空间条件下发生突然的机遇形成的一种关系营销，如营销人员在车上与同座旅客闲谈中可能使某项产品成交。这种营销具有突发性、短暂性、不确定性特点，往往与前几种形态相联系，但这种偶发性机遇又会成为企业扩大市场占有率、开发新产品的契机，如能抓住机遇，可能成为一个公司（企业）兴衰成败的关键。

3. 旅游营销中的关系营销

在旅游营销中，关系营销的途径有很多种，最常见的一种方式是建立客户档案，进行客户信息的管理。这种方式旨在了解旅游者的基本信息、日常生活习惯、行为习惯、消费偏好等，以便对客户进行日常的关心和祝福，或者在其下次旅游时提前做好相关准备。至于其他的关系营销的方法，比如可以经常性地向旅游者邮寄目的地的最新旅游信息或者最近的旅游活动促销信息；或者还可以成立一个忠实旅游者俱乐部，定期或不定期地举办一些联谊活动或者交流会，邀请其参加。这样的话，就可以增加旅游者与目的地之间的情感联系，体现旅游者在目的地的重要性，增强其归属感，进而维持和加强他对旅游目的地的忠诚度。[①]

本章小结

1. 对顾客忠诚的理解存在三种取向：行为取向、态度取向以及综合取向。基于态度和行为的综合取向是目前的主流观点。

2. 多数旅游研究者在理论层面上认同旅游者忠诚的"行为+态度"二维结构，但在对"旅游者忠诚"的操作化定义中往往选择单一的视角进行界定，其中态度取向占据主导。

3. 旅游者行为忠诚主要通过重游行为和推荐行为两个指标进行测量，态度忠诚主要通过重游意向、推荐意向、偏好程度和认可程度进行测量。

4. 旅游者忠诚的影响因素包括旅游者层面的满意度、感知价值、感知质量、

---

① "关系营销"词条，见百度百科（https://baike.baidu.comitem% E5% 85% B3% E7% B3% BB% E8% 90% A5% E9% 94% 80/3215672）。

地方依恋、个人卷入、旅游者个人特征以及目的地层面的服务质量和目的地形象等。

5. 旅游企业和旅游目的地需把握培育旅游者忠诚的具体策略。对于旅游企业而言，需要选择正确的目标市场、实施旅游者满意战略、增加旅游者感知价值以及改善企业服务质量。对于目的地而言，需要宣传和树立良好形象、整合提供高质量旅游产品和服务并注重与旅游者的沟通，建立情感联系。

思考题

1. 根据本章所学知识，并结合自己或他人的经历，思考旅游者满意度是不是旅游者忠诚度的必要条件。

2. 结合自身旅游经历，分析是否还会再度造访某个旅游目的地或前往某个旅游企业消费，并阐述其原因。

案例分析题

中国大陆赴泰国蜜月旅游者的忠诚度

2017—2018年，中山大学旅游学院泰国籍硕士研究生迟小络（指导教师：陈钢华）的研究，对中国大陆赴泰国度蜜月的旅游者的忠诚度展开过问卷调查（调查地点为：清迈、芭堤雅、普吉岛）。具体如表8-7所示（迟小络，2019）。

表8-7 中国大陆赴泰国蜜月旅游者忠诚度的调查问卷（普吉岛）

我对这次在泰国度蜜月的满意程度以及未来行为意向（同意程度排序）	非常不同意	依次类推 →→		保持中立	依次类推 →→		非常同意
	1	2	3	4	5	6	7
我想再来普吉岛旅游							
我计划再来普吉岛旅游							
我会努力再来普吉岛旅游							
我想再来泰国旅游							
我计划再来泰国旅游							
我会努力再来泰国旅游							
我会推荐亲朋好友来普吉岛旅游							

续表8-7

我对这次在泰国度蜜月的满意程度以及未来行为意向（同意程度排序）	非常不同意	依次类推→→		保持中立	依次类推→→		非常同意
	1	2	3	4	5	6	7
我会推荐亲朋好友来泰国旅游							

问题：结合本章有关旅游者忠诚度测量的知识，讨论：

（1）本研究所测量的是旅游者忠诚度的哪个（些）方面？

（2）这种测量旅游者忠诚度的取向有哪些优劣势？

第九章　旅游体验对旅游者的影响

学习目标

1. 理解旅游体验的内涵与类型。
2. 理解旅游体验对旅游者个人的重要性。
3. 了解旅游体验对旅游者健康、认知学习与教育的影响。
4. 掌握旅游体验对旅游者生活质量、幸福感的影响。
5. 了解旅游体验对旅游者人际关系的影响。

引导案例

旅行改变人生？

在"知乎"上，有这样一个问题：许多旅行作家会列出富有传奇色彩的、轶事一样的证据，来说明旅行是一件可以改变人生的事情。比如，伊丽莎白·吉尔伯特的著作《美食、祈祷和恋爱》（*Eat，Pray，Love*）以及经典电影《城市滑头》（*City Slickers*）中呈现出的旅行是一种冒险，能够治愈心灵、改变你的观点，并在你的脸上留下一个微笑——甚至也许是皮带上的一个小牛皮（比利·克里斯托扮演的角色所遇到的情况）。谁没有被远方旅行潜在的变化力量所吸引过呢？作家艾瑞克·温纳在他的旅行书《洪福地域》（*Geography of Bliss*）中写道："我始终相信幸福就在角落，而窍门是找到正确的角落。"再到近几年网上流行的"要么读书，要么旅行"之说，那些"文青""沙发客"千里迢迢远赴西藏，心灵真的被洗涤了吗？是不是又找回了真实的自己？

这一个问题，截至2018年4月22日夜间，在"知乎"上已经累积了199条回复。摘录其中的代表性答案，如下：

"能，至少改变了我。它让我相信，人与人之间的连接，能够超越国籍和语言。它让我明白，只要你认识5个人，你就可以联络上全世界的人……独木舟这种比较另类的旅行，会碰上许多未知的情况，遇见各种各样的人，看到很多常人看不到的风景，让自己懂得感恩与珍惜。"（作者：闪米特）

"读书和旅行是年轻人充实自己的最常见方式，读书成本低，但不是人人都能沉下心去，旅行则是偏娱乐性质的众好。俗话说，'读万卷书不如行万里路'，读书是记忆和遗忘的融合，旅行的亲身经历更加深刻丰富。王夫之有言，'行可兼知，而知不可以兼行'，读万卷书可能读成死宅腐儒，到死没有女朋友，而行万里路，哪怕是走马观花，也能积淀不少故事骗姑娘的酒……我以前特别在意旅行的目的地，恨不能去遍所有地方，看遍所有美景，像'收集癖'一样标记足迹，现在不太上心了。其实都一样。人在成长的初期，'三观'是细化发散的，像树干上抽出树杈，杈上生权，逐渐枝繁叶茂，到了后来学会的是概括回收。从纷繁的事件中总结出道理，从复杂的人性中寻摸出共性。"（作者：碎瓦）

"旅行本身真的存在什么意义吗？不，这种意义只有依存在你身上的时候才会成立，当你坐上车，走在陌生的路上，在尚未察觉的时间里，变化正在悄悄发生。你的眼神里闪着光，举手投足都散发着自信的魅力，变得更加圆满而丰富。你觉得呢？"（作者：西木帆）

"回答旅行不能改变什么：继续对理想主义的坚守。今后出行的机会愈来愈少，尚有数不尽的世界角落要短暂驻足，过去的很多想法实在贪心，原来与整个世间的所有相遇都是一期一会。治愈痛苦没有可口良药与科学公式，都是与过路人嬉笑里的微言大义和途经的处处曼妙风景。生活就是，怎么说呢，又丧又美好。珍重。"（作者：熊爷）

"上大学时我很喜欢出去旅游，因为常常一个人，所以多是住在青旅（青年旅舍）。在青旅里我遇见过不少人，都说他们出来旅游是因为深陷工作的不愉快或者恋情的失意，想要去到一个新的地方转换心情。也的确有一些人，说去到陌生的地方旅行好像有神奇的力量，能够给到他们新的灵感，重新面对不如意的生活。旅行是提供了一种逃避现实的方式，还是真的能塑造一个焕然一新的自己？旅行的意义往往不在于看见新风景，而在于获得看待自己的新眼光。"（作者：KnowYourself）

  从引导案例的描述中，有过类似旅行经历（体验）的人或许可以切身体会到，旅行的经历或旅游体验能给旅行者带来心灵的震撼、洗涤与思考，甚至还有人称旅行经历为一所"旅行的大学"（"a university of travel"）。值得我们进一步思考的是，旅游体验作为一种人地（旅游者与自然）互动、社会互动（人与人之间的互动，包括旅游者与当地居民、其他从业人员和旅游者之间的互动）的过程，会给旅游者及其家人带来哪些方面的影响？以及，这些影响是如何产生的？不同类型的旅游体验是否以及如何对旅游者及相关群体产生不同的影响？本章将就这些话题展开详细的阐述。

第一节 旅游体验概述

一、体验及旅游体验的内涵

体验，对应英文的"experience"，亦可以理解为经历。在汉语中，"体验"一词通常有如下含义：其一，在实践中认识事物；亲身经历。例如，明代王守仁的《传习录》有云："皆是就文义上解释，牵附以求，混融凑泊，而不曾就自己实工夫上体验。""亲身经历"的例子则有"一生经历过两次世界大战"。其二，查核；考察。例如，宋代司马光所著《涑水记闻》卷十二有云："或斫倒人头，或伤中重，系第一等功劳者，凡一百一十五人，伏乞体验。"其三，通过亲身实践所获得的经验。鲁迅在《花边文学·看书琐记》说道："文学虽然有普遍性，但因读者的体验的不同而有变化，读者倘没有类似的体验，它也就失去了效力。"因此，体验到的东西使得我们感到真实、现实，并在大脑记忆中留下深刻印象，使我们可以随时回想起曾经亲身感受过的生命历程，也因此对未来有所预感。

在旅游研究中，旅游体验是指"旅游消费者前往一个特定的旅游目的地花费时间来游览、参观、娱乐、学习、感受的过程以及所形成的身心一体的个人体会"（孙九霞、陈钢华，2015）。自20世纪70年代以来，旅游体验研究逐渐成为国外旅游学界的热点课题。国内旅游学自20世纪90年代以来，对旅游体验也日益关注。目前，国内旅游学界的研究主要集中在两个方面（孙九霞、陈钢华，2015）：其一，从体验经济的角度，从心理学、经济学、管理学、营销学等学科视角探索旅游体验，进一步了解旅游者、设计体验型旅游产品。其二，从"旅游的本质"（旅行的意义）出发，研究旅游体验的基本理论框架。

二、旅游体验的类型

约瑟夫·派恩（Joseph Pine II）与詹姆斯·吉尔摩（James H. Gilmore）在《体验经济》一书中，把体验（经历）分为四种，即娱乐（entertainment）、教育（education）、逃避（escape）、审美（estheticism），简称"4E"（Pine & Gilmore, 1999）。对于旅游情境下的体验（旅游体验）而言，邹统钎、吴丽云（2003）认为，还应该增加一种类型——移情（empathy）。有关移情的更多阐述，参见本书第四章。综合起来，旅游体验有如下五种基本类型（孙九霞、陈钢华，2015）。

（1）娱乐。娱乐、消遣是人们最早使用的愉悦身心的方法之一，也是最主要的旅游体验之一。旅游者通过观看各类演出或参与各种娱乐活动使自己在工作（或日常生活）中紧张的神经得以松弛，让会心的微笑或开怀大笑抚慰心灵的种种不快，从而达到愉悦身心、放松自我甚至放飞自我的目的。在英文文献中，区别于公务（商务）型旅行者和探亲访友型旅行者的愉悦型旅行者（pleasure travelers）的主要体验就包括娱乐。另外，英文文献中常常出现的"hedonic tourism"（"享乐型旅游"）也主要涉及娱乐体验。

（2）教育。旅游（旅行）也是学习的一种方式。中国古人对旅行与学习的关系曾有云："读万卷书，行万里路。"在当今社会，旅行已经成为很多人学习和提升的主要方式之一，尤其是历史人文类景区（景点），例如，博物馆、艺术馆、历史遗迹、古建筑等，深厚的文化底蕴、悠久的历史传统、高超的建筑技术都会令旅游者有耳目一新之感，学习因此而融入旅游的全过程。对于背包客而言，旅行甚至被称为是"旅行的大学"（"a university of travel"；Pearce & Foster, 2007）。

（3）逃避。在现代社会，尤其是在都市环境下，人们的工作压力与日俱增、职场上的竞争日趋激烈、生活环境日趋恶劣。在这种情况下，大多数都市"白领"或中产阶层的身心处于亚健康状态。他们渴望暂时地甚至永久地逃离日常生活，拥有一段完全不同于都市生活的经历，或者到名山大川游览，或者到海滨休闲度假，以此达到暂时逃避压力、恢复身心健康的目的。

（4）审美。对美的体验贯穿于旅游者的整个出行活动中，并且旅游者在旅游过程中的审美也会延续他们在日常生活中的审美。甚至可以说，旅游者的审美体验决定了他们在旅行中的种种行为。旅游者首先通过感觉和知觉捕捉美好景物的声、色、形，获得感官的愉悦；继而通过理性思维和丰富的想象深入领会景物的精粹，身心俱沉迷其中，心驰神往，从而获得由外及内的舒畅感觉。自然景物中的繁花、绿地、溪水、瀑布、林木、鸟鸣、动物、蓝天等，人文景物中的雕塑、建筑、岩绘、石刻等都是旅游者获得美感体验的源泉。

（5）移情。旅游中的移情，指旅游者将自己置身于他者的位置之上，将自己幻变为意想中的对象，从而实现情感的转移和短暂的自我逃离。一方面，这对于旅游者体验异域的民俗风情、尊重当地的民风民俗、设身处地地为目的地居民着想等，都具有非常重要的作用，从而使得人们通过一段寻常的旅游经历，达到尊重和理解当地传统文化进而提升旅游者本身人文素养的重要效果。另一方面，通过旅游者的情感迁移，移情体验可以有效地提升旅游者的出游期待、在目的地的各种体验（包括娱乐、教育、逃避和审美）、感知价值、满意度、地方依恋以及忠诚度等。

课堂讨论 9-1

问题：结合上文有关体验及旅游体验的内涵、旅游体验的类型的论述，通过检索有关文献并结合自身或他人的实际经历，讨论旅游体验对旅游者个人而言的重要性。

讨论要点：见本书附录。

同步案例 9-1　　　　　　　　　　移情与旅游营销

当个体对某个态度对象的情感迁移到另一个与之相联的对象上时，会有说服的效果产生。相比于信息学习，情感迁移的效果会更加显著。以酒店宣传的例子来说，当背景中出现了可爱的小孩、温馨甜蜜的夫妻时，消费者会把这些吸引人的特征与酒店联系起来，这样消费者对酒店的好感就会增加，因为他们把对幸福家庭生活的正面情感迁移到了酒店上（图 9-1）。同样的情况也会出现在潜在旅游者对旅游目的地的情感迁移上。更多内容，可见本书第四章的课堂讨论 4-1。

图 9-1　酒店和海滨度假目的地网站常用的宣传图片

同步练习 9-1

请回顾本书第四章有关旅游者情感的知识，并结合本章有关旅游者移情体验的知识，回答如下问题：

问题 1：旅游体验中的移情与其他场合所说的移情有何异同？

问题 2：旅游企业（旅游目的地）如何更好地利用移情来展开营销？

第二节 旅游体验对旅游者的影响

一、对旅游者身心健康的影响

世界卫生组织（World Health Organization）于 1946 年对健康的定义是："健康不仅为疾病或虚弱之消除，而是体格、精神与社会之完全健康状态。"因此，健康包括生理（身体健康）和心理（心理健康）两个方面。身体、脑、感觉能力、动作技能及健康方面的发展都属于人的生理（身体）发展的范畴。国外学界关于旅游体验对旅游者健康影响的实证研究是在 20 世纪 90 年代末才兴起的（Lehto，2013；陈钢华、奚望，2018）。有研究对旅游体验与旅游者健康之间的关系进行过深入探讨，认为旅行度假能提升旅游者的身体健康（Chen & Petrick, 2013）。其实，早在 2000 年，冈普和马修斯（Gump & Matthews，2000）就提出过类似的观点。他们通过实证研究认为，经常旅行的个人很少得非致命性心血管疾病和冠心病。此外，休闲研究、旅游研究以及其他社会科学也开始致力于探索旅游体验是否以及如何能够提升个人对生活质量和幸福的感知，减少压力，有助于个人保持积极的心态和形成健康的生活方式。这些研究主要集中于探讨三类群体（分别是：公司雇员、老年人、较少参与旅游体验的群体）通过旅游体验所获得的身心健康方面的益处（图 9-2）。当然，也有些人在旅行度假结束之后可能暂时患有"假期综合症"，具体表现为精神不振、浑身无力等。这主要是由于由旅行、度假的"兴奋状态"转变为"日常生活"状态所引起，一般休息几天就会自动恢复。所以，经常有人在一个假期结束后会说："我可能需要另一个假期来恢复（缓解我在这个假期后的'精神不振、浑身无力'）。"

虽然心理健康与身体健康密不可分，但目前的实证研究主要集中在对旅游者心理健康的测量方面。从研究主题来看，对旅游者主观感知的健康水平的测量研究居于主导地位，但鲜见对旅游者客观健康水平的实证研究（孙九霞、陈钢华，2015）。目前，在国内学界，虽然健康已经越来越成为旅游者的出游动机、目的地开发与营销的理念，但关于旅游体验对旅游者健康水平的影响的实证研究却依旧缺乏，仅有少数学者进行过实证研究。

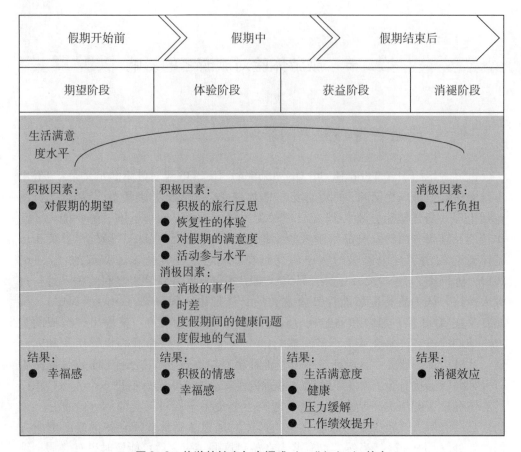

图9-2 旅游的健康与幸福感（well-being）效应

资料来源：Chen & Petrick，2013。

同步练习9-2

请结合个人或身边人群的旅游经历，回答如下问题：
问题1：为何鲜见对旅游者客观健康水平的实证研究？
问题2：如何更好地开展有关旅游者客观健康水平的实证研究？

二、对旅游者认知学习与教育的影响

认知心理学指出，认知（cognition）是指通过形成概念、知觉、判断或想象等心理活动来获取知识的过程，亦即个体思维进行信息处理的心理功能。认知的发展主要体现在学习能力、记忆能力、解决问题的能力、语言技能、抽象思维能力等发展方面。关于旅行和旅游体验对旅游者认知发展的影响，国外学界的研究起步较早，但尚不系统，且主要关注旅行体验为认知性学习（cognitive learning）与教育带来的裨益。

目前，这一领域内所运用的主流的理论框架是"体验式学习模型"（experiential learning model；见知识链接9-1）。目前，国内外学界有关旅游体验对旅游者认知学习与教育的影响的研究主要集中在以下两个领域：其一，海外游学的学习。主要研究主题有海外游学的动机、海外游学的裨益、短期海外游学的影响、海外游学的长期教育结果（有关海外游学的学习过程，见图9-3）。其二，通过旅行来进行的学习。主要研究主题有通过自助旅行的学习，例如，野生动物旅游、文化旅游等。

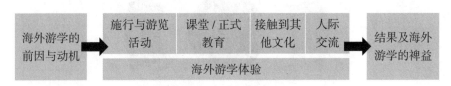

图9-3　海外游学体验的过程

知识链接9-1　　　　　　　　　体验式学习

学习是指从阅读、听讲、研究、实践中获得知识或技能的过程。这一过程只有通过亲身体验才能最终有效地完成。语言教学中所指的体验是指教师以课堂为舞台、以任何可用感官接触的媒质为道具、以学生为主体，通过创造出值得学生回忆，让学生有所感受，留下难忘印象的语言活动。不难看出，以前的语言学习对学生来说都是外在的，而体验式学习却像生活中其他任何一种体验一样，是内在的，是个人在形体、情绪、知识上的参与所得。

体验式教学工具MTa来自英国，于1982年由心理学博士马丁·汤姆森创立，学习活动种类超过100种，每个活动都是为特定的培训需求而设计的，是美国培训与发展协会（ASTD）年会最受欢迎的展览品，并被全球范围1000多家一流企业在培训中使用。国内的体验式教学工具MTa全部来自英国。

上海伯特管理咨询有限公司多次交流学习后将其引入国内。体验式学习是一种以学习者为中心的学习方式，这种学习方式的开展需要通过实践与反思的结合才能获得期望的知识、技能和态度。MTa围绕一定培训目的，把学习点活动化处理，形成在一定时间压力下的团队任务，并通过体验活动过程发生的现象来进行深度反思，领悟管理原理并应用于实践。

科尔布（Kolb，1984）的体验式学习模型（图9-4）是体验式学习理论的代表。科尔布认为学习不是内容的获得与传递，而是通过经验转换从而创造知识的过程。他用学习循环模型来描述体验式学习。该模型包括四个步骤：①实际经历和体验：完全投入到当时当地的实际体验活动中；②观察和反思：从多个角度观察和思考实际体验活动和经历；③抽象概念和归纳的形成：通过观察与思考，抽象出合乎逻辑的概念和理论；④在新环境中测试新概念的含义：运用这些理论去做出决策和解决问题，并在实际工作中验证自己新形成的概念和理论。

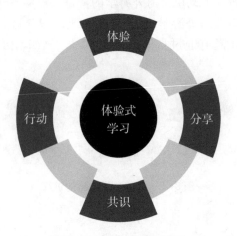

图9-4 体验式学习模型

巴拉泰恩及其同事（Ballantyne，Packer，Sutherland，2011）以野生动物旅游的参与者为研究对象，讨论了野生动物旅游能否对旅游者个人行为的改变产生影响。研究结果除了对该问题给予肯定性的回答外，还发现了旅游者行为的改变表现在家庭实践、购物实践、户外环保责任、志愿环保参与等多个方面。在国内旅游学界，一项对大陆赴台"自由行"旅游者的地方认同与休闲效益关系的研究（赵宏杰、吴必虎，2013）发现：首先，大陆赴台"自由行"旅游者对台湾的地方认同以环境认同程度最高，依恋程度最低，其在台湾从事休闲活动所获得的休闲效益以社会效益最高，生理效益最低。其次，不同个人背景与游程规划的大陆赴台"自由行"旅游者在地方认同与休闲效益程度方面有显著的差异。最后，地方认同与休闲效益间呈显著正相关且彼此间存在典型相关关系。皮尔斯和福斯特（Pearce & Foster，2007）对背包客感知的通用技能变化进行了实证研究。他们发现，背包客认为，自己在以下方面获得了发展：解决问题的能力和思维能力、人际关系和社会技能、信息素质和管理实践、学习、适应性和灵活性、社会和文化意识、资源管理和个人属性。

三、对旅游者生活质量的影响

生活质量（quality of life，QOL）又被称为生存质量或生命质量。生活质量的概念最早出现在美国经济学家加尔布雷思所著《富裕社会》（1958）一书中（孙九霞、陈钢华，2015）。该书主要揭示美国居民较高的生活水平与满足社会的、精神的需求方面相对落后之间的矛盾现象。生活质量指标体系分为两类：其一，客观条件指标，包括人口出生率和死亡率、居民收入和消费水平、产品的种类和质量、就业情况、居住条件、环境状况、教育程度、卫生设备和条件、社区团体种类和参与率、社会安全或社会保障等。通过对这些客观综合指标的比较分析，可以权衡社会变迁程度。其二，主观感受指标，主要测定人们由某些人口条件、人际关系、社会结构、心理状况等因素决定的生活满意度和幸福感。对满意度的测定通常分生活整体的满意度和具体方面的满意度两种。主观感受指标所测量的生活质量，实际上与下文将介绍的主观幸福感有着密切的关系和一定程度的交叉。在国外社会学科学界，尤其是旅游学界，学者们对生活质量的探讨通常与对主观幸福感的探讨交织在一起。因此，关键在于检视学者们运用哪些具体的指标（测量项目）来测量旅游者的生活质量或主观幸福感。

（一）旅游体验影响旅游者生活质量的程度

总体而言，旅游体验对个体生活质量有积极的影响，这已经在许多研究中得以证实。但影响有多大、影响哪些方面以及是如何影响的都需要考虑具体情境。一般而言，个体的生活是多领域的，涉及物质生活、精神生活等基本面向。更具体地，涉及金钱、健康、家庭、休闲、度假、工作、人际交往等。那么，这些领域对整体的生活质量的贡献是否一样大呢？多尔尼加及其同事们（Dolnicar, Yanamandram, Cliff, 2012）针对澳大利亚受访者的一项研究指出，健康、金钱和家庭被认为是最能影响人们生活质量的，其次是休闲、人和度假，工作和精神生活的影响最小。在计算度假对受访者整体生活质量的贡献值时，研究发现这一值是6%。更进一步，她们基于人们对不同生活质量领域的重要性评价，将人们分为三个类别。群体Ⅰ：所占比例约为21%，他们将家庭、健康和精神生活看作是生活质量最重要的领域，对工作、休闲、金钱和度假的重要性的评价低于其他群体。群体Ⅱ：所占比例约为43%，他们将家庭和健康视为最重要生活质量领域；同时，他们也将休闲和度假视作较为重要的生活质量领域，但是他们对工作和精神生活的重要性评价低于整个受访者群体的评价。群体Ⅲ：所占比例约为36%，将工作和金钱看作是生活质量最重要的贡献因素，而家庭对于这些人而言重要性并不显著。与此同时，这一群体对度假的重要性评价，与整个受访群体的平均值接近，即对度假的态度比较中性，既不正面积极,也非负面消极。

(二)旅游体验影响旅游者生活质量的过程

旅游体验是如何影响个体的生活质量的?也就是说,这一影响的过程是什么?尼尔及其同事们(Neal, Uysal, Sirgy, 2007)建立了一个旅游服务质量影响生活满意度的过程模型(图9-5),并针对度假时长超过7晚的群体进行了实证检验;调查对象为美国弗吉尼亚州西南部的常住居民。由此,我们也可以管窥到旅游体验是如何影响个体的生活质量的。从图9-5可以发现,"对旅行/旅游各个阶段服务的满意度"会显著地影响"对旅行/旅游服务的满意度",而"对旅行/旅游服务的满意度"和"对旅程的反思"均会影响"对旅行/旅游体验的满意度"。"对旅行/旅游体验的满意度"(户外休闲)和"对居家休闲体验的满意度"均会影响"对休闲生活的满意度"。依次递进,对"对休闲生活的满意度"和"对非休闲生活领域的满意度"会影响"对生活的整体满意度"。由此可以发现,旅游各个阶段的服务质量影响个体生活整体满意度的过程是比较复杂和漫长的。必须指出的是,研究对生活整体满意度的测量是通过以下三个测量项目实现的:"我现在的生活整体上很快乐""尽管有起起落落,但整体上,我觉得我的生活很好""我现在的生活很有意义、很充实"。

韩国学者金海林与其同事(Kim, Woo, Uysal, 2015)通过建立结构方程模型,检验了韩国济州岛老年人的外出旅游体验与生活质量之间的关系(图9-6)。她们发现,如图9-6所示,旅游者的涉入和感知价值会影响他们的体验满意度,进而影响老年人的休闲生活满意度。休闲生活满意度一方面会影响他们感知的生活质量,另一方面还会影响他们重游的意愿。需要指出的是,在这一研究中,整体生活质量(overall quality of life)的测量采用以下题目(items)展开:"总体而言,结束旅途后我觉得很快乐""我对生活的整体满意度在我结束旅途后有提升""至今,我得到了生活中我想要得到的重要东西""尽管起起落落,旅途结束后,总体而言我对我自己的生活感觉很好""总体上而言,我此行的体验是值得回忆的,提升了我的生活质量""旅途结束后,我觉得我的生活很有意义、很充实"。

四、对旅游者主观幸福感的影响

(一)幸福感的定义与类型

通常而言,幸福是指一个人的需求得到满足而产生喜悦、快乐与稳定的心理状态。幸福感是这种幸福的情绪。具体而言,幸福感是指人类基于自身的满足感与安全感而主观产生的一系列欣喜与愉悦的情绪。在当代心理学中关于幸福感的研究

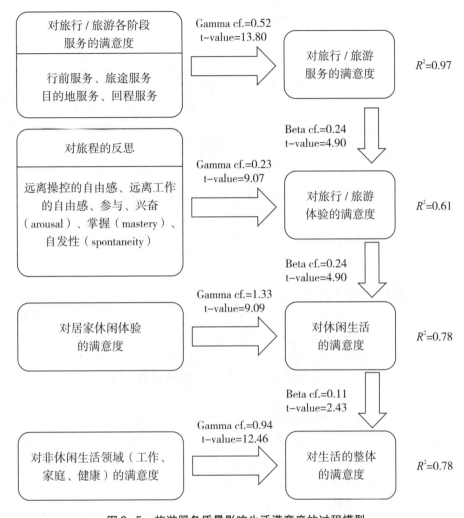

图9-5 旅游服务质量影响生活满意度的过程模型

注：图中的英文及数字表示相应的统计检验结果及其效应的高低。例如，Gamma cf. = 0.52，t-value = 13.8（大于1.96的临界值），表明"对旅行/旅游各阶段服务的满意度"会显著地影响"对旅行/旅游服务的满意度"。$R^2 = 0.61$ 表明，"对旅行/旅游服务的满意度"和"对旅程的反思"一起可以累计解释"对旅行/旅游体验的满意度"的61%的方差；可以理解为，"对旅行/旅游体验的满意度"的61%是由"对旅行/旅游服务的满意度"和"对旅程的反思"贡献的。

中，存在两个基本的方向（不同的理解进路）：主观幸福感（subjective well-being，简称SWB）、心理幸福感（psychological well-being，简称PWB）。在上述两个方向（理解进路）以外，有学者还提出了社会幸福感（social well-being，也简称SWB）。

（1）主观幸福感。狭义上的主观幸福感是指人们根据内在的标准对自己生活

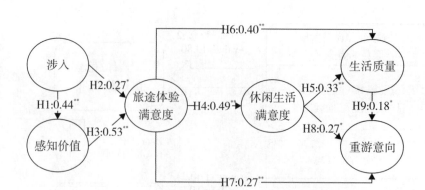

图 9-6 老年旅游者的旅游体验与生活质量之间的关系

注：＊＊：$p<0.001$，＊：$p<0.05$。图中的字母及数字表示相应假设及统计检验结果。例如，"H4：0.49"表示，旅途体验满意度会影响休闲生活满意度（假设 4），路径系数（影响力）为 0.49（99.9% 的置信水平）。

质量的整体性评估，是人们对生活的满意度及其各个方面的全面评价，并由此而产生积极性情感占优势的心理状态。主观幸福感主要包括生活满意、积极情感和消极情感三个维度，对整体生活的满意程度愈高，体验到的积极情感愈多、消极情感愈少，则个体幸福感愈强。在这种意义上，决定人们是否幸福的并不是实际发生了什么，关键是人们对所发生的事情在情绪上做出何种解释，在认知上进行怎样的加工。

（2）心理幸福感。心理幸福感主要指人心理机能的良好状态，是不以自己主观意志转移的自我完善、自我实现、自我成就，是自我潜能的完美实现。心理幸福感主要包括 6 个维度：自我接纳、与他人的积极关系、机能自主、环境掌控、生活目标、个人成长。心理幸福感体现了自我实现、潜能的充分实现、个性化、人格成熟以及成人心理社会发展阶段的各项任务等。从心理幸福感视角来看，幸福不仅仅是获得快乐，而且还包含了通过充分发挥自身潜能而达到完美人生意义的体验。

（3）社会幸福感。社会幸福感是指个体对自己与他人、集体、社会之间的关系质量，以及对其生活环境和社会功能的自我评估，主要包括社会整合、社会贡献、社会和谐、社会认同、社会实现 5 个维度。社会幸福感在研究取向上，坚持幸福的真正实现是在于个人机能的实现对于他人或社会产生了意义或价值，以展现个体是否以及在何种程度上在社会生活中展现了他们积极的社会机能。

知识链接 9-2　　主观幸福感与心理幸福感的区别

主观幸福感与心理幸福感的区别主要在于对幸福感的定义不同。由于定义不同导致了学者在研究方式、测量工具以及评估幸福指标上的差别。其一，哲学背景。

主观幸福感的哲学基础是快乐论，心理幸福感的哲学背景是实现论。因此，对幸福感理解存在分歧。在主观幸福感看来，快乐就是幸福。实现论者则更为关注自我实现与人生意义。其二，概念差异。主观幸福感把快乐定义为幸福，具体来说就是拥有较多的积极情绪、较少的消极情绪和更高的生活满意。心理幸福感研究者认为，幸福不能等同于快乐，应该从人的发展、自我实现与人生意义的角度进行理解，幸福感是人们与真实的自我协调一致，是努力表现完美的真实的潜力，是自主、能力、关系需要的满足。其三，指标体系。从定义出发，主观幸福感与心理幸福感分别发展出不同的测量指标，主观幸福感主要包括3个经典的测评指标：生活满意、正性情感、负性情感，而心理幸福感的指标则涉及自我接受、个人成长、生活目的、良好关系、情境把握、独立自主、自我实现、生命活力等系列维度。其四，测评工具。与测评指标配套的主观幸福感的代表性测量工具有"生活满意量表"（Satisfaction With Life Scale；简称 SWLS）、"情感平衡量表"（Affect Balance Scale；简称 ABS）以及"积极与消极情感量表"（Positive Affect and Negative Affect Scale；简称 PANAS）；而心理幸福感的测量工具主要有"多维幸福感量表"（Psychological Well-Being Scale）、"经验取样法"（the Experience Sampling Method，ESM）以及"人格展现问卷"（Personally Expressive Activity Questionnaire）。其五，评价角度。幸福感可以从以下几个方面界定：以外界标准界定的幸福，认为幸福是基于观察者的价值体系和标准，而不是行动者的主观判断。以情绪体验界定的幸福，认为幸福就是愉快的情绪体验，可通过比较积极情感和消极情感何者占优势来判断。个体自我评价的幸福，认为幸福是评价者个人对其生活质量的整体评估。后两者构成所谓的"主观幸福感"。所谓主观，就是个人的主观体验，完全由行动者自己评价，重视个体自我评价，认为幸福是评价者个人对其生活质量的整体评估。其六，结果与过程。主观幸福感重视结果，认为幸福就是欲望的满足，表现出典型的实用主义精神。心理幸福感则更注重过程，认为幸福是活动的副产品，而心理幸福感则具有较多的理想主义色彩。

因此，通过以上分析，我们可以清晰地看到"happiness"（快乐）、"hedonic"（享乐）、"well-being"（幸福感，也译"福祉"）、"eudemonia"（幸福，因理性而积极生活所带来的幸福）、"psychological well-being"（心理幸福感）、"subjective well-being"（主观幸福感）这些概念的异同。从幸福感研究的哲学与心理学传统来看，"happiness"和"subjective well-being"是主观幸福感研究使用的术语，"eudemonia"和"psychological well-being"是心理幸福感研究使用的术语。有研究表明，主观幸福感、心理幸福感与社会幸福感三者在概念意蕴上相互独立，在个体体验上相互分离，但在理论结构上相互关联（陈浩彬、苗元江，2012；苗元江，2003）。因此，幸福感是一个多层次、多维度的结构，包括主观幸福感、心理幸福感和社会幸福感三个维度。

然而，在我国幸福感的学术研究中，通常情况下对主观幸福感、心理幸福感不加以严格区分，常常互相通用。在一些研究中，主观幸福感的量表实际上也整合了心理幸福感的指标。例如，在邢占军（2003）编制的"中国城市居民主观幸福感量表简本"（SWBS—CC20）中，主观幸福感是由身心健康体验（积极情感）、享有发展体验（心理发展）和满足体验（生活满意）3个维度构成的积极的心理体验。此外，一些学者还开发了整合主观幸福感和心理幸福感的综合幸福感量表。本书沿袭国内研究传统，对主观幸福感和心理幸福感不进行严格的区分，但主要使用主观幸福感的概念。本书所使用的主观幸福感，实际上也是整合了前文所述的主观幸福感、心理幸福感和社会幸福感的综合幸福感。

需要指出的是，关于什么是幸福感以及如何测量幸福感，以下两个方面需要引起特别的关注。其一，严谨的学术研究和日常生活中我们经常看到的各种对"什么是幸福感"以及如何测量幸福感的幸福感调查和报告是不太一样的。在日常生活中，国内外的幸福感调查通常不同程度地跨越了主观幸福感、心理幸福感和社会幸福感三个幸福感取向。有些调查还涉及客观的指标，例如，收入。此外，不少幸福指数调查，实际上主要关注客观的经济与社会统计指标。例如，2013年9月9日，美国哥伦比亚大学地球研究所发布的《2013全球幸福指数报告》的标准就涉及教育、健康、环境、包容性、内心幸福感、生活水平等领域。其二，不同场合下，对幸福感进行测量的简易程度不一。例如，不少研究对幸福感的测量就是通过问卷或电话等手段，请受访者在"非常不幸""不幸福""一般""幸福""非常幸福"5个选项中（绝对幸福感）或在"我比大多数人幸福""我处于中间水平""大多数人都比我幸福"3个选项中（相对幸福感）进行选择，然后由研究者计分。

（二）对一般旅游者主观幸福感的影响

总体而言，许多研究已经证实，旅游体验对个体的主观幸福感有积极的影响，尤其是对接受资助参与旅游体验的低收入群体或其他弱势群体[①]而言。但影响有多大、影响哪些方面以及是如何影响的，则需要考虑具体的情境。总体上而言，旅游体验对普通旅游者的主观幸福感也有积极的影响，但这种效应的时间性需要认真的审视。

一项在英国吉尔福德展开的调查研究（Gilbert & Abdullah，2004），对度假者出游前和出游后的主观幸福感进行了比较；同时，还对度假者和非度假者的主观幸福感进行了比较。研究所针对的领域及采用的测量工具如下：①对生活的整体满意

---

① 这种旅游形式及旅游者类型，尚无确切且广为接受的中文翻译，一般翻译为"福利旅游""福利旅游者"，英文分别是 social tourism 和 social tourists。

度（how respondents felt about their life as a whole）以及具体生活领域的满意度，采用安德鲁斯和维斯（Andrews & Withey，1976）开发的量表、"生活满意度量表"（Satisfaction With Life Scale）。②正面情绪与负面情绪（positive affect and negative affect），采用卡马恩和福丽特（Kammann & Flett，1983）开发的量表。研究发现：

（1）对于参与度假体验的群体而言，度假后，受访者在"对生活的整体满意度""生活满意度量表""正面情绪""目前情绪（正面情绪得分减去负面情绪得分）"等项目上的得分，显著地高于出游前的得分，说明这些方面得到了显著的改善。

（2）对于参与度假体验的群体而言，度假后，受访者在大部分的具体生活领域（包括人际关系、工作、经济状况、休闲、自我、健康、服务与设施、国家等）上满意度的得分，显著地高于出游前的得分（在家庭、朋友、住所、邻居方面的变化不显著），说明通过度假体验，人们对这些具体的生活领域更加满意。

（3）从比较来看，不论是出游前还是出游后，度假旅游者群体在"对生活的整体满意度""生活满意度量表""正面情绪""目前情绪（正面情绪得分减去负面情绪得分）"等项目上的得分高于非度假者的得分（针对非度假者的调查也分两个时段展开，以便与度假旅游者进行比较）；在"负面情绪"的得分低于非度假者的得分，说明整体而言，度假旅游者的主观幸福感高于非度假旅游者。

具体的影响方面与效应，见图9-7。

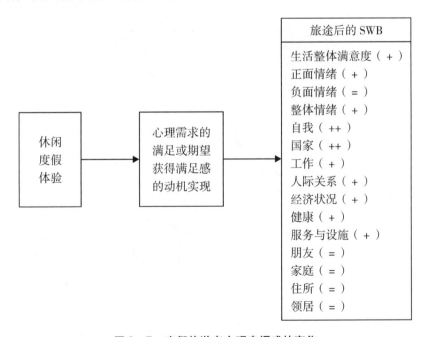

图9-7 度假旅游者主观幸福感的变化

注：（+）表示较小的改变；（++）表示中度的改变；（=）表示变化不显著。

尽管现有研究普遍证实了旅游（度假）体验对参与者主观幸福感的积极影响，但这些影响的时间效应如何？也就是说，这种积极影响是持续终生的吗？还是短短的几天？或者几个月？一项以中国大陆居民为对象的研究（Chen，Lehto，Cai，2013），采取跟踪式纵向研究的进路（历时3个月），对这一问题进行了探索。研究所针对的领域及采用的测量工具如下：①长期的主观幸福感（Chronic SWB；简称CSWB），采用"主观幸福感量表"（The Subjective Happiness Scale）了解受访者对个人幸福感的绝对评价，以及相比较于他人的幸福感评价。②具体情境的主观幸福感（occasion-specific SWB，简称OSWB），采用"生活满意度量表"（Satisfaction With Life Scale）、安德鲁斯和维斯（Andrews & Withey，1976）开发的量表以及卡马恩和福丽特（Kammann & Flett，1983）开发的量表。研究发现，长期的主观幸福感不会在假期结束后立即发生变化，在接下来的2个月内［2009年1月底（度假结束后）至2009年3月］保持稳定。具体情境的主观幸福感［包括整体生活满意度（global life satisfaction）、具体生活领域满足感、情绪］，在假期结束后立刻显著上升，但度假结束2个月后回到基准线（2008年12月施测）。关于整体生活满意度的变化趋势，可见图9-8、图9-9。

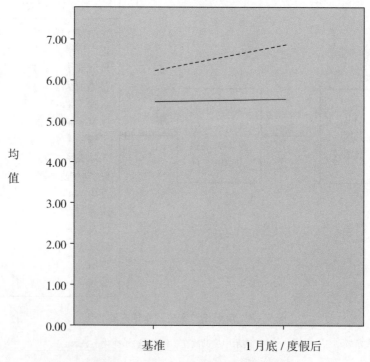

图9-8 整体生活满意度变化趋势（1）

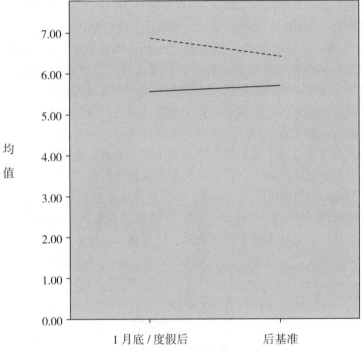

图9-9 整体生活满意度变化趋势（2）

（二）对低收入群体（弱势群体）主观幸福感的影响

发表在旅游研究的旗帜性刊物 Annals of Tourism Research 上的两项研究都表明，旅游体验对于低收入群体（弱势群体）而言，皆能增加他们的主观幸福感。例如，一项针对英国家庭度假协会（Family Holiday Association）所资助的出游群体展开的问卷调查（McCabe & Johnson，2013），采取出游前和出游后分别施测的方法（针对同一群人），对这一群体的主观幸福感进行了比较。研究所针对的领域及采用的测量工具如下：①对关键生活领域的满意度（satisfaction with key aspects of life；例如，家庭、收入、闲暇时间总额、就业状态、社交生活等），采用"英国家庭长期追踪调查"（British Household Panel Survey）的量表。②对正面情绪与负面情绪（positive affect and negative affect）采用"新经济基金会"（New Economics Foundation）的题项（正面情绪：快乐、享受生活；消极情绪：压抑、悲伤）。③对生活满意度（satisfaction with life），采用"生活满意度量表"（Satisfaction With Life

Scale)。④对心理资源 [psychological resources；分为社交幸福感（social well-being）和积极运作（positive functioning）两个方面]，采用"新经济基金会"的题项。问卷共含 27 个测量项目。研究发现，出游后，受访者在家庭、社交生活、闲暇时间总额（amount of leisure time）、所度过的休闲时间总额（spend leisure time）、欢快的家庭时光（family time enjoyable）等项目上的得分，高于出游前的得分，说明这些方面得到了显著的改善。相应地，在紧张的家庭生活（family time stressful）、孤独感（lonely）等项目上的得分，显著地低于出游前的得分，说明紧张的家庭生活得到了缓解，孤独感降低了。那么，这些幸福感的提升是旅游体验带来的吗？研究者对旅游归来的受访者还进行了额外的调查，请受访者回答旅游体验是否能够促进生活质量和主观幸福感的提升。答案是肯定的，大部分的受访者都表示旅游体验在很大程度上促进了他们生活质量和主观幸福感的提升。

另一研究则专注于理解老年人群体的福利旅游体验与主观幸福感的关系。摩根与其同事（Morgan, Pritchard, Sedgley, 2015）采用定性研究的方法，对英格兰南部的布拉克沙姆湾（Bracklesham Bay）的 16 位旅游者展开了深度访谈。研究发现：福利旅游体验能够对老年人的主观幸福感、社交参与水平产生积极的影响，并提升他们的自尊和自信心。

五、对旅游者人际关系的影响

（一）对旅游者家庭关系的影响

家庭关系（family relation）亦称家庭人际关系，是家庭成员之间固有的特定关系。家庭关系表现为不同家庭成员之间的不同联系方式和互助方式，因而是联结家庭成员之间的纽带。它的特点是以婚姻和血缘为主体，并由有婚姻和血缘关系的人生活在一起构成，表现为组成家庭的各成员之间特殊的相互行为。与此同时，家庭关系以代际关系为层次，以家庭同代人的多少为幅度，构成家庭中几代人或同代人之间的传递和交往。因此，家庭关系是个体人际关系中最为亲密和重要的组成部分，对每一个体的生活与发展来说都具有重要的意义。然而，在现代社会生活中，随着经济要求的增大和工作压力的增加，人们越来越容易忽视与家人的相处，从而影响到家庭关系的维护。2012 年，美国一家咨询机构埃森哲（Accenture）通过互联网对全球 31 个国家的中型到大型企业组织高管进行研究，调查显示有一半的受访者不满意他们的工作。42% 的人说他们因为事业牺牲了与家人共处的时间。同时，58% 的人认为工作要求已经对其家庭生活和与家人的关系产生了负面的影响。2016 年，一项专门针对中国人的研究表明：其一，与 10 年前相比，中国人每天的工作学习时间和家务劳动时间，已分别缩短了 1 小时 17 分钟和 37 分钟，闲暇时间则多出 1 小时 4 分钟。其二，在工作日，中国人工作学习时间大体是上班 8 小时零 3 分，加班 17 分钟，做兼职 13 分钟，上下班路途 61 分钟。其三，生活必需时间的分配，大体是睡眠 7 小时 41 分钟，用餐 1 小时 16 分钟，做个人卫生和其他时间 1 小时 46 分钟，做饭时间为 50 分钟，购物、做家庭卫生和照顾老幼时间大致各为 12 分钟至 20 分钟。其四，在闲暇时间中，看电视 3 小时 6 分钟，健身 12～13 分钟，读书、读报、听广播约半小时，娱乐活动 22 分钟，约有 3% 的人属于"夜猫子"，在 0 点到 6 点工作。相关研究表明，长时间的工作和休闲时间的减少，会增加在工作和家庭中生活的压力，降低家庭幸福感（Lehto, 2013）。相反，休闲时间的增加，尤其是家庭的休闲娱乐、度假活动，可能创造美好的家庭回忆，增加家庭成员的联系，建立良好的家庭关系（Kozak & Duman, 2012）。

从幸福感（主观幸福感、心理幸福感、社会幸福感）的角度来看，家庭成员幸福感的提升能够有效地改善家庭关系。当每个家庭成员在家庭生活中都能体会到快乐、获得身心的愉悦时，成员间的相处才会融洽和睦。大多数情况下，大多数人的幸福感是稳定的，因为有比较稳定的社会环境、人际关系网络、个人财富、身体状况和收支平衡等。旅游在一定程度上改变了旅游者的生活体验质量，旅游本身是一种审美体验活动，使人感受到愉悦与享受。对成年人来说，旅游使身心健康得以提高，可以获得整个生活质量的提升。近几年，研究者关注到城市绿地环境对人的压力释放的影响、户外自然休闲与情绪幸福之间的关系。对孩子而言，旅游是一种趣味游戏，代表着新奇、冒险和自由独立，家庭旅游让孩子心理得到放松、注意力更加集中，而且让孩子学会了与他人分享，创造对家的忠诚度。孩子最终在旅游中得到的益处与愉悦的心情可以提高父母的快乐水平。这也说明，家庭成员总是依赖其他家庭成员对旅游过程的反馈来评估自己的旅游满意度，每个家庭成员在旅游过程中所获得的益处与快乐，都将提升整个家庭的幸福感。

> **课堂讨论 9-2**
>
> 问题：结合上文有关体验及旅游体验的内涵、旅游体验的类型的论述，通过检索有关文献并结合自身或他人的实际经历，讨论旅游体验是否以及如何影响旅游者的家庭凝聚力。
>
> 讨论要点：见本书附录。

（二）对旅游者婚姻稳定性的影响

旅游体验对婚姻稳定性有一定影响。夫妻关系是家庭关系的主要构成部分，婚姻的稳定是保证家庭关系和谐的重要基础。破裂的婚姻关系会导致家庭解体，在

"闪婚闪离"已经屡见不鲜的今天（中国的离婚率从 1987 年的 0.55‰ 上涨到 2017 年的 3.2‰），维持稳定的婚姻关系，降低婚姻破裂的可能性，是多数家庭面临的重任。婚姻的稳定性受到多方面因素的影响，包括家庭的角色分工、夫妻双方的有效互动、夫妻各自的工作报酬等。夫妻双方一起参与旅游活动被证明对他们的婚姻稳定性具有积极作用，主要体现在以下方面：

（1）婚姻满意度。婚姻稳定性受到多方面因素的影响，婚姻满意度并不决定婚姻的稳定性。例如，小孩（尤其是多个小孩）的出现，会导致夫妻双方出现相应的争吵和感情的疏离，从而会降低婚姻的满意度。但由于孩子成了离婚需要考虑的重要问题，婚姻稳定性可能反而增强了。尽管如此，婚姻满意度依旧直接影响到婚姻的稳定性。夫妻一起相处的时间与对休闲活动的满意程度会直接影响双方对婚姻的满意度。希尔（Hill，1988）的研究就发现，夫妻共同的休闲、游憩时间越长，对休闲活动满意度越高，婚姻的满意度也越高，双方的关系会更稳固。游憩活动从短期来看是增加夫妻的交往互动，而长期看则提升了婚姻满意度。当然，这种满意度的提升也与休闲娱乐活动的类型相关。希尔（Hill，1988）同时发现，户外的活跃型活动，比如，走访亲友、参加聚会、外出度假等要比在家看电视这类活动的效果更明显。

（2）夫妻双方沟通与决策商议。许多婚姻关系的破裂就是因为彼此间缺乏交流与真正的理解。旅游度假活动可以使夫妻逃离琐碎日常生活，进入一个休闲放松的状态，创造属于两人的共处时间，增强彼此的沟通与理解。在迟小绺（2019）的研究中，中国大陆旅游者前往境外度蜜月的主要动机就包含了"夫妻关系"和"追求浪漫"等。2010 年，"登嘉楼"（Terengganu）家庭发展基金发起了"第二次蜜月"活动，该活动面向那些正处于婚姻解体边缘的问题夫妇，向这些夫妻提供海岛度假的二次蜜月旅游机会，在度假期间还提供相应的家庭管理咨询。在这样的度假旅游体验中，夫妻二人有纯粹的私人空间，并且保持着良好的沟通互动。截止到 2012 年，有 278 对参与完该项目的夫妻继续保持原来的婚姻关系。部分夫妻在旅游结束后反映，旅游过程中与另一半有了更好交流，而且在旅游结束后双方对生活中的一些重大决策有了更多的共同讨论。

（3）在旅游过程中重拾婚姻的浪漫与激情。长期重复单调的生活状态很容易使婚姻生活陷入"一潭死水"中，夫妻双方会因为生活的乏味而产生厌倦的情绪。而旅游过程则可以让双方远离忙碌、平凡的日常生活，面对美好的景物和新鲜的人事，感受放松而有趣的休闲体验。夫妻双方更容易在旅游中重新找到当初恋爱时的浪漫与激情，从而为乏味的婚姻生活注入新的活力。迟小绺（2019）发现，中国大陆旅游者前往泰国度蜜月的"夫妻关系"动机包括："为了营造我们的二人世界""延续新婚的甜蜜""为了增进双方感情""与亲人度过高质量的时光""调整心理状态以更好适应婚后生活""庆祝新婚""纪念我们一路走来终成眷属"。"追求浪漫"动机包括:"营造浪漫气氛""营造共同的美好记忆/给双方一次终生难忘的回忆""见证两个人之间的爱情""享受美好的共处时光""希望未来的生活甜美/幸福"。

(三) 对旅游者其他社会关系的影响

旅游体验对旅游者其他社会关系产生影响包括旅游者原来部分人际关系的改变和新的社会关系的建立。

1. 改变原有人际关系

旅游者在旅游过程中往往会结伴而行。除家庭成员外,这些游伴有可能是身边的同事、同学、朋友甚至是一般熟人(在网络论坛,随处可见约伴出行的帖子;在青年旅舍的公告栏,也都贴满了各种约伴同行的启事)。与家庭旅游一样,旅游者在与熟人一起出游的过程中,很有可能因为旅途中的朝夕相处促进感情的提升。特别是自助旅游者(如"驴友""穷游者")在旅游中通常需要共同讨论制定决策,彼此关系因为互动的增加以及在对愉悦时光的共同记忆中得到升华。近年来,在我国不少电视媒介上热播的"真人秀"旅游节目中,我们可以发现一个规律:原本不怎么熟悉的几个人,经过一段时间共同的出游与互动,感情逐渐深厚,在节目结束后俨然成为亲密好友。当然,双方关系在旅游过程中也可能没有发生变化甚至是关系恶化。因为,在旅游过程中彼此之间距离很近,为双方提供了重新审视自己与对方关系的机会,有可能因为发现对方的一些缺点,感到不能容忍,从而影响到原有的社会关系质量。甚至有人指出,70%的情侣在旅行后分手了,因为情侣在一起之后,一定避免不了的就是旅行,在旅途中,可以和对方感受所有喜怒哀乐,也会洞察到对方的所有优点和缺点。因此,旅行越来越成为考验情侣的一种方式。

正如上文所提到的,旅游体验对旅游者的社会心理状态有着较大的影响。大部分情况下,旅游有助于旅游者释放日常工作压力和解决单调生活带来的乏味,旅游可以使旅游者调节出行前消极低落的情绪,而旅游后愉悦的心情有助于改善与他人的社会关系。在旅游过程中,旅游者接触到的"他者"以及对自我的反思,有可能改变旅游者对原有社会关系的态度(参见同步案例9-2)。

同步案例9-2　　　　　　　　　台湾志愿者的个人转型

一项旨在调查在大陆进行志愿旅行的台湾学生所感知到的个人转型的研究(Pan, 2014)表明,志愿旅行的经历帮助他们实现了以下几个方面的转变:

(1) 内心变化(inner change):主要是指提高了沟通能力,发展了压力管理的技能,学会了倾听并尊重不同的声音,并承认个人的弱点。

（2）生活观与世界观的变化（change in view of life and the world）：主要是指学会珍惜并感恩，控制物质欲望，欣赏慢节奏生活和放松，为弱势群体提供关怀和支持。

（3）学习态度和未来职业的变化（change in learning attitude and future careers）：主要是指调整个人学习态度，变得更加谦卑，拥有更加开放的观点和心态，在学习和处理事情方面更加积极。

（4）未来旅游活动选择的变化（change in the choice of future tourism activities）：主要是指旅游活动的偏好更加多元化。

陈钢华等（Chen, Bao, Huang, 2014b; Chen & Huang, 2017）对背包客的研究表明，背包旅行作为一种生命拓展的方式，可以有助于改变背包客的自我意识（自我认知、自我情感、自我意向）、改变固有的世界观（人生观、价值观）。这些自我意识的改变，有可能使旅游者重新审视自己原本的社会关系，产生态度的变化。有研究表明，旅游结束后，一些旅游者（尤其是背包客、志愿旅行者等）常常会感觉对某些社会准则和文化不适应；也有旅游者提到，经历极端自由的体验后，难以适应那种有规律的生活，并且很难再与朋友建立亲密关系。在丽江、阳朔、大理等这样的旅游城镇里，经常可以发现一些来自大都市的年轻人辞去原本的工作，留在当地开间小店融入当地生活。这些人中，很多都是在当地旅游回去后发现不适应大城市的生活节奏和复杂的人际关系，最终选择放弃原本的生活状态。

同步练习 9-3

结合同步案例 9-2 的内容，分析中国背包客以及中国台湾志愿旅行者感知的个人发展（个人转型），分别属于本书所述的旅游体验对旅游者影响的哪个或哪些方面。

2. 建立新的社会关系

旅游者在旅游过程中会构建出许多新的社会关系，其中旅游者与目的地居民的交往关系以及旅游者与旅游者之间的交往关系是学界研究的重点。这方面的研究可参见旅游人类学家瓦伦·史密斯于 1977 年所著的《东道主与游客——旅游人类学研究》等。旅游者与旅游者之间可以分为旅游之前不认识与旅游之前认识两类（即上文所提到的熟人关系）。在旅游之前不认识的情况下，旅游者与旅游者的关系又大致可分为三种：冷漠的陌生人、旅游世界中产生一般互动的人以及旅游世界中结识的新朋友。

近年来,有学者陆续开始对目的地跨国婚姻展开研究。例如,孙九霞和张骊恒(2015)发现,在阳朔的跨国婚姻是一种长期和深层次的旅游主客交往,与阳朔作为旅游目的地的特性密切相关。阳朔的目的地特性与全球化的流动性背景共同影响了跨国婚姻的缔结。通过实地调研的观察和访谈,作者认为,阳朔的自然资源和相对低廉的消费吸引了大量外籍背包客。特有的乡村导游服务和跨文化的旅游活动提供了跨文化交往的平台,安全友好的旅游环境和多元文化社区氛围促进良性的主客互动和婚恋交往。在全球化背景下,身体的流动、物质的流动和信息的流动对阳朔跨国婚姻缔结具有推动作用,也为跨国家庭选择阳朔居住提供了物质和精神上的支持。更进一步,张骊恒和孙九霞(2016)发现,阳朔跨国婚姻的外籍配偶与东道主社区间存在一种双向的文化适应。具体而言,阳朔跨国婚姻外籍配偶与东道主社区居民间的文化适应是双向的整合的文化适应策略。旅游作为一种族群飞地使得外籍配偶的族群性得以维持,其首要原因是阳朔主客关系融洽,其次是少数族群的族群性适应旅游目的地的发展需求,形成旅游目的地独特的形象。

本章小结

1. 旅游体验是指旅游消费者前往一个特定的旅游目的地花费时间来游览、参观、娱乐、学习、感受的过程以及所形成的身心一体的个人体会。

2. 旅游体验有五种基本类型:娱乐、教育、逃避、审美、移情。

3. 旅游体验对旅游者的影响主要体现在以下五个方面:健康、认知性学习与教育、生活质量、主观幸福感、人际关系。

4. 生活质量指标体系分为两类:其一,客观条件指标,包括人口出生率和死亡率、居民收入和消费水平、产品的种类和质量、就业情况、居住条件、环境状况、教育程度、卫生设备和条件、社区团体种类和参与率、社会安全或社会保障等。其二,主观感受指标,主要测定人们由某些人口条件、人际关系、社会结构、心理状况等因素决定的生活满意度和幸福感。

5. 幸福感是指人类基于自身的满足感与安全感而主观产生的一系列欣喜与愉悦的情绪。

6. 狭义上的主观幸福感是指人们根据内在的标准对自己生活质量的整体性评估,是人们对生活的满意度及其各个方面的全面评价,并由此而产生积极性情感占优势的心理状态。主观幸福感主要包括生活满意、积极情感和消极情感三个维度。

7. 测量生活质量的主观感受指标与狭义的主观幸福感有密切的关系和一定程度的交叉。

> 思考题

1. 根据本章所学知识，并结合自己或他人的出国或出境旅行的经历，思考这些旅行经历带给你自己或者他们什么裨益。
2. 结合自己与家人一起出游的经历，分析旅游体验如何影响家庭凝聚力。

> 案例分析题

为什么那些情侣一起旅行后就分手了？

早就有一种说法说，考验情侣究竟适不适合在一起的标准是两个人能不能在一起旅行后依旧保持对彼此的感情。那么，究竟为什么那么多情侣在一起旅行之后纷纷"一拍两散"、各奔天涯呢？旅行对两个人的感情究竟有怎样的影响？这个大多数人都纷纷表示美好无敌的过程究竟有怎样的魔力？

作为一个常年混迹"美丽旗舰店"的"单身狗"，王建国本着科学调研的心态，怀着一颗强烈的报复之心，采访了几位"网红"、时尚圈"花蝴蝶"、旅行达人、旅行作家、摄影师（这些曼妙的职业往往有着不同常人的婚恋关系），总结了以下恋人分手七大罪状。

（1）一宗罪：本以为可以随他走天涯，谁承想一路成了他的妈。Susan：交往了快两年，出去了一趟实在是忍不了了，平时在北京的时候都好好的，一起吃饭、看电影，他都会主动买单，过节的时候会有小浪漫，双方都见过了父母，本来是打算结婚的对象。正好年假能够请到一起，就一块去了趟欧洲。谁想到这位少爷从机票、酒店、行程到每天去哪吃什么一概不管，问他有什么想法，回答全是"随你便"。什么?！又是随便！

感觉他到了国外就变成残疾人了，厕所也去不了了，东西也买不好了，也不是不会说英语，就是完完全全的"生活脱线＋懒"，一路上的生活起居都要我照顾，买个矿泉水都得我来。你能理解半夜三点给一个男的收拾行李么，内裤都得我叠，他在旁边躺着，跟我讨论酒店吊顶有多难看。十天下来，觉得身心俱疲，感觉自己又从恋爱中的少女变成了顶天立地的女强人，旅行中一直忍着没怎么吵架，回国后又耐着性子相处了快一个月，觉得他的缺点全都暴露出来了，没法忍，分手！

（2）二宗罪：说好一起看日出，你却独自懒成猪。Andy：交往一年多，平时都尽量宠女朋友，我知道她比较懒，但之前没有生活在一起，对于细节体会得不多，也就是约会迟个到，但不会超过半小时。后来一起去旅行，她选了泰国，行程机票什么的都是我定的，作为男生其实没什么，但是一路上需要各种等她，所有的时间安排都要比预计的晚上 1～2 个小时，有时候临时要洗澡，有时候化妆就化了

1个小时。关键是,很多安排都是她自己要订的,想骑大象、想浮潜,早上又都起不来,有些项目能改到下午,浮潜当时没赶上船就改不了,她又跟我发脾气。旅行的最后两天,待在普吉岛一家非常好的酒店,她信誓旦旦说要一起看日出,凌晨4点多我起来之后,怎么叫她也叫不起,因为之前关于浮潜的吵架,我就想无论如何得叫醒她,结果她又大发了一顿脾气。后来我自己一个人看日出,觉得不是不爱她,是两个人实在不合适。一起回来后,再过3个月就分手了。

(3) 三宗罪:不求整洁爱干净,带条内裤行不行。欣欣:不是想吐槽,我老公实在是"奇葩"了。要说一起出去玩,很难形容享受和快乐比生闷气要多,因为从收拾行李起就得开始吵架。首先,他就肯定得嫌我带衣服带得多,女孩子出去玩个10天带个10套衣服很正常吧,要穿搭还要换呢,结果他老人家就嫌我行李去的时候就满了,他自己就带一件背心一条短裤,恨不得能穿一个月。因为这个就能吵两天架,游还没旅呢,先生一肚子气。让他自己收拾行李是不行的,男生嘛,没有女生爱干净很正常。但是,这位"奇葩"可了不得,我们俩去巴厘岛,他自己就带了一条内裤,我问他为什么不多带,人家意思是有钱到哪都能买,结果还真就买不到,最后只能在酒店里给他买一次性的那种内裤。我也是醉了,也不求你多爱干净多整齐,多带两条换洗内裤能死了吗?!

不过这位受访者并没有分手,虽然天天紧锣密鼓地吵架,但还是坚定地结婚了,生活幸福。

(4) 四宗罪:我付馒头你付酒,一分一毛算一宿。Daisy:我们当时是从上海飞澳门再到泰国玩,在上海的时候跟我闺蜜一起住了两天,第一顿我请的,第二顿我闺蜜请的,第三顿我闺蜜男朋友掏钱,他丝毫没有掏钱的意思。最后,我闺蜜开玩笑问他,我们俩出去谁结账,他说"AA"(其实平时他付80%,不理解他为什么这么说)。晚上回去后大吵,我要提前结束行程,他不同意,他就蹲墙角读《圣经》假装精神分裂,后来协商好了,行程继续。在澳门的时候,有条街,这一整条街都是卖肉脯的,可以试吃,他就免费试吃了一条街,吃到饱。拿小牙签吃肉脯吃到饱,没见过,看得我心塞,但也一直忍着没说。我们出来旅行是见过家长的,出来之前他妈妈给了我3000块钱,算是旅费加见面礼。后来到了泰国,他就一直叫我"取钱取钱",花不完他就一直做"马杀鸡",还故意说妹子多好看。吃东西就爱吃路边摊,还说"好吃好吃真好吃",我都不去想是不是觉得路边摊便宜。去餐厅或者酒店吃饭,一定要我付账,临了还来一句,我妈不是给你钱了吗?你妈给的钱够你吃遍天吗?!真是够了!回国立刻分手。

(5) 五宗罪:我重要?她重要?还是你妈最重要!Lucy:跟渣男一起去西安,当时在一起一年多了,住一间房,早上起来、晚上睡前都要跟别人视频聊天,骗我说是他妹妹,其实就是网上认识的三三四四、乱七八糟的人。特别有规律,早上五分钟,睡前五分钟。后来发展到"用手机视频带着全家人去旅游"的节奏,吃饭、看景点、逛超市都拿个手机，跟他妈妈视频，给他妈看这个，看那个，全程基本不理我。原来真的不知道他有这种生活习惯，每天要跟他妈视频2个小时，从自家的琐碎事儿聊到邻居的八卦，他以为说老家话我听不懂吗?! 还要给各种"妹妹"直播自己吃什么、玩什么，有什么可直播的啊，羊肉泡馍不是都红遍全国了吗?! 回北京立刻分手!

（6）六宗罪：代购逃单加退税，掰着脚趾赚旅费。Ian：在一起两个多月去的泰国，之前完全不知道她是这样一个人，去之前就在朋友圈发自己的旅行计划，要去哪哪哪，能买什么东西，问谁要代购。关键是心太黑了，恨不得10块钱买的东西要100块钱卖给人家。当时特别流行佛牌，她在曼谷大市场的地摊上买的佛牌，非要跟朋友说是在庙里求的，价钱恨不得翻个10倍。我告诉她这样不好，人家说："你以为钱都是哪来的，旅费就是这样赚来的!"有一次吃饭的时候，餐厅比较贵，我们坐在室外，她跟我说咱俩干脆别结账了，直接走吧，拿起包就要走，实在忍不了了，就自己把账结了直接回了酒店，改签机票直接回国。

（7）七宗罪：千般哄，万般疼，治不好你的公主病。Evans：我俩去郑州玩，刚到酒店"check in"完，他就说要看电影，虽然不知道有什么可看的，我还是打开手机搜索了电影票，问他去哪个影院、看哪个电影，他就开始耍脾气不吭声，一直低头玩手机。我最烦别人玩手机不理人，就上去拉他、哄他出门，结果他蹦到床上大哭大闹，说我打他，真是吓死宝宝了！在普吉岛体验浮潜，我俩一起下水，都会游泳，我看那边有个奇怪的鱼，就伸手拉了他一下，上岸之后他劈头盖脸就跟我吵架，说我在水里拉他，要杀了他，想让他死，在浮潜一日游那个船上就要跟我打起来了，怎么哄都不行，平时各种这不吃那不吃、这儿脏那脏，不吃不坐不看也就算了，说我要杀了他实在是厉害了，当时就分手了，改机票各自回国。

爱他（她），就带他（她）去旅行吧！感受恋爱中的美妙幻想在现实中原形毕露带来的巨大痛苦！Baby！拉起箱子走一走，瞬间分清人和狗！这就是真实的人生！一定要经受住考验哦！①

问题：结合案例情境，讨论：
(1) 案例所讨论的话题涉及本书的哪些知识?
(2) 案例所讨论的现象是如何发生的?

---

① 时尚网：《为什么那些情侣一起旅行后就分手了?》，见网易（http://travel.163.com/17/0625/09/CNP21VR500067VF3_all.html）。

第十章 基于旅游者行为的旅游市场细分

学习目标

1. 了解旅游市场细分的基本概念。
2. 掌握市场细分的指标与方法。
3. 了解当前旅游领域内市场细分研究的最新进展。

> **引导案例**
>
> ### 细分旅游火爆，携程定制平台上线一年交出怎样的成绩单？
>
> 消费升级的到来，对各行各业均提出了新的挑战。传统的旅游业伴随着国民收入的提高，更加细分垂直的旅行方式大受欢迎。携程2016年上线定制旅游，时至今日，它又交出了一份怎样的成绩单？
>
> 2016年1月29日，携程上线定制旅行平台。目前，用户需求单月最高已突破8万单，全年增长超过400%，预计2017年将达到每月12万单。今日，携程官方宣布，"携程定制"旅行2.0版本更新，正式将定制旅行平台推向社会。
>
> 据"携程定制"旅行业务部总经理徐郅耘介绍，目前，"携程定制"旅行目的地已经覆盖全球107个国家、956个城市。徐郅耘称："中国公民喜闻乐见的旅行目的地，我们都覆盖了。"定制旅行平台上线一周年以来，来自携程大数据显示，最爱定制旅行排名前五的城市中，第一名是上海，其次则为广州、杭州、深圳和成都。基于定制用户出行人数分析，1~3人为单位出行的订单量增势迅猛，占据58%，每月超过7万单；4~9人的团体订单量则为28%；10人以上的团体旅行订单则占据14%。
>
> "定制旅行的关键点其实在于用户与定制师的匹配"，携程定制旅行技术总监唐冰介绍称："携程基于大数据和智能算法匹配，可以实现4小时提供出行方案，实行管家式服务。"用户在携程定制平台发送需求后，定制师抢单之后，用户通过浏览定制师主页的服务信息来决定是否需要这位定制师服务。双向选择机制让客户挑选到自己最钟情的定制师。

来自携程方面的数据显示，目前，携程平台已经拥有4000多位定制师。用户与定制师之间的匹配度能够达到93%，较常规模式匹配度提高了逾50%。

定制旅行平台的出现，打破"传统旅行供应商有什么卖什么"的模式，开始向"以服务为导向，以用户需求为重心，用户需要什么，定制师就提供什么"转变。服务模式的转变，直接带来接入"携程定制"旅行平台的供应商订单量的显著上升。

定制旅行未来会朝着怎样的方向发展？唐冰称："未来携程会加入新功能，将依据用户LBS（Location Based Service；基于位置的服务）实时推送客人所在地附近景点、餐饮、购物券等信息；带有一定社交属性的'附近游客正在玩什么'的推荐功能以及出行相关场景的3D展现功能都已经提上议程。"[①]

近年来，中国的旅游市场呈现出持续增长的态势。例如，据国家旅游局数据中心2018年发布的《2017年全年旅游市场及综合贡献数据报告》显示，2017年全年，国内旅游人数达50.01亿人次，比2016年增长12.8%；中国公民出境旅游人数达1.3051亿人次，比2016年增长7.0%。另外，旅游市场也更进一步细化，各旅游者群体成为旅游企业和目的地争相吸引和"争夺"的对象。除本章"引导案例"所示的"携程定制"外，在线旅游企业纷纷推出针对具体细分市场（旅游者群体）的营销活动。例如，同程旅游继"百旅会"之后，又陆续启动了"同程好妈妈""同程精英会"以及"同程企福会"等社群品牌，阿里巴巴旗下旅游平台"飞猪"则聚焦年轻客户群体，聚焦出境游体验。那么，到底什么是市场细分或细分市场？如何来进行市场细分？市场细分所选择的标准有哪些？有哪些特定的旅游市场已经被细分了？这些都是本章将要回答的问题。

第一节　市场细分理论概述

一、市场细分的概念

市场细分（market segmentation）概念最早由美国市场学家斯密斯（W. R. Smith）于1956年提出。它的基本含义是：多数市场都不是单一性的市场，而是由

---

① 王蒙：《细分旅游火爆　携程定制平台上线一年交出怎样的成绩单》，见Techweb网（http://www.techweb.com.cn/internet/2017-04-26/2517534.shtml）。

几个相对同质的子市场组成的。对于提供类似产品或服务的企业来说，这些子市场的需求是基本同质的。

市场细分实际上是根据购买者的需要和欲望、购买态度、购买行为特征等不同因素划分市场的行为过程。在市场营销学当中所使用的市场的概念，专门指对某一种产品或服务具有欲望和购买能力的潜在和现实消费者的总和。所以，我们在这里讨论的市场，就是指消费者。在旅游领域内的旅游市场细分实则就是把旅游者划分成不同群体的过程，即体现了旅游者分类的思想理念。

旅游者分类即为类型学研究在旅游领域内的应用（参见知识链接10-1）。对人进行划分的研究由来已久，最早可以追溯到公元前5世纪古希腊著名医生希波克拉底的体液理论。对旅游者进行分类的研究则得益于在大众旅游所带来的广泛的经济、环境、社会影响之下旅游业对细分市场的逐渐重视。总的来说，旅游市场细分本身，既是一个理念，同时也是一种技术、一个市场研究过程。

知识链接10-1　　旅游者类型学的研究进展

类型学，就是研究类型的学问。在许多学科都有类型学研究。例如，在人类学中，类型学可以指涉基于族群的不同文化的划分；在考古学中，一个"分类"可以是指对不同神器基于不同特点进行归类。对个体进行分类的历史悠久，可以追溯至公元前5世纪希波克拉底基于体质特征对人的分类。

1972年，艾瑞克·科恩（Erik Cohen）从社会学和概念角度发展出第一个旅游者分类模型。他基于国际旅游者的体验将他们分为：有组织的大众旅游者（the organized mass tourist）、个体大众旅游者（the individual mass tourist）、探索者（the explorer）和漂移者（the drifter）。1974年，普洛格基于旅游者人格特质的差异也发展出了他的旅游者分类模型。他的分类主要是基于心理学和市场细分的视角展开的。

自20世纪70年代的里程碑式的著作之后，旅游者类型学的发展成果显著。

首先，在发展旅游者类型学所使用的指标方面。2005年，德克洛普和斯内尔德斯识别了三方面的指标。第一类是他们所谓的细分指标（segmentation criteria）：年龄、旅行距离、家庭生命周期、旅行的裨益和活动、开销以及旅行频率。这些旅游者类型学的研究成果主要出现在20世纪80年代和90年代。第二类指标主要涉及社会心理学变量：动机、角色、风险规避水平、兴趣与观点、预期、所求的旅游体验、价值观、人格特质、生活方式和态度。自20世纪70年代这些变量被引入到旅游者类型学的研究中以来，就一直得到了大量的运用。在这方面，基于动机差异的旅游者类型学研究积累了大量的成果。第三方面的指标是决策变量：决策序列、决策风格、旅行哲学、信息搜寻策略和参与度。

其次，在所涉及的旅游产品类型、旅游方式方面。几乎在所有旅游产品类型、旅游方式方面都有旅游者类型学的研究成果。据金和里奇在2012年发表的研究，仅针对愉悦性旅游者就至少有四个广为引用的分类模型。旅游者类型学文献激增背后的原因相当直观、明了：旅游市场竞争日趋激烈。目的地的营销与管理部门可以通过将精力集中在少数几个类型的旅游者身上（这些旅游者的消费预期和偏好与目的地的优势一致），由此构建更加有竞争力的优势。另外，旅游者类型学的发展也有利于目的地的管理部门了解不同类型旅游者的心理特征、行为模式及其对目的地社区经济、社会文化和环境方面的影响，从而促进目的地治理水平的提升。

最后，在旅游者类型学的研究方法方面。早期的旅游者类型学研究主要采取概念研究、定性研究的方法，例如，前文所述科恩和普洛格的旅游者分类模型。在最近几年的研究中，定量研究是绝对的主流，主要采用的数据收集方法是问卷调查，主要的统计方法是探索性因子分析（exploratory factor analysis）和聚类分析（cluster analysis）。当然，随着定性研究与定量研究相结合的方法日渐引起关注，采取混合研究方法的旅游者类型学文献也开始出现。一般而言，在进行问卷设计之前，研究者会开展深度访谈、文本分析等定性研究方法。

从旅游者类型学的未来发展趋势来看，以下三个方面亟待引起重视。其一，目前大部分的旅游者分类模型都是商业导向和市场细分导向的，基于非功利性指标（旅游者个人发展、旅游者难忘的经历）的旅游者分类，亟待引起后续研究的关注。其二，旅游者类型学研究方法的创新进展一直较慢。Bagged Clustering 作为一种可以避免传统聚类分析劣势因而更加稳健的聚类方式，亟待在今后的研究中加以广泛检验和运用。其三，大部分现有旅游者类型学研究都是基于单一文化背景，今后的研究还需要进行更多的跨文化研究，以便检验和巩固现有旅游者类型学的效度和外推价值（generalizability）。[①]

> **课堂讨论 10－1**
>
> 问题：结合对市场细分概念和旅游者类型学研究进展的论述，通过检索有关文献，讨论旅游市场细分研究（旅游者类型研究）的发展得益于哪些因素。
>
> 讨论要点：见本书附录。

---

① Chen G. "Typology, tourist". In: Jafari J, Xiao H. Encyclopedia of Tourism. New York: Springer, 2015: 171-180.

二、市场细分的基础

（一）顾客需求的差异性

顾客需求（旅游者需求）的差异性是指不同的顾客之间的需求是不一样的。在市场上，消费者（旅游者）总是希望根据自己的独特需求去购买产品（旅游产品）。根据消费者（旅游者）需求的差异性，我们可以把市场需求分为同质性需求和异质性需求两大类。

同质性需求是指由于消费者（旅游者）需求的差异性很小，甚至可以忽略不计，因此，没有必要进行市场细分。异质性需求是指由于消费者（旅游者）所处的地理位置、社会环境不同以及自身的心理和购买动机不同，导致他们对产品的价格、质量和款式的需求产生差异性。这种需求的差异性就是我们市场细分的基础。

（二）顾客需求的相似性

在同一地理条件、社会环境和文化背景下的人们形成有相对类似的人生观、价值观的亚文化群，他们的需求特点和消费习惯大致相同。正是因为消费需求在某些方面的相对同质，市场上存在绝对差异的消费者（旅游者）才能按一定标准聚合成不同的群体。所以，消费者（旅游者）需求的绝对差异造成了市场细分的必要性，消费需求的相对同质性则使市场细分有了实现的可能性。

（三）企业有限的资源

现代企业由于受到自身实力的限制，不可能向市场提供能够满足一切需求的产品和服务。类似地，旅游目的地或者旅游企业也不可能向旅游市场提供能够满足一切需求的旅游产品和旅游服务。为了有效地进行竞争，旅游目的地或旅游企业必须进行市场细分，选择最有利可图的目标细分市场，集中目的地（企业）的资源，制定有效的竞争策略以取得和增加竞争优势。

三、市场细分的发展历程

（一）生产商对市场认识的三个阶段

生产商（旅游目的地、旅游企业）并非一开始就遵循着市场细分的思想，他们对市场的认识经历了以下三个阶段：

1. 大规模营销

在大规模营销阶段,卖家将一种产品以批量的形式生产、分销和促销给所有的购买者。在生产之初,无论消费者需要什么样的车型,福特汽车生产公司提供的只有"T型车"一种车型。主张大规模营销的人认为,它能最大限度地降低成本和价格,创造潜在市场。旅游目的地或企业也经历过类似的认识阶段。例如,在国内旅游尚未蓬勃发展的20世纪80年代、90年代,我国主要的入境旅游目的地(如北京、西安、桂林等)所提供的旅游产品,基本上是没有区分具体的入境市场的。不论入境旅游者来自哪个国家,目的地所提供的旅游产品大同小异,甚至毫无差异。

2. 产品多样化营销

卖家生产两种或几种产品,它们在特征、风格、质量和规格等方面都各有不同。例如,通用汽车公司设计出了不同于福特"T型车"的野马跑车,差异化的竞争策略很快收到了良好的市场效果,其销售量曾一度超过福特汽车公司。产品多样化营销的依据是消费者的品位不同,而且随着时间变化,消费者会追求花样和变化。同样的情况也曾见诸旅游目的地或旅游企业。例如,在国内观光旅游市场蓬勃发展但度假旅游需求开始萌芽的20世纪90年代末、21世纪初,三亚亚龙湾旅游度假区开始兴建高端度假酒店,吸引了大量的度假客前往。

3. 目标市场营销

卖家识别各个细分市场,选择其中一个或几个,针对每个选定的细分市场制定产品和促销组合。目前,福特汽车公司旗下拥有的汽车品牌有阿斯顿·马丁(Aston Martin)、福特(Ford)、捷豹(Jaguar)、路虎(Land Rover)、林肯(Lincoln)、马自达(Mazda)、水星(Mercury)。它们分别用于吸引不同的细分市场。类似地,国际著名的酒店与度假区品牌也都有不同的产品和品牌。例如,丽思卡尔顿酒店、瑞吉酒店、JW万豪酒店、丽思卡尔顿隐世精品度假酒店、豪华精选酒店、宝格丽酒店、W酒店、艾迪逊酒店、万豪酒店、喜来登酒店、万豪度假会、Delta酒店、艾美酒店、威斯汀酒店、万丽酒店、盖洛德酒店、万怡酒店、福朋喜来登酒店和SpringHill Suites酒店等(参见同步案例10-1)。

同步案例10-1　　　　　　万豪国际集团旗下酒店品牌

万豪国际集团(Marriott International),也称万豪国际酒店集团,是全球首屈一指的国际酒店管理公司。万豪拥有遍布全球74个国家和地区的超过4000家酒店和21个品牌。各酒店品牌，举例介绍如下：

（1）丽思卡尔顿酒店。"以尊贵服务和特色体验，缔造经典传奇。""宾客只需闭上眼睛即可感受心灵的回归。"

（2）瑞吉酒店。"置身精致而奢华的享受中，用时尚品位定义您的每一次入住。"（图10-1）

图10-1　丽思卡尔顿酒店（左）和瑞吉酒店（右）的标识

（3）丽思卡尔顿隐世精品度假酒店。"远离喧嚣、世外桃源般的稀有住宿环境，贴心服务随处可见。"（图10-2）

图10-2　丽思卡尔顿隐世精品度假酒店

（4）JW万豪酒店。"全情投入的专业员工，为您呈献难忘的尊尚体验。"

（5）豪华精选酒店。"汇聚世界各地的标志性酒店，助您融入当地生活，探索全球精彩目的地。"（图10-3）

图10-3　JW万豪酒店（左）和豪华精选酒店（右）的标识

(6) 宝格丽酒店。"魅力四射，设计别具特色，更以优质服务与优越选址，令宾客耳目一新。"

(7) W 酒店。"我们用大胆的设计，诠释现代豪华感，为您呈献别具一格的住宿体验。"（图 10–4）

图 10–4　宝格丽酒店（左）和 W 酒店（右）的标识

(8) 艾迪逊酒店。"将美食饮品、娱乐体验与创新设计融为一体，艾迪逊酒店打造出新颖而时尚的酒店风格。"

(9) 万豪酒店。"提供精致的空间和服务，为您开启充满灵感和创意的精彩旅程。"（图 10–5）

图 10–5　艾迪逊酒店（左）和万豪酒店（右）的标识

(10) 喜来登酒店。"我们不仅提供贴心的服务和创新的环境，更致力于为您打造超越期待的住宿体验。"

(11) 设计酒店。"我们用自己的创造力、真诚的服务、地道的人文和引人入胜的设计来证明我们富有远见。"（图 10–6、图 10–7）①

图 10–6　喜来登酒店（左）和设计酒店（右）的标识

---

① 万豪国际集团：《我们的品牌》，见万豪国际集团网站（http://www.marriott.com.cn/brand.html）。

图 10-7　万豪集团旗下某设计酒店

（二）STP 营销战略

市场细分的重要性表现在它是企业营销战略的起点。现代企业营销战略的核心被称为"STP 营销"，即细分市场（segmentation）、选择目标市场（targeting）和市场定位（positioning）。STP 营销战略共分为三步（图 10-8）：第一步，市场细分，根据购买者对产品或营销组合的不同需要，将市场分为若干不同的顾客群体，并勾勒出细分市场的轮廓。第二步，确定目标市场，选择要进入的一个或多个细分市场。第三步，市场定位，在目标市场顾客群中形成一个印象，这个印象即为定位。

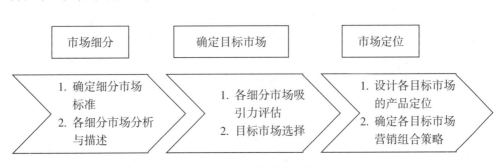

图 10-8　STP 营销步骤

由此可见，依据 STP 营销战略，旅游目的地（旅游企业）的一切营销战略都必须从市场细分出发。没有市场细分，就无法确定旅游目的地（旅游企业）的目标市场，它们也就无法在市场竞争中找到自己的定位。没有明确的市场定位，旅游目的地（旅游企业）也就无法塑造差异化的品牌形象。无法确定旅游目的地（旅游企业）的目标市场，它们也就无法有针对性地去设计差异化的产品，并通过差异化的价格和销售渠道策略去占领市场。只有进行市场细分，才有营销战略的差异化。因此，市场细分是旅游目的地（旅游企业）营销战略的平台。旅游目的地（旅游企业）的各项营销战略，都必须建立在市场细分的基础上。市场细分关系到旅游目的地（旅游企业）整个营销战略的成败，十分重要。因此，任何旅游目的地（旅游企业）都不能掉以轻心。

（三）市场细分的里程碑：利益细分

利益细分理论是市场细分研究领域内的一个突破性的里程碑式理论。这一理论提出之后，关于市场细分的研究著作开始显著地增加。利益细分是美国营销学家哈里（R. L. Haley）在 1968 年提出来的一种细分方式。他认为，消费者购买商品所要寻找的利益往往是各有侧重的。据此，可以对同一市场进行细分。利益细分就是按照购买者购买某种产品所追求利益的不同（以及所实际获得的利益的差异）进行市场细分。基于利益的旅游市场细分，参见同步案例 10-2。

同步案例 10-2　　**利益细分的典型例证：对牙膏市场的细分**

利益细分的典型例证是哈里（R. L. Haley）所开展的对牙膏市场的细分。如表 10-1 所示，第一个市场为"感觉型"市场，其消费对象大多是那些自我参与程度较高、追求享乐主义生活方式的具有多重特征的消费者。"高露洁"在这一市场上相当成功。第二个细分市场是"社会型"市场，主要是那些对自己牙齿洁白明亮有兴趣的消费者。在这一市场上，"超洁"这一品牌最有影响。第三个细分市场是"保健型"市场。对牙膏利益点的追求重点是预防龋齿，大部分使用者来自牙膏重复使用的家庭，注重健康和牙齿卫生。"佳洁士"在这个市场上甚受欢迎。第四个细分市场可称为"独立型"市场。他们在对任何商品做出购买决策时，都会考虑商品本身价值，常常钟情于削价商品。按照上述方式对细分市场加以描述后，就会比较准确地找到与之相对应的广告方式。

表 10-1 牙膏市场细分

特点	感觉型	社会型	担忧型	独立型
寻求基本利益	口味、产品包装	牙齿洁白明亮	牙齿保健	价格
人口统计学特征	儿童	青少年	大家庭	男人
特殊行为特征	偏爱清香牙膏	吸烟者	重复使用者	重复使用者
偏爱的品牌	高露洁	超洁	佳洁士	减价的品牌
个性特征	高度自我参与	高社会性	注重保健	高自主性
生活方式特征	享乐型	活跃型	保守型	价值导向型

(四) 超市场细分与反市场细分

1. 超市场细分理论

随着"以消费者为中心"的营销理念日渐深入人心和个性化消费时代的到来，企业把市场不断细分，从而出现了超市场细分理论。超市场细分理论认为，为满足人们个性化消费的需要，现有的许多细分市场应该进一步细分。而这一理论发挥到极致就是将市场细分到个人，也就是"一对一营销理论"。"一对一营销理论"认为，每个顾客都有着不同的需要。因而，通过市场细分将一群顾客划归为有着共同需求的细分市场的传统做法，已不能满足每个顾客的特殊需要。而现代数据库技术和统计分析方法已能准确地记录并预测每个顾客的具体需求，并为每个顾客提供个性化的服务，从而增加每个顾客的忠诚度。

一些企业已经将超市场细分下的"一对一营销"应用于实践。例如，日本松下自行车工业公司通过订购系统管理，制造定制化的自行车以满足个人购买者的偏好。从顾客坐在特制的车架上，将架尺寸、传动装置、鞍座、脚踏板、颜色及其他需要的特征信息传真到工厂，电脑打印出制造蓝图只要 3 分钟。接着，电脑指导机器人和工人生产，在 18 种自行车的 199 种颜色中，加上人们身材的高矮，约有 11231862 种变化。但两星期后，顾客就能骑上一辆专为自己设计的独特的自行车。

2. 反市场细分理论

由于在超市场细分理论指导下，许多市场被过分地细分而导致产品价格不断提高，影响产销数量和利润。特别是"一对一营销"在实践中受阻以后，人们开始意识到，实行市场细分的必要性并不是体现在将整体市场细分得越多越好、越细越好。

市场细分应以满足消费者差异性需求、发现市场机会、降低营销成本为目的。

如果企业过度细分市场，不管选择什么市场，都将无利可图。于是，反市场细分理论应运而生。反细分理论并不是反对市场细分，而是指在满足大多数消费者的共同需求基础上，将过分狭小的市场合并起来，以便能以规模营销优势达到用较低的价格去满足较大市场的消费需求。

资生堂的"AG+体香剂"一开始就将客户层锁定为全体的客户层，而不考虑男女消费者对于体香剂的不同需求，并特意使用中性的银色容器来包装，利用银离子无色无味特殊的消毒特性，使用一次就可维持一整天的清爽。结果，该商品受到男女顾客的欢迎，男性消费者及其家庭成员一同使用这种体香剂的现象日益增多。

四、市场细分的作用

（一）市场细分有利于企业识别市场机会

作为一种识别市场机会的手段，市场细分可能会帮助企业捕捉到意想不到的市场机遇，从而发展出企业经营的另一个广阔空间。例如，日本汽车工业在20世纪70年代初进入美国市场的过程中，就经历了一个很全面的市场细分过程（图10-9）。

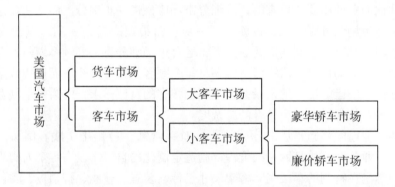

图10-9　日本汽车行业美国市场细分过程

从这个细分过程可以看出，市场细分也是一个甄选、筛选的过程。日本厂商在最后能做出进入美国经济型轿车市场的决策，是因为在这个细分过程的每一步，他们都对内外各种因素进行了全面的比较和分析。首先，从外部大环境来看，在20世纪60—70年代，美国家庭出现核心化过程，即家庭数量趋多、家庭规模趋小，由此形成了家庭汽车需求量增加，但对应的是家庭总收入减少。同时，20世纪70年代初，正值中东产油国成立石油输出国组织，油价飞涨。其次，从当时美国和日本汽车业自身状况来看，美国汽车企业的竞争走进了"死胡同"，它们竞相比豪华、比速度、比功率，而日本已经在小型汽车生产中积累了一定的经验，技术与成本都十分有竞争力。经过上述分析，日本汽车厂商选择经济型汽车打进美国市场就十分合情合理了。如今，日本汽车能在美国市场横行几十年，不能不说应该归功于最初在目标市场选择上对机会的有效把握。

同样地，在旅游市场，有效的市场细分有利于旅游企业（旅游目的地）识别新兴市场机会。如今，美食旅游已经成为一个潜力巨大的新兴旅游市场。旅游企业（目的地）在识别出这样一个细分市场后，就能够专注于开发满足这一类群体独特需求的产品（线路），从而抢占这一市场。

（二）有利于企业制定个性化服务的营销组合策略

个性化服务是针对现代消费者行为日渐成熟、旅游市场进入买方市场、旅游业进入激烈竞争、旅游企业渴望培育顾客忠诚等时代特征而提出的服务理念。它强调"一对一"的服务，要求能满足消费者的个别需求。个性化服务有一个基本的前提：理解消费者个性化的需求。市场细分的目的之一，就是通过研究影响消费者需求的因素进而将这种需求差异加以分类，形成不同的亚市场。这个结果，就构成了企业个性化服务策略实施的基础。

广义的旅游业涉及食、住、行、游、购、娱等诸多领域。各领域内都有不同的次级市场，旅游者的需求可谓千差万别。如果仅仅提供单一的旅游产品，必然会影响旅游者的体验质量，造成旅游者流失，给旅游企业带来损失。

（三）有利于企业优化资源配置和取得良好的经济效益

任何企业的资源、人力、物力、资金都是有限的。通过细分市场，选择适合自己的目标市场后，企业就可以集中人、财、物等资源，去争取局部市场上的优势，然后再占领自己的目标市场。通过市场细分后，企业可以面对自己的目标市场，生产出适销对路的产品，这样既能满足市场需要，又可增加企业的收入。产品适销对路可以加速商品流转，加大生产批量，降低企业的生产销售成本，提高生产工人的劳动熟练度，提高产品质量，全面提高企业的经济效益。一般企业如此，旅游企业和目的地亦然。在选择适合自身的目标市场后，旅游企业和旅游目的地就可以集中资源瞄准和抢占特定目标市场，从而取得特定目标市场上的竞争优势。

第二节　旅游市场细分的指标

如知识链接 10-1 和表 10-2 所示，在一般的市场细分研究和旅游市场细分研究中，用作细分指标的因素有很多。总体来看，主要有地理指标、社会人口统计学指标、社会心理学指标和行为指标。

表 10-2　市场细分指标

指标	典型分类
地理指标	
地区	欧洲、美洲、东亚及太平洋、南亚、非洲、中东
密度	城市、郊区、乡村
气候	大陆气候、海洋气候
社会人口统计学指标	
年龄	6 岁以下、6～11 岁、12～19 岁、20～34 岁、35～49 岁、50～64 岁、65 岁以上
性别	男、女
家庭规模	2 口人、3～4 口人、5 口人及以上
家庭生命周期	单身青年；已婚青年无子女；年轻、已婚、最小孩子 6 岁以下；年轻、已婚、最小孩子 6 岁以上；较老、已婚、几个孩子；较老、已婚、最小孩子 18 岁以上；老年、单身；其他
教育	初中或以下、高中、大专、大学、研究生
宗教	天主教、新教、犹太教、穆斯林、印度教、其他
种族	白种人、黑种人、亚裔人
国籍	美国、英国、法国、德国、意大利、日本
社会心理学指标	
社会阶层	下底层、上底层、工人阶级、中产阶级、上中层、下上层、上上层
个性	冲动型、交际型、独裁型、野心型（或按照普洛格分类）
态度	热情的、积极的、淡漠的、消极的、厌恶的
行为指标	
寻求利益	质量、服务、便宜、效率
购买时机	普通时机、特殊时机
购买者身份	非使用者、以前使用者、潜在使用者、首次使用者、经常使用者
购买频率	偶尔使用者、一般使用者、经常使用者
购买量	零星购买者、中等数量购买者、大量购买者
忠诚度	不忠诚、一般忠诚、很忠诚、绝对忠诚

一、地理指标

这是按照消费者所处的地理位置来细分（旅游）市场的方法。常用的地理指标有地区、国家、气候、人口密度、空间距离等几个方面。目前，在我国入境旅游市场细分研究中，可按照地域细分为周边国客源市场、欧洲客源市场、北美客源市场、南美客源市场、大洋洲客源市场、非洲客源市场和中东客源市场。因为饭店的吸引力是与地理空间距离有密切关联的，地理指标对于饭店业来说是一个重要的细分指标。大量研究发现，外出就餐者在选择就餐地点时，存在着某种规律性的"就餐行走距离半径"。例如，小餐馆的吸引半径也许不超过1公里，仅仅限于社区范围之内。因此，在大学周围的小餐馆，其地理位置就十分重要。

同步案例 10-3　　车市新蓝海在哪里？"易车"发布区域营销指导报告

2017年12月1日，中国领先的汽车互联网企业——"易车"发布《变革已来——汽车区域营销2.0时代》报告，提出通过建立科学的方法来发现蓝海市场。

横向来看，全国31个省（市、自治区）被划分为几大销售区域，这是区域管理的起点和基础。而在同一区域内，还需进一步从纵向的角度来观察。全球最大的市场调研公司尼尔森和美国的非营利性研究机构需求研究所（the Demand Institute）通过分析7大类共200多个变量，将中国286个城市划分为11个城市层级。这11个城市层级包括：超级城市、富裕城市、卫星城市、区域国际城市、工业一体化城市、旅游城市等。将纵向城市分层和横向区域划分结合起来，就可以深度透视每个区域的市场结构。

其中，华北区2018年增长率最快的城市群为：内陆核心城市（如泰安、日照、聊城等）同比增长14%，区域国际城市（如济南、呼和浩特等）同比增长13%，传统农业城市（如运城、巴彦淖尔等）同比增长11%。华东区增长率最快的城市群为：现代农业城市（如蚌埠等）同比增长10%，边缘城市（如宿迁、安庆等）同比增长10%，传统农业城市（如宿州、六安、阜阳等）同比增长9%。华南区增长率最快的城市群为：富裕城市（如厦门、泉州、福州等）同比增长13%，工业一体化城市（如南昌、柳州、北海等）同比增长11%，内陆核心城市（如鹰潭、汕尾、龙岩等）同比增长11%。[①]

[①] 易车研究院：《变革已来：汽车区域营销2.0时代报告》，见199IT网（http://www.199it.com/archives/665331.html）。

作为一个较为年轻的新生事物，区域营销（place marketing）意味着针对某一个具体的地理区域来展开营销。很多公司使用大数据来精准定位他们潜在顾客的地理位置。这些实践亦可以为旅游目的地的大数据营销提供重要的参考（同步案例10-4）。

同步案例10-4　　　　　　　　　四川光雾山客源市场细分

2015年，中山大学旅游发展与规划研究中心编制的《光雾山旅游区旅游发展整合提升规划（2015—2030)》通过专家评审。在这一规划中，编制单位通过翔实的数据显示客源市场调研和潜在客源市场调研，结合规划区域的区位与交通条件，对未来的客源市场进行了基于地理指标的划分。如图10-10所示，规划课题组识别出如下细分市场：

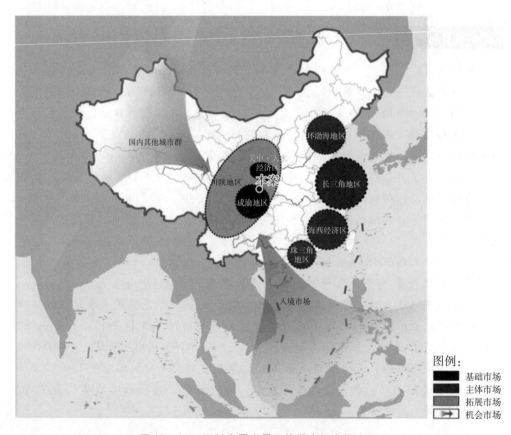

图10-10　四川光雾山景区旅游市场空间定位

（1）基础市场：成渝城市群和"关中—天水"城市群。基础市场定位在成渝城市群和"关中—天水"城市群,该市场城市化水平较高,城镇居民收入水平相对较高,出游率大,短时间内可开发成具有一定规模的基础市场。

(2) 主体市场:川陕境内其他地市、环渤海地区、长三角地区、海西经济区、珠三角地区。主体市场定位在四川、陕西以及以北京、天津、广州、上海、杭州等为代表的长三角、珠三角、京津冀地区城市群。该区域内的四川、陕西其他城市距离光雾山较近,便于前往。而长三角、珠三角、京津冀地区是中国经济最发达、消费能力和出游能力最强的地区,同时与目的地各方面联系紧密,是近期光雾山旅游开发面对的重要市场,也是未来市场拓展的基础。

(3) 拓展市场:鄂、甘、豫、晋、湘、黔等地区。拓展市场是基础市场和主体市场从空间角度向外层进一步的扩展,主要以湖北、甘肃南部、河南、陕西、湖南、贵州等距离光雾山距离不超过800千米的省份为主。从目前来看,这一区域的旅游者所占光雾山市场份额不多,是有待进一步拓展的市场。

(4) 机会市场:二次吸引市场+过境市场。依托本地或周边高等级旅游区如九寨沟、黄龙风景区,以前往该地区的旅游者为对象,充分发挥光雾山的独特旅游吸引力,进行二次吸引,从而形成机会市场;另外,过境市场也是可开发的机会市场,如远距离自驾车过境市场。[①]

> **课堂讨论 10-2**
>
> 问题:结合你对旅游市场细分的理解,通过检索有关文献或结合所参与的旅游规划课题中的市场细分课题,讨论基于地理指标的旅游市场划分可能存在哪些方面的缺陷。
>
> 讨论要点:见本书附录。

二、社会人口统计学指标

社会人口统计学指标在众多领域被广泛应用,使用这种指标的细分结果较为清晰、明确、相关。常见的社会人口统计学变量包括年龄、性别、家庭规模、家庭生命周期、家庭年收入、职业、教育、宗教、民族和国籍。举例说明如下。

(1) 年龄。不同年龄的人,在选择旅游产品的类型、对旅游产品的要求、对旅游价格产品的敏感度、对旅游企业各种服务的要求等方面都有很大的区别。比如,老年人由于有多年的积蓄,阅历丰富,又无家庭负担,加上更关注身体健康,

---

① 中山大学旅游发展与规划研究中心:《光雾山旅游区旅游发展整合提升规划(2015—2030)》,未刊稿。

一般要求旅游企业提供的旅游接待设施齐全、安全性高，且对旅游产品的文化内涵有着较高要求。中年人的旅游多伴随会议、商务活动。年轻人则更喜欢刺激、动感的活动，但由于经济能力较差，一般消费水平较低，以短途游为主。

（2）性别。性别对旅游者的旅游特征有一定的影响。男性与女性在旅游过程中有一些明显不同的表现：男性多喜欢独立旅行，安全感要求低，喜欢刺激、冒险；而女性爱好购物，喜欢参与集体活动，注重安全、卫生，对色彩和气氛的要求尤为强烈。国外研究表明，在20世纪70年代，女性商务旅行者所占比例还不足1%，而2007年已经接近40%。为了适应这种变化，多数饭店在设计客房时充分考虑女性的需求。这些设计上的变化包括大堂酒吧、健身设施、干发器以及客房的装修风格，等等。

（3）家庭生命周期。家庭生命周期是一个重要的细分指标，因为它在很大程度上决定着和反映着个体的生活方式。在西方社会，主要的家庭生命周期阶段有：单身、已婚无子女、已婚有子女、"空巢"等。在单身阶段，对购买经济型旅游产品的频率和需求比较高。在空巢阶段（大约45岁之后），对于购买高档旅游产品的频率和需求比较高。

（4）职业。职业是一种标签式的身份象征，按照职业划分消费者类型，比较容易预测他们的消费行为。正如本书第三章所述，不同职业的人群有不同的出游动机（例如，职业声望越高的群体，参加户外娱乐活动的次数越多，种类也越丰富），从而可以基于动机的差异，对某个特定旅游市场进行细分。

（5）家庭收入。家庭收入是决定个人或家庭能否出行的主要因素。按照收入划分市场，直接反映了该市场的购买潜力。当前，在美国、俄罗斯、欧洲国家等航天技术大国，都已经开始瞄准未来的太空旅游市场。现在，太空旅游的费用奇高，主要消费者还是那些自由支配收入较高的超级富人阶层。

三、社会心理学指标

早期的研究主要从自然地理、社会人口统计学等外部特征对消费者进行细分。它假设居住在同一区域、同一年龄或收入阶段的人具有相似的消费需求。但是，许多营销实践表明，具有相同人口地理特征的消费群在面对相同的营销手段（如广告、促销、定价等）时的反应并不一样。其中一个重要原因是他们心理偏好不同。于是，研究者们后来逐渐转向研究消费者的心理分群。消费者因为心理学特质或者人格特质、生活方式和价值观的不同被划分为不同群体，同属某社会人口统计学特征群体的人可能表现出非常不同的社会心理学指标。总的来说，运用社会心理学指标的细分方法需要更深入的调查研究，需要借助于更专门的分析方法。这种分析对于认识消费者行为的心理学依据很有指导意义，但其操作性还是受到一定的局限。

知识链接 10-2　　基于自我导向差异的消费者类型学

目前，比较有影响力的心理细分模型是斯坦福研究院（Stanford Research Institute）的米歇尔（A. Mitchell）于 1978 年首创的"价值观与生活方式体系"（value and lifestyle system，VALS）。这个模型在 1989 年已经调整成为 VALS II。VALS II 由 42 个类似"我对理论问题感兴趣""我渴望兴奋""我喜欢在学校所学的大部分科目""我必须承认我喜欢炫耀""我希望做一群人的头儿"等问题构成。

通过要求被试按照量表打分，将人们在如下两个方向上区别开。第一个方向是自我取向，或者说什么激励他们，包括他们的行为和价值观念。被验明的有三种自我导向：一是以原则为导向的消费者，他们被知识而不是感觉或其他人的观点所左右。二是以地位为导向的个体，他们的观点是基于其他人的行为和观点，他们为赢得其他人的认可而奋斗。三是面向行为的消费者，他们喜欢社会性的和物质刺激的行为、变化、活动和冒险。第二个方向是资源占有取向，包括收入、教育、自信、健康、购买愿望、智力和能力水平。

根据自我导向变量，消费者被划分为 8 个细分市场：

（1）现代者（actualizers）：乐于赶时髦；善于接受新产品、新技术、新的分销方式；不相信广告；阅读大量的出版物；轻度电视观看者。

（2）实现者（fulfillers）：对名望不太感兴趣；喜欢教育和公共事务；阅读广泛。

（3）成就者（achievers）：被昂贵的产品所吸引；主要瞄准产品的种类；中度电视观看者；阅读商务、新闻和自助出版物。

（4）享乐者（experiencers）：追随时髦和风尚；在社交活动上花费较多的可支配收入；购买行为较为冲动；注意广告；听摇滚乐。

（5）信任者（believers）：购买美国造的产品；偏好变化较慢；寻求廉价商品；重度电视观看者；阅读有关退休、家庭、花园和感兴趣的杂志。

（6）奋斗者（strivers）：注重形象；有限的灵活收入，但能够保持信用卡平衡；花销主要在服装和个人保健产品上；与阅读相比，更喜欢观看电视。

（7）休闲者（makers）：逛商店是为了体现舒服、耐性和价值观；不被奢侈所动；仅购买基本的东西，听收音机；阅读有关汽车、家用机械、垂钓和户外的杂志。

（8）挣扎者（strugglers）：忠实品牌；使用赠券，观察销售；相信广告；经常观看电视；阅读小型报和女性杂志。[①]

[①] Strategic Business Insights. "The US VALS Survey". http://www.sric-bi.com/vals/presurvey.shtml.

在旅游市场细分研究中,广为使用的社会心理学变量有:动机、角色、风险规避水平、兴趣与观点、预期、所追求的旅游体验、价值观、人格特质、生活方式和态度。自20世纪70年代这些变量被引入到旅游市场细分研究中以来,就一直得到大量的运用。在这方面,基于动机差异的旅游市场细分研究积累了大量的成果。具体市场细分研究见下文阐述。

四、行为指标

行为是心理活动过程的结果。但比起心理活动过程来,它更具有可观察性和可衡量性。因此,行为指标更受市场细分人员的欢迎。运用行为指标进行细分的研究认为,消费者个体特征的差异对解析消费行为变化相当有限,人的消费购买行为在很大程度上由行为发生的情境决定。面对同一情境的刺激,不同的消费者会表现出相同的行为反应。这是行为主义心理学派的观点。

消费者的购买行为体现在购买所寻求的利益、购买时机、购买频率、购买量、品牌忠诚度等方面。了解消费者在购买过程中所追求的利益是一种重要的市场细分方法(参见同步案例10-2、同步案例10-3)。有的顾客重视饭店产品所能给予的地位、声望、品味,即质量;有的顾客可能对价格非常敏感,寻求的是经济上的节省;有的顾客非常重视服务提供过程中的效率。在旅游消费领域,这些差异常常是影响饭店能否满足客人需求的关键。经过市场细分,旅游企业(旅游目的地)就可以有目的地采取相应的定位策略,以便能有效地提供可以满足消费者特殊的利益追求。

如本书第七章所述,旅游企业(旅游目的地)发现,不同顾客光顾的时机有所不同。有的顾客经常在经营旺季购买本企业(目的地)的旅游产品,而有的则在经营淡季购买。对此,旅游企业(旅游目的地)自然应该采取不同的营销策略。旅游企业(旅游目的地)利用行为细分,会发现存在着忠诚的客户、经常购买或大量购买的客户。这些客户都需要利用营销策略加以维系。同时,旅游企业(旅游目的地)也能发现那些偶尔光顾和零星购买的顾客。对于这些顾客,旅游企业(旅游目的地)要加以研究,剖析其行为背后的原因,最终制定出能改善市场消费状况的营销决策。

五、旅游市场细分指标的选择

在选择细分指标时,应该考虑以下几点要求:

(1)变量的相关性。这是指所选择的指标与市场细分目的之间的对应关系。例如,在旅游市场细分研究中,当研究饭店的辐射能力、评估客源市场的空间屏障为目标时，地理指标就为首选。相反，如果要研究饭店现有产品在各细分市场上的销售模式，行为指标就应该作为主要的指标。相关性意味着，不能选择那些与细分目的无关的指标。

（2）获得信息的可行性。在运用社会心理学指标进行市场细分时，即使经过缜密设计的细分方案，也会存在资料获得上的难度。对于一般的旅游企业或旅游目的地营销机构来说，很难有人才方面的保证去实施方案。因此，所选择的细分指标要依据实际情况，具有明显的可行性。

（3）兼顾必要性与充分性。单纯使用一个指标对市场进行细分，操作容易、简捷，但这样的细分结果所反映的信息并不可靠，因为影响细分市场消费者购买行为的因素本身就是复杂的。如果选择多个指标进行市场细分，所形成的细分市场就会表现出更清晰的特征，对购买者行为的解释就会更有启发性、更可靠。但同时，这种细分在方法使用上会变得复杂困难，投入的资源也相对较多。所以，关于细分指标数量选择的问题，需要保持某种平衡。以文化旅游市场细分为例，过往的分类研究大多选用单一的指标，例如，动机、社会人口统计学特征、行前文化知识、对文化的兴趣等（Chen & Huang, 2018）。2002 年，麦克文（McKercher, 2002）提出了一个被广为引用的文化旅游市场细分的框架，即综合运用文化在出行决策中的重要性和文化体验深度作为细分指标（图 10-11）。利用这一分析框架所做的文化旅游市场细分研究结果更加清晰，对目的地的营销与管理启示更加明确、可靠。关于这一框架在文化旅游市场细分研究中的运用以及改进，下文将做更多阐述。

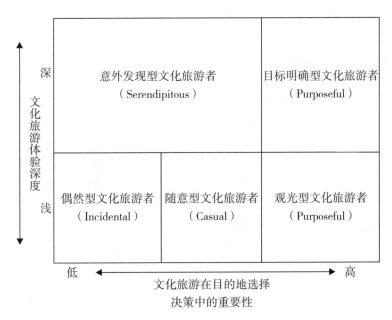

图 10-11　麦克文（McKercher, 2002）文化旅游市场细分框架

> **同步练习 10-1**
>
> 　　如本书第七章的知识链接 7-3 所述，在 IPA 分析方法中，受访者对服务属性的重要性的评价不可避免地会受到受访者对服务属性的实际绩效评价的影响。因此，运用传统的 IPA 分析法所得到的受访者的重要性评价可能并非真实的。请结合本章内容回答如下问题：
>
> 　　问题 1：在麦克文（McKercher，2002）的文化旅游者分类框架中，文化体验深度是否以及如何受到文化在出行决策中的重要性的影响？
>
> 　　问题 2：如果上述影响存在，那么应该如何消除这种影响？
>
> 　　问题 3：如果上述影响存在且我们能够提出一种消除文化重要性对文化旅游体验深度影响的方法，这种改进方法是否从本质上改变（提升）了麦克文（McKercher，2002）的文化旅游者分类框架？

第三节　旅游细分市场的类型与需求特点

一、特定旅游形式的市场细分研究

（一）背包旅游市场细分

如本书第六章所述，背包旅游起源于西方发达国家，有别于传统的大众旅游，是一种相对自由的旅行方式。背包旅游者（backpacker；也译为"背包客"）由于他们往往背着高过头顶的背包而得名。他们精力充沛，体能旺盛，在崇尚自我、追求个性的这个时代，以背包旅游来完善自我并彰显自身的独特性，以回归自然和深度体验的旅游态度来实践旅游的真义。陈钢华等（Chen, Bao, Huang, 2014a）根据旅游动机的差异对中国背包旅游者进行了类型划分，将他们分为：自我实现型背包客（所占比例：49.5%）、目的地体验型背包客（所占比例：34.4%）和社会交往型背包客（所占比例：16.2%）三类，如表 10-4 所示。

表10－4　基于动机差异的中国背包客市场细分

动机因子	类型1：自我实现型背包客（49.5%）	类型2：目的地体验型背包客（34.4%）	类型3：社会交往型背包客（16.2%）
社会互动	－0.06886	－0.24949	0.74421
自我实现	0.71118	－0.78365	－0.51404
目的地体验	－0.09212	0.67262	－1.15236
逃离与放松	0.28785	－0.03343	－0.81370

注：由于采用统计方法的差异，本表中的数字是标准化之后的赋值，并非7点态度量表的直接测量值，但同样表示动机的重要性。

（1）自我实现型背包客（self‐actualizers）。对他们而言，"自我实现"是最重要的动机（例如，"提升个人技能""认识自我""发展个人能力"和"检验自我"等），其次是"逃离与放松"（例如，"逃避日常的工作和生活""对未来充满迷惑，出来散散心"和"实现身体和心情的放松"等）。总体而言，追求个人发展和自我实现是这一类背包客的最大特点。

（2）目的地体验型背包客（destination‐experiencers）。对他们而言，"目的地体验"是最重要的动机（例如，"与当地人交流、互动""了解目的地的历史、文化和社会等信息"和"体验目的地的生活方式"等）。其他的目的，对这一类背包客而言，都不重要。

（3）社会交往型背包客（social‐seekers）。对他们而言，"社会互动"是最重要的动机［例如，"寻找生命中的另一半（发展一段恋情/结识异性朋友）""让自己与众不同""与其他的背包客交流、学习"和"结识新朋友"等］。其他的目的，对这一类背包客而言，都不重要。

（二）生态旅游市场细分

"生态旅游"这一术语是由世界自然保护联盟（IUCN）于1983年首先提出。1993年，国际生态旅游协会把生态旅游定义为：具有保护自然环境和维护当地人民生活双重责任的旅游活动。因此，生态旅游者可以理解为对在相对没有受到干扰的自然环境中体验和直接学习自然有特殊兴趣并且具有环境责任感和社区责任感的访问者。

不少国外学者对生态旅游及生态旅游者做过类型划分。其中，最有影响力的是拉阿曼和德斯特（Laarman & Durst，1987）依据"旅游活动的自然难度"（level of challenge/physical difficulty）和"旅游者对自然吸引物的感兴趣程度"（degree of interest/expertise in natural attraction）所做的"硬性生态旅游"（hard ecotourism）

和"软性生态旅游"(soft ecotourism)之分。其中，硬性生态旅游比软性生态旅游更具有自然难度，硬性生态旅游者也比软性生态旅游者更专注于自然吸引物。硬性生态旅游和软性生态旅游的划分方式被学界普遍认可，被研究者不断地理论化并被不同的实证研究所支持或修正。

韦弗和劳顿（Weaver & Lawton，2002）对硬性生态旅游和软性生态旅游的特征进行了总结。需要指出的是，图10-12所描述的硬性和软性生态旅游（旅游者）是生态旅游（旅游者）谱系的两个极端，绝大多数旅游者所从事的生态旅游活动都处于这两者之间。

硬性的 （主动地、深度的）	软性的 （被动地、浅度的）
←——————— 生态旅游谱系 ———————→	
强烈的环境责任感	中等的环境责任感
增强型的可持续性	维持稳态型的可持续性
专业化的旅程	多种目的的旅程
长旅程	短旅程
小团队	更大的团队
身体主动	身体被动
体能挑战	身体舒适
几乎没有服务要求	希望获得服务
与自然深度互动	与自然浅度互动
强调个人体验	强调解说
自己进行旅行安排	依靠旅行社或旅游经营者

图10-12　硬性生态旅游（旅游者）和软性生态旅游（旅游者）的特征

同步案例10-5　　"呀诺达"雨林的生态旅游者类型划分

曾菲菲等（2014）曾对前往海南"呀诺达"雨林文化旅游区的旅游者进行市场细分研究，将他们分为三类：生态旅游者、偶然型生态旅游者、大众旅游者。①生态旅游者：表现出较强的回归与体验自然、学习和了解热带雨林知识的动机，具有明显的"生物中心论"倾向。②偶然型生态旅游者：在自然旅游动机与学习性动机上与生态旅游者并无显著差异。但是，他们的环境态度显著低于生态旅游者。与生态旅游者相比，偶然型生态旅游者的环境意识处于中等水平。对这类旅游者而言，自然体验与学习相关知识很可能只是因为他们置身于"呀诺达"热带雨林生态旅游景区当中，"生态旅游"只是偶然的。③大众旅游者：在进入"呀诺达"景区之前并没有明确的寻求自然体验的动机，也没有强烈的学习有关自然与文化知识的动机。他们之所以来到该景区或是因为这是海南岛内一个著名的景区而慕名前往，或是因为这是团队旅游行程中由旅行社安排的多个景点之一。尽管这类旅游者参与了观赏热带雨林奇观等生态旅游活动，但也只能称之为生态旅游活动的消费者，而不是真正意义上的生态旅游者。从环境态度来看，这类旅游者也不具有生物中心论倾向。从心理层面来看，他们是典型的大众旅游者。

（三）邮轮旅游市场细分

邮轮旅游是一种以大型豪华游船为载体、以海上巡游为主要形式、以船上活动和岸上游览为主要内容的旅游活动（旅游形式）。在市场需求拉动、产业带动和政策推动的多重环境下，邮轮旅游已经成为我国旅游业新的增长点和转型升级的重要内容。随着邮轮旅游市场竞争的日渐加剧，对邮轮旅游市场特征的研究也更加细化。研究者开始采用各种市场细分手段开展研究，并以此设计各种差异化的营销策略。

1. 基于社会阶层指标的市场细分

哈伯森（Hobso，1993）利用国际邮轮协会（Cruise Lines International Association）的调查数据，采用社会阶层指标，将邮轮市场划分为四个细分市场。这一细分方法被很多邮轮市场研究机构所认可和使用。

（1）大众市场：来自中低收入阶层，日均花费为125～200美元。

（2）中端市场：来自中高收入阶层，日均花费为200～350美元。

（3）豪华市场：多来自社会上层，日均消费在350美元以上。

（4）特殊兴趣市场：由具有特殊爱好的旅游者组成，所乘邮轮一般较小，乘客数一般为50～150个。

2. 基于价格敏感度的市场细分

派屈克（Petrick，2005）以价格敏感度作为市场细分的指标，可将邮轮旅游市场分为三个主要群体，即低价格敏感者、中价格敏感者和高价格敏感者。

（1）低价格敏感者的特点是日均船上花费更多，收入更高，更倾向于购买高价格舱位。

（2）中高价格敏感者的特点是更忠诚，认为价格更合理，满意度更高，对服务质量的评价高，更感觉物有所值，未来购买倾向更强烈。

（3）高价格敏感者的特点是对价格的变动比较敏感，价格的变化对其出行的选择影响较大。

二、特定旅游活动的市场细分研究

(一) 高尔夫旅游市场细分

高尔夫旅游是指高尔夫球运动的爱好者离开自己的常住地，前往异地（异国）的高尔夫球场进行打球、度假、参会、交友等活动。高尔夫旅游者（golf-goers、golfers、golf tourists）是指进行高尔夫旅游活动的个体或群体。从高尔夫旅游的定义可以发现，不同的高尔夫旅游者的动机是多重、复杂的。因此，任何一个高尔夫旅游者的动机可能是打球、度假、参会、交友动机的不同组合。基于动机的差异，对高尔夫旅游市场进行细分（旅游者类型学划分）不但可以有助于我们认识不同高尔夫旅游者群体的动机及其他特征，也有助于高尔夫球场、营销组织、政府部门展开有针对性的工作。

有研究（Kim & Ritchie，2012）发现，韩国赴海外的高尔夫旅游者可被细分为以下三类（表10-5）：

表10-5 基于动机差异的韩国赴海外高尔夫旅游市场细分

动机因子	类型1：高尔夫热情型旅游者（26.6%）	类型2：多目的型旅游者（44.0%）	类型3：同伴型旅游者（29.4%）
商业机会	1.95	3.60	1.55
利益	4.08	3.70	3.74
学习与挑战	3.34	3.54	2.50
逃离与放松	2.69	3.36	2.77
社会交往/亲情	2.76	3.87	3.97

注：表中数字，表示在使用5点态度量表进行测量时所体现的受访者认为的动机的重要性。

(1) 高尔夫热情型旅游者（golf-intensive golfers）。对他们而言，"利益"或曰实际的好处是最重要的（例如，"在更加廉价的球场，我可以有更多挥杆的机会""不需要高昂的高尔夫俱乐部会员费，我也可以随心所欲地挥杆、打球""比起在国内打高尔夫，赴海外更加划算"等），其次是"学习与挑战"（例如，"提升高尔夫技能和知识""在举办过高尔夫公开赛的球场打球""参加身体锻炼"等），当然"逃离与放松"也是比较重要的动机。因此，他们主要的目的在于通过异地的高尔夫运动来获得实际的好处，促进高尔夫球技与知识的学习，不断挑战自我。这部分的高尔夫旅游者所占比例为26.6%。

(2) 多目的型旅游者（multi-motivated golfers）。对他们而言，几乎每个动机都是很重要的。例如，"社会交往（亲情）"的目的位居首位（"提升与朋友的交情""我喜欢与家人或亲戚在一起""我可以认识俱乐部的其他会员"等），但"利益"动机紧随其后，"商业机会"（例如，"我喜欢谈生意""我可以达成商业目标""我喜欢与客户打高尔夫"）也是他们非常看重的，学习与挑战同样是他们所追求的。因此，这一类的高尔夫旅游者，因其动机的多样性及动机的相对均衡的重要性，被命名为"多目的型旅游者"。这部分高尔夫旅游者所占比例为44.0%。

(3) 同伴型旅游者（companion golfers）。对他们而言，"社会交往（亲情）"的目的位居首位（"提升与朋友的交情""我喜欢与家人或亲戚在一起""我可以认识俱乐部的其他会员"等），且"利益"动机紧随其后。相比较起其他两类高尔夫旅游者而言，同伴型旅游者不太看重"商业机会""学习与挑战"。因此，这一类的高尔夫旅游者，更多的是陪伴家人、亲人或者商业客户，因此被命名为"同伴型旅游者"或"陪伴型旅游者"。这部分高尔夫旅游者所占比例为29.4%。

> **同步练习 10-2**
>
> 结合本书第三章有关旅游动机的内容，回答如下问题：
> 问题1：中国高尔夫旅游者是否可以进行类型划分？
> 问题2：如果可以，类型划分（市场细分）除了基于动机差异外，还可以使用哪些其他的指标？

（二）影视旅游市场细分

影视旅游，即由影视剧引发的旅游行为，是潜在旅游者被影视作品的人物、故事情节、风景等所吸引，萌生旅游动机，进而到影视拍摄地参观游览的旅游活动。它是影视与旅游交叉的产物，或者说是影视产品在旅游领域的延伸。就影视旅游者群体而言，虽然游览、参观对象相同，但受属性信息和个体特征影响，这些旅游者的动机必然存在差异。这种差异恰恰是景区或景区所在地进行针对性旅游营销和服务供给的依据。

有研究（马晓龙等，2013）以电影《指环王》拍摄地霍比特村为影视旅游案例地，依据旅游动机指标对参观霍比特村影视基地的旅游者类型进行了研究。在他们的研究中，影视旅游动机是旅游者在影视中看到某种场景而希望参观或体验这个特定旅游目的地或吸引物的意愿。根据旅游动机的差异性，影视旅游者可以被划分为体验型旅游者、探索型旅游者、观光型旅游者和被动型旅游者四种类型。每种类型的旅游者都具有各自的活动目的与特征。

（1）体验型旅游者。这部分旅游者的出游动机主要受《指环王》电影激发，旅行行为的产生更多是受到影视作品的感召，主要目的在于体验小说作品或电影作品，而与电影拍摄地的自然风光和满足小孩兴趣等动机相关性较弱。

（2）探索型旅游者。相较于第一类旅游者对《指环王》作品本身的狂热追求，这类旅游者更多地对电影制作过程、电影情节或者电影中的人物等感兴趣，希望能在影视基地旅行过程中探索影视拍摄的乐趣。可见，尽管这部分旅游者出游动机的形成确实是在影视作品的影响下形成，但其本质追求的却是附加在影视作品之上的内容。探索电影及其关键场景的制作过程是这类旅游者的重要动机。这意味着，许多旅游者在关注电影《指环王》的同时，更多的是对电影的表现手法和拍摄制作有更为猎奇的心理。

（3）观光型旅游者。这类旅游者来霍比特村影视基地旅行的主要动机在于村落本身的漂亮风景，而与在该地区所拍摄的电影是什么，以及这部电影是如何创作的并没有较大关联。他们更加关注于霍比特村村落本身的风景是否更适合他们进行游览，而在这里拍摄的电影以及电影的制作过程在他们旅行动机产生过程中只起到一种从属的作用。

（4）被动型旅游者。一些旅游者对参观霍比特村影视基地没有表达出明显的态度偏好，出游特征和动机均不显著。这部分旅游者的出行不是受到目的地吸引力或者《指环王》影片及其作者的影响，而是更多地受到外来因素的影响，比较而言，其行为特征具有很大程度的被动性。

三、其他特定旅游市场的细分研究

（一）美国入境中国的近冒险型旅游市场细分

随着旅游者需求和产品供应的分化，精细化市场细分对目的地的生存和发展愈发重要。在研究中国入境旅游市场方面亦是如此。近年来，涌现出不少更加聚焦的入境市场细分研究。例如，曲颖和吕兴洋（2017）基于普洛格（Plog）心理类型理论，以美国作为中国入境旅游市场的代表，对美国入境中国的近冒险型休闲旅游者进行了研究，识别了四个属于不同活动组群的近冒险型子细分市场：户外刺激体验者、休闲娱乐追求者、文化探求者和兴趣广泛者（表10-6）。

表 10-6　美国入境中国的近冒险型旅游市场细分

特征	户外刺激体验者	休闲娱乐追求者	文化探求者	兴趣广泛者
市场份额	12.4%	40.5%	28.2%	18.9%
年龄	绝大多数为44岁以下的年轻人	以中等年龄者为主	一半以上超过65岁的老人	以中等年龄者为主
雇佣状况	学生人数偏多	无显著倾斜	退休人员偏多	全职/兼职工作者偏多
年收入	较低	中等	年收入超过8万美元者比例偏高	较高，仅次于文化探求者
出游频率	频繁	无明显规律	无明显规律	频繁
出游模式	多为独立出行	多与关系亲密者同游	多与关系亲密者同游	多与关系亲密者同游
总消费支出	处于中等水平	偏低	近20%的人总支出超过7000美元	偏高，仅次于文化探求者
停留天数	相对较短	中等	中等	停留21天以上者数目偏高
旅游动机	以寻求刺激/自我放纵和身体健康为主要动机，其中前者比例显著偏高	多重目标，但持有接触自然、与家人享受时光动机者的比例偏高	以放松/舒适、身体健康为主要动机，另外持有提高自尊及社会地位动机者的比例偏高	多重目标，尤其重视放松/舒适和身体健康

（1）户外刺激体验者。这一群体对刺激性活动参与度较高，例如，水肺潜水、皮艇等水上冒险活动、攀岩、蹦极、滑雪、溪降①等。户外刺激体验市场同样对骑马、骑自行车（远足）、打高尔夫球（网球）等普通康体活动有较高参与热情，最排斥文化类活动。

（2）休闲娱乐追求者。这一市场是规模最大的市场，他们主要对大众休闲娱乐活动感兴趣，如访问风景地标、观光、购物、访问游乐场（主题公园）、乡村度假等。对文化类活动也有一定参与率，但刺激性户外活动则明显与其悠闲轻松的心理诉求不相符。

---

① 溪降指的是在悬崖处沿瀑布下降的运动。

(3) 文化探求者。他们对典型的文化活动有极高参与率，如民俗表演、访问博物馆（画廊）、参加节事活动、游览名胜古迹、古镇（古村落）旅游等和品尝当地美食。

(4) 兴趣广泛者。这一类群体在访问风景地标上的参与率达到了100%，其他活动基本上都是中等程度的参与率。他们的平均活动参与数目最多，不特别热衷也不特别抵触哪类活动。

（二）中国文化旅游市场细分

1. 赴香港文化旅游市场细分

早在2002年，麦克文（McKercher，2002）就综合运用文化在出行决策中的重要性和文化体验深度两个变量作为细分指标（图10－11）对赴香港的六大客源市场的文化旅游者做出了细分（图10－13）。在这一文化旅游者类型划分（文化旅游市场细分）中，赴香港的所有文化旅游者被分为以下五类：

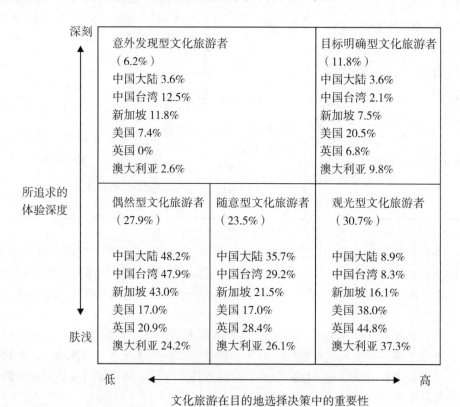

图10－13　香港文化旅游市场细分

资料来源：McKercher，2002。

(1) 偶然型文化旅游者。偶然型文化旅游者和偶然型文化旅游市场最重要的特征如下：其一，文化旅游在目的地选择的决策中的重要性最低。也就是说，对于这一部分的文化旅游市场而言，对文化景观的欣赏是最不重要的动机。他们有可能是顺道参访或迫于无奈，偶然进入到文化旅游景点。其二，同样地，这一类型文化旅游市场对文化景观的体验也是肤浅的，并不能深入地了解目的地的文化和历史遗产，仅是满足视觉和部分知识上的审美愉悦。比较而言，亚洲旅游者被归为偶然型文化旅游者的比例显著高于欧美旅游者。也就是说，相比欧美地区，亚洲尤其是东亚地区（中国大陆、中国台湾、新加坡）的偶然型文化旅游者更多。

(2) 随意型文化旅游者。随意型文化旅游者和随意型文化旅游市场最重要的特征如下：其一，文化旅游在目的地选择的决策中的重要性居于中等水平，不是特别突出。其二，同样地，这一类型的文化旅游市场对文化景观的体验也是肤浅的，也并不能深入地了解目的地的文化和历史遗产，仅仅是满足视觉和部分知识上的审美愉悦。在香港的六大客源市场中，东亚国家和地区的旅游者，以及欧美国家的旅游者，均有1/4左右的比重（中国大陆的随意型文化旅游者占总的文化旅游者数量的比重相对较大，为35.7%；美国旅游者的这一比重相对较小，为17.0%），可以被划归为随意型文化旅游者。整体而言，文化旅游重要性和文化体验深度对这部分旅游者而言是可有可无的，并不是特别重要，体验也不是特别深刻。

(3) 观光型文化旅游者。观光型文化旅游者和观光型文化旅游市场最重要的特征如下：其一，文化旅游在选择目的地的决策中的重要性最高。也就是说，对于这一部分的文化旅游市场而言，对文化景观的欣赏是最主要的动机。其二，这一类型的文化旅游市场对文化景观的体验却是肤浅的，并不能深入地了解目的地的文化和历史遗产，仅仅是满足视觉和部分知识上的审美愉悦。在香港的六大客源市场中，相比而言，欧美旅游者被归为观光型文化旅游者的比例，显著高于亚洲旅游者。也就是说，相比亚洲地区，尤其是东亚地区（中国大陆、中国台湾、新加坡）而言，欧美的观光型文化旅游者更多。

(4) 目标明确型文化旅游者。目标明确型文化旅游者和目标明确型文化旅游市场最重要的特征如下：其一，文化旅游在选择目的地的决策中的重要性很高。也就是说，对于这一部分的文化旅游市场而言，对文化景观的欣赏是最主要、最初的动机。其二，同样地，这一类型的文化旅游市场对文化景观的体验是深刻的，能深入地了解目的地的文化和历史遗产，不仅仅是满足视觉和部分知识上的审美愉悦，而是一种全方位的深刻学习和体会。相比较而言，只有美国旅游者中被归为目标明确型文化旅游者的比例超过10%，其余国家和地区的旅游者能够被归为目标明确型文化旅游者的比例均较低。

(5) 意外发现型文化旅游者。意外发现型文化旅游者和意外发现型文化旅游市场最重要的特征如下：其一，文化旅游在选择目的地的决策中的重要性其实并不高;也就是说,对于这一部分的文化旅游市场而言,对文化景观的欣赏并不是最主要的,至少不是最初的动机;其二,这一类型的文化旅游市场对文化景观的体验是深刻的,能深入地了解目的地的文化和历史遗产,不仅仅是满足视觉和部分知识上的审美愉悦,而是一种全方位的深刻学习和体会。相比较而言,亚洲旅游者中,尤其是东亚地区(中国台湾、新加坡)的旅游者中,被归为意外发现型文化旅游者的比例,显著高于欧美旅游者。也就是说,在亚洲旅游者中,有更高比例的旅游者,虽然最初的目的并非深入的文化景观体验,但是由于偶然的机会接触或造访了文化景观,从而被深深吸引,并借此开始了对历史文化与遗产的深入体验,虽然是偶然的,但是却是深刻的。

2. 中国大陆文化旅游市场细分

2018年,陈钢华和黄松山(Chen & Huang, 2018)在广州的三个主要文化旅游景点(广东省博物馆、西汉南越王墓博物馆、陈家祠)开展问卷调查,利用麦克文(McKercher, 2002)的文化旅游者分类框架对中国大陆文化旅游市场进行了细分。研究发现,麦克文(McKercher, 2002)的文化旅游者分类框架同样适用于对中国大陆文化旅游市场进行细分,但各个细分市场所占比例与香港文化旅游市场有较大差异。具体而言,在中国大陆,在所有五种类型的文化旅游者中,偶然型文化旅游者所占比重最小,占4.0%;意外发现型文化旅游者所占比重较小,占5.0%,位居第四;目标明确型文化旅游者所占比重位居第三,占14.5%;观光型文化旅游者所占比重位居第二,占30.5%;随意型文化旅游者所占比重位居第一,占46.0%。

(二)城市旅游地重游旅游市场细分

重游意愿是旅游者的一种主观态度,很大程度上受总体满意度、之前的旅游经历等因素的影响。重游行为则是旅游者对旅游地的实际再度造访,是一种现实的行为,是旅游者对旅游地的行为性忠诚的体现及其重游愿望的具体实现。"故地重游"的旅游者有着不同的动机。陈钢华和肖洪根(Chen & Xiao, 2013)以厦门为例,将城市旅游地重游旅游者划分为怀旧型、外界驱动型、猎奇补缺型和分享型四个类型。

(1)怀旧型。这一类旅游者最为重要的重游动机是怀旧。同时,这类旅游者也有着要弥补先前旅游中缺憾的动机。此外,还因为对其之前旅游经历满意所以"希望与他人分享"的动机。但相比之下,怀旧动机占主导的地位。

(2)外界驱动型。这一类旅游者最主要的特征是,他们重游的动机是因为"无可奈何"。这类重游旅游者选择"故地重游"并非出于内心的渴望,而是外部条件使然。例如,可能因为财力或时间的限制,抑或出于商务或公务的目的而再度造访某个城市。

（3）猎奇补缺型。这一类旅游者之所以选择"故地重游"，一方面是为了游览某个城市旅游地新开发的旅游景区或参与旅游节庆活动，另一方面也想弥补之前来某个城市旅游时的缺憾，例如，"游览之前未曾游览过的景区或未及参加的节庆活动"等。吸引这一类"故地重游"旅游者的事物对他们而言是新鲜的。

（4）分享型。这一类旅游者之所以选择"故地重游"，是因为之前来某个城市旅游的经历令其十分满意。于是，出于"好东西大家一起分享"的心态，他们携带、陪同自己的亲朋好友再赴某个特定的城市旅游。

（三）女性旅游市场细分

女性旅游者日渐成为重要的旅游市场。根据"携程旅游" 2017 年发布的《女性旅行安全报告》，女性不仅成为旅游主力，而且独自旅行的比例超过男性。范向丽和郑向敏（2009）曾对女性旅游市场细分及其特征进行了研究。作者指出，女性旅游市场的细分，可以有多个标准。例如，综合女性的喜好、年龄、受教育程度、经济收入等情况，可以将女性旅游市场细分为传统女性、现代女性、理想女性旅游市场；按照消费心理，可以将女性群体分为家庭自我、情感自我、心灵自我、表现自我、发展自我五个群体。作者主要根据年龄将女性旅游市场划分为以下几类，并基于二手统计资料描述了各个类型市场的特征。

（1）青年女性旅游市场（19～25 岁）。青年女性旅游者的出游频率（1.51次/月）远高于其他年龄段女性。但是，在总消费上，青年女性旅游者的消费却低于中青年女性和中老年女性。因此，青年女性旅游者平均每次旅游消费处于较低的水平。在消费结构上，青年女性旅游者在住宿、游览、饮食的消费最高，其次才是娱乐、交通、购物，而作为青年女性旅游者的主要旅游动机的学习、交流、娱乐所占的消费比例还很低。可见，青年女性的消费层次较低。由青年女性旅游频率最高这一现象可以看出，她们旅游动机最为强烈，这与其较低的消费层次、传统的消费结构形成反差。原因是，这些女性要么是在校学生，要么是刚刚工作，空余时间相对宽裕，没有家庭负担，但经济收入却相对有限。

（2）中青年女性旅游市场（26～35 岁）。在旅游频率上，中青年女性比青年女性和中年女性都要低一些。但是，她们的旅游消费总额最高。所以，中青年女性的消费水平在所有女性旅游者中居首位。在消费结构上，交通、游览、餐饮在消费额中占比例最大，尤其在交通上的消费比青年女性要高得多；中青年女性更注重旅游过程中的舒适和享受，经济已经不是首要的选择标准。在旅游动机上，中青年女性主要集中在游览观光、放松身心、休闲度假等方面。中青年女性大多是未结婚但已有一定的经济基础，或者刚结婚尚未有孩子。单身未婚的在职女性的花费尤其引人注目，由于这些女性大都寄宿在父母家，没有家庭支出，可自由支配的收入较多,因此被称为"单身寄生族"。这些"单身寄生族"女性追求时髦,讲究时尚,热衷出国旅行,频繁出入高档消费场所。她们尤其喜欢购买昂贵的奢侈物品来提高自己的生活品位,对商品的要求越来越高,不仅要求质量上乘,而且设计也要个性化。一些高消费的消闲娱乐开始受到这一族群的欢迎,比如,高尔夫球运动、SPA、健身房俱乐部等。目前,这类女性已经成为世界各国旅游行业营销的焦点。

(3) 中年女性旅游市场(36～45岁)。在旅游频率上,中年女性的出游频率仅次于青年女性。她们的消费总额较低,消费水平则介于青年女性和中青年女性之间,属于中等水平。在消费结构上,中年女性旅游者的消费集中在吃、住、行等旅游基础消费上。另外,在购物上的愿望是所有年龄段女性中最强烈的。在旅游动机上,中年女性除了休闲度假、游览观光、放松身心外,"照顾老小"也是主要的出游目的。虽然中年女性的消费水平、出游频率都处于中等水平,但由于家庭意识不断增强,她们出游更多地考虑到小孩、家庭或者长者。因此,购物的消费水平也相对比较高。另外,虽有一定的经济基础,但由于家庭的各种支出有一定的压力,她们的消费水平属于中等层次。

(4) 中老年女性旅游市场(46～55岁)。在旅游频率上,中老年女性旅游者出游率较低。在旅游消费总额上,她们仅次于中青年女性。因此,平均每次旅游的消费水平处于较高水平。在旅游消费结构上,主要的花费集中在交通、住宿、游览方面。在旅游动机上,她们的出游除了一般的休闲度假、放松身心、游览观光外,还有健身疗养。中老年女性旅游者正处于更年期阶段(45～55岁),她们在生理和心理上均发生了很大的变化。从家庭生命周期来看,更年期女性正值家庭的"空巢"阶段,闲暇时间充裕。从经济上看,经过年青时期的奋斗,事业已获得一定成功,有稳定的经济收入。另外,孩子的独立也减轻了家庭经济负担,可自由支配收入较多,女企业家就大都集中在这一群组。所以,这一细分市场的女性具有较强的旅游消费能力,但由于处于特殊的心理时期,她们对旅游产品和服务普遍比较挑剔。

(5) 老年女性旅游市场(56岁以上)。在旅游频率上,老年女性明显低于其他各组的女性且在旅游消费总额上也非常低,总体消费水平在各个组别中处于最低。在旅游动机上,老年女性旅游者以休闲度假、健身疗养为目的,尤其是健身疗养。我国旅游行业对老年人的重视程度还不太够、服务及配套设施还不是太完善,再加上中国老年人在青年时期缺乏休闲技能的积累,休闲观念传统、落后,尤其是老年女性大部分的闲暇时间用在看电视上,对旅游等积极的休闲活动项目参与率很低。因此,我国老年女性的休闲质量还处于很低的水平。由于老年女性生理方面的原因,老年女性旅游产品的安全、健康、卫生必须得到保证。

（四）老年旅游市场细分

随着我国人口老龄化形势的日益严峻，老年旅游市场展现出巨大的发展潜力。为了便于老年旅游市场开发针对性的产品和营销管理，需要对这一市场进行细分。周刚和张嘉琦（2015）以重庆市老年旅游者为例，以旅游动机为指标对老年旅游市场进行了细分。作者运用因子分析法萃取了7个动机因子：社交归属、求新求异、自我提升、文化艺术、放松休闲、情感怀旧和健康疗养。以这7个动机因子为基础进行聚类分析，周刚和张嘉琦（2015）发现，存在四类具有不同主导动机的老年旅游者：健康疗养型、文化休闲型、需求多样型和精神追求型。

（1）健康疗养型老年旅游者。这类旅游者出游的主要目的是疗养和治疗、挑战自己的体能、激励自己锻炼身体。他们一般不会为了历史景点和文化艺术而去旅游，对结交新朋友和新事物也不感兴趣。健康疗养型老年旅游者的年龄多集中在65岁以上，家庭结构为"仅与配偶一起"的比例较高。这说明，"空巢"老人缺乏照顾，外出旅游疗养的动机较强烈。这部分老年旅游者的身体健康状况以良好和一般为主。

（2）文化休闲型老年旅游者。这一市场是老年旅游市场中最大的细分市场。在职业构成上，企业管理人员、工人和个体经营者占有较大比例。这一类型的老年旅游者出游的目的主要是"暂时脱离日常琐事""排遣消极情绪""给自己放松休息的机会"。他们在旅游目的地选择上更偏向于"参观革命圣地、宗教圣迹及欣赏各种形式的文化艺术"。他们一般不会"重游故地"，也不会为了疗养而出游。这类旅游者的年龄主要集中于65岁及以下，即55～60岁、61～65岁两个年龄段。文化休闲型老年旅游者的家庭结构多为"与儿女同住"。可见，家庭结构这一因素促使老年旅游者希望脱离日常琐事，得到放松与休息。

（3）需求多样型老年旅游者。企业管理人员、工人和农民在这一市场占有较大比例。这一类型的老年旅游者具有典型的动机驱动和追求效益的多重性特征。同时，旅游者的年龄分布比较广泛，在55～75岁之间的四个年龄段，均有分布且较平均。这类旅游者的家庭结构以"仅与配偶二人"为主，身体健康状况也以良好居多。

（4）精神追求型老年旅游者。职业构成上，工人和企业管理人员占有较大比例。这一类型旅游者的出游目的主要是追求自我挑战，丰富自己的人生经历，希望获得他人尊重，并且喜欢交友和寻求群体归属感。他们一般不会为了排遣消极情绪和疗养身体而出游。这类旅游者的年龄主要集中在61～65岁，且比例明显高于其他三类旅游者。这类旅游者的家庭结构主要为三代同堂。

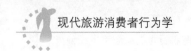

本章小结

1. 旅游市场细分逐渐成为旅游市场营销研究的重点内容之一。

2. 旅游企业和目的地在发展的早期，对营销对象并不加以区分。随着旅游行业的发展、同行业竞争的加剧、旅游者需求的变化，旅游企业和目的地逐渐认识到：只有选择部分重点市场，有针对性地进行营销和服务，才能既让旅游者满意，又能获得高额回报。

3. 现代企业营销战略的核心被称为"STP营销"：细分市场、选择目标市场和市场定位。

4. 市场细分有利于企业识别市场机会、制定个性化服务的营销组合策略、优化资源配置和取得良好的经济效益。

5. 在一般的市场细分研究和旅游市场细分研究中，用作细分指标的因素有很多。总括起来，主要有以下几类：地理指标、社会人口统计学指标、社会心理学指标和行为指标。

6. 在现有旅游市场研究中，研究者已经对背包旅游市场、生态旅游市场、邮轮旅游市场、高尔夫旅游市场、影视旅游市场、女性旅游市场、老年旅游市场和文化旅游市场等展开了细分研究。

思考题

1. "市场细分越细越好"这种说法对吗？为什么？

2. 市场细分时常常多指标交叉使用。相比运用单个指标，这样容易产生什么问题？举例说明这两种细分方法。

3. 在你所在的大学周边选择几家不同类型的旅游企业（饭店、旅行社等）或旅游景区，分别调查它们是如何进行市场细分的。

案例分析题

基于所获利益差异的老年旅游市场细分

在一项针对葡萄牙老年人参与社会旅游项目所获得利益的研究中（Eusébio, Carneiro, Kastenholz, Alvelos, 2017），所有老年人旅游者被基于所获利益的差异进行了细分。具体如表10-7所示。其中，"获益最少型"老年旅游者的主要特征是：几乎在所有"获得的利益"的得分（受访者感知到的利益的大小）都小于其他两个群体（"参与体育活动"除外）。"获益最多且积极型"老年旅游者的主要特征是：在许多"获得的利益"的得分上高于其他两类，且在一些项目上，仅略低于"获益颇多且本地社交型"，总体而言，他们获得了最多的利益。另外，他们积极地参与游憩活动和体育活动。特别是他们积极地参与了体育活动，在这一方面的得分远高于其他两类。"获益颇多且本地社交型"最显著的特征是：在大部分"获得的利益"的得分介于"获益最少型"和"获益最多且积极型"之间且与"获益最多且积极型"接近，最明显的特征是，这一类的老年人非常积极地"与本地人交流""得以了解其他地方"。

表 10-7 基于利益获得的老年人社会旅游市场细分

获得的利益	总样本 均值 ($N=848$)	获益最少型 均值 ($N=154$)	获益最多且积极型 均值 ($N=505$)	获益颇多且本地社交型 均值 ($N=189$)
与亲朋好友交往	4.76	4.39	4.85	4.81
结识新朋友	4.79	4.28	4.90	4.90
得以了解其他地方	4.87	4.63	4.92	4.94
从日常琐事中逃离	4.86	4.65	4.91	4.89
休息	4.62	4.25	4.67	4.77
充实文化理解	4.50	4.31	4.61	4.33
改善健康	4.20	3.55	4.36	4.28
与本地人交流	3.94	2.70	4.12	4.46
参与游憩活动	4.21	3.49	4.64	3.61
参与体育活动	3.53	2.31	4.43	2.14

注：本研究采用5点的态度量表。

问题：结合案例情境，讨论：
(1) 案例所述研究中采用了哪种细分指标？
(2) 案例所述研究所采用的这种细分指标是否可以有效地对老年人社会旅游市场进行细分？

第十一章 跨文化视角下的旅游者行为

学习目标

1. 理解文化与跨文化的相关知识。
2. 掌握霍夫斯塔德的文化维度理论。
3. 深入理解霍夫斯塔德的文化维度理论在旅游者行为研究中的应用。
4. 了解中国文化价值观的分类及对中国旅游者行为的影响。
5. 了解跨文化旅游营销相关知识。

引导案例

东西方旅游者的旅游消费行为比较

梁雪松（2008）于2005年至2007年先后对北京、上海、广州、西安、桂林和昆明六大入境旅游城市，以及西安、敦煌、酒泉、乌鲁木齐和喀什等旅游热点城市的入境游客的旅游消费行为进行了市场调查和实地访谈。在全部受访者中，以日本、韩国、我国港澳台和东南亚为代表的东方游客的比例约为35%，以欧美为代表的西方游客的比例约占62%。

通过统计发现，如表11-1所示，在旅游观念上，以中、日、韩为代表的东方游客注重自己内心的感受，常常给人以谨慎、保守和内敛的印象，只有32%的受访者表现出与旅游目的地居民的交往意愿；而以欧美为代表的西方游客则提倡冒险，具有表现、征服的欲望，给人以积极、开放和外向的印象，有99%的受访游客表现出愿意和旅游目的地居民交往的极强意愿。梁雪松（2008）总结出东方游客和西方游客在旅游行为上的差异。

表11-1 东西方游客的旅游行为差异

项目	东方游客	西方游客
价值取向	集体主义、团体出游	个人主义、喜爱自助旅游
旅游出游决策	易受集体中意见主导者影响	不易受他人意见影响

续表 11-1

项目	东方游客	西方游客
与当地居民交往	戒备心强、交往较少	非常渴望、交往很多
旅游者特征	旗子+队伍+相机+遮阳帽	自由+休闲+牛仔服
旅游体验影响因素	旅游景点、价格和安全	目的地居民好客程度、旅游景点和距离
旅游交通选择	航空占绝大多数	航空+火车+汽车
旅游住宿选择	注重星级设施、选择市中心位置	注重周边自然环境和景观
旅游逗留时间	较短、多为5~8日	较长、多为15~25日
出境旅游目的	文化古迹、风光游览、增加见识	文化差异、休闲度假、追求新奇
获得咨询渠道	旅游商、亲友介绍、广告	导游、指南、亲友介绍、互联网
旅游景点偏爱	历史文化景点、人工景点	自然景点、历史文物、古迹
目的地饮食	倾向母国风味	喜爱尝当地特色食品
购物、摄影	兴趣大、留影多	兴趣较小、留影较少
品牌意识	追求品牌意识强烈	注重实际超过品牌
对旅游评价	比较含蓄、易归国后投诉索赔	比较外露、易当面提出解决

如引导案例所示，来自东方和西方的旅游者在旅游行为的诸多方面均存在明显的差异：东方旅游者更倾向于团队出游，较少与旅游目的地居民交往，遭遇不满意的旅游服务时不太可能立即当面投诉。相比之下，西方旅游者则更愿意选择自助游，更喜欢与东道主社区的居民有较深层次的互动，面对服务失败时更倾向于当面投诉解决。出现这些差异的原因是什么呢？这种差异对旅游目的地或旅游企业在市场营销及经营管理过程中又会有怎样的启示呢？在本章，我们将对跨文化视角下的旅游消费者行为展开深入比较，并对跨文化旅游市场营销进行阐述。

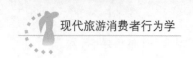

第一节 跨文化旅游者行为研究的主要取向

一、文化概述

(一) 文化的概念

文化是一个内涵丰富、包罗万象的概念,指人类在整个社会历史发展过程中所创造的物质财富和精神财富总和。美国人类学家泰勒(E. B. Tylor)首次从科学意义上将文化定义为"包括知识、信仰、艺术、法律、伦理道德、风俗和作为社会成员的人通过学习而获得的一切能力和习惯的复合整体"。比较权威并系统归纳的各种定义源于《大英百科全书》所引用的美国著名文化学专家克罗伯和克拉克洪的《文化:一个概念定义的考评》一书。这本书共收集了166条对于文化的定义(162条为英文定义)。这些定义分别由世界上著名的人类学家、社会学家、心理分析学家、哲学家、化学家、生物学家、经济学家、地理学家和政治学家所界定。郭莲(2002)将这166条定义总结为描述性定义、历史性定义、规范性定义、心理性定义、结构性定义和遗传性定义六种类型。

(二) 文化的特征

文化的特征主要体现在以下五个方面。

1. 文化的共享性

文化是某一文化群体内部成员共同享有的一套概念、信仰、价值观和行为准则,并通过一定的媒介在群体内传播,群体内成员只有按照它行动,才能够被集体认可和接纳。并且,由于大家共同享有同一套价值体系和行为准则,彼此之间可以提前预知对方的行为并做出相应的反应。但文化共享性并不否认在较大的母文化中还存在诸多亚文化,例如,民族亚文化、宗教亚文化、性别亚文化、年龄亚文化等。所以,即便在同一社会内部,文化也不具有绝对的一致性。

2. 文化的习得性

文化不是通过生物遗传机制而形成的,而是个体在后天与其他社会成员的互动过程中逐渐习得的,以期达到自身与外部自然和社会环境的协调与适应。因此,文化可以在代与代之间传承。文化习得的最重要场所即家庭,除此之外,还包括学校、职场、社会等。

3. 文化的层次性

文化是具有层次的。文化的最小单元是文化特质。若干文化特质的组合是文化丛。多种文化特质或文化丛经过长期接触、融合形成的文化系统即文化模式。文化模式一旦形成就会对个体行为产生约束和规范作用，对外来或新出现的文化产生一定的选择倾向性，或吸收，或排斥。

4. 文化的符号性

文化通常需要借助外在的符号表征向社会成员传递解释信息，语言和文字是最重要的文化符号。除此之外，还有图像、肢体动作等。并且，这些符号在不同的文化情境中通常具有不同的含义。整个文化系统通过庞大的象征体系深植于人类思维，社会成员正是通过解读这些符号的象征意义来理解整个社会。

5. 文化的发展性

文化具有一定的稳定性，但也具有一定弹性，随着社会环境及人们生活方式的变化，文化也会做出相应的调整，但这个过程相对较为缓慢。通常情况下，文化内部的精神文化倾向偏向于保守，最先发生变化的是外部的物质文化。

（三）文化的分类

根据不同的分类标准，不同的学者对文化有不同的分类结果。斯坦恩（H. H. Stern）根据文化的结构和范畴，将文化分为广义的文化和狭义的文化两类。广义的文化指人类在社会历史发展过程中所创造的物质财富和精神财富之和，包括物质文化、制度文化和精神文化三部分。狭义的文化指社会意识形态，强调某一社会集体经过历史传承积累而自然凝聚的共有的人文精神。

（四）文化的功能

文化在个体、团体和社会等不同层面均会产生一定的作用。就个人而言，文化塑造着社会个体的人格，帮助其实现社会化。对团体而言，文化对目标、规范、意见和行为起到整合的作用。对于整个社会来说，文化起着社会整合和社会导向的作用。

文化的功能具体体现在整合、导向、秩序维持和传承四个方面（转引自：孙九霞、陈钢华，2015）。在整合功能方面，文化主要通过价值整合、规范整合和结构整合，使社会成员之间有效沟通、消除隔阂、促进合作。在导向功能方面，社会成员通过共享的文化，可以提前预知哪些行为是符合社会规则、可被其他成员接受和认可、能够获得积极回应的，从而为其行动提供方向。在秩序维持功能方面，文化本身就是社会成员基于长时期的共同生活积累而形成的被大家普遍接受和遵从的价值观和行为规范。因此，文化的形成也就意味着秩序的形成。只要这种文化被世代传承，在社会生活中依然发挥着作用，也就意味着社会秩序依然被维持着。在传承功能方面，文化能够在世代间认同、流传、共享。这即反映了文化的传承功能。

> **同步练习11-1**
>
> 中华文化上下五千年，源远流长，博大精深。自古以来，中华文化对中国周边地区产生了深远影响，各自形成了相对独立的汉字文化圈、儒家文化圈。这一地区（儒家文化圈）除了中国外，还包括日本、朝鲜、韩国、越南、新加坡、马来西亚等地。请回答如下问题：
> 问题1：阐述对中华文化之特征的理解。
> 问题2：阐述对中华文化之功能的理解。

二、跨文化概述

跨文化指在具有两种及两种以上不同文化背景的群体之间的交互作用。交往中，参与者不只依赖自己的习惯、价值观念和行为方式，而是同时也需要经历和了解对方的习惯、价值观念和行为方式。跨文化研究也被称之为"文化比较研究"，最初始于人类学家，近年来逐渐受到其他社会科学和行为科学的注意，成为行为与社会研究的重要方法之一。这一研究取向将人类行为差异当作因变量，将文化模式视为自变量，探讨不同文化模式对行为差异的影响。

旅游活动本身就是一种跨文化交流活动。旅游者出于对东道主社区异文化的好奇，他们携带着自己的文化前往旅游目的地并与当地居民互动交流。在交流过程中，一方面，旅游者体验着旅游目的地的文化；另一方面，社区居民也感知到旅游者带来的客源地文化。近年来，国际旅游蓬勃发展，跨文化现象在旅游业中十分凸显。旅游业的健康与和谐发展，需要旅游者及旅游从业人员加强对彼此文化的了解，避免出现最近两年来备受媒体诟病的"旅游者不文明行为"，也能够更好地开展旅游营销。另外，随着全球化的发展，资本、技术、信息、人才在全球范围内流动，跨国公司不断涌现，在旅游业中表现为诸多国际品牌的酒店入驻中国、国外管理团队进驻中国企业。跨国公司内部文化多元，只有有效识别不同群体文化的多样性及其特征才能够实现跨国公司的有效管理与运营。

三、跨文化旅游者行为研究的主要取向

目前，学术界对跨文化消费者行为的研究虽然已取得较为丰富的学术成果，但在某些概念和研究方法上还有待进一步的深化和推进。莱纳托维奇和罗思（Lenartowicz & Roth, 1999）将跨文化研究取向总结为民族学方法、代理使用、直接价值判断和间接价值判断四种。其中，在跨文化旅游者行为研究中运用最多的有代理使用、直接价值判断。分别介绍如下：

（一）代理使用

代理使用理论（use of proxies）认为，文化是可以依据某些特征或与其相似的文化反映出来。通常情况下，可以用民族（族裔）、国籍、出生地、居住地及语言等变量作为文化的代理指标。代理使用方法可用以分析不同层次的文化，例如，族群文化、组织文化、民族文化，甚至国家群体文化等。由于民族（族裔）、国籍、出生地、国家及居住地等代理指标易被识别，该方法在商务、旅游及服务业研究领域中的应用较为常见。在旅游者行为研究领域，据李咪咪（Li, 2014）的梳理，在1988年至2011年发表在国际主流的旅游学术期刊（如 *Tourism Management*、*International Journal of Hospitality Management*、*Journal of Travel* 和 *Tourism Marketing*）的有关旅游者行为跨文化比较的91篇论文中，使用国籍作为文化代理的论文高达49篇（53.8%），随后是使用地区、居住地作为代理，均为7篇（7.7%），使用族裔和语言作为文化代理的论文分别为4篇（4.4%）、3篇（3.3%）。例如，有研究者以语言作为一种代理指标，对比分析了说英语和说法语的加拿大大众旅游者旅游行为的跨文化差异（Sussmann & Rashcovsky, 1997）。也有研究者以国籍为文化代理指标，比较了中国人、日本人和韩国人对医疗旅游的看法及参与性（Yu & Ko, 2015）。

课堂讨论 11-1

问题：结合上文对代理使用的论述，通过检索有关文献，讨论这一取向可能存在的问题。

讨论要点：见本书附录。

（二）直接价值判断

直接价值判断（direct values inference）研究取向认为，文化由某一群体内的人们所共享，并且是通过习得而非遗传获得的，可以采用定量的方法直接对文化价值观进行测量。霍夫斯塔德的文化维度理论（Hofstede's cultural dimensions theory）是直接价值判断研究取向的典型代表。由于霍夫斯塔德的文化维度理论十分重要，下一节将详细地介绍这一文化维度理论的内容，并介绍一些使用这一文化维度理论的消费者行为研究。

四、多文化比较的文化模式假设

多文化比较是跨文化研究中一项重要的研究内容。很多人类学家、社会心理学家都尝试使用对比的方法去分析文化行为的特征。文化行为的模式是多种多样的，但在跨文化研究中有三种主要的文化模式假设备受研究者关注。第一种是霍夫斯塔德的文化维度。在这个文化维度假设里，霍夫斯塔德（Hofstede，2001）认为，价值观可以分为六个方面，分别为个人主义和集体主义、不确定回避性、权力距离、阳刚气质与阴柔气质、长期导向与短期导向、放任与约束。这些方面在不同的文化群体中都受到文化影响而产生不同。第二种文化维度假设是由人类学家佛萝伦丝·克拉克洪（Florence Kluckhohn）和弗雷德·斯多特贝克（Fred Strodtbeck）提出的（孙九霞、陈钢华，2015）。他们认为，人的本质、人和自然的关系、时间导向、活动导向和社交导向等是主要的文化维度。第三种是由霍尔（Hall，1976）提出的文化维度，主要是关注高低语境方面、多元信息系统和文化之间的关系。

第二节　霍夫斯塔德的文化维度理论

一、霍夫斯塔德的文化维度理论概述

霍夫斯塔德的文化维度理论是由荷兰心理学家、社会学家、荷兰文化所所长吉尔特·霍夫斯塔德于1980年提出的。20世纪60年代至70年代，霍夫斯塔德带领团队针对IBM公司员工开展了一项大规模的文化价值观调查。此项调查采用问卷调查法，用20几种语言向IBM公司在全球40多个国家和地区的分公司、50多种岗位、60多个国籍的员工发放问卷11.6万多份，并于1980年出版了著作《文化的效应》（*Culture's Consequences：International Differences in Work–Related Values*）一

书。书中，霍夫斯塔德开创性地提出文化差异的四个维度：权力距离、不确定性规避、个人主义与集体主义以及阳刚气质与阴柔气质。此项调查开创了学术界用定量方法衡量文化差异的先河。

20世纪80年代，霍夫斯塔德再次重复了10年前开展的文化价值观研究，将研究地域范围进一步扩展至60多个国家和地区。该次调查，一方面证实了文化差异四维度的存在，另一方面，霍夫斯塔德受香港中文大学加拿大心理学家邦德教授（M. H. Bond）及其同事对华人价值观研究的启发，将儒家文化思想纳入跨文化研究范畴，并提出了文化维度理论的第五个维度——"长期导向—短期导向"，进一步完善了文化维度理论。

2010年，霍夫斯塔德根据保加利亚学者明科夫（M. Minkov）对世界价值观调查（world values survey）数据的分析结果，提出了文化维度理论的第六个维度——"放任与约束"。这一成果发表在霍夫斯塔德与其儿子（杰特·吉安·霍夫斯泰德①）以及明科夫合作出版的《文化和机构：思维软件》一书中。

霍夫斯塔德的文化维度研究是真正意义上的跨文化研究，并在大规模调查的基础上提出理论框架。这在文化价值观的对比研究领域具有划时代的意义（李文娟，2009）。目前，该理论已被广泛应用于跨学科的理论研究与跨文化实践中。

二、霍夫斯塔德文化维度理论的内容

自1967年霍夫斯塔德开展文化价值观调查研究以来，至2010年，霍氏文化维度理论研究历时30多年。内容上，从四维度扩展到六维度。具体包括权力距离、个体主义与集体主义、阳刚气质与阴柔气质、不确定性规避、长期导向与短期导向、放任与约束六个维度。

（一）权力距离

权力距离（power distance）指在一个国家的组织和机构中，权力相对较少的成员对权利分配不平等的期待和接纳程度。权力距离要回答的是，"社会成员如何看待人与人之间的不平等"这一基本问题（霍夫斯泰德、霍夫斯泰德，2010）。不同国家的文化处于分别以"高权力距离"和"低权力距离"为两端的连续统上。"权力距离指数"（power distance index，PDI）是用来测量社会不平等程度的指标。

在高权力距离文化中，社会成员更期待或能够接受社会权力分配不平等这一现象，下级对上级的依赖性呈现出强依赖和反依赖两种极端，上下级间存在很大的情感距离，不大可能存在通过协商解决问题的情形。在高权力距离的国家（文化）

---

① "霍夫斯塔德""霍夫斯泰德"均为对"Hofstede"不同的中文翻译。

中，人们更期望孩子顺从和依赖父母，学生尊重教师，下属按照上司的吩咐行事，政府当局是传统的甚至根植于宗教的，整个社会从当局者到普通民众普遍存在一种共识：世界上存在不平等的社会秩序，每个人处于这个社会秩序中的不同位置。而在低权力距离国家（文化）中，社会成员并不认为社会权力分配不平等是正常的社会事实，上下级之间的依赖性很低，情感距离也很小，下级与上级共同商讨问题，下级也可以反驳上级的意见。在低权力距离国家（文化）中，孩子被鼓励独立自理，学生被教师平等对待，上下级间平等相处，政府是世俗理性的、基于实际而非宗教，并且社会成员认为，社会不平等虽然是客观存在的，但应该通过政治手段尽可能地减少社会不平等现象。

任何社会均存在不平等，但不同文化背景的社会对待不平等的方式存在差异。根据霍夫斯塔德对 74 个国家和地区的权力距离指数（PDI）的计算结果显示，PDI 值居前五名的依次是马来西亚、斯洛伐克、危地马拉、巴拿马和菲律宾，排后五名的是分别是奥地利、以色列、丹麦、新西兰和瑞士德语地区。中国大陆位居第 14 位。因此，作为社会或组织管理者应该充分地根据当地文化施以相应的管理措施。此外，不同的管理理论和组织理论也能够从侧面反映出持有该理论的人的国籍或文化背景。

霍夫斯塔德父子（霍夫斯泰德、霍夫斯泰德，2010）采用逐步多元回归的方法对权力距离差异的来源展开了追溯。研究结果发现，一个国家的地理纬度、人口规模及国家财富指标可用以预测其权力距离指数。具体表现为：纬度越高，权力距离指数越小；人口规模越大，权力距离指数越大；国家财富越多，权力距离指数越小。另外，他们认为，虽然国民受教育程度逐步提高，全球化带来文化流动，独立平等的思想在世界各国得以推进，各国的权力距离指数会有所降低，但各国间的权力距离差异在未来很长一段时间将不会发生太大的改变。

知识链接 11-1　　代表性国家和地区的权力距离比较

如图 11-1 所示，在所选各大洲的代表性国家和地区中，权力距离指数最高的是沙特阿拉伯（PDI:95），其次是俄罗斯（PDI:93），第三是中国大陆（PDI:80）和尼日利亚（PDI:80）。这些数据说明，比起澳大利亚（PDI:36）、加拿大（PDI:39）、荷兰（PDI:35）等低权力距离的国家（文化），在上述高权力距离的国家（文化）中，人们更期望孩子顺从和依赖父母，学生尊重教师，下属按照上司的吩咐行事，政府当局是传统的甚至根植于宗教的，整个社会从当局者到普通民众普遍存在一种共识：世界上存在不平等的社会秩序，每个人处于这个社会秩序中的不同位置。

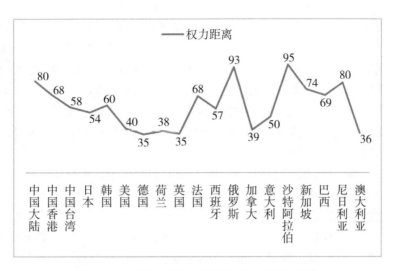

图 11-1 代表性国家和地区的权力距离比较①

（二）个体主义与集体主义

个体主义水平是霍夫斯塔德研究国家文化中的第二个全球性维度。这一维度的两端分别是个体主义（individualism）和集体主义（collectivism）。霍夫斯塔德认为，个体主义和集体主义是影响人们交往行为的主要价值导向。其中，在个体主义社会中，人与人之间关系松散、淡薄，人们只顾及自己及其核心家庭，个体并不依赖于任何群体。而在集体主义社会，则呈现出完全相反的特征。每个人自出生之日起就与强大而紧密的内群体相联系。该群体为其社会成员提供保护，人们也要对该群体保持绝对忠诚，社会成员强烈依赖于他们所在的内群体。个体主义指数可用来衡量一个国家的个体主义水平。个体主义指数得分高表示该国属于个体主义社会，得分低则表示该国属于集体主义社会。

个体主义文化通常具有以下特征：①鼓励个体独立。②鼓励直言不讳地表达自己的真实感受、发表自己的意见。③人际沟通是一种低情境的沟通，大部分信息需要明确地表达出来。④强调罪感文化，重视维护自尊。⑤资源归个人所有，即使子女也不能共享。⑥个性化和独立是最高的价值观。相反地，集体主义文化则呈现出完全不同的特征，具体表现为：①鼓励个体间相互依赖。②避免与他人发生正面冲突，个体要服从集体的意见。③人际沟通是一种高情境的沟通，需要明确说明的信息很少。因此，沉默是正常的。④强调耻感文化，重视面子和荣誉。⑤强调对集体

---

① 资料来源：Hofstede Insights，http://www.hofstede-insights.com/product/compare-countries/。在这一网站，可以找到主要国家和地区在各个文化维度上的得分。

忠诚，重视资源共享和礼仪。⑥社会规则和义务由群内人制定，并且先于个体而存在。值得注意的是，在使用个体主义与集体主义这个维度时，需要根据分析层次来判断它们到底是两个维度，还是只是一个维度的两个极端。在分析社会中个体的价值观时，个体主义与集体主义是两个不同的维度；在分析国家层面的文化价值观时，这两者是同一维度下的两个极端。而且，并没有一种文化群体是完全个体主义或集体主义的，只是个体在思考和采取行动时存在以哪一种为价值导向的差异（孙九霞、陈钢华，2015）。

霍夫斯塔德的研究结果显示，在74个国家和地区中，个体主义指数居前六位的国家或地区分别是美国、澳大利亚、英国、加拿大、匈牙利和荷兰（后三者个体主义指数得分相同；见知识链接11-2）；居后五位的分别是危地马拉、厄瓜多尔、巴拿马、委内瑞拉和哥伦比亚。中国大陆位居第57位。该结果指向富裕的国家个体主义指数高、贫困国家个体主义指数低的特征，并且权力距离与集体主义存在正相关关系。

集体主义社会和个体主义社会之间的差异主要体现在个体的语言、人格和行为，以及学校、工作场所、政府及观念上，这种差异可以通过国家财富和地理纬度进行预测。富裕国家、纬度高的国家往往更倾向于个体主义，而贫困的国家、接近赤道的国家则更倾向于集体主义。这种差异在未来很难消失，并且对国际事务起到重要的作用。

知识链接11-2　　　　　　　代表性国家和地区的个体主义比较

如图11-2所示，在所选各大洲的代表性国家和地区中，个体主义水平最高的是美国（91），其次是澳大利亚（90），第三是英国（89），第四是加拿大（80）和荷兰（80）。在上述个体主义水平较高（个体主义文化占主导）的国家（文化）中，比起那些集体主义文化占主导的社会（如中国大陆、中国香港、中国台湾、韩国等），人们更加鼓励个体独立，鼓励直言不讳地表达自己的真实感受、发表自己的意见；在这些社会，人际间的沟通是一种低情境的沟通，大部分信息需要明确地表达出来，个性化和独立是最高的价值观。

（三）阳刚气质与阴柔气质

阳刚气质（masculinity）与阴柔气质（femininity）是霍夫斯塔德文化维度理论的第三个维度，反映社会成员对骄傲行为和谦虚行为的欢迎和接纳程度。阳刚气质和阴柔气质是由社会文化决定的，并非受生理特征所限制。一名男性也可以具有阴柔气质；同样，一名女性也可以具有阳刚气质。具有阳刚气质文化的社会认为，男

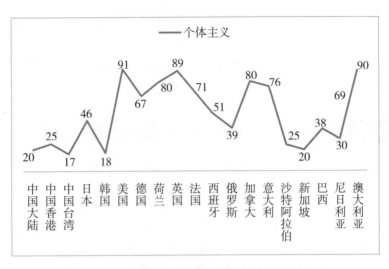

图11-2 代表性国家和地区的个体主义水平比较

女性别角色具有显著差异,男性应该果断、坚韧、重视物质成就、具有进取心和竞争性、在家庭中由父亲负责处理客观事务;女性应该谦虚、温柔、重视生活质量、注重人际关系、在家庭中负责处理感情事务。相对地,在具有阴柔气质文化的社会中,男性和女性均谦虚、温柔、重视生活质量、注重人际关系、在家庭中父母共同处理客观事务和感情问题。一个国家中的男性价值观反映出该国的阴柔气质程度,阳刚气质指数是用来衡量一个国家(文化)的阳刚气质程度的指标。

具有阳刚气质的社会,在学校教育中,以优秀学生为标准,鼓励学生公开竞争,重视教师的学术水平。在消费中,人们更倾向于购买能够彰显身份地位的奢侈品。在工作上,喜欢通过斗争解决冲突,认为"活着是为了工作",员工希望从工作中获得认同和挑战感。政府重视社会绩效和经济增长,试图让移民完全放弃他们的迁出国文化、接受迁入国的文化,最终达到同化的目的。在阴柔气质社会中,在教育上,以中等水平的学生为标准,过度自信容易招致他人嫉妒,亲切友善的教师更受欢迎。人们更乐于购买家庭生活用品,更愿意通过谈判和妥协处理工作中的矛盾,并认为"工作是为了生活",工作者希望从工作中获得社会交往而非名利。政府重视福利建设、注重环保,移民只需调整其原有文化与迁入国文化相冲突之处,无须完全放弃其原有文化。除此之外,工业制造业国家更倾向于阳刚气质,而服务业国家则倾向于阴柔气质。

在霍夫斯塔德的研究中,斯洛伐克、日本、匈牙利、奥地利和委内瑞拉是最具阳刚气质文化的国家,而瑞典、挪威、荷兰、丹麦和斯洛文尼亚是最具阴柔气质的国家。中国大陆的阳刚气质指数在被调查的74个国家和地区中位居第10位。

由于随着年龄的增长,阳刚气质指数得分会逐渐降低,富裕国家的人口老龄化问题凸显,国家文化会有逐渐转向阴柔气质的趋势。技术革新取代了部分能够结构化的工作,那些不能被取代的、涉及人际交往的工作往往需要阴柔气质文化。因此,技术发展也在一定程度上推进工业化社会由阳刚气质文化向阴柔气质文化转移。

知识链接 11-3　　代表性国家和地区的阳刚气质比较

如图 11-3 所示,在所选各大洲的代表性国家和地区中,最具有阳刚气质的国家或地区依次是日本(95)、意大利(70)、英国(66)、德国(66)和中国大陆(66)。在上述阳刚气质水平较高的国家(文化)中,比起那些阴柔气质水平更高的社会(如荷兰等),人们更加倾向于认为或践行:男女性别角色具有显著差异,男性应该果断、坚韧、重视物质成就、具有进取心和竞争性、在家庭中由父亲负责处理客观事务;女性应该谦虚、温柔、重视生活质量、注重人际关系、在家庭中负责处理感情事务。

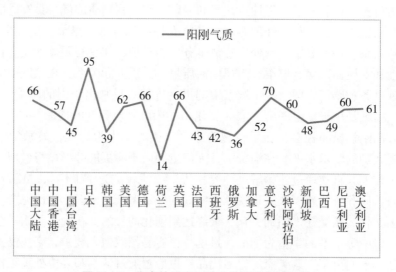

图 11-3　代表性国家和地区的阳刚气质比较

(四)不确定性规避

任何一个国家的所有社会成员都必须面对不确定的未来,极端的不确定性会给人们带来焦虑感。因此,无论在传统社会,还是在现代社会,人们一直在寻找克服这种焦虑的方法,例如,试图通过科技克服大自然带来的不确定性,通过法律规避人类不确定性的行为,通过宗教控制自己不能抵御的不确定性未来等。在霍夫斯塔德的文化维度理论中,"不确定性规避"(uncertainty avoidance)一词借鉴了美国组织社会学家詹姆斯·G. 马奇的概念。它是指一个国家的社会成员对不确定的、难以预测的或未知的事情时感到威胁的程度。这种感觉通过紧张感和对可预测性的需求表现出来,可以用"不确定性规避指数"加以测量。

霍夫斯塔德认为,不确定性规避与焦虑水平两个变量间显著相关,通常弱不确定性规避的国家,其焦虑水平也低。强不确定性规避文化中的人呈现出匆忙、不沉着、情绪化、富于攻击性的印象。弱不确定性规避文化中的人则呈现出安静、无趣、随和、克制、懒散的状态。不确定性规避不等同于风险规避,不确定性与焦虑一样,是没有对象的,不确定性的规避并不必然伴随风险的降低,甚至不确定性规避文化中的社会成员有时为了提高对未来的预测性而采取冒险行为。

不确定性的实质是一种体验和感觉。这种感觉由人们通过社会组织的传承和强化习得。这种不确定感能够体现在一个国家的文化价值观中。希腊、葡萄牙、危地马拉、乌拉圭和比利时的弗拉芒等拉丁美洲或拉丁语系的欧洲和地中海地区国家(地区)以及日本和韩国的不确定性规避指数较高,而不确定性规避指数较低的国家和地区主要分布在除日本、韩国之外的亚洲,以及非洲、北欧和荷兰等地;其中,新加坡、牙买加、丹麦、瑞典和中国香港是不确定性规避指数最低的五个国家和地区。

在强不确定性规避文化的国家,社会成员无论在生活还是在工作中,压力感和焦虑感都很强。对任何事物均有着严格而明确的规则系统,不可越雷池一步。为了尽可能清晰地预知和掌控未来,必须与不确定性持续抗争。在这种文化背景下的人们对生活的满意度和健康满意度均低于弱不确定性规避文化的国家。在学校教育中,学生期望结构化的教学,关注答案的正确与否,希望教师是某领域"无所不知"的专家,并能够用高深莫测的专业术语授课,人们将成功归结于环境或运气。在消费中,喜欢纯净和基础产品,不喜欢二手商品,对新事物接受慢,依赖专家推荐。在工作上,更倾向于长期雇佣,喜欢明确的规章制度,哪怕只是仪式化的规章也是必须要有的。高层管理者关注的是日常运作管理而非战略管理,更渴望安全需求得以满足。除此之外,在具有强不确定性规避文化的国家,社会成员不关心政治、对政府信任度低,而且具有更强的种族主义和排外主义。具有弱不确定规避性文化的国家则呈现出相反的特征。

知识链接 11-4　　　　　代表性国家和地区的不确定性规避比较

如图 11-4 所示,在所选各大洲的代表性国家和地区中,不确定性规避水平最高的国家或地区是俄罗斯(95),其次是日本(92),第三是法国(86)和西班牙(86),第五是韩国(85)。在上述不确定性规避水平较高的国家(文化)中,比起那些不确定性规避水平更低的社会（如新加坡、英国等），人们更加可能呈现出匆忙、不沉着、情绪化、富于攻击性的印象。这些国家的社会成员无论在生活还是在工作中，压力感和焦虑感都很强，且对生活的满意度和健康满意度均较低。

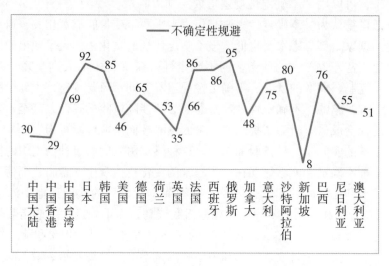

图11-4 代表性国家和地区的不确定性规避比较

（五）长期导向与短期导向

霍夫斯塔德文化维度理论的第五个维度（长期导向与短期导向）是在加拿大邦德教授（M. H. Bond）关于华人价值观研究的基础上提出来的。最初被称为"儒家动力"，用以衡量社会成员对未来的重视程度。长期导向（long-term orientation）指培育和鼓励以追求未来回报为导向的品德，例如，坚韧和节俭。短期导向（short-term orientation）指培育和鼓励关于过去和当前的品德，诸如尊重传统、维护面子、履行义务等。在长期导向的文化价值观的社会，人们注重节俭，愿意为长远回报而付出努力，坚韧而知廉耻。短期导向的文化价值观则倾向于消费，希望自己的付出可以在短期内得到回报，尊重传统，好面子。长期导向与短期导向的文化价值观的差异性在家庭、学校、企业经营、经济、政治、宗教及思维方式上均有所体现。例如，在长期导向的文化中，家庭生活是一种注重实效的安排，谦卑是男女共同的美德，更能够接受与姻亲一起生活，孩子获得礼物是为了教育和发展，在企业经营中更关注市场地位，个人的人际关系网络是商业成功的关键等。短期导向的文化则认为婚姻是基于道德的安排，谦卑是女性而非男性的美德，认为与姻亲一起生活容易引致麻烦，长辈赠送孩子礼物是为了让孩子获得快乐和爱，重视企业的盈亏，个人忠诚度随企业需求而改变。

知识链接 11-5　　代表性国家和地区的长期导向比较

如图 11-5 所示，在所选各大洲的代表性国家和地区中，长期导向水平最高的国家或地区是韩国（100），其次是中国台湾（93），第三是日本（88），第四是中国大陆（87），第五是德国（83）。在上述长期导向占主导的国家（文化）中，比起那些短期导向占主导的社会（如尼日利亚、澳大利亚等），人们更加注重节俭，愿意为长远回报而付出努力，坚韧而知廉耻。在长期导向的文化中（韩国、中国台湾、日本、中国大陆等），家庭生活是一种注重实效的安排，谦卑是男女共同的美德，更能够接受与姻亲一起生活，孩子获得礼物是为了教育和发展。

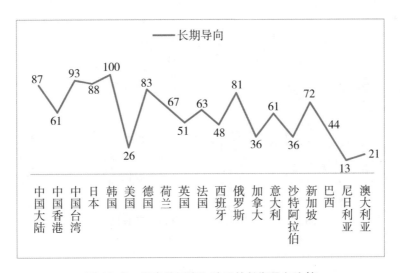

图 11-5　代表性国家和地区的长期导向比较

（六）放任与约束

放任（indulgence）与约束（restraint）是霍夫斯塔德文化维度理论的第六个维度，指社会成员意图控制自身欲望的程度。其中，放任是指允许人们满足基本需求和自然欲望以获得生活的享乐；约束则指享乐需求是一种罪恶，应该通过严格的社会规范加以限制。据霍夫斯塔德的研究结果显示，放任指数居前五的国家和地区分别是委内瑞拉、墨西哥、波多黎各、萨尔瓦多、尼日利亚，主要集中在美洲地区；放任指数居后五位的分别是巴基斯坦、埃及、拉脱维亚、乌克兰、阿尔巴尼亚。

知识链接 11-6　　代表性国家和地区的放任程度比较

如图 11-6 所示，在所选各大洲的代表性国家和地区中，人们的放任程度最高的国家或地区是尼日利亚（84），其次是澳大利亚（71），第三是英国（69），第四是英国（68）、荷兰（68）和加拿大（68）。相比之下，约束程度比较高（放任程度比较低）的国家或地区是中国香港（放任程度得分：17）、俄罗斯（放任程度得分：20）、中国大陆（放任程度得分：24）等。上述放任文化占主导的国家或社会，比起那些约束文化占主导的社会（如中国香港、中国大陆等），更允许人们满足基本需求和自然欲望以获得生活的享乐。

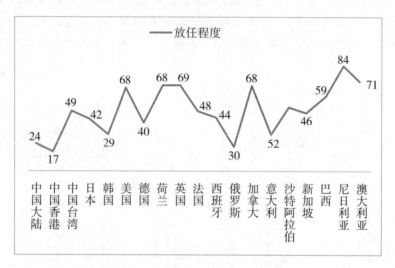

图 11-6　代表性国家和地区的放任程度比较

同步练习 11-2

中国大陆、中国香港和中国台湾同属中国文化圈（汉字文化圈、儒家文化圈），有着同文、同种的渊源。但由于历史与社会发展等原因，三地的社会文化在保持相似性的基础上，也呈现出一定的差异，如图 11-7 所示。

结合霍夫斯塔德的文化维度理论，回答如下问题：

问题 1：根据霍夫斯塔德的文化维度理论，试分析中国大陆、中国香港和中国台湾在文化方面的异同。

问题 2：上述三地的文化差异是如何产生的？

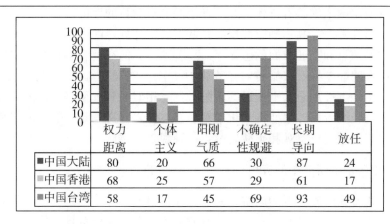

图 11-7 中国大陆、中国香港和中国台湾的文化异同

第三节 霍夫斯塔德的文化维度理论在旅游研究中的应用

霍夫斯塔德的文化维度理论是学术界进行跨文化研究的重要工具,是迄今较为完整、系统的文化分析框架。国际上,以此文化维度理论为基础产生了系列研究成果。维斯特伍德(Westwood,1992)曾将霍夫斯塔德的文化维度理论称为"研究跨文化环境下的管理和组织行为的标准理论"。截至目前,霍夫斯塔德的文化维度理论被广泛应用于社会学、心理学、组织行为学、消费者行为学、跨文化交际学、政治学、语言学、教育学,甚至会计学、金融学等领域。中国学者对这一理论的关注始于21世纪初。下文将专门对霍夫斯塔德的文化维度理论在旅游消费行为研究中的应用进行详细的介绍。

如前所述,国内外学术界关于旅游消费者行为的跨文化比较研究较多,但大多数仍然基于文化代理取向,尤其是以国籍为文化代理指标。然而,在对比分析不同国家的旅游者的消费行为的差异时,借助霍夫斯塔德的文化维度理论作为分析框架的研究较少。但近年来,这一理论在旅游消费行为研究领域中开始受到关注。接下来,我们将分别从旅游者感知与偏好、旅游动机、旅游决策、服务质量评价与行为倾向等方面就霍夫斯塔德文化维度理论的应用展开具体的论述。

1. 在旅游者感知及偏好研究中的应用

陈奕滨等(2012)以张家界为例,对比分析了高不确定性规避旅游者和低不确定性规避旅游者对旅游目的地形象感知的差异。作者通过问卷调查,划分了高、低不确定性规避两个旅游者群体,并调查他们各自对目的地的认知、情感和总体形象的感知。研究发现,高不确定性规避和低不确定性规避两个旅游者群体对张家界认知形象中的信息和交通方面的感知存在显著差异,但在情感形象和总体形象的感知上并不存在明显差异。在旅游者景观偏好方面,刘媛媛等(2012)在武陵源的研究发现,不确定性规避水平相近的旅游者具有相似的景观偏好。具体而言,高不确定性规避的旅游者偏好喀斯特文化景观、石英砂岩峰林景观;低不确定性规避的旅游者则偏好气象气候景观和碳酸岩溶谷壑景观。

2. 在旅游动机研究中的应用

不同文化背景的旅游者的旅游动机可能存在很大差异。但是,当前旅游学术界广为流传的旅游动机理论大多数是基于西方个体主义的文化背景,较少考虑到文化差异。近年来,有研究发现,霍夫斯塔德文化维度理论中的个体主义和集体主义文化倾向对旅游者的旅游动机有一定影响。有学者(Kim & Lee,2000)对英裔美国旅游者和日本旅游者的出游动机进行过对比分析,证实了这一影响。具体而言,对具有集体主义文化倾向的日本旅游者来说,出游主要是为了获得知识的增长、身份荣誉的提升以及家庭的团聚;具有个体主义文化倾向的英裔美国旅游者出游是为了猎奇求新和逃离现实社会的压力。在巩飞(2017)的研究中,借鉴了霍夫斯塔德文化维度理论作为分析框架,从集体主义与个体主义、权力距离和不确定性规避三个方面对中美女性旅游者的旅游动机进行了对比分析,研究发现:中国的女性旅游者在出游动机方面呈现出集体主义、高权力距离和高不确定性规避的倾向,具体表现为寻求异国情调的浪漫、旅游过程中注重与朋友和家人的紧密联系、钟爱旅游地的历史遗迹、喜欢拍照和分享照片;美国的女性旅游者则更倾向于个体主义、低权力距离和低不确定性规避文化特征。类似地,也有学者(左冰、Kim,2017)在对乌兹别克斯坦入境旅游者的旅游行为的研究中发现,西方旅游者更富有冒险精神,希望体验异域风情、领悟不同地区居民的生活方式,而亚洲旅游者集体主义倾向更明显。

3. 在旅游决策研究中的应用

马恩尼和克罗兹(Money & Crotts,2003)考察了不确定性规避对美国的日本、德国入境旅游者的信息搜索行为的影响。研究发现,在"高不确定性规避"文化背景下的旅游者更倾向于在出游前制订出游计划,较多使用旅游中介,通过多种渠道收集信息,在出游前很长一段时间内就预订旅游产品(日本人会在出发前平均54.8 天预订机票),更倾向于结伴出行。在"低不确定规避"文化中的旅游者则更倾向于通过朋友和亲戚获取旅游信息,依赖大众媒体。另外,也有学者(左冰、Kim,2017)发现,具有低不确定性规避文化特征的俄罗斯旅游者更多选择自助游，自主安排旅行，很少参团；而具有高不确定性规避文化特征的亚洲旅游者更倾向于通过旅游公司把旅行计划安排好。

4. 在服务质量评价与行为倾向研究中的应用

不同文化特征的消费者对服务的关注点存在差异，往往表现出不同的行为倾向。克罗兹和厄尔德曼（Crotts & Erdmann，2000）以访美日本、英国、德国、巴西、中国台湾的旅游者为研究对象，对文化中的阳刚气质文化维度和旅行服务之间的关系进行了研究。结果表明，阳刚气质文化背景下的国际旅游者比阴柔气质文化背景下的国际旅游者更可能对航空服务做出消极评价；阴柔气质文化背景下的旅游者更容易产生品牌忠诚度和口碑传播行为。另外，李祗辉和韩真洙（2010）以入住北京四星级以上酒店的中国、韩国、日本和美国顾客为调研对象，基于霍夫斯塔德的文化维度分析酒店服务质量和顾客行为意向的结构关系。研究结果显示，个体主义水平越高、长期导向越强的消费者，越能够对服务质量做出正面评价，但权力距离对服务质量评价并未产生影响。

综上所述，在旅游消费者行为的跨文化研究方面，学术界虽然给予了越来越多的关注，但主要还是将国籍作为文化代理进行跨文化比较研究。尤其在国内，能够借鉴霍夫斯塔德文化维度理论作为分析框架对旅游消费者行为进行深入探讨的研究还较少，亟待更多的学术关注。

课堂讨论 11-2

问题：结合上文对霍夫斯塔德文化维度理论及其在旅游研究中的应用的论述，通过所阅读的有关文献，讨论还有哪些旅游者行为相关现象可以运用霍夫斯塔德的文化维度理论。

讨论要点：见本书附录。

第四节　中国文化价值观与旅游者行为

与西方相比，中国人消费行为的一个显著特点是受群体的影响巨大，这种影响又深深地根植于中国传统文化。例如，中国人的核心价值观（文化价值观）受集体主义、从众心理等的影响，在消费中更重视别人的看法和意见，关注个人消费的社会群体效应。总体而言，据徐惠群和黄松山（Hsu & Huang，2016）的梳理，影

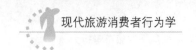

响中国人旅游消费行为的传统文化价值观可以分为如下三类。

1. 工具价值

所谓"工具价值"（instrumental values）是指有关所偏好的行为模式的信念（Hsu & Huang, 2016）。这些行为模式在实现个人所追求的终极状态方面是工具性的。工具价值通常与个人特征或者人格特质联系在一起，例如，真诚、服从和独立（Hsu & Huang, 2016）。工具价值包括乐观自信、具竞争力、遵纪守法、为他人着想、安于现状、道德修养、务实、诚信、勤奋（拼搏）、友善、适可而止、规划、尊重历史、自律、责任感、节俭。这些工具价值深刻地影响着中国人的出游习惯和旅游消费行为。例如，道德修养的文化价值观要求中国人在出游中注意言行举止、严格遵守目的地各种规章制度和风俗习惯等；诚信的文化价值观使得中国人在出游前的信息搜索方面非常重视亲朋好友的口碑推荐以及网络口碑；尊重历史的文化价值观使得中国人偏好有历史和文化底蕴的目的地（Chen & Huang, 2018）。

2. 终极价值

所谓"终极价值"（terminal values）是指个人试图经由"工具价值"所详述的模式来实现的理想的存在状态或人生目标（Hsu & Huang, 2016）。在中国传统文化中，个人的成就让步于所属社会团体（如国家、民族、单位）的境况的改善。据徐惠群和黄松山（Hsu & Huang, 2016）的梳理，中国人的终极价值包括便利、安逸、名利、时尚、享乐、休闲、个性/独立/自由、活在当下、攀比/炫富、私利、崇洋、健康、开阔视野/新奇、文化/教育、安稳。这些终极价值也深刻影响着中国人的出游习惯和旅游消费行为。例如，便利的文化价值观使得不少中国人喜欢跟团出行；享乐的文化价值观导致许多中国人在外出旅游时舍得花费；攀比/炫富（"要面子"）的文化价值观导致不少中国人喜欢在社交网络上分享自己的出游体验。

同步案例 11-1　　中国游客为何总"被宰"：评论称"钱多、要面子"

2016年伊始，中国游客在国外旅游就遇到了两件麻烦事。一则是来自韩国《朝鲜日报》的报道。报道称韩国餐厅狠"宰"中国游客，进店先问是不是中国人，是的话递给你一份特制的菜单，价格则比一般餐厅贵得多。另一则是来自柬埔寨的消息，当事人李先生称在金边机场出境时遭遇连续索要小费，前后被索取70美元，最终决定放弃所购买的土特产和建材样品上飞机。这两件事分别在韩国和柬埔寨引起广泛关注，韩国舆论纷纷谴责餐厅区别对待并提价一事，而中国驻柬埔寨大使馆也开通求助热线。

作为全球旅游消费能力首屈一指的群体，中国游客近年来广受欢迎——人多、钱多，这样的群体谁不爱？再加上旅游经验不丰富、要面子、偏爱购物等，中国游客成为一些不良商家和公务人员痛"宰"的对象。我们暂且不说境外商家的问题，毕竟并非每个国家的餐馆老板都像韩国那些被曝光的餐馆老板一样对外国游客区别对待，且韩国这种情况也并非普遍存在，而是集中在部分区域，绝大多数餐馆还是不会故意"宰客"的。我们更希望大家能够发现自身存在的问题，那就是中国游客"被宰"这事儿为何经常发生。

按理说，大家都是游客，为何倒霉的不是欧美人？中国有个成语，叫"穷家富路"，意思是居家应节俭，出门则要多带盘缠，免遭困窘。如果再进一步解释，那就是家境再窘迫，路途中也要出手大方些，该花的要花，别亏待了自己。这个成语对中国人有着深远的影响，每个人回头看看，多多少少都有点这样的心理，出门在外多带点钱不是坏事，万一遇到紧急事情怎么办呢？但是有部分国人，在国外由于汇率、环境、物价等差异，对钱的概念没能厘清，对花钱的节点也不在意。

曾经有位朋友，在泰国一出手就给了300泰铢小费，这可是五六十元人民币，但是行情是20～50泰铢就可以了。大家都这样做，会出现什么样的后果？几年过后，小费的标准涨了，很有可能是针对中国游客涨的，已经有不少人带头给了那么多了，你们其他的中国游客为什么给那么少？一位马来西亚的华人朋友曾经抱怨，外出旅游被当成中国游客，砍价的时候砍得狠，商家往往很不高兴，说中国人怎么那么小气。也有位朋友，多年前在印尼吃海鲜时惊呼好便宜，狠狠做了一回土豪又没有花多少钱，但这两年你再去看看，土豪还有，但是如果你的收入不翻倍，没法吃了，因为海鲜并不比中国便宜。

中国游客不仅钱花在不该花的地方，还怕惹事，喜欢用钱解决问题。目前东南亚以及非洲部分国家的海关人员在过关时索取小费的行为，就几乎是中国游客"养"出来的习惯。有的旅行社在提醒团队游客的时候，经常会叫游客在过关时给一点小费，以方便通关，这实际上是旅行社怕惹事，让更怕惹事的中国游客来埋单。有些人认为过关给点小费，既是让自己方便，也是慰问海关人员的辛苦，但是这种做法完全是错误的，因为海关人员或移民警察索要小费在大多数国家都属于索贿行为。柬埔寨方面也表示，一经查实索要小费，24小时内将撤销该官员职务。

很多人都认为，出门在外最好不要惹上事，但是有时候事儿会自动惹上你。前文提到的李先生被索要小费的问题，下一次很有可能是你，那应该怎么办？你完全可以拒绝，或者将情况如实反映到大使馆和该国移民署。餐馆"宰客"怎么办？商品价格虚高怎么办？类似这样的市场行为，要么你走开不消费，在点评网站上吐槽提醒其他人，要么享受砍价的乐趣，但是前提是你清楚当地消费和物价，做好准备,"宰客"也"宰"不到你。①

3. 人际价值

人际价值（interpersonal values）是指被个体所珍视的有关人与人之间关系的信念（Hsu & Huang, 2016）。例如，一直以来，中国都被视为一个集体主义国家。因此，团体目标经常被置于个人目标之上。据徐惠群和黄松山（Hsu & Huang, 2016）的梳理，中国人的人际价值包括抱团、妥协、从众、望子成龙、亲情、孝/尊老、友情、和谐。同样，上述人际价值也深刻地影响着中国人的出游习惯和旅游行为。例如，从众的文化价值观导致不少中国人出游时喜欢那些著名的景区（目的地）；注重亲情的文化价值观则导致在出游决策中以家庭为导向，在旅游中，经常会为亲人购买礼物等。

同步案例 11-2 影响中国出境旅游者就餐行为的文化价值：面子、信任和和谐

中国人有自己独特的文化价值。文化价值是指客观事物所具有的、能够满足一定文化需要的特殊性质或者能够反映一定文化形态的属性。这些价值不仅渗透到他们在国内的行为，也影响着他们在海外旅行时的行为。饮食行为是对此很好的诠释。霍尔等（Hoare, Butcher, O'Brien, 2011）对20位在海外旅行的中国旅游者的深度访谈表明，面子、信任和和谐是影响他们就餐行为的三个核心的文化价值。具体而言，分别阐述如下。①面子。一方面，在很多中国出境旅游者看来，他们的就餐行为和形象，会反映中国或他所在群体的形象，所以他们会比较克制，即便在服务上受到怠慢。另一方面，一旦他们觉得自己受到歧视或者不公正待遇，他们会觉得很丢面子、丢脸。相反，一旦他们觉得自己得到了很好的服务，他们会觉得自己很有面子。②信任。首先，中国出境旅游者很关注餐馆服务员是否真诚（genuineness）。例如，很多中国出境旅游者在餐馆甚至不信任"华人"服务员。其次，中国出境旅游者很关注餐馆服务员是否诚实（integrity）。例如，一些中国出境旅游者判断服务员是否诚实的标准之一就是看服务员是否对自己就职的餐馆有自豪感。最后，中国出境旅游者很关注餐馆服务员是否胜任（competency）。③和谐。中国人讲究"和气生财""和为贵"。因此，中国出境旅游者在海外就餐时也会注重这些文化价值。例如，即便在就餐时遇到不公正待遇，也会想着尽量大事化小、息事宁人、不影响旅途心情。

---

① 蔡华锋：《中国游客为何总被宰：评论称钱多要面子》，见新浪网（http://finance.sina.com.cn/reviewsbzt2016-01-27/doc-ifxnuvxc2064870.shtml）。

> **同步练习 11-3**
>
> 请结合你对中国目前正在经历的消费转型以及旅游消费者行为的了解,回答以下问题:
> 问题1:如何理解现阶段的消费转型与旅游消费者行为的变化?
> 问题2:分析中国城乡居民消费支出分别对这两个群体旅游消费的影响。

第五节 跨文化视野下的旅游市场营销

一、跨文化旅游市场营销的必要性

1. 全球化背景下流动性的增强

随着全球化进程的加快,流动性成为当代社会的最显著特征。加之交通条件的极大改善,旅行日益成为人们日常生活的重要组成部分。日益频繁的旅行与旅游活动,带动了客源地与东道主社区的文化交流与互动。国家与国家、地区与地区之间的地理边界被逐渐打破。但是,任何国家、地区都有着自己的文化烙印,在地理"边界"弱化的同时,各国、各地区的政治、法律、风俗习惯、禁忌等文化"边界"却日益凸显。旅游目的地或旅游企业在开展市场营销活动的过程中,就不能仅仅只是将本土文化作为旅游吸引物包装成被猎奇的文化产品,而必须对旅游客源国的文化价值观加以深入了解,以期能够实现和谐友好的文化互动,而不至于出现文化冲突。

2. 多元文化的存在

根据霍夫斯塔德的研究,我们了解到世界上的不同国家和地区的文化价值观在权力距离、集体主义—个体主义、不确定性规避、阳刚气质—阴柔气质、长期导向—短期导向以及放纵—约束六个方面均存在很大差异,并在现实生活中有具体的行为表现。这意味着世界存在着多元文化且这些体现在人们日常生活中的文化是可以测量的。同时,随着信息流通越来越发达,虽然文化具有一定的稳定性,但很多新的亚文化也不断涌现,更加加剧了文化的复杂性和多元性。旅游是旅游者离开日常生活环境去异地暂时停留、体验的一项活动,表面上看是人的流动,实质上是文化

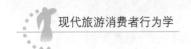

的流动。因此，旅游目的地及旅游企业要了解旅游者的文化价值取向，掌握特定文化价值引导下的旅游者出游动机与行为，以制定有效的营销策略。

二、跨文化旅游市场营销需要跨越的障碍

1. 文化冲突

世界上的不同地区、国家的文化价值存在明显差异，尤其是不在同一文化圈内的国家和地区之间的文化价值差异更大。旅游企业或旅游目的地在实现跨文化市场营销时，首先就要跨越文化冲突这一障碍。一方面，通过市场营销让旅游客源地的潜在旅游者提前了解本地的文化、风俗与习惯；另一方面，通过调研了解客源国文化群体的文化价值观，实现文化信息的对称，相互尊重彼此的文化，避免在主客互动过程中因信息不对称而出现文化冲突事件。

2. 文化障碍

世界著名杂志《电子世界》曾以"全球市场做生意的最大障碍"为题在全球范围内开展调查。结果发现，文化差异超过法律法规、价格竞争、信息、语言、交货、外汇、时差等，居于首位，成为营销中的最大障碍。造成文化障碍的最主要原因是旅游企业或旅游目的地在对外营销时，只是站在本土文化的视角考虑问题，而并未站在旅游者文化背景的角度加以考虑，未能与旅游者之间实现良好的沟通和理解。旅游目的地或旅游企业应该在了解旅游消费者文化价值的基础上，考虑如何包装宣传本土文化产品，但也不能为了迎合旅游者的猎奇心而无限度地将本土文化商品化。

同步案例 11-3　　　　　　　　中国游客为何频遭境外"歧视"？

是误解，是歧视，还是纠纷？当中国人越来越多地走出国门游玩世界之时，越来越多的问题也就随之而生。一方面，外界对中国游客整体素质评价不高；另一方面，中国游客也纷纷遭遇侵权或者"隐形"侵权，有苦说不出，有权难维护。比如，春节前广东游客在泰国机场因通道收费问题，被当地海关呵斥"回中国去"；春节后马尔代夫北部伊鲁韦利岛海滩度假村又被曝出歧视中国游客，无端开除七名中国籍员工……

对此，专家也坦言"问题比较复杂，牵涉到很多深层次的文化问题"。那么，我们究竟有没有办法处置可能出现的类似情况？在海外旅行过程中，我们自身又该注意些什么？

主持人：中国游客在海外频频遭受歧视或不公正对待，您认为原因是什么？

刘思敏：不管是歧视还是不公正对待，取证都比较困难。很多时候，这就是别人的一种态度。真正的明目张胆的显性歧视是比较罕见的。就以广东游客在泰国的遭遇为例，如事实确实如此，那么既可能是一种歧视，更可能是不良海关人员的一种腐败行为。就像前些年中国商人去俄罗斯一样，遭遇海关人员腐败索贿。他知道中国人喜欢走关系，爱花钱买通，又炫富，胆子又小，国际经验又比较少，他就索贿，并不是说看不起中国才这么干，而是他本质就是腐败，你们是属于他能敲诈的对象，这是针对你中国人的性格特点实施的，又在他们的地盘上。

其实一开始俄罗斯警察或者海关并不是敲诈，他们只是例行检查，有些中国人心虚胆怯，马上就掏钱出来了事。久而久之，俄罗斯警察就尝到甜头了，再遇到中国人，他们就不是受贿，而是进一步索贿了。于是，中国游客和商人被俄罗斯警察和海关敲诈的就越来越多。

我们要分清是敲诈还是歧视，我个人觉得泰国机场事件更像是敲诈。他们就是想让你多交200铢，类似创收，你不服，那么他们就让你"滚回去"嘛。这类似于索贿，只不过程度稍微轻一些，交的钱不是归个人腰包，而是给国家。中国人常说，"小不忍则乱大谋"，"人在屋檐下不得不低头"，有很多中国人是配合了的，大家都那么干的，你不同意，就是这种结果。……①

三、跨文化视野下的旅游市场营销

基于以上分析，要实现跨文化的旅游市场营销，必须做到以下三点。

首先，要对旅游客源地文化群体的文化价值观进行全面而详细地测量，并在企业内部或旅游目的地相应的平台上共享，以便让更多的人了解游客的文化特性。由于文化价值观会影响旅游者的出游动机、旅游决策、旅游行为等，因此，通过提前了解游客的文化价值观，旅游企业可以预测他们的旅游消费行为，以做好充分准备。例如，对集体主义文化倾向国家和地区的旅游者应该推荐团队或家庭旅游产品，而对个体主义文化倾向的旅游者则可以提供自助游产品。

其次，在对客源群体文化价值充分了解的基础上，结合旅游目的地的文化特色，开发既符合旅游者期望，又带有社区或企业个性的旅游产品。在这个方面，与旅游有形产品相关的品种、规格、式样、质量、包装、特色、商标、品牌等要适合目标客源市场旅游者的需求。至于选择哪些文化被包装成产品，旅游东道主需要做

---

① 向杰：《中国游客为何频遭境外"歧视"》，见搜狐网（http://travel.sohu.com/20130313/n368648028.shtml）。

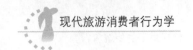

出慎重取舍，不能一味迎合旅游者。

最后，根据目标客源市场的文化价值观差异，选择相应的渠道开展宣传工作，例如，对于强不确定性规避文化群体中的旅游者，可通过权威旅游中介、旅游政府部门等机构进行宣传和营销，而对低不确定性规避文化群体中的旅游者则大可以通过大众媒体、广告进行宣传。

本章小结

1. 旅游者在整个旅游过程中携带着自己的文化与旅游目的地文化进行互动和交流。无论是国内旅游，还是国际旅游，旅游本身就是一种跨文化活动。

2. 跨文化旅游消费行为的研究有助于帮助旅游目的地和旅游企业预测旅游者的出游动机、旅游决策、旅游形象感知及服务评价和行为倾向。

3. 跨文化比较研究受到学术界的广泛关注。目前，主要的跨文化研究取向包括民族学方法、代理使用、直接价值判断和间接价值判断四种类型，尤其以国籍代理最为常用。

4. 霍夫斯塔德文化维度理论开创了通过定量方法测量国家文化价值观的先河。

5. 霍夫斯塔德文化维度理论包括如下六个维度：权力距离、个体主义—集体主义、不确定性规避、阳刚气质—阴柔气质、长期导向—短期导向和放纵—约束。

6. 霍夫斯塔德文化维度理论作为一个分析框架逐渐在旅游消费者行为研究中得以应用。

7. 与西方人的消费相比，中国特色的消费行为有："面子"消费、"人情"和"关系"消费及"根"文化消费。

思考题

1. 根据本章所学知识，并结合自己或身边人的出国或出境旅行的经历，思考：两个不同文化群体下的旅游者的所有行为差异都是由于文化差异引起的吗？

2. 结合自身的旅游经历以及与其他文化背景下的旅游者交流的经历，分析旅游体验对旅游者个人发展的影响是否也会存在跨文化的差异。

案例分析题

海外华人返乡旅行的存在主义体验

霍尔和刘德龄（Hall & Lew, 2009）是海外学者中较早地关注到海外华人华侨返回中国大陆旅行和旅游的学者。他们基于科恩（Cohen, 1979）提出的游客类型学，讨论了海外华人①返乡旅行的存在主义体验。科恩（Cohen, 1979）基于游客在心理层面以家乡文化（home culture）为中心的程度，提出将游客分成五种基本类型。他们分别是：①休闲游客（recreational tourist）：充分认同家乡文化；并且作为游客，主要是为节假日寻找休闲和游憩活动。②消遣型游客（diversionary tourist）：在家乡文化中感到疏远的人；在其他文化中也不合群；作为游客时，他们只是简单地寻找消遣以远离日常生活。③体验型或观察型游客（experiential or observatory tourist）：在家乡文化中感到疏远的人，却在其他文化中看到了（或凝视）自我中心；作为游客时，他们造访尚未屈服于现代性的异化价值观的更为传统的文化。④实验型或参与型游客（experimental or participatory tourist）：类似于体验型游客，但这类游客意图通过节日、宗教仪式以及其他活动来参与其他文化的中心。⑤存在主义旅游（existential tourism）：以另一个与家乡不同的地方为中心的人；作为游客时，他们旅行至他们的"中心"。

霍尔和刘德龄（Hall & Lew, 2009）指出，存在主义旅游有多种形式。对一些人来说，"中心"是与有特殊意义的地方相关联的，因为那是发生了改变人生的事件的地点。对其他人来说，"中心"目的地基于种族和族群。西非对美国黑人有这种吸引力，正如以色列对全世界犹太人（的吸引力）（Lew, et al., 2008）。霍尔和刘德龄（Hall & Lew, 2009）进一步指出，家庭宗族是存在主义旅游的第三类常见动机，它也通常被称为"寻根"。宗族可与族群结合在一起，比如墨西哥裔美国人、华裔加拿大人、爱尔兰裔澳大利亚人和世界上许多其他混种的或"带有连字符号的"族群（见 Coles & Timothy, 2004）。[注：存在主义旅游（existential tourism）与存在主义旅游体验（existential tourist experience）是不同的。存在主义旅游体验是一种在旅行的适当条件下可能发生在任何时候的对于原真性的深度的、个人的感受（见 Steiner & Reisinger, 2006）。]

在中国语境下，华侨华人（Overseas Chinese）由生活在中国以外的华裔组成。在东南亚和北美的华人华侨人口数量最多。无论在历史上，还是在当代，华侨华人通过根深蒂固的途径或族群网络维系着与中国的联系。这些途径和网络包括宗族的（或大家族）、地区的（通常是一个国家）以及特殊兴趣的组织，也被称为"自发性社团"。

霍尔和刘德龄（Hall & Lew, 2009）的著作指出，这些自发性社团通常位于全

---

① 在英语中经常使用的"Overseas Chinese"一词是指所有居住在中国（含港澳台）以外的国家和地区的出生在中国或有中国血统的人，通常包含了"华侨"和更广义的"华人"。在中国，"华侨"是一个有明确法律界定的群体。《中华人民共和国归侨侨眷权益保护法》明确规定："华侨是指定居在国外的中国公民。"因此，本书统一将"Overseas Chinese"翻译为"海外华人"。

球城市中的唐人街，帮助推动前往国外的移民（帮助就业和住房）和回中国的存在主义旅游。它们也与政府的侨务办公室（译者注：简称"侨办"）保持密切联系。即使在中国西南的边陲小镇都设有侨办。在那里，大部分的海外华人源自19世纪和20世纪（这种地理模式在21世纪并不显著）。

霍尔和刘德龄（Hall & Lew, 2009）的实证研究发现，对于许多海外华人而言，通过保持他们与中国的联系和克服移民的不确定性，存在主义旅游提供了超越地理和社会空间的承诺。存在主义旅游的主要目的地是祖先的村庄、祖宅和祖坟。前往上述地方的旅游活动符合中国文化和价值观的基本要义，包括：①在中国西南地区甚为普遍的数代同堂的大家庭以及宗族村庄（clan-based village）关系群体的重要性；②照顾年长的父母和照看好祖坟的孝道压力；（3）捐款和返乡的人在家族和宗族中的声望。

中国的地方侨务办公室在欢迎海外华人回乡时鼓励这种价值观，当然也鼓励他们捐款给乡村学校、诊所以及修建道路、桥梁，从而帮助远亲们提高生活质量。因此，通过自发社团和侨办的工作，海外华人的存在主义旅游活动已经改变了他们祖先在"中国的故乡"的景观与文化，同时还通过创建"华人社区"改变了海外的"新故乡"。

霍尔和刘德龄（Hall & Lew, 2009）认为，海外华人游客处于内部与外部、原真性与商品化之间。他们是"中国人"（内部人），但同时也是游客（外部人）；他们参观真实的祖先的村庄（原真的），但同时也被期待会捐款（商品化）。对于出生在中国和生活在非亚洲文化主导地区（例如，北美、澳大利亚和欧洲）的海外华人来说，参与存在主义旅游的愿望似乎更加强烈。一项针对取道香港的海外华人游客的研究发现，这一群体（上面谈及的群体）对他们的"家乡"有着更强的纽带联系，并且相较于住在东南亚和东亚的海外华人，他们参观"家乡"和捐款给"家乡"的频率更高（Lew & Wong, 2005）。

霍尔和刘德龄（Hall & Lew, 2009）指出，并非所有的存在主义旅游都能实现游客的目标和目的地的诉求。有些人认为，各种形式的存在主义旅游体验，虽然是重要的旅游动机，但却是罕见和稍纵即逝的（随时间逐渐消失）（Reisinger & Steiner, 2006）。在《想象中的家园》中，萨尔曼·鲁西迪（Salmon Rushdie）宣称，无论我们参观多少次，我们都不可能再次回"家"，与真实的地方一样，祖国和故乡都是想象的地方。从马修斯（Mathews, 2000）所指称的后现代"文化超市"——在这里，所有的身份都是暂时的，唯一真实的家是整个世界——的角度来看，我们构建了自己的族群性和我们自己的原真性。一个人一旦进入了这个自反性的和有趣的"文化超市"，就没有回头路，也无法再回"家"。在这种情境下，存在主义游客是一个社会构建的角色。这一角色明显被传统"中国性"所引导，被移民和流离经历所形塑，被全球现代化所激发，以及被"在中国的家乡感"的承诺所引诱。

问题：结合案例情境，讨论：
(1) 案例讨论的是本书关注的哪些议题？
(2) 在本案例中，海外华人的旅游行为是否以及如何体现了中国文化价值观？

附录　课堂讨论要点

第一章　概论

课堂讨论 1-1

问题：比较消费行为和消费者行为的异同，在旅游情境下，结合具体案例讨论旅游消费行为和旅游消费者行为的异同。

讨论要点：从本质上来说，上述定义（1）、（3）、（4）都有一个共同点，即认为当消费主体转换为旅游者时所产生的消费即旅游消费，强调旅游消费是旅游者在旅游过程中购买综合旅游产品所发生的各种各样的花费。定义（2）虽抽象定义了旅游消费的本质，但却没有明确地说明如何去界定旅游消费（张俐俐，2009）。

因此，谢彦君（2004）认为，以往对旅游消费所下的定义实质是对旅游消费者所下的定义，即使是世界旅游组织（WTO）的定义也是将旅游消费视为在总量上与旅游收入相等的指标，最终所表述的还是旅游者的消费。同时，谢彦君（2004）根据自己对旅游产品的理解指出，旅游者消费在构成上是复杂的，包含了旅游消费的内容，而要了解旅游消费则要先将旅游者在旅游过程中所购买的产品与服务进行分解，它们分别为：①核心旅游产品。旅游者在旅游过程中花钱获得的特殊经历和体验，是对满足旅游者离家外出审美和寻求愉悦的核心产品。②媒介旅游产品。旅游者购买的是与旅游相关的产品和服务，这些产品和服务有助于旅游活动的进行，能提高旅游经历和体验的质量，但这些产品和服务给予消费者的利益属于对旅游产品核心利益的追加，即通常意义上的旅游媒介型产品。③旅游用品、旅游纪念品。旅游者购买的是非日常性的特殊商品，如旅游纪念品、艺术品、特殊的家庭生活用品等。这些商品可以满足旅游者馈赠亲友、经济购物、玩味欣赏等需要。④基本消费品。旅游者购买的是作为满足旅游过程中基本需要的一般消费品，使用者可以是任何人，并可以在生活的任何时间和空间使用。旅游者购买它们的目的是满足旅游的日常需要。例如，购买一顶旅游帐篷是因为旅游者需要有一个安身之处。

通过这种分解，谢彦君（2004）认为，旅游消费实际上等价于旅游者对核心旅游产品的消费。核心旅游产品是旅游产品的原始形式，具有满足旅游者审美需要和愉悦需要的效用和价值。狭义的旅游消费（尤其是在休闲与观光旅游情境下）就是主要以购买可借以进入景区（点）进行观赏和娱乐的票证的方式消耗个人积蓄的过程。旅游者消费则是旅游者在旅游过程中购买和享用组合旅游产品的过程。从量上来看，旅游者消费意味着旅游者在旅游过程中支出的总的水平。从旅游者获得的利益来看，它包含了几乎所有的利益层次。从它的对应关系来看，它是对组合旅游产品的消费，也是形成广义旅游收入的源头。仔细观察上述定义，我们不难发现旅游消费的货币表现形式。

课堂讨论 1-2

问题：请列举并讨论国内学界对旅游消费者行为的定义。

讨论要点：为忠实于原作者的定义，下文中列举出来的定义并没有进行更改与区分。具有代表性的观点主要有以下几种：

（1）曹诗图、孙静（2008）认为，旅游消费行为是旅游者选择、购买、使用、享受旅游产品、旅游服务及旅游经历，以满足其需要的过程。旅游消费行为有广义和狭义之分，广义的旅游消费行为包括从旅游需要的产生、旅游计划的制订到实际旅游消费以及旅游结束回到家之后产生的感受（满意程度）的全过程。而狭义的旅游消费行为则强调行为是一种外在的表现，因此，旅游消费行为仅指旅游者的购买行为以及对旅游产品的实际消费。

（2）吴津清（2006）指出，旅游消费行为并非只是经济性的消费行为，而是受到当时的社会文化背景、消费者自身的个性以及情感等复杂因素影响的感性消费。因此，吴津清（2006）将旅游消费行为分为两部分：一是旅游者的行为，即购买决策的实践过程；二是旅游者的购买决策过程，主要指旅游者的购买实践之前的心理活动和行为倾向。

（3）相似地，谷明（2000）也曾指出，旅游消费行为是受到多种因素影响的，具有综合性、边缘性、超常规性特点的体验活动，而并非仅仅是简单的购买行为。它的产生、兴起、进行、结束这整个过程可以从心理、地理、社会、经济、文化等多个层次上多角度考察。在此基础上，谷明还提出了定义旅游者消费行为的六个维度：外层定义维度（空间维度、时间维度、文化维度），内层定义维度（经济支持维度、心理体验维度、社会互动维度）。

（4）还有部分学者则侧重从消费内容的角度来界定旅游消费行为。例如，陈春（2003）认为，旅游消费行为是指旅游者为了满足旅游需要，在某种动机的驱使下，用货币去实现需要并获得相关服务的活动。这里的旅游消费内容包括食、住、行、游、购、娱的全部或任一方面。

通过上述观点可以看出，虽然学者们对旅游消费者行为的定义各有侧重，但概念中都强调旅游消费者行为是旅游者的一个购买决策过程。由于所研究的旅游消费者行为是放置于宏观的社会文化背景之下进行的，所以本书认为，旅游消费者行为是指旅游者（旅游消费者）为了满足旅游愉悦的需要，选择并购买旅游产品的过程。这个过程包括出游前需要的产生、决策过程、在目的地的消费、购后评价这几个主要环节。同时，旅游消费者行为的产生、兴起、进行、结束这整个过程都受到旅游者的心理及其所处的地理、社会和经济环境等多个因素的影响，是一种具有综合性、边缘性、超常规性特点的体验活动。

课堂讨论 1-3

问题：阅读同步案例 1-2 和同步案例 1-3，讨论经济学是否可以以及如何运用在旅游消费者行为学的研究中。

讨论要点：在各学科中，最早介入消费领域研究的当属经济学。对消费行为的研究也一直是西方经济学研究的主流。早在1936年，凯恩斯（John Maynard Keynes）就在他的《就业、利息和货币通论》中，基于三大心理定律提出有效需求不足理论，同时也提出了"消费者的实际消费支出取决于现期可支配收入"的绝对收入假说。之后，杜森贝利（James Stemble Duesenberry）和弗里德曼（Milton Friedman）分别提出的"相对收入假说"和"生命周期假说"，霍尔（Robert E. Hall）提出的"随机游走假说"及后来的过度敏感性、过度平滑性、流动性约束、预防性储蓄等假说都试图用消费函数来解释消费者的行为。1988年，行为经济学家理查德·塞勒（Richard Thaler）等人用"行为生命周期假说"把消费定义为收入与心理意愿的函数，并由此把消费者行为研究由收入假说的"物质层面"上升到"心理层面"，开辟了消费函数理论研究的新视域（尹清非，2004）。但实际上，自从凯恩斯提出三大定律以来，经济学家虽然一直用消费的函数来解释消费者的行为，但对心理因素的考虑也从未间断过。

宏观经济学研究的是经济总量，微观经济学的研究对象则是单个经济单位的经济行为。微观经济学是涉足消费者行为学研究最早的学科。在微观经济学中对消费者行为的分析是运用效用理论来进行的，因此，消费者行为理论也称为效用论。研究消费者行为必须先认识效用和边际效用。效用（utility）是指一个人从消费某种物品中得到满足。消费者得到的满足越大，这种物品的效用就越大，反之亦然。效用存在于物品自身的物质属性中，并由于其物质属性的不同而不同。例如，旅游景区中出售的旅游纪念品和食品，因为客观物质属性的不同，可以满足旅游者的不同需要。其次，效用依存于消费者的主观感受。消费者的主观感受不同，对同一物品的效用评价就不同。边际效用（marginal utility, MU）指消费者在一定时间内每增加一个单位商品或劳务的消费所得到的新增加的效用。

总效用和边际效用是两个不同的概念。总效用是指连续消费某一类商品或劳务得到的全部效用总和。而边际效用是指连续消费某一类商品或劳务时，最后增加的那个单位的消费所带来的效用，或者说，增加一个单位消费所带来的总效用的增量。

消费者在消费中所面临的基本问题是，其追求效用的最大化的欲望是无限的，但满足欲望的手段即消费者的收入是有限的，同时消费者也不能无偿获得商品。如何将有限货币收入与可买到的商品做合理分配，以求效用的最大化，其解决途径被称为消费者均衡（consumer equilibrium）。消费者均衡需要满足消费者收入固定、物品的价格不变、消费者偏好固定三个前提。在此基础上研究消费者效用最大化问题可以采用两种分析方法：边际效用分析法和无差异曲线分析法。与之相对应，产生了两种理论：基数效用论和序数效用论。

在旅游消费者行为研究领域，尹少华（2004）从理论上探讨了旅游消费者行为的最大化的决策过程。他指出，人们旅游活动的目的，无一不是希望通过旅游消费，以获得自身精神与物质上的最大满足，亦即实现旅游消费行为的效用最大。由于每个旅游者的性别、年龄、职业、经历、习俗、心理等诸多因素的差异，而导致同一种旅游活动给不同旅游者的满足或效用是不同的。这就要根据每个旅游者通过旅游活动所获得的主观感受进行评价，也就是将旅游者在旅游消费活动中的感受与其主观愿望相比较。如果两者的差距小，则旅游消费的效用就大。反之，则效用就小。旅游消费的效用最大，表现在旅游之前对旅游地选择的最大满足和在旅游消费过程中实际所得与主观愿望的最大相符。杨勇（2007）在对自主权与消费者旅游方式选择研究中指出，旅游消费者不同的效用价值取向决定了其旅游方式的选择。对旅游消费者群体进行细分，是旅游中间商以及其他旅游经营者着眼于不同旅游者的效用价值取向设计相关产品时需要关注的另一个问题。另外，旅游消费者通过旅游行为享受到旅游带来的效用，而当其已不满足现有的旅游方式产生的效用时，旅游需求会发生变化，为了实现旅游消费者新的需求，旅游业经营者就需要做出新的调适（杨勇，2007）。

第二章　旅游者感知

课堂讨论 2-1

问题：结合知识链接 2-3 有关文化距离的知识，讨论是否存在一个最佳的或者临界文化距离？

讨论要点：见参考文献：周玲强和毕娟（2017）。在这一论文中，作者利用中国大陆 1995—2012 年入境旅游统计数据开展的实证研究发现：①文化距离与国际旅游者目的地选择行为之间呈现出"倒 U 形"非线性关系；②到访中国大陆的国际旅游者达到峰值时所对应的文化距离取值即最优文化距离；③当其他条件一致时，中国对与中国的文化距离值为 3.606 左右的国家或地区（新西兰、比利时、立陶宛、希腊和葡萄牙）的居民最具吸引力。因此，为了更好地吸引海外旅游者，旅游企业和政府机构应根据客源国与中国不同的文化距离实施不同的营销措施，将最优文化距离附近的国家或地区确定为目标客源市场。对与中国文化距离小于最优文化距离的国家，应重点突出中国与它们的差异；反之，则应强调中国与其相似之处。

课堂讨论 2-2

问题：结合知识链接 2-4 有关雾霾天气的知识，讨论雾霾天气以及对雾霾天气的感知是否以及如何影响国内游客和入境游客对中国或者对某些特定目的地的形象感知以及出游意向。

讨论要点：见参考文献：李静、Pearce、吴必虎、Morrison（2015）；程德年、周永博、魏向东、吴建（2015）。在李静等（2015）的研究中，从旅游者感知的视角出发，探究雾霾对旅游的影响，设计了旅游者雾霾风险感知量表，并借助 SEM 模型验证了雾霾感知、风险感知、满意度和忠诚度间的结构关系，且在通过模型稳定性检验的基础上，利用均值结构模型比较了中、外旅游者的雾霾感知、风险感知、满意度及忠诚度水平。结果证实：旅游者对雾霾旅游损害的感知主要体现在危害健康、破坏情绪、损害照片品质、降低景点吸引力和可游性等方面。雾霾风险感知会提升旅游风险感知的整体水平，并降低满意度；高旅游风险感知对满意度有负面影响；满意度对忠诚度的积极贡献在雾霾情境中得以验证；同时，雾霾感知和风险感知都借由中介变量间接削弱忠诚度。另外，除了满意度水平无显著差异外，外国旅游者的雾霾感知、风险感知和忠诚度水平均低于中国人。

第三章　旅游者动机

课堂讨论 3-1

问题：结合上文对需要、旅游需要的论述，讨论在旅游情境下，旅游需要和旅游者需要的关系。

讨论要点：同第一章对旅游消费和旅游者消费的讨论。旅游需要聚焦于人们对旅游作为一种消费的需要，是因为旅游能够带给人们各种精神、身体、社会的裨益，所以，人们才有了外出旅游的需要。其实，旅游者需要的范畴远大于旅游需要的范畴。除了对旅游作为一种异地休闲的愉悦的本质追求外，在旅游的前、中、后期，旅游者还需要获得各种其他的满足。一般而言，因为旅游需要是旅游者最为核心和本质的需要，其他的需要都是建立在旅游需要之基础上的外在的需要。所以，在旅游消费者行为学的研究中，"旅游者需要" 经常与 "旅游需要" 交互使用。

课堂讨论 3-2

问题：结合上文对需要、旅游需要以及对动机、旅游动机的论述，讨论在旅游情境下的旅游者动机的特点。

讨论要点：①内隐性。动机是一种心理过程。一般情况下，个体不会将动机表现出来，即使表现出来也很难被他人观察到，因而只能根据个体所处的环境及其行为表现来推测其行为背后的动机。②指向性。所谓指向性是指动机是具体的，是与个体的行为密切相关的，是具有一定的指向，针对相应目标和对象的。旅游动机一旦形成，个体必定和旅游对象建立联系，从而产生相应的旅游行为。③复杂性。旅游是复杂而具有高度象征性的社会行为。动机的复杂性是指影响动机产生的因素的多重性及动机对行为调节的多样性。在很多情况下，个体的某一种行为是出于多种动机的。也就是说，动机的组合激发了某种行为。④共享性。旅游者的旅游动机在大多数情况下难免会受到同伴出游动机的影响。⑤学习性。旅游动机的学习性是指旅游动机是可以随着旅游者的学习和经验积累而不断变化的。信息是学习的重要来源。⑥动态性。动机本身就是一个高度动态的概念，作为对生活经验的反映而不断地变化。当个体达到他们的目标时，他们又有了新的目标。如果没有达到他们的目标，则会继续原来的目标或产生新的替代目标。

课堂讨论3-3

问题：结合上文对普洛格的旅游动机理论的论述，讨论在现代旅游业的情境下，不同人格类型旅游者的人格特征与相应的旅游行为。

讨论要点：不同人格类型旅游者的人格特征与旅游行为，如附表1所示。

附表1　不同人格类型旅游者的人格特征与旅游行为对比

旅游者类型	人格特征	对旅游活动的影响
依赖型	● 思想上较封闭，不愿寻求新的观念或新的经历 ● 在日常生活中比较谨慎和保守 ● 在花钱方面比较节制 ● 偏好购买流行的名牌消费品 ● 对待日常生活缺乏自信和主动性 ● 往往仰仗权威人士指引他们的生活	● 谨小慎微，多忧多虑，不愿冒险 ● 出游频率不高 ● 在外出旅游时倾向于选择距离比较近、自己比较熟悉的旅游目的地，特别倾向于那些传统的旅游热点地区 ● 在旅游目的地逗留期间，花费较少，往往会选择自己熟悉的娱乐活动，喜欢购买标志某一国家或地区的旅游纪念品或装饰品

续附表1

旅游者类型	人格特征	对旅游活动的影响
依赖型	● 在日常生活中比较被动，缺乏进取精神 ● 喜欢规规矩矩按常规办事的生活方式 ● 偏好恋群，喜欢在亲友等熟人中生活	● 喜欢故地重游
中间型	● 特点不明显的混合型 ● 介于两个极端类型之间	● 对旅游目的地的选择通常不苛刻 ● 一般都会避免选择传统的旅游热点或风险很大的待开发地区
冒险型	● 天性好奇，喜欢探索周围的多样性世界 ● 做事当机立断而不犹豫 ● 在花钱方面比较随意 ● 喜欢选择刚上市不久的新产品 ● 在日常生活中充满自信和个人活力 ● 靠自己去指引自己的生活 ● 在日常生活中非常主动，具有进取精神 ● 喜欢充满挑战的多样化工作 ● 偏好个人独处和静默沉思	● 思想开朗、兴趣广泛、富有胆量 ● 外出旅游的频率较高 ● 倾向于选择那些地处遥远、文化差异大，甚至不为人知的目的地，特别不喜欢随大流的去那些旅游热点地区 ● 一般在旅游目的地逗留的时间较长，花费较多，他们喜欢分享当地的风俗习惯，喜欢购买真正的艺术品和工艺品 ● 每年都会去寻找新的旅游目的地

资料来源：保继刚、楚义芳，2012。

第四章　旅游者态度与情绪情感

课堂讨论 4-1

问题：结合上文对学习理论的论述，讨论学习理论中强调的情感的迁移（移情）与文学研究中所讨论的移情的联系和区别。

讨论要点：在心理学中，"移情"一词来源于精神分析学说，是精神分析的一个用语。来访者的移情是指在以催眠疗法和自由联想法为主体的精神分析过程中，来访者对分析者产生的一种强烈的情感，是来访者将自己过去对生活中某些重要人物的情感投射到分析者身上的过程。在文学研究中，作为一种修辞手法，移情是将人的主观的感情移到客观的事物上，反过来又用被感染了的客观事物衬托主观情绪，使物人一体，能够更集中地表达强烈感情。简言之，为了突出某种强烈的感情，写说者有意识地赋予客观事物一些与自己的感情相一致但实际上并不存在的特性，这样的修辞手法叫作移情。典型的例子如：①露从今夜白，月是故乡明。（杜甫《月夜忆舍弟》）②感时花溅泪，恨别鸟惊心。（杜甫《春望》）。

上面例①两句诗的意思是：从今夜起就进入了白露节气，月是故乡的才格外明亮。为什么是这样的呢？因为诗人杜甫亲历了"安史之乱"的大动荡，在国家前途、个人命运不断遭到打击的情况下，不得不于公元759年秋天弃官到秦州（今甘肃天水）客居。在这凄冷荒漠的边塞小城里，诗人将思念故乡的感情移到露色和月光上，反过来又用被感染了的露色和月光衬托诗人思念故乡的情绪，使事人一体，从而更好地表达了诗人思乡的强烈感情。例②中两句诗的意思是：感叹国家遭逢丧乱，花朵溅滴悲伤的泪；痛恨一家流离分散，鸟儿叫唤惊动忧愁的心。花开鸟叫是自然界的现象，是没有人的情感的，诗人运用移情修辞手法，才能写出这样感人的诗句。

因此，在学习理论所强调的情感迁移中，以酒店或者度假区的宣传来说，当背景中出现了可爱的小孩、温馨甜蜜的夫妻时，潜在旅游者会把这些吸引人的特征与酒店（度假区）联系起来。这样，旅游者对酒店（度假区）的好感就会增加，因为他们把对幸福家庭生活（一家人共享天伦之乐）的正面情感（向往）迁移到了酒店上了。

课堂讨论 4-2

问题：结合上文有关旅游者态度改变的论述，讨论参照群体对旅游者态度（改变）的影响。

讨论要点："参照群体"（reference group）的概念最早来源于社会心理学。美国社会学家（社会心理学家）库利（C. H. Cooley）在他1902年出版的《人类本性与社会秩序》一书中首次提出"镜中我"的概念并指出，他人的评价和态度是形成自我观念的一面"镜子"。1942年，美国社会心理学家海曼（H. H. Hyman）首次提出了"参照群体"的概念。海曼将人们的主观地位（subjective status）定义为与他人群体对比之后得出的自我社会地位认知，而这个他人群体就是人们的参照群体。更多有关参照群体的介绍，见本书第六章。

在消费者研究领域，参照群体被定义为对消费者很重要的社会群体，并且他（她）在形成态度和行为时将他（她）自己与之进行比较。家庭是最重要的参考群体，因为个人的价值观和期望是通过家庭影响建立起来的。

根据态度改变理论，旅游者态度受到所处社会环境的影响。一些外界条件的改变也能改变旅游者的态度。旅游者的态度通常是与其所属团体（例如，家庭、教会、俱乐部、公司、国家等）的要求和期望相一致的。团体的规范和习惯力量会在无形中形成一种压力影响团体内成员的态度。

第五章 旅游产品购买决策过程

课堂讨论 5-1

问题：结合上文有关旅游产品购买决策过程模型的论述，讨论厄姆和克朗普顿模型与伍德赛德和莱松斯基模型的异同。

讨论要点：首先，相似之处。伍德赛德和莱松斯基提出的"从意识到目的地向选择目的地的演进"相当于厄姆和克朗普顿提出的"从意识域到最终目的地选择域的历程"。市场变量相当于厄姆和克朗普顿模型的外部输入，旅游者变量相当于厄姆和克朗普顿模型的内部输入。其次，差异之处。伍德赛德和莱松斯基的方法更为准确。因为，对目的地的知觉被视为心理分类的过程，旅游者意识中的目的地，可以由此分为考虑域或激活域、排除域、惰性域、无知觉域和意识域。另外，伍德赛德和莱松斯基还有厄姆和克朗普顿模型没有分离出来的一些重要变量，例如，情感联系、目的地偏好等。

课堂讨论 5-2

问题：结合图 5-18 所示的家庭旅游目的地选择模型，讨论在中国现阶段，尤其是在人口老年化和独生子女背景下，家庭生命周期如何影响家庭旅游目的地决策的实际过程。

讨论要点：家庭生命周期是指一个家庭由形成到消亡所经历的不同阶段，是由婚姻状况、家庭成员年龄、家庭结构等变量结合而成的复合变量。家庭生命周期关系到家庭成员的态度和行为，并随着时间的推移而变化，是影响旅游购买决策的重要因素。在生命周期的不同阶段，旅游购买决策行为呈现出不同的主流特征。家庭生命周期一般可分为五个阶段：①未婚期，对应年轻单身家庭。家庭成员经济上自立、无负担；身体处于年轻有活力的状态；自身的学习、娱乐、交友、健身、求新等需求心理较为突出。所以，他们旅游需求较为旺盛，但旅游消费还没有充分的自由支配权。②新婚期，对应年轻夫妇无子女家庭。新婚期家庭的旅游需求旺盛、旅游消费欲望较强，容易做出旅游产品的购买决策。"蜜月旅游"便是专门针对这个群体的旅游产品。③"满巢"期，按照子女的年龄又可分为儿童家庭、子女学龄期家庭、子女自立型家庭。这个阶段影响旅游产品购买决策的主要因素是子女的旅游需求和限制、家庭可支配收入情况。各类"亲子旅游"产品便是针对这个阶段的群体。④"空巢"期，分两个阶段。一个阶段是指子女已成年并独自生活而家长还在工作的阶段。这时，经济比较宽裕，是家庭旅游消费的一个黄金时段。另一个阶段则是家长退休后，随着国民收入的持续增长和人均寿命的不断延长，"夕阳红"旅游市场越来越大。⑤鳏寡期,对应单身老人家庭。这时候,老人出游的积极性会比"空巢"期的老人低,但在子女的安排和陪伴下,实际出游的可能性反而更大。

第六章　旅游者社会交往

课堂讨论6-1

问题：结合上文有关道克西"愤怒"指数（理论）的论述,以及中国或其他国家（地区）的具体情境,讨论"愤怒"指数（理论）可能存在的局限。

讨论要点：虽然"愤怒"指数（理论）被认为是理解目的地居民和旅游者之间关系的最重要的模式之一,但仍存在一些局限性。作为一种单向模式,它旨在全面反映目的地居民当前的态度（Fridgen,1991）。"愤怒"指数（模型）假设了一定程度的同质性和线性正相关关系,忽略了东道主社区内部的复杂性以及旅游影响的多维度性（Cordero,2008）。因此,"愤怒"指数忽视了与目的地社区成员有关的内在因素（例如,个人的人口和社会特征）,未能澄清居民个人与其所在社区之间的区别（Zhang, et al.,2006）。当地人可以由多个民族组成,具有不同的价值观和传统。此外,没有考虑到国家旅游行政主管部门制定的旅游管理模式或战略。这些模式或战略可能有助于减少旅游业对当地社区的压力。显然,旅游业发展对目的地的经济、环境、社会和文化产生了影响。因此,"愤怒"指数是一个理论模型,需要结合目的地社区的具体情境展开具体分析。

课堂讨论6-2

问题：结合上文有关背包客的论述,结合中国或其他国家（地区）的具体情境,讨论应该如何来界定谁是一个背包客。

讨论要点：见陈钢华、赵丽君和黄松山（Chen, Zhao, Huang, 2019）发表在 *Journal of Travel Research* 上的论文。在这一论文中,作者系统地梳理了目前国内外学界有关如何区分或识别背包客的研究（一类研究是运用外在的、有形的指标,例如,行李、旅行时长、线路安排等;另一类研究运用所谓的社会心理变量,例如,动机、对风险的主观判断等）,并在社会身份理论（Social Identity Theory）的指导下开发并验证了一份旨在测量背包客身份认同的量表。通过两个子研究［研究（1）：n=190；研究（2）：n=323］,作者识别了背包客身份认同的三维结构模型［自我识别（self-categorization）、群体自我价值（group self-value）、群体自我评价（group self-evaluation）］。量表包含16个题项,被证明有良好的信度和效度。

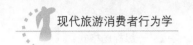

第七章 旅游者满意度

课堂讨论 7-1

问题：结合上文有关顾客满意度、旅游者满意度的论述，讨论旅游者满意度的特点。

讨论要点：基于本章的分析可以发现旅游者满意度具有四个方面的特点：其一，全面性。现代旅游活动是一种综合性的社会、经济、文化活动。旅游者希望通过旅游活动获得物质、精神等多方面的满足。旅游者满意度涉及旅游活动的各个环节，任何质量特性或是服务环节出现问题，都可能导致旅游者不满意。其二，主观性。旅游者满意度归根结底是旅游者的一种主观感知活动的结果，具有强烈的主观色彩。因此，对于旅游者来说，满意与否以及满意的程度，首先受主观因素的影响。其三，动态性。旅游者满意度并非一成不变。相反，由于旅游者需求具有变化性，旅游者满意度也会随着时间的推移、技术的进步、旅游服务整体质量的变化等发生变化。其四，模糊性。旅游者满意度是一种主观感知的判断，富含情感因素，带有许多"亦此亦彼"或是"非此非彼"的想象，即模糊现象。另外，不同旅游者的满意度是有差距的，但是究竟差多少，也是相当模糊的，难以精确和量化。

课堂讨论 7-2

问题：结合上文有关"美国顾客满意度指数"的论述，并通过检索有关文献，讨论这一指数的优点和缺点。

讨论要点：ACSI 模型最大的优势是可以进行跨行业的比较，同时能进行纵向跨时间段的比较，已经成为美国经济的晴雨表。同时，ACSI 是非常有效的管理工具，它能够帮助企业与竞争对手比较，评估企业目前所处的竞争地位。需要指出的是，虽然 ACSI 是以先进的消费者行为理论为基础建立起来的精确的数量经济学模型，但由于其建立的目的是监测宏观的经济运行状况，主要考虑的是跨行业与跨产业部门的顾客满意度比较，而不是针对具体企业的诊断和指导，其调查企业的目的只不过是以企业为基准来计算行业、部门和全国的满意度指数。由于其测量变量抽象性的需要，它的调查也不涉及企业产品或服务的具体绩效指标，企业即使知道自己的满意度低，也不知道具体低在生产或服务的哪个环节，应该从哪一方面着手改善；更不知道顾客最需要的是什么，最重视的又是什么。由于缺乏对企业生产经营上的具体指导作用，在进行微观层面具体企业的满意度调查时很少使用该模型。

第八章 旅游者忠诚度

课堂讨论 8-1

问题：结合上文有关顾客忠诚度行为取向的论述，通过检索有关文献并结合自身或他人的实际经历，讨论顾客忠诚度行为取向的优势和缺陷。

讨论要点：这一行为取向的概念界定有助于市场营销者通过观察顾客的购物行为来评估其忠诚度，因而被大多数企业采纳以实施顾客忠诚项目（loyalty programs）。然而，仅从行动结果的单一视角理解顾客忠诚度，缺乏对顾客忠诚度形成原因的考虑，往往会将真正忠诚的顾客与表面忠诚的顾客混淆。顾客重复购买行为可能与顾客的认同和偏好无关，而是由于转换障碍因素的存在限制了顾客行为，而较低的重复购买行为也可能仅仅是由于情境因素或随机因素的作用（Gronroos，1988）。随着实践和研究的不断深入，行为取向的理解中存在的缺陷和不足逐渐被学者广泛认识到。正是在这一背景下，对于顾客忠诚度内涵理解的态度取向以及行为和态度的综合取向成为目前理解顾客忠诚度的主要视角。

课堂讨论 8-2

问题：结合上文有关顾客忠诚度态度取向的论述，通过检索有关文献并结合自身或他人的实际经历，讨论顾客忠诚度态度取向的优势和缺陷。

讨论要点：实际上，态度取向的顾客忠诚度往往适用于理解重要的或高风险的消费决策，但对低风险的高重复性购买行为以及冲动消费、多样性消费等行为的解释却相对不适用。考虑到片面地强调态度，忽视实际的行为结果，对于现实的多元消费情景的解释力度欠缺，更多的学者选择综合行为和态度取向以形成对顾客忠诚度的全面理解。

第九章 旅游体验对旅游者的影响

课堂讨论 9-1

问题：结合上文有关体验及旅游体验的内涵、旅游体验的类型的论述，通过检索有关文献并结合自身或他人的实际经历，讨论旅游体验对旅游者个人而言的重要性。

讨论要点：体验对一个人的身心发展具有非常重要的作用。同样地，旅游体验对旅游者个人的重要性也不言而喻。这种重要性可以从以下多个方面进行考察（孙九霞、陈钢华，2015）。①丰富的经历（体验）有助于个人形成正确的世界观、价值观。②丰富的经历（体验）有助于提升一个人的自信心、毅力等情商（即

EQ)。③从智力教育的角度上来讲,经历对于一个人的教育起到非常重要的作用。旅游这种特殊的个人体验无疑具有重要的教育价值和意义,对于人们形成正确的世界观、价值观,提升个人的情商和智商,提升个体的主观幸福感、生活质量,改善人际关系等均具有重要的作用。这些方面已经有相关学者进行了深入研究。具体可见本章正文。

课堂讨论 9-2

问题:结合上文有关体验及旅游体验的内涵、旅游体验的类型的论述,通过检索有关文献并结合自身或他人的实际经历,讨论旅游体验是否以及如何影响旅游者的家庭凝聚力。

讨论要点:家庭是指在婚姻关系、血缘关系或收养关系基础上产生的,亲属之间所构成的社会生活单位。家庭是幸福生活的一种存在。家庭有广义和狭义之分,狭义的家庭是指一夫一妻制构成的社会单元;广义的家庭则泛指人类进化的不同阶段上的各种家庭利益集团,即家族。从社会设置来说,家庭是最基本的社会设置之一,是人类最基本、最重要的一种制度和群体形式。从功能来说,家庭是儿童社会化、供养老人、满足经济合作的人类亲密关系的基本单位。从关系来说,家庭是由具有婚姻、血缘和收养关系的人们长期居住的共同群体。按照家庭的规模划分的家庭结构有:①核心家庭:由一对父母和未成年子女组成的家庭。②扩展家庭:分为主干家庭和扩大联合家庭。主干家庭:由一对父母和一对已婚子女(或者再加其他亲属)组成的家庭。扩大联合家庭:由一对父母和多对已婚子女(或者再加其他亲属)组成的家庭。

在传统的中国社会中,家庭是"大家庭"的概念,而在当今社会里,家庭的概念越来越小,由父母与孩子两代人组成的"核心家庭"成了家庭旅游消费的主导力量,在我国各大旅游预订网站,"亲子游"更是成了主打项目之一。旅游体验影响家庭凝聚力的根本原因在于旅游增加了家庭成员的情感联系。

第十章 基于旅游者行为的旅游市场细分

课堂讨论 10-1

问题:结合对市场细分概念和旅游者类型学研究进展的论述,通过检索有关文献,讨论旅游市场细分研究(旅游者类型研究)的发展得益于哪些因素。

讨论要点:在旅游研究中,旅游者类型学的发展得益于以下两个方面的因素:其一,商业背景下消费者的"群分"越来越受关注;其二,大众旅游业的快速发展对目的地社区所造成的经济、社会文化与环境影响日益受关注。

课堂讨论 10-2

问题：结合你对旅游市场细分的理解，通过检索有关文献或结合所参与的旅游规划课题中的市场细分课题，讨论基于地理指标的旅游市场划分可能存在哪些方面的缺陷。

讨论要点：可能存在最大的缺陷在于，旅游者的到访行为可能存在"空间跳跃"的现象。例如，在同步案例10-4中，市场细分的主要依据是物理距离和交通条件（基本遵循距离衰减规律）。但是，有些时候，可能某个特定的客源城市的居民对目的地情有独钟（或者有其他的经济和社会条件），因而可能跨越物理距离和交通条件的限制，成为目的地的基础市场。

第十一章 跨文化视角下的旅游者行为

课堂讨论 11-1

问题：结合上文对代理使用的论述，通过检索有关文献，讨论这一取向可能存在的问题。

讨论要点：代理使用方法因为忽略了对文化与这些代理指标之间的相关关系进行测试而受到学界的质疑。这些代理指标被认为只是一种名义上的数据。

课堂讨论 11-2

问题：结合上文对霍夫斯塔德文化维度理论及其在旅游研究中的应用的论述，通过所阅读的有关文献，讨论还有哪些旅游者行为相关现象可以运用霍夫斯塔德的文化维度理论。

讨论要点：霍夫斯塔德文化维度理论在旅游者行为研究中获得了广泛的应用。从不断增加的相关研究可以发现，这一理论在旅游研究中还有广泛的应用前景。例如，有研究（Huang & Crotts, 2019）运用 Tourism Research Australia 的"2017年国际访客调查数据库"（2017 International Visitor Survey Dataset）和香港理工大学的"2016年香港旅客满意度指数项目数据库"（2016 Hong Kong Tourist Satisfaction Index Project Dataset）对旅游者满意度是否存在跨文化差异进行了研究。研究发现：个体主义和放任与旅游者满意度正面显著相关；权力距离和长期导向价值观与旅游者满意度负面显著相关。此外，有关旅游者（如背包客）核心自我评价、身份认同方面的跨文化差异的研究，均可以尝试运用霍夫斯塔德文化维度理论。

参考文献

一、中文部分

[1] 白凯. 旅华美国游客目的地城市色彩意象认知研究[J]. 地理学报，2012，67（4）：557-573.

[2] 保继刚，楚义芳. 旅游地理学[M]. 3版. 北京：高等教育出版社，2012.

[3] 毕雪梅. 顾客感知质量研究[J]. 华中农业大学学报（社会科学版），2004，3：42-45.

[4] 蔡礼彬，吴楠. 旅游网站创意对旅游者行为意向的影响——基于效果层次模式[J]. 旅游学刊，2017，32（8）：25-37.

[5] 程德年，周永博，魏向东，吴建. 基于负面IPA的入境游客对华环境风险感知研究[J]. 旅游学刊，2015，30（1）：54-62.

[6] 陈钢华. 旅游心理学[M]. 上海：华东师范大学出版社，2016.

[7] 陈钢华，李萌，相沂晓. 你的目的地浪漫吗？——对游客感知视角下目的地浪漫属性的探索性研究[J]. 旅游学刊，2019，[DOI]：10.19765/j.cnki.1002-5006.2019.00.001（网络首发）.

[8] 陈钢华，奚望. 旅游度假区游客环境恢复性感知对满意度与游后行为意向的影响——以广东南昆山为例[J]. 旅游科学，2018，32（3）：69-82.

[9] 陈钢华，赵丽君. 旅游领域量表开发研究进展——基于国内外六本旅游学术刊物的分析[J]. 旅游导刊，2017，1（6）：66-85.

[10] 陈浩彬，苗元江. 主观幸福感、心理幸福感与社会幸福感的关系研究[J]. 心理研究，2012，5（4）：46-52.

[11] 陈旭. IPA分析法的修正及其在游客满意度研究的应用[J]. 旅游学刊，2013，28（11）：59-66.

[12] 陈奕滨，胡璟，黄曦晓. 不确定性规避对游客旅游目的地形象感知的影响研究：以张家界为例[J]. 旅游科学，2012，26（3）：42-53.

[13] 迟小络. 基于推拉理论的赴泰中国蜜月游客动机研究[D]. 广州：中山大学，2019.

[14] 窦尚孝. 中国出境游客对韩国旅游满意度分析研究[D]. 济南：山东大学，2015.

[15] 杜炜. 旅游消费行为学 [M]. 天津：南开大学出版社，2009.

[16] 凡勃伦. 有闲阶级论 [M]. 北京：中央编译出版社，1999.

[17] 范向丽，郑向敏. 女性旅游市场细分及其特征分析 [J]. 经济论坛，2009，17：80-84.

[18] 盖奥尔格·西美尔. 社会学：关于社会化形式的研究 [M]. 林荣远，译. 北京：华夏出版社，2002.

[19] 巩飞. 跨文化背景下中美两国女性旅游动机研究 [D]. 西安：西安外国语大学，2017.

[20] 郭莲. 文化的定义与综述 [J]. 中共中央党校学报，2002，6（1）：115-118.

[21] 郭小艳，王振宏. 积极情绪的概念、功能与意义 [J]. 心理科学进展，2007，15（5）：810-815.

[22] 郭永锐，张捷，卢韶婧，等. 旅游者恢复性环境感知的结构模型和感知差异 [J]. 旅游学刊，2014，29（2）：93-102.

[23] 郭紫敏. 游客间互动动机研究——以阳朔西街为例 [D]. 广州：中山大学，2017.

[24] 侯玉波. 社会心理学 [M]. 北京：北京大学出版社，2002.

[25] 黄潇婷. 基于时空路径的旅游情感体验过程研究——以香港海洋公园为例 [J]. 旅游学刊，2015，30（6）：39-45.

[26] 安东尼·吉登斯，菲利普·萨顿. 社会学 [M]. 赵旭东，等译. 北京：北京大学出版社，2015.

[27] 吉尔特·霍夫斯泰德，格特·扬·霍夫斯泰德. 文化与组织：心理软件的力量 [M]. 北京：中国人民大学出版社，2010.

[28] 姜爱华. 马克思交往理论研究 [M]. 北京：知识产权出版社，2009.

[29] 姜辽，徐红罡. 文学旅游的审美消费：以水泊梁山为例 [J]. 旅游学刊，2017，32（5）：71-79.

[30] 蒋婷. 顾客间互动的质性探索和理论模型构建——以高星级饭店为例 [J]. 旅游论坛，2012，5（2）：6-11.

[31] 金程. 游客情感的动态性及其变化机制研究 [D]. 广州：华南理工大学，2015.

[32] 乐国安. 社会心理学 [M]. 北京：中国人民大学出版社，2009.

[33] 雷雳. 毕生发展心理学：发展主题的视角 [M]. 北京：中国人民大学出版社，2014.

[34] 理查德·格里格，菲利普·津巴多. 心理学与生活 [M]. 北京：人民邮电出版社，2003.

[35] 李静, Pearce P L, 吴必虎, Morrison A M. 雾霾对来京旅游者风险感知及旅游体验的影响——基于结构方程模型的中外旅游者对比研究 [J]. 旅游学刊, 2015, 30 (10): 48-59.

[36] 李君轶, 张妍妍. 大数据引领游客情感体验研究 [J]. 旅游学刊, 2017, 32 (9): 8-9.

[37] 李蕾蕾. 旅游目的地形象的空间认知过程与规律 [J]. 地理科学, 2000, 20 (6): 563-568.

[38] 粟路军, 黄福才. 服务公平性、消费情感与旅游者忠诚关系——以乡村旅游者为例 [J]. 地理研究, 2011, 30 (3): 463-476.

[39] 李文娟. 霍夫斯泰德文化维度与跨文化研究 [J]. 社会科学, 2009, 12: 126-129.

[40] 李小芳. 旅游消费研究评述 [J]. 旅游市场, 2008, 6: 56-58.

[41] 李祗辉, 韩真洙. 基于文化维度的酒店服务质量与顾客行为意向关系研究 [J]. 华东经济管理, 2010, 24 (5): 112-118.

[42] 梁雪松. 东西方旅游者跨文化旅游行为比较研究 [J]. 浙江工业大学学报 (社会科学版), 2008, 7 (3): 42-46, 58.

[43] 林南枝, 陶汉军. 旅游经济学 [M]. 天津: 南开大学出版社, 1994.

[44] 刘丹萍, 金程. 旅游中的情感研究综述 [J]. 旅游科学, 2015, 29 (2): 74-85.

[45] 刘佳, 吴晋峰, 吴宝清, 等. 中国人距离远近的感知标准及群体差异 [J]. 人文地理, 2015, 30 (6): 34-39.

[46] 刘媛媛, 卓金梅, 张朝枝. 游客文化差异性特征对其景观偏好的影响 [J]. 中南林业科技大学学报 (社会科学版), 2012, 6 (2): 12-16.

[47] 卢昆. 知觉距离对消费者旅游决策的影响 [J]. 桂林旅游高等专科学校学报, 2003, 14 (4): 48-50.

[48] 罗贝尔·朗加尔. 旅游经济 [M]. 董明慧, 谭秀兰, 译. 北京: 商务印书馆, 1998.

[49] 罗明义. 现代旅游经济学 [M]. 昆明: 云南大学出版社, 2008.

[50] 苗元江. 心理学视野中的幸福——幸福感理论与测评研究 [D]. 南京: 南京师范大学, 2003.

[51] 马秋芳, 杨新军, 康俊香. 传统旅游城市入境游客满意度评价及其期望—感知特征差异分析——以西安欧美游客为例 [J]. 旅游学刊, 2006, 21 (2): 30-35.

[52] 马天, 李想, 谢彦君. 换汤不换药? 游客满意度测量的迷思 [J]. 旅游学刊, 2017, 32 (6): 53-63.

参考文献

[53] 马晓龙，张晓宇，Chris R. 影视旅游者动机细分及其形成机制——新西兰霍比特村案例［J］. 旅游学刊，2013，28（8）：111-117.

[54] 孟凡绢. 红色旅游游客消费行为研究——以韶山、井冈山、遵义会址为例［D］. 湘潭：湘潭大学，2009.

[55] 欧力同. 交往理论的演变：从近代到当代［J］. 上海社会科学院学术季刊，1995，4：126-135.

[56] 彭丹. 旅游体验研究新视角：旅游者互动的社会关系研究［J］. 旅游学刊，2013，28（10）：89-96.

[57] 朴志娜，吴必虎，Morrison A M，等. 全球旅游研究格局的综合分析（2003—2012）［J］. 旅游学刊，2015，30（7）：108-118.

[58] 钱铭怡，武国城，朱荣春，等. 艾森克人格问卷简式量表中国版（EPQ-RSC）的修订［J］. 心理学报，2000，32（3）：317-323.

[59] 曲颖，吕兴洋. 实现精准目标市场识别的美国入境游客细分［J］. 旅游学刊，2017，32（1）：22-31.

[60] Reisinger Y，Turner L. 旅游跨文化行为研究［M］. 朱陆平，译. 天津：南开大学出版社，2004.

[61] 邵炜钦. 旅游目的地游客忠诚机制模式构建［J］. 旅游科学，2005，19（3）：44-47.

[62] 申葆嘉. 国外旅游研究进展（连载之一）［J］. 旅游学刊，1996，3：62-67.

[63] 沈雪瑞，李天元，吕兴洋，等. 名人代言会影响旅游者的目的地态度吗？——基于名人—目的地匹配度和个人卷入度的实验研究［J］. 旅游学刊，2015，30（4）：62-72.

[64] 史春云，刘泽华. 基于单纯感知模型的游客满意度研究［J］. 旅游学刊，2009，24（4）：51-55.

[65] 孙九霞. 旅游中的主客交往与文化传播［J］. 旅游学刊，2012，27（12）：20-21.

[66] 孙九霞，陈钢华. 旅游消费者行为学［M］. 大连：东北财经大学出版社，2015.

[67] 孙九霞，张蔼恒. 流动性背景下跨国婚姻缔结的影响因素：阳朔案例［J］. 旅游论坛，2015，8（3）：1-7.

[68] 泰勒. 原始文化［M］. 上海：上海文艺出版社，1992.

[69] 田野，卢东，Powpaka S. 游客的敬畏与忠诚：基于情绪评价理论的解释［J］. 旅游学刊，2015，30（10）：80-88.

[70] 田野，卢东，吴亭. 敬畏情绪与感知价值对游客满意度和忠诚的影响——以

西藏旅游为例［J］. 华东经济管理，2015，29（10）：79-85.

［71］涂红伟，熊琳英，黄逸敏，等. 目的地形象对游客行为意愿的影响——基于情绪评价理论［J］. 旅游学刊，2017，32（2）：32-41.

［72］汪德根，陈田，王金莲，等. 1980—2009年国内外旅游研究比较［J］. 地理学报，2011，66（4）：535-548.

［73］王菲，宋萌，信心，等. 基于网络内容分析的中国市场蜜月旅游目的地选择研究［J］. 北京大学学报（自然科学版），2015，51（3）：503-510

［74］汪侠，郎贤萍. 旅游主客交往研究进展及展望［J］. 北京第二外国语学院学报，2012，11：19-29.

［75］王小娇. 恢复性环境的恢复性效果及机制研究［D］. 西安：陕西师范大学，2015.

［76］王月兴，冯绍津. 顾客忠诚的驱动因素及其作用［J］. 山东大学学报（哲学社会科学版），2002，12：58-62.

［77］温碧燕. 旅游服务顾客满意度模型实证研究［J］. 旅游科学，2006，20（3）：29-35.

［78］吴清津. 旅游消费者行为学［M］. 北京：旅游教育出版社，2006.

［79］吴茂英，Pearce P L. 积极心理学在旅游学研究中的应用［J］. 旅游学刊，2014，29（1）：39-46.

［80］奚从清. 角色论个人与社会的互动［M］. 杭州：浙江大学出版社，2010.

［81］谢彦君. 基础旅游学［M］. 2版. 北京：中国旅游出版社，2004.

［82］辛德尔. 忠诚营销：E时代的客户关系管理［M］. 北京：中国三峡出版社，2001.

［83］邢占军. 中国城市居民主观幸福感量表的编制研究［D］. 上海：华东师范大学，2003.

［84］徐仁立. 中国红色旅游研究［M］. 北京：中国金融出版社，2010.

［85］徐玉梅. 国内外旅游研究格局分析［D］. 合肥：安徽大学，2016.

［86］杨旸，刘宏博，李想. 文化距离对旅游目的地选择的影响——以日本和中国大陆出境游为例［J］. 旅游学刊，2016，31（10）：45-55.

［87］叶奕乾，何存道，梁宁建. 普通心理学［M］. 2版. 上海：华东师范大学出版社，2004.

［88］余意峰，丁培毅. 旅游目的地忠诚度：一个历时态的概念模型［J］. 旅游科学，2013，27（5）：1-9.

［89］约翰·麦休尼斯. 社会学［M］. 风笑天，译. 北京：中国人民大学出版社，2015.

［90］曾菲菲，罗艳菊，毕华，等. 生态旅游者：甄别与环境友好行为意向［J］.

经济地理, 2014, 34 (6): 182-186.

[91] 张蔼恒, 孙九霞. 阳朔跨国婚姻外籍配偶与东道主社区双向文化适应研究 [J]. 社会科学家, 2016 (8): 94-98.

[92] 张博. 旅游目的地居民社会心理承载力研究——以日本东京都浅草寺为例 [J]. 旅游学刊, 2014, 29 (12): 55-65.

[93] 张宏梅, 陆林. 主客交往偏好对目的地形象和游客满意度的影响——以广西阳朔为例 [J]. 地理研究, 2010, 29 (6): 1129-1140.

[94] 张宏梅, 陆林, 章锦河. 感知距离对旅游目的地之形象影响的分析——以五大旅游客源城市游客对苏州周庄旅游形象的感知为例 [J]. 人文地理, 2006, 21 (5): 25-30.

[95] 张新安, 田澎. 顾客满意与顾客忠诚之间关系的实证研究 [J]. 管理科学学报, 2007, 10 (4): 62-72.

[96] 张圆. 城市公共开放空间声景的恢复性效应研究 [D]. 哈尔滨: 哈尔滨工业大学, 2016.

[97] 赵宏杰, 吴必虎. 大陆赴台自由行游客地方认同与休闲效益关系研究 [J]. 旅游学刊, 2013, 28 (12): 54-63.

[98] 中共中央马克思恩格斯列宁斯大林著作编译局. 马克思恩格斯选集: 第四卷 [M]. 2版. 北京: 人民出版社, 1995.

[99] 周刚, 张嘉琦. 基于旅游动机的老年旅游市场细分研究 [J]. 资源开发与市场, 2015, 31 (12): 1540-1544.

[100] 周玲强, 毕娟. 文化距离对国际旅游目的地选择行为的影响: 以中国入境游市场为例 [J]. 浙江大学学报 (人文社会科学版), 2017, 47 (4): 130-142.

[101] 朱竑, 韩亚林, 陈晓亮. 藏族歌曲对西藏旅游地形象感知的影响 [J]. 地理学报, 2010, 65 (8): 991-1003.

[102] 邹本涛. 旅游情感新论 [C] //北京联合大学. 2011《旅游学刊》中国旅游研究年会会议论文集. 北京: 北京联合大学, 2011: 9.

[103] 邹统钎, 吴丽云. 旅游体验的本质、类型与塑造原则 [J]. 旅游科学, 2003, 17 (4): 7-10.

[104] 邹益民, 黄晶晶. 自然旅游景区关于游客忠诚度培养的深层探讨 [J]. 技术经济与管理研究, 2004, 5: 111-112.

[105] 左冰, Kim O. 乌兹别克斯坦入境旅游者行为差异研究 [J]. 世界地理研究, 2017, 26 (3): 147-156.

二、英文参考文献

［1］Adina N, Medet Y. Cultural tourism motivation – The case of Romanian youths［J］. Annals of Faculty of Economics, 2012, 1 (1): 548 – 553.

［2］Ajzen I. The theory of planned behavior［J］. Organizational Behavior and Human Decision Processes, 1991, 50 (2): 179 – 211.

［3］Alderfer C P. Theories reflecting my personal experience and life development［J］. Journal of Applied Behavioral Science, 1989, 25 (4): 351 – 365.

［4］Ali F, Kim W G, Ryu K. The effect of physical environment on passenger delight and satisfaction: Moderating effect of national identity［J］. Tourism Management, 2016, 57: 213 – 224.

［5］Akama J S, Kieti D M. Measuring tourist satisfaction with Kenya's wildlife safari: A case study of Tsavo West National Park［J］. Tourism Management, 2003, 24 (1): 73 – 81.

［6］Allport G W. The nature of prejudice［M］. Reading: Addison-Wesley Pub, 1954.

［7］Amine A. Consumers' true brand loyalty: The central role of commitment［J］. Journal of Strategic Marketing, 1998, 6 (4): 305 – 319.

［8］Andrews F, Withey S. Social indicators of well-being: America's perception of life quality［M］. New York: Plenum Press, 1976.

［9］Ap J. Residents' perceptions on tourism impacts［J］. Annals of Tourism Research, 1992, 19 (4): 665 – 690.

［10］Baker D, Crompton J. Quality, satisfaction and behavioural intentions［J］. Annals of Tourism Research, 2000, 27 (3): 425 – 439.

［11］Ballantyne R, Packer J, Axelsen M. Trends in tourism research［J］. Annals of Tourism Research, 2009, 36 (1): 149 – 152.

［12］Ballantyne R, Packer J, Sutherland L A. Visitors' memories of wildlife tourism: Implications for the design of powerful interpretive experiences［J］. Tourism Management, 2011, 32 (4): 770 – 779.

［13］Bao J, Chen G, Jin X. China tourism research: A review of publications from four top international journals［J］. Journal of China Tourism Research, 2018, 14 (1): 1 – 19.

［14］Bao J, Chen G, Ma L. Tourism research in China: Insights from insiders［J］. Annals of Tourism Research, 2014, 45: 167 – 181.

［15］Beard J G, Ragheb M G. Measuring leisure satisfaction［J］. Journal of Leisure Research, 1980, 12: 20 – 33.

[16] Bennett M J. A developmental approach to training for intercultural sensitivity [J]. International Journal of Intercultural Relations, 1986, 10 (2): 179-196.

[17] Berlyne D E. The arousal and satiation of perceptual curiosity in the rat [J]. Journal of Comparative and Physiological Psychology, 1955, 48 (4): 238-246.

[18] Boulding W, Kalra A, Staelin R, et al. A dynamic process model of service quality: From expectations to behavioral intentions [J]. Journal of Marketing Research, 1993, 30 (1): 7-27.

[19] Brown G H. Brand loyalty-fact of fiction [J]. Trademark Rep., 1953, 43: 251.

[20] Bui H T, Wilkins H C. The mobility of young Japanese: The travel - migration nexus [J]. Journal of Travel & Tourism Marketing, 2016, 33 (5): 581-596.

[21] Cadotte E R, Woodruff R B, Jenkins R L. Expectations and norms in models of consumer satisfaction [J]. Journal of Marketing Research, 1987, 24 (3): 305-314.

[22] Cannon W B. The wisdom of the body [J]. Canadian Medical Association Journal, 1985, 12 (2): 239-241.

[23] Cardozo R N. An experimental study of customer effort, expectation, and satisfaction [J]. Journal of Marketing Research, 1965, 2 (3): 244-249.

[24] Cha S, Ken W M, Uysal M. Travel motivations of Japanese overseas travelers: A factor-cluster segmentation approach [J]. Journal of Travel Research, 1995, 34 (1): 34-33.

[25] Chen C, Petrick J F. Health and wellness benefits of travel experiences: A literature review [J]. Journal of Travel Research, 2013, 52 (6): 709-719.

[26] Chen G. Typology, tourist [M] //Jafari J, Xiao H. Encyclopedia of Tourism. New York: Springer, 2015: 171-180.

[27] Chen G, Bao J, Huang S S. Segmenting Chinese backpackers by travel motivations [J]. International Journal of Tourism Research, 2014a, 16 (4): 355-367.

[28] Chen G, Bao J, Huang S S. Developing a scale to measure backpackers' personal development [J]. Journal of Travel Research, 2014b, 53 (4): 522-536.

[29] Chen G, Huang S S. Toward a theory of backpacker personal development: Cross-cultural validation of the BPD scale [J]. Tourism Management, 2017, 59: 630-639.

[30] Chen G, Huang S S. Understanding Chinese cultural tourists: typology and profile [J]. Journal of Travel & Tourism Marketing, 2018a, 35 (2): 162-177.

[31] Chen G, Huang S S. Towards an improved typology approach to segmenting cultural tourists [J]. International Journal of Tourism Research, 2018b, 20 (2):

247-255.

[32] Chen G, Huang S S, Hu X Y. Backpacker personal development, generalized self-efficacy, and self-esteem: Testing a structural model [J]. Journal of Travel Research, 2019, 58 (4): 680-694.

[33] Chen G, Huang S S, Zhang D. Understanding Chinese vacationers' perceived destination restorative qualities: Cross-cultural validation of the perceived destination restorative qualities scale [J]. Journal of Travel & Tourism Marketing, 2017, 34 (8): 1115-1127.

[34] Chen G, Xiao H. Motivations of repeat visits: A longitudinal study in Xiamen, China [J]. Journal of Travel & Tourism Marketing, 2013, 30 (4): 350-364.

[35] Chen G, Zhao L, Huang S S. Backpacker identity: Scale development and validation [J]. Journal of Travel Research, published online, doi: 10.1177/00472875198292.

[36] Chen J S. Cross-cultural differences in travel information acquisition among tourists from three Pacific-Rim countries [J]. Journal of Hospitality & Tourism Research, 2000, 24 (2): 239-251.

[37] Chen J S, Gursoy D. An investigation of tourists' destination loyalty and preferences [J]. International Journal of Contemporary Hospitality Management, 2001, 13 (2): 79-85.

[38] Chen Y, Lehto X Y, Cai L. Vacation and well-being: A study of Chinese tourists [J]. Annals of Tourism Research, 2013, 42: 284-310.

[39] Churchill Jr G A, Surprenant C. An investigation into the determinants of customer satisfaction [J]. Journal of marketing research, 1982, 19 (4): 491-504.

[40] Cohen E. Toward a sociology of international tourism [J]. Social Research, 1972, 39 (1): 164-182.

[41] Cohen E. A phenomenology of tourist experiences [J]. Sociology, 1979, 13 (2): 179-201.

[42] Cohen S A, Prayag G, Moital M. Consumer behaviour in tourism: concepts, influences and opportunities [J]. Current Issues in Tourism, 2014, 17 (10): 872-909.

[43] Coles T, Timothy D J. Tourism, diasporas and space [M]. London: Routledge, 2004.

[44] Colquitt J A, Zapata-Phelan C P. Trends in theory building and theory testing: A five-decade study of the Academy of Management Journal [J]. Academy of Management Journal, 2007, 50 (6): 1281-1303.

[45] Crompton J L. A systems model of the tourist's destination selection decision process with particular reference to the role of image and perceived constraints [D]. College Station, USA: Texas A & M University, 1977.

[46] Crompton J L. Motivations for pleasure vacation [J]. Annals of Tourism Research, 1979, 6 (4): 408–424.

[47] Crompton J L. Structure of destination choice sets [J]. Annals of Tourism Research, 1992, 19 (3), 420–434.

[48] Crompton J L, Ankomah P K. Choice set propositions in destination decisions [J]. Annals of Tourism Research, 1993, 20 (3): 461–476.

[49] Crotts J C, Erdmann R. Does national culture influence consumer evaluations of travel services? [J]. Journal of Service Theory & Practice, 2000, 10 (6): 410–419.

[50] Cunningham R M. Brand loyalty-What, where, how much? [J]. Harvard Business Review, 1956, 34 (1): 116–128.

[51] Cushner K, Brislin R W. Intercultural interactions: A practical guide [M]. 2nd ed. Thousand Oaks, CA: Sage Publications, Inc., 1996.

[52] Dann G M S. Anomie, ego-enhancement and tourism [J]. Annals of Tourism Research, 1977, 4 (4): 184–194.

[53] Day G S. A two-dimensional concept to brand loyalty [M] //Gupta S K, Krishnan K S. Mathematical Models in Marketing. Berlin: Springer Berlin Heidelberg, 1976: 29–36.

[54] Decrop A, Snelders D. A grounded typology of vacation decision-making [J]. Tourism Management, 2005, 26 (2): 121–132.

[55] Deng W. Using a revised importance-performance analysis approach: The case of Taiwanese hot springs tourism [J]. Tourism Management, 2007, 28 (5): 1274–1284.

[56] Dick A S, Basu K. Customer loyalty: toward an integrated conceptual framework [J]. Journal of the Academy of Marketing Science, 1994, 22 (2): 99–113.

[57] Dolnicar S, Yanamandram V, Cliff K. The contribution of vacations to quality of life [J]. Annals of Tourism Research, 2012, 39 (1): 59–83.

[58] Doxey G. A causation theory of visitor-resident irritants: Methodology and research inferences [C]. Sixth Annual Conference Proceedings in Travel and Tourism Research Association. San Diego, CA: TTRA, 1975: 195–198.

[59] Dragouni M, Filis G, Gavriilidis K, et al. Sentiment, mood and outbound tourism demand [J]. Annals of Tourism Research, 2016, 60: 80–96.

[60] Durlauf S N, Ioannides Y M. Social Interactions [J]. Social Science Electronic Publishing, 2009, 4 (2): 451 –478.

[61] Ekinci Y, Prokopaki P, Cobanoglu C. Service quality in Cretan accommodations: Marketing strategies for the UK holiday market [J]. International Journal of Hospitality Management, 2003, 22 (1): 47 –66.

[62] Embacher J, Buttle F. A repertory grid analysis of Austria's image as a summer vacation destination [J]. Journal of Travel Research, 1989, 27 (3): 3 –7.

[63] Eusébio C, Carneiro M J, Kastenholz E, Alvelos H. Social tourism programmes for the senior market: A benefit segmentation analysis [J]. Journal of Tourism and Cultural Change, 2017, 15 (1): 59 –79.

[64] Fakeye P C, Crompton J L. Image differences between prospective, first-time, and repeat visitors to the lower Rio Grande Valley [J]. Journal of Travel Research, 1991, 30 (2): 10 –16.

[65] Faullant R, Matzler K, Mooradian T A. Personality, basic emotions, and satisfaction: primary emotions in the mountaineering experience [J]. Tourism Management, 2011, 32 (6): 1423 –1430.

[66] Festinger L. A theory of cognitive dissonance [M]. California: Stanford University Press, 1957.

[67] Filep S, Pearce P. Tourist experience and fulfilment: Insights from positive psychology [M]. Abingdon, Oxon, UK: Routledge, 2014.

[68] Fisk R P, Grove S J. The impact of other customers on service experiences: A critical incident examination of 'getting along' [J]. Journal of Retailing, 1997, 73 (1): 63 –85.

[69] Fleischer A, Pizam A. Tourism constrains among Israeli seniors [J]. Annals of Tourism Research, 2002, 29 (1): 106 –123.

[70] Fodness D. Measuring tourist motivation [J]. Annals of Tourism Research, 1994, 21: 555 –581.

[71] Fodness D, Murray B. A model of tourist information search behavior [J]. Journal of Travel Research, 1999, 37 (3): 220 –230.

[72] Fredline E, Faulkner B. Host community reactions: A cluster analysis [J]. Annals of Tourism Research, 2000, 27 (3): 763 –784.

[73] Fyall A, Callod C. Destination relationship marketing [J]. Cauthe Riding the Wave of Tourism & Hospitality Research, 2003.

[74] Gallarza M G, Gil S I. Value dimensions, perceived value, satisfaction and loyalty: An investigation of university students' travel behavior [J]. Tourism Management,

2006, 27 (3): 437-452.

[75] Gale D B. The importance of market-perceived quality [M] //Stobart P. Brand Power. London: Palgrave Macmillan, 1994: 65-83.

[76] Gao J, Kerstetter D L. From sad to happy to happier: Emotion regulation strategies used during a vacation [J]. Annals of Tourism Research, 2018, 69: 1-14.

[77] George D, Mink M. eCCIq: The quality of electronic customer-to-customer interaction [J]. Journal of Retailing and Consumer Services, 2013, 20 (1): 11-19.

[78] Gilbert D, Abdullah J. Holiday-taking and the sense of well-being [J]. Annals of Tourism Research, 2004, 31 (1): 103-121.

[79] Gremler D D, Brown S W. Service loyalty: Its nature, importance, and implications [J]. Advancing Service Quality: A Global Perspective, 1996, 5 (1): 171-181.

[80] Griffin J. Talk of the town [J]. Marketing Tools, 1995, 14 (8): 613-614.

[81] Csikszentmihalyi M, Rathunde K J, Janis E. The measurement of flow in everyday life: Toward a theory of emergent motivation [M]. Lincoln, NE, US: University of Nebraska Press, 1993.

[82] Gump B B, Matthews K A. Are vacations good for your health? The 9-year mortality experience after the multiple risk factor intervention trial [J]. Psychosomatic Medicine, 2000, 62 (5): 608-12.

[83] Gursoy D, Jurowski C, Uysal M. Resident attitudes: a structural modeling approach [J]. Annals of Tourism Research, 2002, 29 (1): 79-105.

[84] Gursoy D, Mccleary K W. An integrative model of tourists' information search behavior [J]. Annals of Tourism Research, 2004, 31 (2): 353-373.

[85] Hall C M, Lew A A. Understanding and managing tourism impacts: An integrated approach [M]. London: Routledge, 2009.

[86] Hall E T. Beyond culture garden city [M]. New York: Doubleday & Company, 1976.

[87] Han H, Kim Y, Kim E K. Cognitive, affective, conative, and action loyalty: Testing the impact of inertia [J]. International Journal of Hospitality Management, 2011, 30 (4): 1008-1019.

[88] Harris K, Baron S, Parker C. Understanding the consumer experience: It's "good to talk" [J]. Journal of Marketing Management, 2000, 16 (1): 111-127.

[89] Harrison E M T. A critical examination of service loyalty measures [J]. Journal of Marketing Management, 2013, 29 (15-16): 1834-1861.

[90] Hernon P, Nitecki D A, Altman E. Service quality and customer satisfaction: An assessment and future directions [J]. Journal of Academic Librarianship, 1999,

25 (1): 9-17.

[91] Hill M. Marital stability and spouses' shared time: A multidisciplinary hypothesis [J]. Journal of Family Issues, 1988, 9 (4): 427-51.

[92] Hoare R J, Butcher K, O'Brien D. Understanding Chinese diners in an overseas context: A cultural perspective [J]. Journal of Hospitality & Tourism Research, 2011, 35 (3): 358-380.

[93] Hobson J S P. Analysis of the US cruise line industry [J]. Tourism Management, 1993, 14 (6): 453-462.

[94] Hoffman N. Measuring the customer experience in online environment: A structural modeling approach [J]. Marketing Science, 2000, 19 (21): 22-43.

[95] Hofstede G. Culture's consequences [M]. New York: Sage Publications, 2001.

[96] Holden A. Understanding skiers' motivation using Pearce's "Travel Career" construct [J]. Annals of Tourism Research, 1999, 26 (2): 435-438.

[97] Homburg C, Giering A. Personal characteristics as moderators of the relationship between customer satisfaction and loyalty: An empirical analysis [J]. Psychology & Marketing, 2001, 18 (1): 43-66.

[98] Hsu C H C, Cai L A, Wong K K F. A model of senior tourism motivations: Anecdotes from Beijing and Shanghai [J]. Tourism Management, 2007, 28 (5): 1262-1273.

[99] Hsu C H C, Huang S S. Reconfiguring Chinese cultural values and their tourism implications [J]. Tourism Management, 2016, 54: 230-242.

[100] Huang J, Hsu C H C. The impact of customer-to-customer interaction on cruise experience and vacation satisfaction [J]. Journal of Travel Research, 2010, 49 (1): 79-92.

[101] Huang S S, Chen G. Tourism in China: Chinese perspectives [M]. Bristol: Channel View Publications, 2015.

[102] Huang S S, Chen G. Current state of tourism research in China [J]. Tourism Management Perspectives, 2016, 20: 10-18.

[103] Huang S S, Chen G, Luo X, Bao J. Evolution of tourism research in China after the millennium: Changes in research themes, methods, and researchers [J]. Journal of China Tourism Research, 2019, 15 (3): 420-434.

[104] Huang S S, Wei X. Chinese outbound travel: Understanding the socioeconomic drivers [J]. International Journal of Tourism Research, 2018, 20 (2): 25-37.

[105] Hull D L, Dennett D C. Darwin's dangerous idea: Evolution and the meanings of life [J]. Ethics, 1996, 2 (3): 34-40.

[106] Hussain R, Nasser A A, Hussain Y K. Service quality and customer satisfaction of a UAE-based airline: An empirical investigation [J]. Journal of Air Transport Management, 2015, 42: 167-175.

[107] Hyde K F. Information processing and touring planning theory [J]. Annals of Tourism Research, 2008, 35 (3): 712-731.

[108] Iso-Ahola S E, Allen J R, Buttimer K J. Experience - related factors as determinants of leisure satisfaction [J]. Scandinavian Journal of Psychology, 1982, 23 (1): 141-146.

[109] Jacoby J, Kaplan L B. The components of perceived risk [C]. Chicago: Association for Consumer Research, 1972.

[110] Jan B, Brian G. Assessing tourists' cognitive, emotional and behavioural reactions to an unethical destination incident [J]. Tourism Management, 2016, 54: 209-220.

[111] Jang H, Lee S, Lee S W, Hong S K. Expanding the individual choice-sets model to couples' honeymoon destination selection process [J]. Tourism Management, 2007, 28 (5): 1299-1314.

[112] Jang S C, Wu E C. Seniors' travel motivation and the influential factors: an examination of Taiwanese seniors [J]. Tourism Management, 2006, 27: 306-316.

[113] Jensen Ø, Li Y, Uysal M. Visitors' satisfaction at managed tourist attractions in Northern Norway: Do on-site factors matter? [J]. Tourism Management, 2017, 63: 277-286.

[114] Jeuland A P. Brand choice inertia as one aspect of the notion of brand loyalty [J]. Management Science, 1979, 25 (7): 671-682.

[115] Ji M, Wong I K A, Eves A, Scarles C. Food-related personality traits and the moderating role of novelty-seeking in food satisfaction and travel outcomes [J]. Tourism Management, 2016, 57: 387-396.

[116] Jones T O, Sasser Jr W E. Why satisfied customers defect [J]. Journal of Management in Engineering, 1996, 12 (6): 1-13.

[117] Jung S, Tanford S. What contributes to convention attendee satisfaction and loyalty? A meta-analysis [J]. Journal of Convention & Event Tourism, 2017, 18 (2): 118-134.

[118] Kammann R, Flett R. Affectomer 2: A scale to measure current level of general happiness [J]. Australia Journal of Psychology, 1983, 35 (2): 259-265.

[119] Kaplan R, Kaplan S. The experience of nature: A psychological perspective [M]. New York: Cambridge University Press, 1989.

[120] Kelman H C. Attitudes are alive and well and gainfully employed in the sphere of action [J]. American Psychologist, 1974, 29 (5): 310 – 324.

[121] Khan M. ECOSERV: Ecotourists' quality expectations [J]. Annals of Tourism Research, 2003, 30 (1): 109 – 124.

[122] Kim E, Lee D. Japanese Tourists' experience of the natural environments in North QLD region: Great barrier reef experience [J]. Journal of Travel & Tourism Marketing, 2000, 9 (1 – 2): 93 – 113.

[123] Kim H, Woo E, Uysal M. Tourism experience and quality of life among elderly tourists [J]. Tourism Management, 2015, 46: 465 – 476.

[124] Kim J H, Ritchie B W. Motivation-based typology-An empirical study of golf tourists [J]. Journal of Hospitality & Tourism Research, 2012, 36 (2): 251 – 280.

[125] Kim N, Lee M. Other customers in a service encounter: Examining the effect in a restaurant setting [J]. Journal of Services Marketing, 2012, 26 (1): 27 – 40.

[126] Kim S, Lehto X Y. Travel by families with children possessing disabilities: Motives and activities [J]. Tourism Management, 2013, 37: 13 – 24.

[127] Kim Y H, Kim M, Goh B K. An examination of food tourist's behavior: Using the modified theory of reasoned action [J]. Tourism Management, 2011, 32 (5): 1159 – 1165.

[128] Kirillova K, Lehto X, Cai L. Volunteer tourism and intercultural sensitivity: The role of interaction with host communities [J]. Journal of Travel & Tourism Marketing, 2015, 32 (4): 382 – 400.

[129] Kolb D. Experiential learning as the science of learning and development [M]. Englewood Cliffs, NJ: Prentice Hall, 1984.

[130] Kozak M. Holiday taking decisions-The role of spouses [J]. Tourism Management, 2010, 31 (4): 489 – 494.

[131] Kozak M, Duman T. Family members and vacation satisfaction: Proposal of a conceptual framework [J]. International Journal of Tourism Research, 2012, 14 (2): 192 – 204.

[132] Krippendorf J. The holiday makers: Understanding the impact of leisure and travel [M]. London: Butterworth-Heinemann, 1987.

[133] Laarman J G, Durst P B. Nature travel in the tropics [J]. Journal of Forestry, 1987, 85 (5): 43 – 46.

[134] Lai I K W, Hitchcock M. Sources of satisfaction with luxury hotels for new, repeat, and frequent travelers: A PLS impact-asymmetry analysis [J]. Tourism

Management, 2017, 60: 107 – 129.

[135] Larsen J. The Tourist Gaze 1.0, 2.0, and 3.0 [M] //Hall C M, Lew A, Williams A. The Wiley Blackwell Companion to tourism. Oxford: Wiley-Blackwell, 2014: 304 – 313.

[136] Lee H. Measurement of visitors' satisfaction with public zoos in Korea using importance-performance analysis [J]. Tourism Management, 2015, 47: 251 – 260.

[137] Lehto X Y. Assessing the perceived restorative qualities of vacation destinations [J]. Journal of Travel Research, 2013, 52 (3): 325 – 339.

[138] Lehto X, Kirillova K, Li H, Wu W. A cross-cultural validation of the perceived destination restorative qualities scale: The Chinese perspective [J]. Asia Pacific Journal of Tourism Research, 2017, 22 (3): 329 – 343.

[139] Lenartowicz T, Roth K A. Framework for culture assessment [J]. Journal of International Business Studies, 1999, 30 (4): 781 – 798.

[140] Lew A, Hall C M, Timothy D J. World geography of travel and tourism: A regional approach [M]. London: Butterworth-Heinemann, 2008.

[141] Lew A, Wong A. Existential tourism and the homeland: The overseas Chinese experience [M] // Cartier C L, Lew A A. Seductions of place: Geographical perspectives on globalization and touristed landscapes. Abingdon, UK: Routledge, 2005.

[142] Li G C, Lai R, et al. Disambiguation and co-authorship networks of the U. S. patent inventor database (1975 – 2010) [J]. Research Policy, 2014, 43 (6): 941 – 955.

[143] Li M M. Cross-cultural tourist research: A meta-analysis [J]. Journal of Hospitality & Tourism Research, 2014, 38 (1): 40 – 77.

[144] Li S, Scott N, Walters G. Current and potential methods for measuring emotion in tourism experiences: A review [J]. Current Issues in Tourism, 2015, 19 (9): 805 – 827.

[145] Libai B, Bolton R, Bugel M S, et al. Customer-to-customer interactions: Broadening the scope of word of mouth research [J]. Journal of Service Research, 2010, 13 (3): 267 – 282.

[146] Lim F K G. Donkey friends' in China: The internet, civil society and the emergence of the Chinese backpacking community [J]. Tim Winter, 2008, 32 (32): 291 – 301.

[147] Liu Y, Teichert T, Rossi M, et al. Big data for big insights: Investigating language-specific drivers of hotel satisfaction with 412784 user-generated reviews

[J]. Tourism Management, 2017, 59: 554-563.

[148] Loker-murphy L, Pearce P L. Young budget travellers: Backpackers in Australia [J]. Annals of Tourism Research, 1995, 22 (4): 819-843.

[149] Lu Y, Chen G, Huang S S, Bao J. Understanding Chinese tourists' perceptions of Cantonese as a regional dialect [J]. Tourism Management, 2019, 71: 127-136.

[150] Mannell R C, Iso-Ahola S E. Psychological nature of leisure and tourism experience [J]. Annals of Tourism Research, 1987, 14 (3): 314-331.

[151] Maoz D. Backpackers' motivations the role of culture and nationality [J]. Annals of Tourism Research, 2007, 34 (1): 122-140.

[152] Martilla J A, James J C. Importance-Performance analysis [J]. Journal of Marketing, 1977, 41 (1): 77-79.

[153] Martin C L, Pranter C A. Compatibility management: customer-to-customer relationships in service environments [J]. Journal of Services Marketing, 1989, 3 (3): 5-15.

[154] Maslow A H. A dynamic theory of human motivation [M]. Cleveland, US: Howard Allen Publishers, 1958.

[155] Mathews G. Global culture/individual identity: Searching for home in the cultural supermarket [M]. London: Routledge, 2000.

[156] Mathieson A, Wall G. Tourism economic, physical and social impacts [M]. UK: Longman, 1982.

[157] Matzker K, Füller J, Faullant R. Customer satisfaction and loyalty to Alpine ski resorts: The moderating effect of lifestyle, spending and customers' skiing skills [J]. International Journal of Tourism Research, 2007, 9 (6): 409-421.

[158] Mayo E J, Jarvis L P. The psychology of leisure travel: Effective marketing and selling of travel services [M]. Boston, MA: CBI Publishing Company, Inc, 1981.

[159] McCabe S, Johnson S. The happiness factor in tourism: Subjective well-being and social tourism [J]. Annals of Tourism Research, 2013, 41: 42-65.

[160] Mcclelland D C. Toward a theory of motive acquisition [J]. American Psychologist, 1965, 20 (5): 321.

[161] McIntosh C, Robert W, Gooldner J, Brent T. Tourism: Principles, practices, philosophies [M]. 7th Ed. New York: John Wiley & Sons, 1995.

[162] McKercher B. Towards a classification of cultural tourists [J]. International Journal of Tourism Research, 2002, 4 (1): 29-38.

[163] Middleton V T C. Marketing in travel and tourism [M]. Oxford, UK: Heinemann, 2001.

[164] Milman A, Pizam A. Social impacts of tourism on central Florida [J]. Annals of Tourism Research, 1988, 15: 191-204.

[165] Money R B, Crotts J C. The effect of uncertainty avoidance on information search, planning, and purchases of international travel vacations [J]. Tourism Management, 2003, 24 (2): 191-202.

[166] Morgan N, Pritchard A, Sedgley D. Social tourism and well-being in later life [J]. Annals of Tourism Research, 2015, 52: 1-15.

[167] Moscovici S, Abric J C. Psychologie Sociale [M]. Paris: Presses Universitaires de France, 1984.

[168] Moutinho L. Consumer behavior in tourism [J]. European Journal of Marketing, 1987, 21 (10): 5-44.

[169] Moyle B D, Moyle C, Bec A, et al. The next frontier in tourism emotion research [J]. Current Issues in Tourism, 2017 (3): 1-7.

[170] Murphy L. Exploring social interactions of backpackers [J]. Annals of Tourism Research, 2001, 28 (1): 50-67

[171] Neal J D, Uysal M, Sirgy M J. The effect of tourism services on travelers' quality of life [J]. Journal of Travel Research, 2007, 46 (2): 154-163.

[172] Nelson K B. Enhancing the attendee's experience through creative design of the event environment: Applying Goffman's dramaturgical perspective [J]. Journal of Convention & Event Tourism, 2009, 10 (2): 120-133.

[173] Newman J W, Werbel R A. Multivariate analysis of brand loyalty for major household appliances [J]. Journal of Marketing Research, 1973, 10 (4): 404-409.

[174] Nunez T A. Tourism, tradition, and acculturation: Weekendismo in a Mexican village [J]. Ethnology, 1963, 2 (3): 347-352.

[175] Oliver R L. Effect of expectation and disconfirmation on postexposure product evaluations: An Alternative Interpretation [J]. Journal of Applied Psychology, 1977, 62 (3): 480-486.

[176] Oliver R L. A cognitive model of the antecedents and consequences of satisfaction decisions [J]. Journal of Marketing Research, 1980, 17 (4): 460-469.

[177] Oliver R L. Satisfaction: A behavioral perspective on the consumer [J]. Asia Pacific Journal of Management, 1997, 2 (2): 285-286.

[178] Oliver R L. Whence consumer loyalty? [J]. Journal of Marketing, 1999, 63 (Special Issue): 33-44.

[179] Oliver R L. Customer satisfaction with service [M]. CA: Sage Publications, 2000.

[180] Oppermann M. Tourism destination loyalty [J]. Journal of Travel Research, 2000, 39 (1): 78 -84.

[181] Pals R, Steg L, Siero F W, Zee K I V D. Development of the PRCQ: A measure of perceived restorative characteristics of zoo attractions [J]. Journal of Environmental Psychology, 2009, 29 (4): 441 -449.

[182] Pan T J. Personal transformation through volunteer tourism: The evidence of Asian students [J]. Journal of Hospitality & Tourism Research, 2014, 41 (5): 609 -634.

[183] Parasuraman A, Zeithaml V A, Berry L L. A conceptual model of service quality and its implications for future research [J]. Journal of Marketing, 1985, 49 (4): 41 -50.

[184] Park S, Nicolau J L. Asymmetric effects of online consumer reviews [J]. Annals of Tourism Research, 2015, 50: 67 -83.

[185] Pearce P L, Foster F A. "University of travel": Backpacker learning [J]. Tourism Management, 2007, 28 (5): 1285 -98.

[186] Pearce P L, Lee U. Developing the travel career approach to tourist motivation [J]. Journal of Travel Research, 2005, 43 (3): 226 -237.

[187] Petrick J F. Segmenting cruise passengers with price sensitivity [J]. Tourism Management, 2005, 26 (5): 753 -762.

[188] Petrick J F, Li X, Park S Y. Cruise passengers' decision-making processes [J]. Journal of Travel & Tourism Marketing, 2007, 23 (1): 1 -14.

[189] Pine B J, Gilmore J H. The experience economy: Work is theatre & every business a stage [M]. Brighton: Harvard Business Press, 1999.

[190] Pizam A. Tourism's impacts: the social costs to the destination community as perceived by its residents [J]. Journal of Travel Research, 1978, 16 (4): 8 -12.

[191] Plog S. Why destination areas rise and fall in popularity: An update of a Cornell Quarterly classic [J]. Cornell Hotel & Restaurant Administration Quarterly, 1974, 42 (3): 13 -24.

[192] Pluchik R R, Kellerman H. Emotion: Theory, research and experience [M]. San Diego: Academic Press, 1989.

[193] Prayag G, Ryan C. Antecedents of tourists' loyalty to Mauritius: the role and influence of destination image, place attachment, personal involvement, and satisfaction [J]. Journal of Travel Research, 2012, 51 (3): 342 -356.

[194] Privette G. Peak experience, peak performance, and flow: A comparative analysis of positive human experience [J]. Journal of Personality and Social Psychology, 1983, 45 (6): 1361 – 1368.

[195] Reichheld F F. Lead for loyalty [J]. Harvard Business Review, 2001, 79 (7): 76 – 84.

[196] Reisinger Y, Steiner C J. Reconceptulizing object authenticity [J]. Annals of Tourism Research, 2006, 33 (1): 65 – 86.

[197] Reisinger Y, Turner L W. Cross-cultural behaviour in tourism: Concepts and analysis [J]. Tourism & Hospitality Research, 2005, 5 (4): 372 – 373.

[198] Rid W, Ezeuduji I O, Pröbstl-Haider U. Segmentation by motivation for rural tourism activities in the Gambia [J]. Tourism Management, 2014, 40 (2): 102 – 116.

[199] Rodger K, Taplin R H, Moore S A. Using a randomised experiment to test the causal effect of service quality on visitor satisfaction and loyalty in a remote national park [J]. Tourism Management, 2015, 50: 172 – 183.

[200] Roselius T. Consumer rankings of risk reduction methods [J]. Journal of Marketing, 1971, 35 (1): 56 – 61.

[201] Russell J A. A circumplex model of affect [J]. Journal of Personality & Social Psychology, 1980, 39 (6): 1161 – 1178.

[202] Russell J A, Feldman B L. Core affect, prototypical emotional episodes, and other things called emotion: Dissecting the elephant [J]. Journal of Personality and Social Psychology, 1999, 76: 805 – 819.

[203] Russell J A, Snodgrass J. Emotion and the environment [J]. Handbook of Environmental Psychology, 1987, 1: 245 – 280.

[204] Schmoll G A. Tourism promotion: Marketing background, promotion techniques and promotion planning methods [M]. Tourism International Press, 1977.

[205] Sharpley R. The study of tourism: Past trends and future directions [M]. London: Routledge, 2011.

[206] Shoemaker S, Lewis R C. Customer loyalty: The future of hospitality marketing [J]. International Journal of Hospitality Management, 1999, 18 (4): 345 – 370.

[207] Singh J. Voice, exit, and negative word-of-mouth behaviors: An investigation across three service categories [J]. Journal of the Academy of Marketing Science, 1990, 18 (1): 1 – 15.

[208] Sirohi N, Mclaughlin E W, Wittink D R. A model of consumer perceptions and

store loyalty intentions for a supermarket retailer [J]. Journal of Retailing, 1998, 74 (2): 223 - 245.

[209] Smith W R. Product differentiation and market segmentation as alternative marketing strategies [J]. Journal of Marketing, 1956, 21 (1): 3 - 8.

[210] Stahl H K, Matzler K, Hinterhuber H H. Linking customer lifetime value with shareholder value [J]. Industrial Marketing Management, 2003, 32 (4): 267 - 279.

[211] Steiner C J, Reisinger Y. Enriching the tourist and host intercultural experience by reconceptualising communication [J]. Journal of Tourism and Cultural Change, 2004, 2 (2): 118 - 137.

[212] Steiner C J, Reisinger Y. Understanding existential authenticity [J]. Annals of Tourism Research, 2006, 33 (2): 299 - 318.

[213] Stern B B. Representing consumers: Voices, views and visions [M]. London: Routledge, 1998.

[214] Fournier S. Consumers and their brands: Developing relationship theory in consumer research [J]. Journal of Consumer Research, 1998, 24 (4): 343 - 373.

[215] Sussmann S, Rashcovsky C. A cross-cultural analysis of English and French Canadian's vacation travel patterns [J]. International Journal of Hospitality Management, 1997, 16 (2): 191 - 208.

[216] Swan J E, Martin W S. Testing comparison level and predictive expectations models of satisfaction [J]. Association for Consumer Research, 1981, 8 (1): 77 - 82.

[217] Sørensen A. Backpacker ethnography [J]. Annals of Tourism Research, 2003, 30 (4): 847 - 867.

[218] Thyne M. The use of conjoint analysis to assess the impact of the cross-cultural exchange between hosts and guests [J]. Tourism Management, 2006, 27 (2): 201 - 213.

[219] Tolman E C. Purpose and cognition: The determiners of animal learning [J]. Psychological Review, 1925, 32 (4): 285 - 297.

[220] Trauer B, Ryan C. Destination image, romance and place experience: An application of intimacy theory in tourism [J]. Tourism Management, 2005, 26 (4): 481 - 491.

[221] Tribe J, Snaith T. From SERVQUAL to HOLSAT: Holiday satisfaction in Varadero, Cuba [J]. Tourism Management, 1998, 19 (1): 25 - 34.

[222] Tseng A. Why do online tourists need sellers' ratings? Exploration of the factors

affecting regretful tourist e-satisfaction [J]. Tourism Management, 2017, 59: 413-424.

[223] Tucker A. The growing importance of linear algebra in undergraduate mathematics [J]. College Mathematics Journal, 1993, 24 (1): 3-9.

[224] Um S, Crompton J L. Development of pleasure travel attitude dimensions [J]. Annals of Tourism Research, 1991, 18 (3): 500-504.

[225] Uriely N, Reichel A. Working tourists and their attitudes to hosts [J]. Annals of Tourism Research, 2000, 27 (2): 267-283.

[226] Urry J. The tourist gaze: Leisure and travel in contemporaries societies [M]. CA: Sage Publications, 1990.

[227] Urry J, Larsen J. The tourist gaze 3.0 [M]. CA: Sage Publications, 2011.

[228] Wagar J A. The carrying capacity of wild lands for recreation [J]. Forest Science, 1964, 7 (3): a0001.

[229] Wahab S, Crompton L J, Rothfield L M. Tourism marketing [M]. London: Tourism International, 1976.

[230] Wang C. Personal values, self-concept and consumer satisfaction as applied to choice of restaurants: A case study [D]. Ithaca: Cornell University, 1990.

[231] Weaver D B, Lawton L J. Overnight ecotourist market segmentation in the gold coast hinterland of Australia [J]. Journal of Travel Research, 2002, 40 (3): 270-280.

[232] Westbrook R A, Reilly M D. Value-percept disparity: An alternative to the disconfirmation of expectations theory of consumer satisfaction [J]. Advances in Consumer Research, 1983, 10 (4): 256-261.

[233] Westwood R. Culture, cultural differences and organisational behavior [M] // Westwood R. Organisational behaviour: Southeast Asian perspectives. Hong Kong: Longman, 1992: 27-62.

[234] Woodside A G, Lysonski S. A general model of traveler destination choice [J]. Journal of Travel Research, 1989, 27 (4): 8-14.

[235] Yarnal C M, Kerstetter D. An exploration of cruise ship space, group tour behavior, and social interaction [J]. Journal of Travel Research, 2005, 43 (4): 369-379.

[236] Yoo J J E, Chon K. Factors affecting convention participation decision-making: developing a measurement scale [J]. Journal of Travel Research, 2008, 47 (1): 113-122.

[237] Yooshik Y, Uysal M. An examination of the effects of motivation and satisfaction

on destination loyalty: A structural model [J]. Tourism Management, 2005, 26 (1): 45 – 56.

[238] Yu J Y, Ko T G. A cross-cultural study of perceptions of medical tourism among Chinese, Japanese and Korean tourists in Korea [J]. International Journal of Nursing Education Scholarship, 2015, 33 (1): 80 – 88.

[239] Yuksel A, Yuksel F, Bilim Y. Destination attachment: Effects on customer satisfaction and cognitive, affective and conative loyalty [J]. Tourism Management, 2010, 31 (2): 274 – 284.

[240] Zaichkowsky J L. The personal involvement inventory: Reduction, revision, and application to advertising [J]. Journal of Advertising, 1994, 23 (4): 59 – 70.

[241] Zheng Q, Tang R, Mo T, Duan N, Liu J. Flow experience study of ecotoursits: A case study of Hunan Daweishan Mountain Ski Area [J]. Journal of Resources and Ecology. 2017, 8 (5): 494 – 501.